Couvertures supérieure et inférieure
manquantes

BIBLIOTHÈQUE

DU

DAUPHINÉ

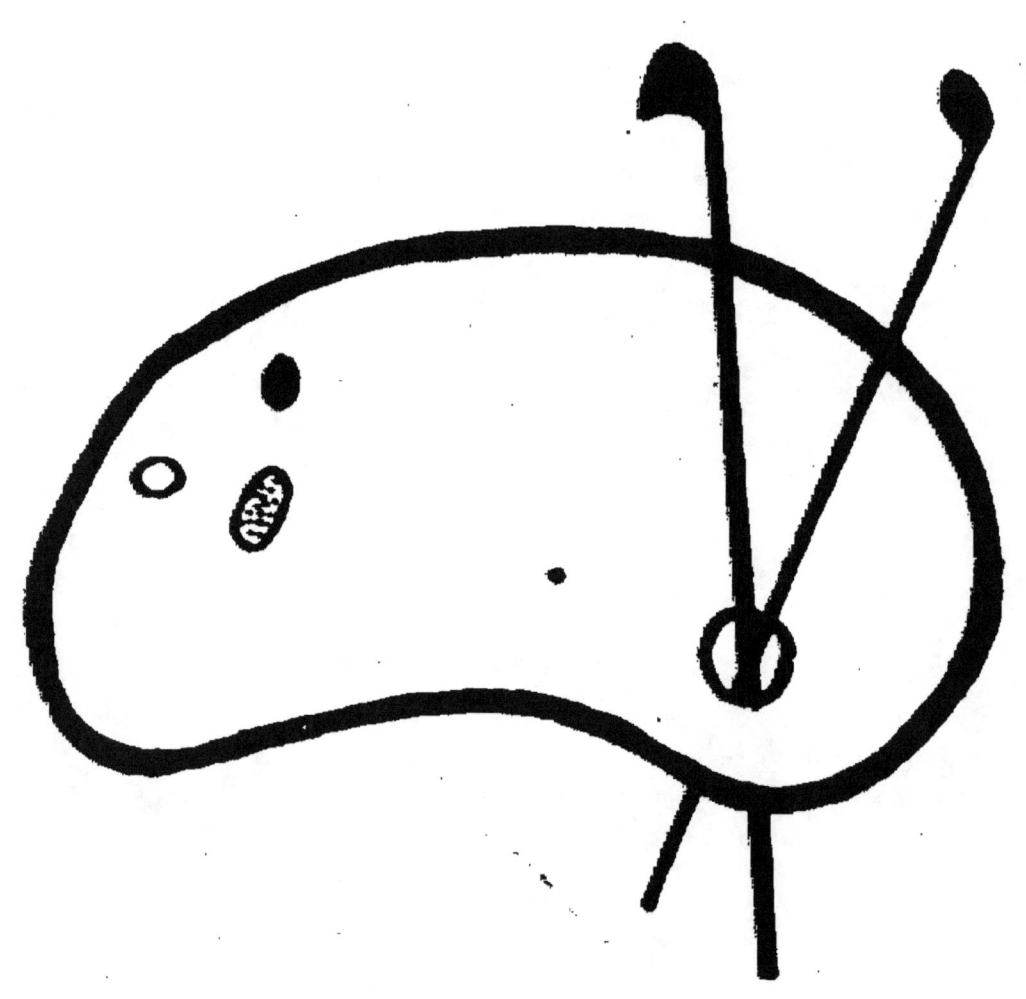

BIBLIOTHÈQUE

HISTORIQUE ET LITTÉRAIRE

DU DAUPHINÉ

PUBLIÉE PAR

H. GARIEL

Conservateur de la Bibliothèque de la ville de Grenoble.

TOME I.

GRENOBLE
ÉDOUARD ALLIER, IMPRIMEUR-LIBRAIRE

1864
1869

GUY ALLARD.

ŒUVRES DIVERSES

PUBLIÉES

Par H. GARIEL.

1re Partie
RÉIMPRESSIONS.

RELATION
EXACTE
DE TOVT CE QVI
S'EST PASSÉ DANS LA
VILLE DE GRENOBLE
POVR LA PVBLICATION
DE LA PAIX

A GRENOBLE,

De l'Imprimerie d'ANDRÉ GALES, Imprimeur.

M. DC. LX.

G. Allard avait publié cette *Relation* sous le voile de l'anonyme, mais l'exemplaire que je possède — *le* SEUL *connu* — est revêtu de sa signature autographe.

H. GARIEL.

L'IMPRIMEVR
AV LECTEVR.

COMME le but de l'Histoire est plûtost de dire la verité que de belles paroles, celuy qui a fait cette Relation n'ayant point eu d'autre objet que celuy de se conseruer vn memorial des choses qu'il auoit veües. Il est constant qu'il n'a pas fait paroistre en ce rencontre toutes les lumieres dont il estoit capable, et qu'il ne l'a pas orné de toutes les richesses que l'Art Oratoire luy pouuoit fournir, puisque mesme ne l'ayant fait que pour sa seule satisfaction, elle seroit demeurée dans son Cabinet, si ses Amis ne l'en eussent arrachée comme par force. Son absence lors de l'impression, ne luy a pas mesme donné la satisfaction de la voir, que lorsqu'elle a esté imprimée, et s'y on y trouue des fautes, on ne les luy doit pas attribuer, puis qu'on ne peut attendre de luy que des choses accomplies; et j'espere de vous donner bien-tost de ses Ouurages, qui seront en leur perfection. J'ay mis cét Aduertissement au hazard, et sans son aduen, sçachant bien que sa modestie ne me l'auroit pas permis.

RELATION EXACTE

DE TOVT CE QVI S'EST PASSÉ

DANS LA VILLE DE GRENOBLE

POVR LA PVBLICATION DE LA PAIX.

Mille six cents soixante.

La guerre apres auoir regné plusieurs années, et exercé sa tyrannie sur les deux plus belles et plus florissantes Monarchies de l'Europe, l'a enfin cedé à la Paix ; et ce monstre apres vne vsurpation de 25. ans, a esté contraint de faire place à cette Fille du Ciel, pour ne laisser rien à desirer à la France et à l'Espagne, dans vne alliance qu'elles contractent si solennellement, et dont la cause est si juste, qu'on attend vne suitte continuelle de tranquillité et des siecles entiers de douceur et de liberté.

En effet, peut-on moins esperer qu'vne pareille destinée ; et ne doit-on pas attendre toute sorte de faueurs d'vn Mariage, qui joint ensemble les deux plus Illustres Personnes du Monde, et d'vne Paix, qui restablit les anciens priuileges, et qui va faire triompher les plaisirs et les delices.

Déja dans vne partie de la France l'on a experimenté cette verité ; mais nous pouuons dire que la Ville de Grenoble a donné les plus belles marques du bon-heur de cette Paix ; puis que ses premieres réjouissances ont esté solennisées apres cette agreable nouuelle auec tout l'appareil possible, et la magnificence la plus auguste du monde.

Ce fut le 12. Fevrier 1660. que le Parlement reçeut les Ordres de sa Majesté dans vne Lettre de Cachet, par vn Courrier arriué d'Aix en Prouence, où elle estoit alors; et ce fut ce mesme jour que la Chambre des Comptes, et les Consuls reçeurent vne semblable faueur.

Le Parlement, qui ne s'est jamais écarté des veritables sentimens de fidelité et d'obeïssance, s'assembla le lendemain, et auec toute la soûmission possible, ouurit le Paquet qui s'adressoit à luy, et leût auec vne joye inexplicable, que le grand Ouurage de la Paix estoit acheué, par les soins de la Reyne Mere du Roy, et par les trauaux de son Eminence, qui auoit conduit vn si heureux dessein a sa perfection.

Celle des Consuls estoit du mesme jour, et dans la mesme substance, et apres cette agreable nouuelle, ils firent assembler tous ceux de la Maison de Ville, pour déliberer auec quelle maniere ils pourroient s'acquitter d'vn ordre si auguste, et d'vne solennité si necessaire.

Toute la Ville s'interessa dans vn si agreable mandement; le Parlement fut le premier à en monstrer des effets, les Chapitres Religieux suiuirent auec empressement, et la Maison de Ville, ensemble l'Abbaïe de Bon-Gouuert, conclurent la Feste auec vn applaudissement general, et vne action du tout heroïque.

Mais afin de décrire auec vn ordre tout ce qui s'est passé dans cette rejouïssance publique, il faut commancer par l'ordre que donna le Parlement.

Le Lundy suiuant 16º du mesme mois de Fevrier, il siegea le matin en robbes rouges; et quoy que l'on voye assez souuent Messieurs dans vne semblable parure, neantmoins l'on ne peût les voir ce jour là sans éblouïssement, tant il sembloit qu'il y auoit quelque chose de plus qu'humain, à publier vn Ouurage tout Diuin, et qu'il y eût plus de Majesté à proclamer notre Monarque victorieux du cœur d'vne grande Princesse, qu'il n'en paroissoit autre-fois à annoncer ses triomphes et ses victoires.

Et pour donner vn plus grand caractere d'amour et de tendresse au Peuple, pour vn si bon Prince; Monsieur le Procureur General fit vn discours fort éloquent, et fit voir par vne tresdelicate expression, l'obligation que nous luy auions, de nous auoir donné vne Paix si necessaire, sans laquelle nous succombions sous les faix d'vne guerre, qui ruinoit nos biens, nos corps, et nos familles, d'auoir sacrifié vne partie de ses victoires au soulagement de ses sujets, et d'auoir mesme soûmis sa liberté à vne Princesse pour establir la nostre, et pour nous donner le repos; et la conclusion de cette harangue fut, à ce que la Paix fut publiée, et la Déclaration enregistrée.

Apres midy sonné, la publication de la Paix se fit de la plus galante maniere du monde. Trois Trompettes marchoient deuant dix Huissiers en robbe et en bonnet, et apres eux venoit Monsieur le premier Secretaire, Greffier Ciuil, precedé du premier Huissier; les vns et les autres estoient à cheual, et ces deux derniers estoient en robbe rouge. A tous les Carrefours les Trompettes par leurs chamades faisoient assembler le peuple; et ensuite Monsieur le Premier Secretaire et Greffier Ciuil, auec vne juste distinction, et vn ton de voix agreable lisoit dans les Carrefours des ruës les Patantes de sa Majesté pour la publication de la Paix; après laquelle lecture le Peuple et les assistans tésmoignoient vne joye extraordinaire par des cris et des acclamations de *Viue le Roy*.

Iamais possible on n'a veu vne si belle maniere d'annoncer, mais il ne falloit pas moins pour vne nouuelle si agreable que quelque chose de surprenant et d'extraordinaire, et pour la reconnoissance d'vne action si celebre, il y eut eu de l'injustice de n'y apporter vn ordre qui ne fût pas commun.

Dans cet estat que je viens de dire, marchoient ceux qui publioient la Paix, et comme la milice de la Bourgeoisie estoit sur pied, et qu'elle s'assembloit dans chaque quartier, toutes les fois que ces Herauds en rencontroient des Compagnies, ils estoient asseurez d'vne salue de mousqueterie, qui ne faisoit pas peu d'honneur à leur Office, et qui n'apportoit pas peu d'ornement à la fonction de leur Charge.

Apres que ces Officiers eurent fait retentir par tout, l'aymable nom de Paix, ils s'en retournerent au Palais, où Messieurs les attendoient pour aller ouïr chanter le *Te Deum* à l'Eglise Cathedrale de Nostre Dame. Ce fut sur les 4. heures du soir que tout le Parlement dans l'ordre ancien marcha en robbe rouge, precedé par trois Trompettes, qui sonnoient le plus melodieusement du monde.

Il entra dans l'Eglise suiuy de Messieurs de la Chambre des Comptes, de Monsieur le Vibailly, et de Monsieur le Iuge, auec tous les Officiers du Bailliage de Gresiuaudan. Tous lesdits corps escortez par le grand Preuost et ses Archers.

Mais comme il y a vne place releuée de six degrez, qui donne vn beau jour à la face de cette Eglise, et qu'il faloit necessairement passer par là, Monsieur le Major de la Ville y auoit enuoyé vne Compagnie de Mousquetaires, qui la bordoient toute, et au milieu desquels passerent ces illustres Corps.

Aussi-tost qu'ils eurent pris leurs rangs et leurs places dans le Chœur de l'Eglise, selon la preéminence de leurs Charges, le *Te Deum* fût chanté en musique; mais ce fut auec des accens si passionnez, et des tons si energiques, que les sens en estoient tous suspendus, et l'imagination toute preoccupée.

D'ailleurs, toutes les cloches de cette Eglise se firent entendre par vn carillon doux et animant, et ceux qui ne pouuoient pas entrer dans l'Eglise pour entendre la voix des hommes, estoient rauis d'entendre celle des metaux.

La benediction du S. Sacrement fut donnée en suite, et l'on vid dans vne juste adoration, vne si grande multitude de monde, que non seulement l'Eglise, mais encore la place et les ruës voisines en estoient toutes remplies. L'on continüa cette deuotion toute la semaine, que le S. Sacrement fut exposé. Et Messieurs de la Religion Pretenduë reformée rendirent leurs actions de graces à leur mode.

Le *Te Deum* chanté, et la Benediction donnée, la Cour de Parlement, et celle des Comptes, auec les autres Officiers nommez, sortirent dans le mesme ordre qu'elles y estoient entrées, et elles ne furent pas au bout de la place, que ceux qui estoient en armes firent vne descharge precipitée, dont le bruit fut si grand, que tous les assistans en furent surpris.

Il n'en falloit pas moins pour fournir au tintamarre qu'auoit fait leur décharge; mais si leur nombre estoit grand, leur brauoure ne l'estoit pas moins, et ils estoient tellement animez par la presence de deux freres qui les commandoient, qu'ils eussent souhaitté encore vne journée de guerre, pour faire voir combien le cœur leur estoit enflé, et combien ils auoient de courage sous les estendards de leur Capitaine et de leur Lieutenant.

L'vn et l'autre estoient aussi fiers dans vne occasion de paix, qu'ils l'auoient esté dans toutes celles de la guerre, et leurs yeux respiroient quelque chose de si Martial, qu'on eut dit qu'ils alloient dans vn combat de sang et de carnage, plûtost qu'à vne rencontre paisible et amoureuse.

Pendant que ces choses se passoient dans la place de Nostre Dame, on se preparoient dans celle de Saint André, au milieu de laquelle on voyoit vn grand bucher quarré, remply de quantité de pieces d'artifice : Il estoit planté dans l'attente d'vn feu, qui est toûjours la marque la plus essentielle d'vne joye publique.

Il estoit gardé par deux rangs de Mousquetaires en huit Compagnies, qui se tenoient en rond aux extremitez de la place, et qui laissoient vn grand espace entre le bucher et eux, pour donner moyen aux spectateurs de s'auancer, et de joindre leurs voix articulées par vn, *Viue le Roy*, au bruit de leurs mousquets.

Les Capitaines estoient tous à la teste de leur Compagnie, et l'on remarqua qu'il s'en trouua de si vieux, qu'à moins que d'estre soustenus d'vne force inspirée par la joye et par la satisfaction, il eut esté impossible qu'ils eussent pû durer si long-temps sur pied, et qu'ils eussent pû soutenir la pesanteur d'vne picque.

Mais comme la volupté respand les esprits doucement, et qu'elle les fait couler sur les parties du corps comme vne douce rosée, on pouuoit dire de la force de ces anciens Capitaines, qu'elle estoit plûtost chez eux comme vn chatoüillement, que comme vn fardeau.

En effet, ils ne paroissoient vieux que par leurs cheueux, leurs mains faisoient les mesmes fonctions que celles de la jeunesse, et soit dans la marche, ou dans la faction, ils ne se seruoient pas du benefice de l'aage pour s'exempter du trauail, au contraire, ils estoient les premiers à agir, et manioient leur picque aussi fortement et aussi dextrement que les soldats pouuoient faire leurs mousquets.

I'en diray bien-tost vn effet particulier en la personne du premier Capitaine ; mais pour suiure l'ordre que je me suis prescrit, je continueray ma narration, par ce qui se passa ensuite du *Te Deum* chanté à Nostre Dame (ou assista aussi les Consuls en robbe, suiuy du Corps de Ville.) Et comme j'ay laissé Messieurs du Parlement à la sortie de l'Eglise, je les suiuray jusques au Palais, ou se joignit à eux Messieurs de la Chambre de l'Edict, et accompagnerent Monsieur le premier

President, qui alla mettre le feu au bucher preparé, auec vne torche blanche, apres auoir fait trois tours, precedé par les Secretaires et les Huissiers, et suiuy de quelques-vns de Messieurs.

Le feu commançoit à s'emparer du haut du bucher et de l'artifice, lors que plus de quinze cens hommes firent vne décharge horrible tous à la fois, et la firent si à propos, qu'on eut dit, que ce n'estoit qu'vn coup, et qu'ils estoient tous de concert.

Il est vray qu'on doit cesser de s'en étonner, lors qu'on sçaura que Monsieur le Major de la Ville auoit tout le jour fait obseruer la discipline, et auoit exactement donné les ordres, dont il s'acquitte, auec vne seuerité et vn discernement le plus juste que l'Art Militaire puisse exiger.

Il est vray qu'il a vieilly dans vn si heroïque mestier, et quand il ne trouueroit pas des hommes propres pour vn si bel exercice, il les prépare comme il veut, et les rend susceptibles de toutes les impressions nécessaires pour vn commandement doucement absolu, et par vne conduite admirablement raisonnable.

Apres la decharge des mousquetaires celle des Canons de l'Arsenac se fit entendre; l'on a raison de les appeller des foudres de guerre, et jamais ie ne l'ay si bien connu, qu'apres les auoir oüy cette derniere fois; les maisons voisines en tremblerent, depuis le fondement jusques au faiste; les vitres les plus éloignées en furent cassées; nos rochers voisins firent retentir ce bruit encore vne heure apres, et les Echos se le porterent sans doute les vns aux autres par reflexion jusques au bout des Alpes.

Nostre Bastille et vn fort, qu'on appelle la Tour de Rabot (l'vn le monument authentique de l'humeur guerriere de feu Monsieur le Connestable de Lesdiguieres, et l'autre celuy de l'amour d'vn particulier pour la seurté de ses Concitoyens) se firent aussi connoistre par le bruit d'vne décharge, et enfin dans les places publiques, dans l'Arsenac, la Bastille et la Tour de Rabot, l'on entendit vne confusion de coups de Canons et de mousquets si souuent reïterée, que durant vne bonne heure l'on n'eut pas entendu gronder le tonnerre des Meteores, si c'eût esté si bien sa saison, comme c'estoit la premiere de la Paix.

Le feu ne rencontrant plus de matiere qui peût l'entretenir, cessa petit à petit son ardeur et sa clarté, et comme il estoit nuit, les ombres succederent à sa lumiere.

Ce ne fut pourtant pas pour long-temps, et comme si c'eust

esté vn crime, que de souffrir de l'obscurité dans vn lieu de plaisirs et de délices, des feux furent allumez dans tous les coins des ruës, où l'on renouuelloit les cris de *Viue le Roy*, dont la place de S. André auoit déja retenty pendant que la Feste s'y solennisoit.

Vne heure apres que le grand feu du Parlement fut allumé, Messieurs les Chanoines de l'Eglise Nostre Dame allumerent le leur, la Croix passoit deuant eux, et Monsieur le Doyen (vn des plus dignes Ecclesiastiques de la Ville,) apres auoir fait trois tours, y mit le feu, qui fut suiuy de celuy de plusieurs mousquetaires qui s'y rencontrerent.

Cependant le Ciel tout parsemé d'Etoiles, faisoit voir aux yeux des mortels qu'il eût esté nuit, si plusieurs feux n'eussent monstré le contraire, et cette diuersité de brillans qui pâroit la voute azurée, nous eut sans doute fait comprendre que ces brillans ne paroissent jamais, que quand le jour s'ecarte de nostre hemisphere, si nous n'eussions osté les yeux de sur leur clarté, pour les jetter sur celle d'vne prodigieuse quantité de chandelles allumées, dont toutes les fenestres estoient garnies.

La Ville sembloit estre toute en feu, et cette lueur si extraordinaire nous eût sans doute donné de la crainte, si nostre étonnement n'eust cessé par le plaisir qu'on prenoit à aller par les ruës, dans lesquelles tous les habitans passoient leurs veillées, et par lesquelles plusieurs instrumens se faisoient oüir, auec tant de puissance sur nos sens, que nous estions comme hors de nous mesmes, tant il est vray que les sens sont les portes, par lesquelles l'ame fait des sorties hors d'elle-mesme, et par où considerant les choses exterieures, elle les ayme et les desire.

Mais comme il est des climats où le Soleil a plus de chaleur que dans d'autres, et par consequent, plus de lueur, on ne voyoit pas aussi, que dans tous les endroits de la Ville, il y eut vne egale clarté, le logis de Monsieur le premier President estoit tout entouré de lanternes de plusieurs couleurs, son perron en estoit tout garny, et tant de lumieres jointes ensemble, s'estendoient si auant dans vne plaine qui est à costé, et presque toute découuerte, qu'on n'auoit point de la peine à discerner les objets qui s'y rencontroient.

Vn grand feu estoit aussi allumé au deuant du logis, et son maistre faisoit voir par vne belle despence, qu'il n'appartient qu'à des Gouuerneurs de Prouince à estre somptueux, et à des premiers Presidents à eleuer de veritables trophées à la tranquilité publique.

Aussi estoit-il juste que quelques habitans l'en vinsent remercier; ce fut le premier Capitaine de la milice, qui auoit paru le jour, qui se trouua propre à vn si genereux procedé, et comme il auoit fait ce qu'vn veritable Capitaine doit faire, de n'abandonner non plus ses Soldats dans le repos que dans l'action, il auoit soupé auec eux, et se trouua à leur Teste sur les neuf heures du soir, qu'il les mena auec trois Trompettes et quatre Tambours, faire vne circonualation du feu allumé deuant son logis, et fit faire deux descharges les plus agréables et les plus promptes qu'on pourroit souhaiter; agreables par le mélange du son des Trompettes et des Tambours, et promptes par vn accord mutuel de tous les coups.

Ils voulurent rendre ce juste deuoir à ce grand homme, par vn motif de leur reconnoissance, et de leur inclination; apres ils se retirerent, et leur Capitaine qui est infatigable en tout ce qu'il entreprend, les mena encore par ordre dans toutes les ruës de la Ville.

Les autres Compagnies s'estoient aussi mises en campagne, et celle du second quartier, estoit rangée audeuant de l'Euesché, où par les soins d'vn Galant-homme, il y auoit vne piramide dressée, laquelle estoit fabriquée de menu bois, auec tant de beauté et de politesse, qu'on croyoit plûtost voir vn berceau de jasmin qu'vn bucher. Elle estoit enuironnée de petites lanternes, et sommée d'vne fleur de lys, et quoy qu'il y eut quelques fusées et quelques petards, pourtant c'estoit auec tant de delicatesse, qu'on ne pouuoit les apperceuoir, quoy qu'on vit le jour a trauers la Pyramide, qui estoit faite en triangle.

Mais nous ne demeurâmes pas long-temps sans le connoistre veritablement, car le feu y ayant esté mis au moment, qu'vne des lanternes se consommoit, vn petard faisoit retentir la nouuelle de sa mort, et vne fusée par vn agreable siflement annonçoit la perte d'vne chandelle; à ces petards et à ces fusées, se joignit le bruit de la mousqueterie, et puis la Compagnie se retira.

La construction de ce feu auoit esté tout a fait spirituelle, et celuy qui l'auoit entrepris, auoit monstré par cette legere espreuue de ce qu'il sçait faire, que si le temps le luy eut permis, il eut sans doute eleué encor quelque chose de plus beau au nom de Monsieur l'Euesque, pour lequel cette legere ébauche auoit esté faite.

En continüant de se promener on continüoit aussi à admirer, et sans s'arrester à examiner combien il y auoit de chandelles a chaque maison, on estoit contraint de jetter les yeux sur les Maisons Religieuses; les Capucins auoient leur Clocher tout en feu; les Iesuites auoient la face de leur College embelie et esclairée de deux chandelles à chaque fenestre; mais ce qui faisoit voir qu'ils prenoient beaucoup de part à la joye, commune, et que leur cœur estoit tout embrasé du feu continüel de l'amour de la Patrie, ils le signifioient par vn feu suspendu, dans une cassolette qui brûloit sans s'esteindre, et sans qu'on apperçeut la matière dont il s'entretenoit.

L'exemple estoit trop beau, pour ne le suiure pas, et les maisons voisines estoient trop illustres, pour ne joindre pas plusieurs chandelles allumées à celles de ces bons Religieux, ils le firent sans doute; et comme la ruë Neuve et celle de Bonne, qui sont auprés, sont les plus belles de Grenoble, il estoit juste qu'il y eut aussi vn ornement extraordinaire, qui s'accommodât aux logis magnifiques qui les composent.

Monsieur le Procureur General n'auoit pas laissé vne fenestre dans son logis, où il n'y eût deux chandelles, et quoy que sa maison soit des plus spatieuses de la Ville, neantmoins l'abondance des lumieres donnoit vn nouueau jour au quartier, et faisoit connoistre, que quoy qu'il fût éloigné, il n'en estoit pas moins fameux.

En effet, quoy de plus glorieux, que d'auoir dans son enclos vn des hommes du monde le plus sçauant, par la bouche duquel le Roy parle, et qui occuppe si glorieusement vne des plus belles Charges de nos Parlemens.

Quoy encore de plus glorieux, que de posseder le premier Consul de la Ville, dont l'election a acheué les souhaits du peuple, dont la prudence n'est pas moins belle que la famille, et qui se fait aymer à mesme temps qu'il se fait connoistre.

Quoy encore de plus glorieux, que de faire parade d'vne Eglise, sous le tiltre de la Propagation de la Foy, où tous les jours l'heresie est étouffée par les soins des plus belles Ames de la Ville.

Enfin me voicy au dernier effort de la description que j'entreprens, c'est à la place Claueizon ou j'arreste ma course; pour dire que celuy qui en est le maistre, l'a veritablement renduē fameuse par vne prodigalité sans exemple, il a commencé à faire goutter aux pauures, que dores-en-auant ils doiuent cesser de l'estre par le Ministere de la paix; il a fait voir que ce qu'il possedoit estoit la possession de tout le monde en commun, qu'il auoit le cœur de la magnificense, et que sa maison estoit le sejour de la liberalité.

Le jour, le vin n'auoit point esté espargné aux passans, la nuit il estoit encore permis d'en profiter; et enfin, il a ouuert ses tonneaux au peuple, auec autant de satisfaction, que ces années dernieres, il en a eu à ouurir plusieurs de ses maisons, et mesme les abbattre, pour embelir plûtost la Ville que son logis.

Sur la minuit, les diuertissemens de toute la Ville cesserent par vn feu qui fut fait en cette place, ou pour mieux dire, par plusieurs feux, qui furent allumez, distans les vns des autres de quatre ou cinq pieds. La foule du monde y estoit grande, et l'on donna vn applaudissement, et vne approbation generale à celuy, qui finissoit si agreablement vne si belle journée.

La joye ne fut pas moindre le Dimanche suiuant 22e Février, et si la Cour de Parlement auoit sacrifié vne journée de trauail au témoignage de sa satisfaction, les Consuls de la Ville, ou pour mieux dire, toute la Ville ensemble, rendit vn jour de feste aussi charmant, et le passa auec autant de délices qu'autresfois dans la ville d'Hypate, les partisans du Dieu Ris solennisoient les jours qui luy estoient dediez.

Qu'on ne vente plus ces anciennes Orgies ou Baccannales, et ces danses des Saliens, qui faisoient tout le beau temps des premiers Romains; qu'on ne parle plus de ces jeux qui ont rendu si celebres les Villes où ils se celebroient, les Cirques et les Amphitheatres n'ont jamais rien produit de si pompueux ny de si magnifique, que ce qui parût dans cette journée; non seulement l'Europe, mais aussi toutes les autres parties du Monde, fournirent dequoy l'embelir, et l'on vit dans Grenoble par vn heureux assemblage, ce que differentes contrées ont seules l'aduantage de voir naistre : L'Asie nous donna un Chameau, l'Afrique vn de ses Mores, et l'Amerique deux de ses sauuages.

Ces parures extraordinaires n'inspirerent pas peu de la joye à tous les habitans; et ils virent auec un merueilleux contentement qu'ils pouuoient publier vne Paix si desirée, auec des aduantages qui n'estoient pas departis aux autres Prouinces et aux autres Villes.

Mais s'ils furent glorieux d'vn ornement emprunté, ils ne le furent pas moins de celuy qui se rencontra chez eux; et quoy que ces marques estrangeres parussent auec vn nouveau brillant, parmy celles qui leur estoient familieres; on peut dire pourtant, qu'elles ne diminüerent rien de la beauté des autres, et que toutes contribuerent aduantageusement à mettre sur pied la plus belle Caualcade, et le plus illustre triomphe qu'on ait veu il y-a long-temps.

Messievrs nos Consuls, qu'vn beau zele animoit, furent les premiers à donner les ordres, et firent connoistre par leur empressement, et par l'interest qu'ils prenoient de la joye publique, que ce n'est pas seulement parmy les Romains qu'on rencontre des Publicolas, puisque dans Grenoble il se trouue des Consuls qui n'ont pas moins d'attachement à ce qui regarde le public, que celuy qui sous le trebuchement de l'Empire de Tarquin, fit abbattre des edifices somptueux, pour ne vouloir rien posseder qui pût donner de la jalousie à ses Concitoyens.

Et si ceux dont je parle, n'ont pas abbattu leurs propres maisons, pour s'accommoder à la volonté du peuple, ils ne se sont pas trouué dans la mesme conjoncture; et n'ont pas pû faire connoistre par vne si belle épreuue, qu'ils n'ont pas moins d'ardeur pour les interests de leur Ville, que ces anciens Consuls, dont la memoire fait encore l'admiration de tout le monde.

Mais il est temps de cesser vne si juste comparaison, pour venir à la plus belle et la plus charmante preparation que puisse souffrir vn feu d'artifice.

Ce fut aux soins de ces vigillans Consuls que nous la deûmes, et ce fut par leur commandement qu'elle parût, auec vne forme tout à fait admirable.

Dans la place de S. André, et au mesme endroit où Messieurs du Parlement auoient fait construire leur feu, parût vne espece de Cabinet flanqué de quatre Tours, couuertes en pointes, dans lesquelles on voyoit à trauers de petits balustres, de petards;

des fusées, des serpentaux, et d'autres boëtes à feu dans vn égal mélange; dans le milieu il y auoit vn échafeau soustenu par quatre pilliers de Charpanterie, tous ouuragez et embelis de plusieurs couleurs; sur le haut de tout le pauillon il y auoit vn beau dome; et enfin c'estoit vne figure composée auec vne grace et vn artifice assez particulier.

Cette machine telle que je vous represente, deuoit seruir au feu de joye de toute la ville, et ce fut sur les sept heures du soir qu'il y fut mis, comme je diray bien-tost.

Mais il est juste, qu'auparauant je fasse la description de la plus leste Caualcade qui ait jamais parû.

Toutes les jeunes gens de la Ville furent à cheual, par l'ordre du Grand Abbé de Bon-Gouuert, de bon matin; et comme leur rendez-vous estoit dans vne Isle hors de la porte de France, ce fut dans ce mesme lieu qu'ils se mirent en ordre, et qu'ils entrerent dans la Ville de la maniere suiuante.

ORDRE DE LA CAVALCADE.

Premierement, deux des Mareschaux de Logis de l'Abbaye de Bon-Gouuert bien montez et bien vestus, marchoient l'vn apres l'autre, auec chacun vne cane à la main, toute garnie de rubans verts.

Le Grand Escuyer de lad. Abbaye seul, à la teste de seize pages à cheual, qui suiuoient de deux en deux; leur beauté accompagnoit aduantageusement leur jeunesse, et le plus aagé n'auoit pas quatorze ans, leurs testes estoient ombragées de plumes de differentes couleurs, leurs habits estoient de satin rouge et vert rehaussez de broderie, et ils auoient sur leurs épaules de manteaux rouges doublez de satin vert.

Vn chameau mené par vn Valet de pied à l'attache de soye verte, et costoyé par deux autres, marchoit ensuite, chargé sur sa bosse d'vne petite fille, vestuë en page, tenant vne espée nûe à la main, et accompagnée à ses deux costez de deux autres filles moindres d'aage, representant deux Anges, qui soûtenoient les Armes de la France et celles d'Espagne.

Cette beste estrangere parût en cette rencontre, de la mesme façon, que d'autres de son espece auoient paruës autres-fois dans Rome, dans les jeux que Cesar Dictateur fit faire au Colisée; je veux dire auec vne surprise qu'elle inspira à tous les spectateurs.

Deux Sauuages qui suiuoient, et que les mœurs de nostre France auoient rendus tous autres, qu'ils n'auoient parus dans leur Isle Natale, marchoient à pied dans la suite du Chameau; et quoy qu'ils eussent vne massuë à la main, c'estoit plûtost pour se parer que pour combattre.

Deux Trompettes sonnans de temps en temps, et particulierement dans la marche interrompuë, faisoient retentir l'air de leurs chamades, et precedoient la premiere Compagnie de la Caualcade, qu'on appelloit de la jeunesse.

En effet, rien de plus gay, que les Officiers et les Caualiers; et c'estoit auec raison, qu'on l'appelloit la Compagnie de la jeunesse, puis que tout y paroissoit auec vne grace et vne joye, qui est le plus beau partage de ceux de cét aage.

Leur Capitaine estoit à la teste, ils estoient si satisfaits de marcher sous luy, que leur enjoüement auoit quelque chose de surnaturel; ce braue Chef, qui dans de semblables occasions a toujours esté le premier à se faire connoistre, estoit certes digne d'vn tel employ, et son commandement estoit si bien receu de tous, qu'il n'estoit pas plus content d'auoir la Paix, que d'auoir en main leur obeïssance. Le Lieutenant faisoit voir sa joye jusques dans ses yeux, et le Cornette ne donnoit pas seulement des marques visibles de la sienne, mais encore dans son guidon tout garny de cœurs et de flammes, il estoit l'interprete de celle de ses Compagnons.

Cette premiere Compagnie estoit composée de 92. hommes, superbement vestus, et tous brillans de la couleur verte.

En suitte, vn Trompette precedoit vne seconde Compagnie, dont le Chef en teste, faisoit voir par sa bonne mine, qu'on luy auoit fait justice de le placer si bien, et qu'on ne pouuoit pas mieux choisir pour commander à des hommes qui ne cedoient aux premiers que par vn defaut d'ajustement, qui paroissoit à à ceux qui les precedoient auec plus d'éclat et plus de brillant, leur nombre estoit de cinquante-neuf.

Vne troisieme Compagnie paroissoit apres, elle n'estoit que

de 30. hommes; mais c'estoit vne eslite tout a fait juste, point embarrassée et prompte à la course, comme vne Caualerie legere.

La quatriéme estoit composée de 56. hommes, jamais on n'a veu de Cheuaux plus beaux ni plus glorieux, vous eussiez dit par leur alleure, qu'ils reconnoissoient l'honneur qu'ils auoient de porter de vieux Soldats, dont la mine fiere et hardie faisoit connoistre, que s'ils paroissoient dans vne occasion de Paix, c'estoit pour n'auoir plus de matiere à faire la guerre, et plus de Champ propre à leur fournir de Lauriers.

Vn Trompette animoit melodieusement vne cinquiéme Compagnie, et comme c'estoient de personnes extraordinaires qui la composoient, il fallut aussi que leur Trompette ne fut pas commun, c'estoit vn More et l'Afrique qui auoit veu triompher le Grand Iules contre les Catons, les Iubas, et les Scypions, voyoit en ce jour le triomphe de Louis Auguste contre les reuolutions, les seditions et les discordes; enfin dans 44. hommes qui composoient cette cinquiéme Compagnie, au milieu de laquelle marchoit seul, et superbement ajusté, le grand Tresorier de l'Abbaye; on voyoit vne pompe majestueuse, vn faste sans vanité, et vne adresse sans seconde.

La sixieme Compagnie, deuant laquelle marchoit vn Trompette, estoit composée de 40. hommes; mais l'on peut di e, que c'estoit plustost 40. Courtisans, leurs visages estoient fierement beaux, leurs cheueux se ressentoient de la delicatesse de la Cour, leurs habits estoient magnifiques, tous rehaussez de galans verts, et comme s'ils eussent esté fachés que leurs Cheuaux ne se fussent pas ressentis de la Feste, la galanterie y estoit en profusion, leurs harnois estoient tous verts, leurs queües estoient parées, comme tout le reste qui se peut embellir, et il y auoit si grande quantité de rubans verts, qu'auec la housse aussi verte, on ne pouuoit discerner leurs veritables et naturelles couleurs.

Et il estoit raisonnable, que cette Compagnie fut si bien mise, puis qu'elle estoit composée d'vne partie des principaux Officiers de l'Abbaye, et qu'elle fit parade de la verdure, puis que c'est la liurée du Grand Abbé de Bon-Gouuert, et qu'elle precedoit ce Grand Prelat, qui n'estoit pas loin.

Deux Colonels Suisses de la meilleure mine du monde, et les plus braues de la nation, passoient ensuite à Cheual; leurs habits estoient de l'étoffe et de la couleur de ceux des Pages; mais quoy qu'ils fussent superbes, ils ne donnoient gueres dans la veüe, parce que ceux qui les portoient attiroient l'admiration d'vn chacun, par leur port majestueux, et par leur physionomie surprenante.

Trois Tambours battus auec mesure, et par un juste accord, estoient apres eux, tous trois à Cheual, et comme il estoit necessaire qu'ils eussent les deux mains occupées à leur Office, leurs Cheuaux estoient menez par des Valets dans vn ordre compassé, et dans vne marche reglée.

Des Suisses à pied vestus comme les autres marchoient à leur suite.

Vn Trompette vestu comme vn Heraud d'Armes à la Casaque verte, fier comme vn Lion, monté sur vn Cheual à bonds et à courbettes, marchoit seul; jamais on n'a rien oüy de plus charmant ny de plus agreable que ses continüelles chansons; c'estoit auec juste raison qu'on l'auoit placé à la teste de la Grande Abbaye de Bon-Gouuert, et l'on ne pouuoit choisir vn plus illustre Trompette, pour publier que le Grand Abbé n'estoit pas loin, et qu'aprés vne assez longue attente, il estoit permis de le voir.

Ce n'est pas qu'il suiuit son Trompette immediatement, car on vit quatre Maistres de Ceremonies rangez de front, qui parurent d'abord, portant leurs marques de commandement à la main.

Puis le Guidon de la grande Abbaye, dans lequel estoit la figure du Dieu Hymen, porté par vn Cornette superbement vestu.

Ce n'estoit pas sans sujet qu'on portoit l'Image de cette Diuinité, puisque c'estoit sous ses auspices, que la Paix estoit acheuée, et qu'elle estoit cause que nous pouvions gouter du repos que l'Auguste Mariage de nostre Monarque, auec Serenissime Marie Therese Infante d'Espagne, nous procuroit, et comme l'Hymen preside toûjours dans ces douces liaisons, qui joignent les Corps aussi-tost que les volontez, Grenoble estoit bien aise qu'il ne s'écartât pas de cét heureux assemblage, qui precedoit le Triomphe de la Paix.

Le Connestable de l'Abbaye parut seul apres le Cornette, il estoit monté sur vn cheval caparasonné, et comme l'espée est la marque visible de Connestable, il la portoit nuë en la main, auec vne contenance fiere et vne douce menace; neantmoins, les veufs et les vefves ne l'osoient regarder sans crainte, et les meschantes femmes se cachoient de honte et de confusion, de donner tous les jours pretexte par leurs deportemens, à vne si celebre Compagnie, comme celle de Bon-Gouuert, de rechercher leur vie, et de mettre leurs maris et leurs voisins à l'espreuue du châtiment.

Deux hommes de pied fort bien ajustez, suiuoient le Connestable, estans hors de rang entre luy et grand Abbé.

Et l'on voyoit ensuite le Reuerendissime, modestement vestu, sans faste et sans obstentation; mais pourtant, tout auec justesse et delicatement, sa pareure estoit noire; et comme on voit rarement, que ses Maistres portent la liurée de ceux qui sont à leur seruice et à leur suite, aussi Monsieur l'Abbé voyoit auec plaisir ses couleurs triomphantes, non seulement parmi tous ses Moines, mais encore parmi ceux qui n'auoient pas l'honneur d'en estre, et qui seruoient comme d'honneur exterieur à sa gloire et à son merite.

Il est pourtant vray qu'il n'estoit pas sans quelque couleur éclattante; car vne petite cane qu'il portoit à la main, estoit toute attachée par de petits galands couleur de feu, et deslors qu'il la ménageoit, c'estoit auec tant de subtilité, qu'on croyoit de voir vn de ces feux artificiels faits en serpenteaux, plûtost qu'vne cane, qui n'auoit point d'autre chaleur que celle que son Maistre luy pouuoit inspirer, par cette ardeur naturelle, qui le poussoit à faire triompher nostre Auguste Monarque, non seulement dans son cœur et dans ceux de sa suite, mais encore dans des chars pompeux, magnifiques et mysterieux.

Enfin tel que je vous represente, ce grand homme est encor mieux fait que l'expression ne sçauroit dépeindre, il tenoit son rang auec une grace majestueuse, et vne graue modestie.

Quatre Suisses vestus comme les autres, auec leurs halebardes, escartoient ceux qui s'empressoient pour le voir, aussi bien que son Lieutenant, paré dans la derniere galanterie.

Et ces illustres Chefs estoient suiuis d'vne Compagnie de 42. hommes, tous braues tous bien mis, et qui dans leur justaucorps de velour noir, representoient la Iustice de l'Abbaye, dont ils estoient les Officiers. La joye paroissoit sur leurs visages, et les plus tristes qui les voyoient passer, simpatisoient à leur enjoüement, et donnoient auec plaisir vne approbation à ceux dont la mine altiere, accompagnée portant de beaucoup de douceur, faisoit vn des beaux ornemens du triomphe de la Paix et de sa victoire de Bellone; mais si la nature les auoit rendus tels que je vous les dépeins, l'art s'estoit épuisé pour embelir les Ouurages de cette Mere commune, l'Or et l'Argent n'y estoient pas épargné; la broderie brilloit de tous costez; les rubans verts couuroient tous leurs habits; les plumes de toutes couleurs faisoient vne agreable nuance sur leurs testes, et sur celles de leurs cheuaux; mais ce qui estoit encore de plus surprenant, c'estoit leur brauoure, soustenuë par les marques de leurs Offices, et de leurs Charges, que tous portoient à leurs mains, et qu'ils manioient auec vne dexterité sans égale, et vne adresse tout à fait particuliere.

Mais apres tant de pompe et de magnificence, l'on vit paroistre vn petit page à Cheual, portant en ses mains, comme vn Guidon, vne inscription qui estoit t'elle;

LE TRIOMPHE DE LA PAIX.

L'on ne pouuoit pas mieux choisir que ce petit Page pour publier que la Paix alloit paroistre, en triomphe, et cette Deesse auoit en luy vn digne Fauory, puis qu'on ne pouuoit rien apperceuoir de si beau; c'estoit plûtost vn ouurage de l'amour que de la nature : Et si ce bel Enfant n'eut fait voir qu'il estoit animé par vn mouuement libre, et tout à fait charmant, l'on eut creu veritablement que c'estoit vne Ange tant il auoit d'actions et de graces.

Mais apres luy auoir donné ce que veritablement toute personne juste ne luy pouuoit refuser, les yeux rencontroient ensuite des sujets capables de les arrester, auec le plus fort attachement du monde.

Vn charriot trainé par six Cheuaux Tigres, attelez de front, les plus beaux que l'on vit jamais, rouloit superbement apres cette grande Caualcade; ceux qui les conduisoient estoient couuers d'habillemens de Satin vert et rouge, le Charriot brilloit de tous costez, les roües estoient couuertes comme tout le reste de peintures diuersifiées, qui faisoient vn ornement tout à fait agreable; il estoit ouuert de tous costez, et dans une longueur proportionnée, le derriere estoit plus eleué que le deuant ; et il ne representoit pas mal vn de ces Charriots, dans l'ancienne Rome se seruoit, quand elle decernoit le Triomphe à quelque Conquerant.

Aussi ne falloit-il pas vne autre espece de Charriot, pour éleuer le plus beau Trophée, et le plus juste Triomphe de nostre Siecle, il estoit dedié à la Paix, et cette Deesse paroissoit eleuée sur vn siege qu'on luy auoit preparé, et qui auoit pour dossier deux cornes d'abondance, dont le replis faisoit vne forme de cartouche, dans lequel on lisoit ces vers.

La Paix.

Ie suis Fille du Ciel, et le diuin Ouurage,
D'vn Roy, qui n'auoit plus de combats à gagner ;
Comme c'est par luy seul que j'ay droit de regner,
Peuples sur mes Autels, adorez son Image.

CEvx qui ne pouuoient pas sçauoir qu'elle estoit cette Diuinité, l'apprenoient par ces Vers, et d'abord ils jettoient la veuë sur elle, pour voir l'effet de leurs desirs, l'accomplissement de leurs esperances, les marques visibles d'vne tranquilité publique, et enfin, cette Fille du Ciel qui venoit remettre dans cette Prouince le Siecle d'Or, que la guerre en auoit chassé.

Et ce qui faisoit qu'ils pouuoient attendre raisonnablement ce temps de Saturne, c'est qu'ils voyoient la Paix toute dans les delices; les instrumens estoient à ses pieds, et ceux qui en joüoient dans vne humble posture, rendoient leur premier homage à cette Deesse, qui d'ores-en-auant les deuoit rendre plus necessaires, puisque sans eux, les passe-temps qu'elle amene toûjours, sont fades, et les allegresses sont insipides.

Fauorables Augures d'vn heureux changement, et fondement asseuré de la benediction et du soulagement des Peuples, du remede des inquietudes, et du lien des fidelles Sujets, par l'extinction de la colere, et par le ministere du Ciel, qui ménage nos maux et nos bonnes fortunes par la guerre et par la Paix.

Vn second Charriot suiuoit celuy de la Paix, la matiere dont il estoit composé, n'estoit pas des plus precieuses; mais comme l'excellence d'vn Ouurier paroist, principalement quand il fait vn bel ouurage d'vne matiere de neant, on peut dire qu'en cette rencontre, cét ouurage empruntoit toute sa noblesse de la forme que luy auoit donné l'Ouurier, et non, de l'imperfection de la matiere.

Il n'estoit composé que de rameaux de buys, et comme leur couleur estoit celle du grand Abbé, on s'estoit plûtost attaché à vn objet si accommodant qu'à la pauureté de la plante.

Les rubans de plusieurs couleurs estoient les liens qui seruoient à la jonction d'vne quantité de ces plantes, et qui s'aydoient à faire vne forme de dome, soustenu de huit pilliers recourbez, tous entortillez de rubans, qui ne representoient pas mal la figure de l'Arc-en-Ciel.

Quant à moy, je crois que ce n'estoit pas sans mystere, qu'ils faisoient paroistre l'Iris dans ceste conjoncture, et ils pouuoient sans doute, par vn ressouuenir tout à fait à propos, donner à ceux de Grenoble le gage asseuré d'vne Paix que Dieu s'est conserué, quand il veut faire connoistre aux mortels, que la guerre est éteinte entre le Ciel et la Terre.

Mais il n'estoit pas besoin de le faire comprendre par vn prestige si surnaturel. Lovis le Conquerant, cét Illustre Monarque, que Dieu apres plusieurs années, a donné à la France, comme vn Iris qui nous deuoit marquer la Paix, l'a si bien et si autentiquement annoncée par ses Lettres Patentes du 3e Feurier 1660. enuoyées à nos Consuls.

Aussi pour luy en témoigner nos reconnoissances, c'est à luy que ce dernier Charriot est dedié, sous le visage de Bellonne, que nostre Ville le fait triompher; et c'est enfin dans vn Throsne Majestueux, que nous le plaçons, que nous mettons à ses pieds la discorde enchainée et que nous luy faisons dire auec bien de justice.

BELLONNE.

Ie dors à l'ombre des Lauriers,
Que par mille trauaux Guerriers,
LOVIS a moissonné dans nos sanglantes pleines;
Ce repos est bien doux apres tant de combats,
Et j'y rencontre des appas,
Qui me font oublier mes peines.

C'est vn homage, que cette guerriere Deesse rend à la memoire des Triomphes de nostre Roy; mais si elle à de l'orgueil, d'auoir fait des conquestes à ses costez, pendant que la guerre regnoit si souuerainement, elle n'en à pas moins de voir à ses pieds, dans vn temps de Paix, la Discorde, cette ennemie du repos public, à laquelle malgré sa ferocité, elle fait dire.

LA DISCORDE.

Mes viperes n'ont plus de mortelles atteintes,
Mes traits sont sans venin, mes torches sont esteintes,
Et les maux que j'ay faits, je les souffre à mon tour;
Sous mes bras enchainez, ma force est endormie,
Et si je vis encor le reste de ce jour,
C'est pour suiure le Char, d'vne heureuse Ennemie.

Combien de souhaits fit alors le Peuple, pour l'éloignement de ce Monstre de nos Prouinces, et de nos Villes; combien de benedictions furent alors données, à ceux qui l'en auoient chassé, et combien enfin de cris de *Viue le Roy*, accompagnerent ce Charriot, pendant qu'il leur estoit permis de le voir.

La conclusion de toute la Caualcade se fit par vne Compagnie de cent hommes, qui ne cedoient point aux autres, en tout ce qui leur estoit plus auantageux.

L'ordre que je viens de descrire se maintint toute la journée sans tumulte et sans confusion; et sur le soir, ceux qui le composoient se rangerent dans la place de S. André jusques à sept heures, qu'vn Dragon tout en feu vint embraser l'Edifice, d'ont j'ay desja parlé, et l'on vit alors l'air tout en feu, les nuages se dissiperent, et firent place à vne belle serenité; et quoy qu'il y eut de l'horreur dans ce grand embrasement, ce ne fut pourtant jamais auec de la crainte, et les plus timides cesserent de l'estre dans vne si belle occasion, pour faire voir qu'ils n'auoient point de passion plus forte que celle de la joye.

La descharge des Pistollets se fit oüir en suite, et ce qui surprit agreablement nos yeux et nos oreilles, ce furent les cris de *Viue le Roy*, dont les paroles estoient escrites au haut du dome du feu d'artifice, et qu'on voyoit agitées par le mesme feu, qui tâchoit de donner vne ame à des paroles qui ne doiuent jamais mourir dans nos bouches, que nous deuons prononcer continüellement, puisque de la vie de nostre Illustre Prince, et des soins continüels de son Eminence, depend le repos de la nostre, et que c'est de luy que nous tenons la Paix, que Dieu nous veüille conseruer des siecles entiers auec nos voisins, nos alliez, et tous les Fidelles.

LETTRE

DE

M. LE PRESIDENT ALLARD

A M. CHORIER

ADVOCAT AU PARLEMENT DE GRENOBLE, SUR LA MORT
DE MONSIEUR LE PRÉSIDENT DE BOISSIEU.

G. Allard a publié *deux lettres* sur la mort de Boissieu. La seconde a échappé à toutes mes recherches et à celles de tous les collectionneurs dauphinois. Si, ce que je désire fort, il en tombait un exemplaire entre les mains de quelqu'un de mes lecteurs, je le prie de me la communiquer; j'en ferai faire un carton qui sera adressé à tous mes souscripteurs.

Celle que je réimprime fait partie de ma collection. C'est le SEUL exemplaire connu de cette curieuse plaquette.

H. GARIEL.

LETTRE DE M. LE PRESIDENT

Allard, à M. Chorier, Advocat au Parlement de Grenoble, sur la mort de Monsieur le President de Boissieu.

Les grandes douleurs ne sont pas toûjours müettes, puis que celle que je ressens de la mort de nostre Illustre Amy, quelque extrême qu'elle soit, me laisse la liberté de parler. Mes larmes viennent en foule, je l'avoüe, et mes soûpirs qui ne cessent point devroient sans doute m'oster la parole et la force d'escrire, mais mon cœur qui veut se plaindre, et qui se plaint avec justice, ne peut me laisser dans le silence, et veut que je vous fasse ressouvenir d'une perte que vous et moy ne pouvons jamais esperer de rétablir.

Quid me alta silentia cogis
Rumpere, et obductum verbis vulgare dolorem.
Virgil. 10. Æneid.

Monsieur le President de Boissieu n'est plus, son corps sera bien-tost en cendre, et cet Homme celebre par toute l'Europe ne laisse rien de luy que sa memoire. Il est vray que selon un Historien Romain, c'est par cette memoire quand elle est glorieuse, que l'on est distingué de tant d'autres hommes, dont le nom finit avec leur vie, *mors omnibus æqualis, oblivione apud posteros vel gloria distinguitur.* Tacit. 1. histor.

Si cela est vray, il n'est point de posterité quelque éloignée qu'elle soit qui ne se ressouvienne de Monsieur de Boissieu, et qui n'en parle avec eloge. Ses ouvrages immortels me sont des garens, de ce que je dis, *Vnus dies hominum eruditorum plus patet, quam imperiti longissima ætas.* Senec. Epist. 78. Et tant de belles et sçavantes choses qu'il a escrites obligeront ceux qui viendront apres nous, de se ressouvenir de Luy.

Ie me persuade aisement que vous et moy ne l'oublirons jamais. Il vous a aimé et estimé, il m'aimoit, et peut estre m'estimoit-il : Où sont ceux qui nous restent qui ayent des sentimens aussi avantageux de nous, qu'il nous a témoigné d'en avoir? Nous ne voyons que des envieux liguez pour détruire nostre gloire, que des ennemis obstinez à nostre perte : nostre vertu trouve peu de protecteurs, parce qu'il en est peu qui sçache bien ce que c'est que la vertu : les gens de lettres n'ont plus d'azille certain, apres avoir perdu celuy que Monsieur de Boissieu leur donnoit : ceux qu'un grand éclat environne, s'imaginent qu'on doit tout faire pour eux, et croiroient avoir fait tort à la splendeur de leur rang, s'ils avoient secouru un malheureux opprimé : la Iustice le cede à la politique, et on voit souvent la triste experiance de cette belle reflexion du Poëte.

Dum fueris felix multos numerabis amicos,
Tempora si fuerint nubila solus eris.
Ovidius.

Ce n'est pas qu'il n'y ait encore de grands hommes dans le Dauphiné, et même dans le Parlement et dans la Chambre des Comptes de Grenoble; mais où est le grand nombre de ceux qui protegent les gens de lettres, qui caressent les Muses, qui aiment les Livres, et qui sçavent defendre le merite et la vertu de ceux à qui l'estude et le sçavoir ont pû et ont mesme deû les avoir acquis pour amis? Ceux qui ont besoin de Nous, nous prometent tout pour avoir ce qu'ils souhaitent, ou de nostre intelligence, ou de nos soins; mais ces promesses tombent dans l'oubly à mesure que les effets en approchent : d'autres nous font agir pour nous perdre, et l'envie qu'ils ont conceuë de ce que nous nous distinguons par quelque endroit avantageux, leur met des armes en la main pour nous détruire.

Urit enim fulgore suo qui praegravat artes
Infra se positas.
Horat. Epist. lib. 2. Epist. 1.

Disons donc que Monsieur le President de Boissieu en finissant emporte toute la bonté, toute la generosité, et toute la reconnoissance des bienfaisans, et que la pratique en est presque perduë avec Luy. Son exemple devroit neantmoins persuader à tant de gens qui ont le pouvoir de faire du bien, d'en prendre l'inclination; que leur sert leur puissance si elle est renfermée, et s'ils ne cherchent les moyens de la mettre à des usages utiles et favorables? Faut-il n'estre qu'à soy, et n'estre à personne, l'homme est méprisable quand il ne s'éleve pas au dessus de l'homme? *O quam contempta res est homo, nisi supra humana se erexerit.* Senec. in proœm. natur. quæst. Ceux-là s'abusent qui croient qu'en partageant leur fortune ils la perdent, *omnia summa ratione gesta etiam fortuna sequitur*, dit Tite Live. Ce n'est jamais s'abaisser, que de faire du bien : Si Dieu n'escoûtoit jamais que sa Iustice et sa severité, il ne feroit grace à personne, il montre par ce qu'il fait en faveur de tout le monde, ce que les Grands doivent faire pour ceux qui sont dans l'abaissement et dans la misere.

Pour moy je me suis souvent estonné, que la plus-part de ceux qui sont dans une grande elevation, ne veüillent rien considerer que leur rang et leur grandeur, que les autres leur soient à mépris, qu'ils fuient les pauvres et qu'ils ne fassent aucun estat que de ceux de leur Ordre et de leur Qualité. Combien y en a-t'il, mesme dans cette Ville, qui n'ont des yeux que pour voir les honneurs, des oreilles que pour écoûter les loüanges qu'on leur donne, et de la raison que pour recevoir un encens bien ou mal presenté. Vous en connoissez aussi bien que moy, que la vanité rend ridicules, qui déhonnorent leurs Charges par des distinctions impertinentes, et qui se flattans de leur haute naissance, étourdissent les gens de l'histoire de leurs ancestres, et ne font rien pour ajoûter quelque chose à leur gloire; avec cela ce sont les premiers à se prevaloir de leur dignité, à lancer la foudre qu'ils ont en main, et malheureusement ils ne visent qu'aux gens vertueux, qu'à leurs compatriotes, et à ceux qui ont assez d'esprit et de discernement pour developer leurs fausses maximes, et pour porter témoignage de leur emportement et de leur injustice.

Et Vous et Moy, et tant d'autres sages, sçavans et gens de bien de cette Province avons connu par une triste experiance, qu'il suffit d'avoir esté Dauphinois pour avoir esté l'objet des plus injustes persecutions et des plus cruels effets d'une politique envenimée qu'on ait jamais veu pratiquer. Où sont les Estrangers qui ayent paru, qui n'ayent esté accüeillis, bien receus et bien traitez, quand mesme il y auroit eu du desordre dans leur conduite? L'Illustre Monsieur de Boissieu n'en agissoit pas de mesme, ses concitoyens luy estoient chers, il aimoit sa Patrie, il sçavoit demesler le vray merite d'avec le faux, il faisoit mille caresses aux Gens de Lettres, il protegeoit les oppressez, il soulageoit les pauvres, il rendoit ses bons offices a ceux que les malheurs et les chagrins avoient mis en deroute : c'estoit par là qu'il se distinguoit de ceux de son rang, et c'est par là qu'il s'est immortalisé. Vn Sçavant avoit bonne raison, quand il s'escrioit. Ceux qui ne font point de bien durant qu'ils vivent, quelle recompense peuvent-ils esperer quand ils ne seront plus ? Philostrate. Epist. ad Charitonem.

Aussi Monsieur de Boissieu a déja esté recompensé en ce monde de tout ce qu'il a fait d'Heroïque, de bon et de genereux, puis que Dieu luy a donné la longue vie, qu'il promettoit aux Patriarches dans l'Ancien Testament, qu'il l'a finie en grand Homme, qu'il a envisagé la mort sans terreur, et qu'il a terminé ses derniers jours dans la grande pieté qu'il avoit toûjours pratiquée. Nous sçavons Vous et Moy, qu'il est mort comme les Iustes meurent, et que voyant approcher son dernier soûpir, il l'a donné à Dieu, avec une resignation admirable.

Il avoit 83. ans, et dans cet âge avancé, où la raison n'est pas toûjours la maîtresse, la sienne ne l'a jamais abandonné, il a receu la mort en Philosophe; et comme il s'en estoit fait un espece de plaisir pour arriver plûtost où ses bonnes œuvres l'appelloient, il se disoit :

Fortem posce animum et mortis, terrore vacantem.
Qui spatium vitæ extremum, inter munera ponat.
Iuvenalis, satyr. 10.

Ie laisse écouler encore quelques jours avant que d'aller joindre mes larmes avec les vostres. Alors je tâcheray de vous consoler, et je recevray vos consolations, autant que ma douleur me le pourra permettre. Mais vous voulez bien, que puisque nostre conversation ne devra avoir que des objets funestes, et ne devra rouler que sur des discours lugubres, nous nous ressouvenions de nos autres amis, que la mort nous a aussi osté. Quand je dis nos amis, je n'entends que de ceux qui avoient attiré toute nostre estime et nôtre empressement par leur esprit et par leur sçavoir. Nous y regreterons le genereux Monsieur de Ponnat Doyen du Parlement, dont la belle et nombreuse Bibliotheque est un témoignage certain de l'amour qu'il avoit pour les Livres. Mr le Conseiller de Belmont qui sçavoit si bien rendre Iustice. Mr le Conseiller Roux qui a fait tant d'honneur aux belles Lettres, et dont l'Eloquence a si souvent servy en des affaires importantes. Mr de Veissilieu Advocat General, qui occupoit si dignement sa Charge. Mr l'Abbé de S. Firmin, dont la mort fait encore gemir tous les honnestes gens de nostre Province, qui étoit l'amour et l'ornement de sa Patrie, dont le sçavoir étoit profond, et la bonté admirable. Permettez-moy de confondre les larmes que je dois à sa memoire et à l'amitié qu'il me portoit, à celles dont mes yeux se trouvent aujourd'huy remplis par la perte de Monsieur de Boissieu. Messieurs Bonniel, dont l'eruditon et la vertu étoient si parfaitement connuës. Mr Videl qui avoit si bien escrit, et qui n'ignoroit rien de ce qu'un honneste homme doit sçavoir. Mr Pardessus qui apprenoit naturellement ce qu'une grande peine et un long estude pouvoient donner aux autres. Le Pere Gratte Iesuite l'un des plus sçavans de son Ordre. Mr de Boissat l'un des plus celebres Academiciens François. Mr de la Garenne qui avoit sceu si bien mesler l'art de la Guerre à la pratique de la vertu, et à celle des Sciences. Mr Basset Doyen des Advocats, qui a donné au public le fruit de ses veilles et de ses estudes. Mr l'Advocat Morel, à qui la Iurisprudence Canonique estoit si bien connuë. Vôtre bon amy M. d'Orcieres que vous regrettez encore, et dont les malheurs n'ont presque cessé qu'avec sa vie. Mr de Lionne Doyen de la Chambre des Comptes, à qui vous et moy estions chers, et qui savoit si bien accommoder la bonté de ses mœurs, avec celles de tous ceux qui le pratiquoient. L'aimable Mr de Chaulnes, Doyen du Bureau des Finances, dont l'esprit et le genie ont esté si heureux, et qui a eu pour amis tous ceux qui l'ont connu. Mr Dauby, que le merite avoit étably en ce Païs. Mr le Prevost Marchier, qui raisonnoit si juste. Mr Moret Chanoine à S. André. Messieurs Barral, Livache, Armand, Morard, Perrachon, Chaleon, Disdier, Emery, Patin tous celebres Avocats au Parlement. Adjoûtons y Messieurs le Laboureur, et de Brianville qui nous ont si souvent escrit, qu'ils estoient à Nous.

Il y en a eu d'autres dont je pourrois celebrer la memoire, et qui possible auroient esté de mes amis, si je leur avois esté connu. J'avoüe que je n'ay pas de ces qualités excellentes qui attirent souvent mesme malgré qu'on en ait l'estime de tout le monde, mais j'ay toûjours reveré la vertu où elle a esté, j'ay aymé les honnestes gens, j'ay eu du respect pour ceux qui ont joint le merite à la haute naissance, et la bonté avec un rang relevé, j'ay servy ceux qui m'ont crû capable de le faire, bien que souvent je n'en aye receu que de l'ingratitude, et que *magis maluerunt effundere sanguinem quam suffundere.*

Vous le sçavez, Monsieur, et ces ingrats osent encore dire aujourd'huy, qu'ils m'ont rendu service, au lieu qu'ils devroient avoüer *ingrati sumus non solum injusti,* parlant avec Seneque. Senec. lib. 6. de benef. cap. 13.

Combien en voyons nous qui s'efforcent de faire plaisir, mesme à des personnes indifferentes, et qui vont à l'avance pour donner ce qu'on n'ose leur demander; c'est ce qu'on appelle avoir l'ame bien-faisante, et le naturel porté aux bonnes choses; ce sont ceux qui à l'imitation de l'Empereur Tite regretent d'avoir passé le jour sans l'avoir marqué par quelque generosité, *sæpe enim et qui Gratiam retulit ingratus est qui non retulit gratus.* Idem lib. 4. cap. 21.

Il en est qui ne peuvent oublier les services que je leur ay rendus, sans oublier leur nom et leur famille; cependant je ne puis rien dire d'eux qui puisse marquer leur reconnaissance, et je puis tout dire de leur ingratitude, et mesme de leur injustice, *quidam quo plus debent magis oderunt. Læve æs alienum debitorem facit grave inimicum.* Idem Epist. 19.

Ce n'est pas ainsi qu'en a agy le celebre Monsieur de Boissieu, je n'ay rien fait pour luy, et il a tout voulu faire pour moy; je luy dois toute l'inclination que j'ay pour les lettres, il m'a toûjours montré le chemin de la gloire et de la vertu; et bien que je ne l'aye suivy que de loin, il m'a laissé dans une carriere, que possible j'acheveray avant que de mourir, pourveu que je ne trouve plus des envieux, ou des jaloux qui m'arrestent au milieu de ma course.

Il y a vingt-sept ans que j'ay rendu des visites assez frequentes à nostre illustre Amy, pour avoir profité de ses sçavants entretiens. Il avoit la bonté de me souffrir avec patience, et de m'instruire avec de grands soins, quand je l'allois voir, sans y estre appellé; mais lorsqu'il m'envoyoit querir, avec qu'elle douceur, et mesme avec qu'elle joye m'apprenoit-il des choses que personne que luy ne sçavoit.

Il estoit pour ainsi dire de tous les siècles et de toutes les Nations, parce qu'il sçavoit tout, et qu'il connoissoit tout. Ses escrits témoignent de son eloquence, Rome en peut parler, y ayant esté en qualité d'Orateur avec feu Mr le Maréchal de Crequy, nôtre Chambre des Comptes le peut dire, ceux qui l'ont veu haranguer le deposeront, et vous et moy en avons veu des marques aussi frequentes qu'elles sont asseurées, *ille non intelligendi solum, sed etiam dicendi gravissime Author et Magister*, c'est l'éloge que Ciceron a donné à Platon. In oratore.

Il avoit d'autres vertus, il avoit d'autres qualitez, il avoit d'autres avantages, ausquels les hommes mediocres ne parviennent jamais. Vous le sçavez et vous l'avez dit dans sa vie, que vous avez si bien écrite en Latin. Mais tout cela ne l'a pû affranchir de la mort, il a payé le tribut que tous les hommes luy doivent, et il a rendu l'esprit le dixième de ce mois entre les bras de Monsieur le Marquis de Sassenage son petit fils, qui n'est pas moins recommandable par son esprit et par sa bonté, qu'il l'est par l'honneur qu'il a, d'estre issu de plusieurs Illustres ancestres, et nay dans l'une des plus anciennes Familles du Royaume.

Je sens en cet endroit renouveller mes pleurs, et que mesme ils sont plus amers que ceux que mes malheurs m'ont fait si souvent répendre : l'âge de Monsieur de Boissieu et sa longue maladie devoient apparemment nous avoir preparez à un coup si rude, cela est vray; mais je ne puis refuser à sa perte un ressentiment que ma reconnaissance luy devoit. Nous irons vous et moy quand il vous plaira finir nos plaintes et nos pleurs sur son tombeau à Vourey.

Cultivons cependant l'honneur et la bienveillance dont nous accüeillent nos autres amis, portons leurs noms jusques aux derniers siècles : souffrez que ma debile plume travaille avec la vôtre à leur élever des trophées immortels, faisons que comme ils doivent vivre dans nôtre esprit, pendant que nous vivrons, ils vivent encore dans nos ouvrages pour la postérité.

Nous avons Monsieur de Saint André, Premier President en

nôtre Parlement, dont la sagesse est consommée, et qui s'est fait une habitude de proteger les gens de lettres, vous le sçavez, et je le sçay. On voit en Luy toutes les vertus d'Artus Prunier son ayeul, qui a aussi esté premier President en ce Parlement, et dont vous avez escrit la vie, on peut dire de l'un et de l'autre,

> *Iura dabant legesque viris operumque laborem*
> *Partibus æquabant justis.*
> Virgil. 1. Æneid.

Ces vers du Prince des Poëtes m'ont paru si justes, que je n'ay pû me dispenser de les appliquer icy. Oseray-je me servir des autres que ma memoire me pourra aussi heureusement fournir? Ie crois que oüy; et puis qu'il ne s'agit que de parler de nos amis, qu'importe qu'un autre nous guide pour les loüer, puis qu'eux mesmes nous fournissent une matiere aussi riche que nous pouvons la souhaiter.

Ie ne doute point que Monsieur le President de Beauchesne ne soit de vos amis, je suis persuadé qu'il est des miens, et il m'a fait l'honneur de me dire souvent, que mes malheurs l'avoient touché.

> *Tum pietate gravem, ac meritis si forte virum, quem*
> *Conspexere.*
> Idem 3. Georg.

Monsieur le President de la Coste est frere de l'illustre Monsieur de S. Firmin : comme ils n'avoient qu'un cœur, aussi n'avoient-ils que les mesmes amis, et ils vouloient bien que vous et moy fussions du nombre. Monsieur de la Coste continuë à me vouloir du bien, il me l'a témoigné autant de fois qu'il en a trouvé l'occasion, et mesme sa bonté a esté si grande, que j'en ay veu des effets, sans l'avoir demandé.

> *Subitoque animum dulcedine movit.*
> Idem II. Æneid.

Le peu de santé de Monsieur le President Pourroy me fait trembler, luy qui depuis si long-temps est mon amy, et qui n'a pas refusé des larmes, quand il a veu qu'on vouloit porter un poignard à ma gloire et renverser mon innocence. Comme il a herité de l'affabilité de son Pere, et qu'il n'a pas moins esté que Luy le pere du Peuple, il est certain qu'il n'a aucun ennemy, et qu'il seroit le plus heureux des hommes, s'il n'avoit point du mal; mais ce qui est admirable, c'est que malgré ses maux, il ne cesse point de rendre justice, et qu'il peut dire

Protinus æger ago.
Idem. 1. Eclog.

Si de rendre publics les bien-faits qu'on a receu des gens, en faisoit les reconnoissances plus grandes, je vous apprendrois bien des choses que Monsieur le President de Pisançon a fait pour moy, et asseurement je n'en suis ingrat que par impuissance : il m'a rendu une exacte justice, quand je la luy ay demandée, il m'a aidé à vaincre mes ennemis, et il m'a secouru dans mes adversitez : c'est tout ce qu'on peut attendre d'un veritable amy : c'est estre veritablement genereux.

Auxilioque levare viros, rimque addere victis.
Idem 2. Æneid.

Pour Monsieur le President de Lescot, il répend tous les jours en ma personne les effets de sa bonté et de sa generosité. Vous ne devez pas vous en estonner, puis qu'il a beaucoup de l'une et de l'autre. Monsieur l'Abbé son frere est un homme de grand mérite, plein d'erudition et de pieté.

Ambo animis ambo insignes.
Idem 11. Æneid.

Monsieur le President de Ponnat m'a souvent dit, qu'il avoit herité de l'amitié que son pere me portoit. Je puis dire que si cela est, j'en suis parfaitement aimé, car feu Monsieur de Ponnat avoit pour moy une affection si parfaite, qu'à peine parmy tous les amis qui me restent j'en pourrois demesler une semblable. Monsieur son fils connoit les bons livres, et il les sçait mettre à de bons usages. Disons donc que

Uno avulso non deficit alter
Ramus aureus.
Idem 6. Æneid.

Monsieur le President de Sayve s'acquiert tous les jours une nouvelle gloire, par le penchant qu'il a naturellement à faire plaisir, il sçait agreablement mesler la douceur avec la fierté et les services avec la justice. Je l'ay veu me tendre les bras avec empressement dans un temps que mes ennemis me persecutoient, aussi luy dis-je souvent,

Feret hœc aliquam tibi fama salutem.
Idem. 1. Æneid.

Monsieur de Feisins m'a souvent témoigné qu'il est de mes amis. M. de Rabot m'a voulu persuader qu'il est de ce nombre. Monsieur Mistral m'a fait connoistre qu'il en est effectivement,

Et nostro doluerunt sœpe dolori.
Idem. 1. Æneid.

J'ay toûjours crû qu'il suffit d'estre nay veritablement Noble comme eux, pour avoir de nobles sentiments, et que les nobles sentimens consistoient principalement à proteger les gens vertueux, et à soûtenir l'innocence opprimée.

Bien que je n'aye jamais fait plaisir à Monsieur du Bouchage, parce que je n'en ay pas trouvé l'occasion, je puis neantmoins marquer cent endroits où il m'en a fait de singuliers. Il seroit à souhaiter, que tous ceux qui se meslent de rendre justice, voulussent l'imiter, on ne verroit pas un si grand nombre de plaintifs, et cette justice qui ne doit considerer qu'elle mesme, seroit moins souvent exposée à la faiblesse, ou à la politique des Juges, qu'elle ne l'est. J'en connois qui peuvent dire,

Manet alta mente repostum,
Judicium Paridis atque spretœ injuria formœ.
Idem 1. Æneid.

Et qui n'auroient pas sujet de s'en ressouvenir, si des Juges comme Monsieur du Bouchage occupoient seuls les Tribunaux.

Monsieur du Pilhon a témoigné de la joye, quand je luy ay demandé les effets de sa justice pour mes amis, ou pour moy. Monsieur de Basemont m'a offert son amitié, et je l'ay acceptée avec la soûmission et le respect que je dois à ceux qui me considerent, sans y estre obligez, et que je puis legitimement refuser aux autres qui croient les pretendre par leur orgüeil et leurs manieres fieres et superbes.

Monsieur de Rivoles neveu de nôtre illustre Mort avoit estudié les inclinations de son oncle, et il est amy de tous ceux que son oncle aimoit. J'en trouve peu qui meritent tant de l'estre que Luy, *et est tum dignus amari.* Id. 4. Eclog.

Je defie Monsieur de la Roche de pouvoir s'empécher de Nous vouloir du bien à vous, à moy, et à tous ceux qui aiment les lettres, Luy qui en sçait si bien user, qui les connoit si parfaitement, et dont la profonde lecture l'a rendu l'un des plus scavans hommes de nôtre temps. Ne vous estes vous jamais apperceu de cette judicieuse distinction qu'il sçait faire des honnestes gens avec les autres, et qui luy doivent attirer cet éloge.

Semper honos, nomenque tuum laudesque manebunt.
Idem 1. Æneid.

Monsieur de S. Priest est un des plus civils et des plus affables hommes que je connoisse, n'estes-vous pas de mon sentiment, que ce sont là les moyens les plus seurs pour se faire des amis? La trop grande severité effarouche les gens, la vanité les éloigne, les emportemens rendent les maisons desertes, et ceux qui sont toûjours à crier le *quos ego* ne sçavent jamais inspirer que la crainte, et la haine. Disons donc que l'affabilité est la vertu la plus necessaire, et que *sic itur ad astra.* Idem 12. Æneid.

Monsieur de Saleon est mon amy, j'en ressens tous les jours les effets, et il n'a pas tenu à luy que mon repos ne m'ait esté redonné. Il est doux, agreable, et d'un accez si facile, que ses occupations domestiques le cedent toûjours aux entretiens qu'on luy demande.

Monsieur de la Pierre m'a toûjours fait esperer qu'il me serviroit, Monsieur de la Roussilliere l'a fait.

Ille quidem ad superos quorum se devovet aris,
Accedet fama virusque per ora feretur.
Idem 12. Æneid.

Monsieur Demtesieu est un fort bon homme,

Cui genus à proavis ingens clarumque paternæ
Nomen erit virtutis.
Idem 12. Æneid.

Monsieur Hugon sçait parfaitement connoistre la veritable

maniere de se faire des amis, aussi y a-t'il bien reüssi, et il a un charactere particulier pour cela.

Monsieur de Chaleon est bien fait, doux, et remply de vertu, je luy suis redevable de plusieurs marques obligeantes de son amitié. Ie regrette toûjours Mr de Lisle son beau pere.

Monsieur de Beegues m'a dit souvent,

Auxilio tutos dimittam opibusque juvabo.
Idem 1. Æneid.

C'est un veritable amy, qui a les inclinations toutes portées au bien, à l'honneur, et à la douceur, qui sçait bien vivre, qui aime les honnestes gens, qui les sert et qui les protege : ce sont asseuremens de grandes qualitez ; peu les ont parce que peu les connoissent.

Monsieur du Roure a du merite, il a bien estudié, il sçait caresser agreablement les gens et les attirer à ses desseins : je l'ay toûjours veu dans des sentimens Chrestiens, et mon estonnement est qu'il ne connoisse pas les erreurs de sa Religion.

Monsieur Pourret m'a persuadé plusieurs fois que je ne luy suis pas indifferent, et lors qu'il m'a conau malheureux, il m'a aussi-tost plaint, qu'il a condamné ceux qui m'ont persecuté, ou qui m'ont outragé. Ie luy suis redevable de mille honnestetez qui ne peuvent estre parties qué d'une ame bonne et genereuse.

Monsieur de Revel Francon m'oblige de m'escrier,

Subiit chari genitoris imago.
Idem 2. Æneid.

Puis que comme feu son pere il a les inclinations excellentes, l'ame belle, un grand penchant à faire plaisir, une continuelle application à servir ses amis, et une bienveillance particuliere pour moy.

Monsieur Romme m'a toûjours donné des marques de son affection, et je les ay receuës avec toute la reconnoissance dont j'ay esté capable. Il est peu d'amis à qui je voulusse avoir autant de confiance qu'en luy, puis qu'on luy peut dire.

Tibi maxima rerum verborumque fides.
Idem 9. Æneid.

Monsieur de Beauregard est un de mes premiers amis, et à

mesure que j'ay avancé dans l'âge, il a semblé qu'il ait bien voulu augmenter son amitié. Qu'un malheureux persecuté auroit de grands secours s'il tomboit entre ses mains! Il pourroit bien alors luy dire,

Non ego Daphnim, judice te, metuam.
Idem 2. Eclog.

Monsieur Copin m'a dit qu'il est de mes amis, on se laisse facilement entraîner à ce qu'on souhaite, et l'amitié d'un homme qui sçait de la maniere qu'il faut rendre la justice est toûjours d'un grand prix.

Monsieur Pelisson, Mr de la Baume Chasteaudouble, Mr de S. Richard, et Mr des Hoches, sont encore quatre Conseillers au Parlement que je crois de mes amis. Ie tâcheray par mes soins, par mes services, et par mes respects à maintenir les bons sentiments qu'ils peuvent avoir en ma faveur.

Messieurs Bertrand Advocat General, Vidaud Procureur General, et Perrot autre Advocat General au mesme Parlement, seront asseurement connus à la plus éloignée postérité, si mes ouvrages peuvent aller jusques-là. I'ay cela particulierement à dire d'Eux en ma faveur, que je leur ay toûjours esté parfaitement connu, et que ma vertu leur a donné des sentiments de compassion dans le temps qu'on leur en vouloit donner de cruauté et d'injustice. S'ils avoient toûjours esté fidellement escoûtez et consultez, on ne verroit pas si souvent des Illustres malheureux trainer languissamment leur vie; et le merite qui chez Eux est sans cesse un bon solliciteur, ne seroit pas méprisé, s'ils estoient crûs aussi souvent que la vérité et l'innocence parlent dans leur bouche.

Possible que vous vous estonnez de ce que je n'ay point parlé de Messieurs de Pupetieres, Barral, de Saint Marcel, et de la Martelliere, que vous sçavez estre parfaitement de mes amis, et qui meritent qu'on parle toûjours d'eux avec eloge, soit qu'on considere leur integrité en leurs mœurs, leur exactitude à rendre justice, et leurs inclinations pour les honnestes gens : Mais je veux bien les distinguer des amis que ma vertu, ou quelque peu de reputation, que j'ay dans le monde peuvent m'avoir donnez, d'avec ceux qui m'aiment possible, parce que j'ay l'honneur de leur appartenir. Ils ne sont pas du nombre des parens, qui ne sont propres à rien, et qui se sentent fatiguez et importunez, quand on leur demande quelque service ; ceux-cy n'en font pas de mesme, ils ont toûjours esté à l'avance, à m'offrir leur credit et leurs salutaires advis, et ils m'ont esté de toute l'utilité que j'ay souhaitée. Leur elevation n'a pas esté un obstacle à leur bonté, ils m'ont veu abbattu, et ils ne m'en ont pas moins estimé, ils ont sceu debroüiller toute ma vertu, des nuages espais que la malice de mes ennemis y avoient opposez, ils m'ont tendu la main, quand ils ont apprehendé ma cheute, et ils m'ont genereusement offert des secours qui m'ont consolé dans mes disgraces.

> *Hic ego namque tuas sortes arcanaque fata*
> *Dicta meæ genti ponam lectosque sacrato*
> *Alma viros.*
>
> Idem 6. Æneid.

Ie passe à la Chambre des Comptes, et ma bonne fortune veut que je n'y trouve aucun ennemy. Ie vous avoüe que cette remarque me plait, et que je m'en fais une gloire, puis que ce Corps n'est composé que d'Officiers illustres, par leur sagesse, et par leur sçavoir.

Ie ne veux pourtant pas que Messieurs de Sautereau premier President, de Ferrieres et de Quinsonas, autres Presidens, me reprochent de n'avoir pas rendu un témoignage public, qu'ils m'honnorent particulierement de leur amitié : c'est un avantage si peu commun, que je dois le mettre au nombre de ceux que ma mauvaise fortune m'a laissez. On peut dire d'eux, que leur amitié est sans interest, qu'ils font du bien, parce qu'ils ne peuvent pas faire autrement. *Vniversa propter semet ipsos operantur.* Salomon Prov. c. 16. Monsieur du Vivier a quitté cette Chambre, où il estoit aussi President, et dans une retraite heureuse, il s'attache bien moins aux affaires de sa maison, qu'à la lecture de ses livres.

I'ose me flater, que dans le Bureau des Finances, tous ne m'y veulent pas du mal, quelque sujet qu'ils ayent de se plaindre de moy, pour avoir disputé en faveur d'une Charge que ma mauvaise fortune m'avoit procurée, des droits dont-ils ne veulent pas convenir. Comme je n'ay plus d'interest en cette dispute, je ne vois pas qu'ils en ayent à continüer leur froideur en mon endroit. Il me semble que je vois Messieurs de Morard, Vincent,

Vial, Garnier, Perrachon, Catilhon, Charbonneau, Charency, Pelisson, Penon, et quelques autres, à qui la raison a toûjours servy de guide qui m'assurent de leur amitié, je la reçois avec respect, et je tâcheray de la cultiver.

Messieurs de Petichet, Vibaillif de Graisivodan, et Basset Iuge de Grenoble, qui occupent leurs Charges avec tant d'honneur et de probité, m'ont toûjours asseuré que j'avois part à leur amitié, et mesme ils me l'ont fait connoistre en plusieurs occasions. Monsieur Reynaud Lieutenant au mesme Bailliage a parfaitement bien estudié, il est de mes amis *à teneris unguiculis* : les autres officiers du Bailliage m'ont fait toûjours connoistre qu'ils en sont aussi.

Ie ne sçay si j'oseray en chercher dans l'Election, dans un Bureau où ma mauvaise étoile m'avoit donné la premiere place, que vous en semble Monsieur? Demêlez-les si vous pouvez, il ne s'agit icy que des amis d'estude, vous les sçavez parfaitement connoistre. En voila assez. Ie vous assure neantmoins que Monsieur Disdier ne me desavoüera pas, si je dis qu'il a de l'affection pour moy.

Ie voudrois faire comme Monsieur Loysel en ses Opuscules, qui a immortalisé les noms des Advocats du Parlement de Paris, qui estoient de son temps; mais une lettre, qui déja n'est que trop grande, ne me permet pas d'en agir de mesme pour ceux de nostre Parlement. I'en veux pourtant celebrer qui meritent de l'estre par leur erudition, et par l'amitié qu'ils me portent : les autres me pardonneront si je ne dis rien d'eux, puis que cet Ouvrage n'est proprement qu'un Catalogue de mes amis, et que je ne dois pas y mesler ceux qui ne m'ont jamais dit, ou fait connoistre qu'ils en fussent. Ie suis persuadé de leur merite, de leur sçavoir, et de leur eloquence, et la posterité apprendroit possible leur nom avec plaisir, mais les registres du Parlement parleront poux Eux. Ie passe donc à mes veritables amis, et vais vous les nommer. Mrs Bolian, Vial, Verdecy. Martin, Moret le pere, Boccon, Valet, Perrin, Durand, de Nantes, Mathieu, Duclot, Garcin, de Lemps, Blanlus, de Michel, Morel, du Beuf, Rolland, Clapasson, Brenier, du Molard, Michel, Drogat, de Langes, de Lorme, les deux Vions, Moret le fils, Ioubert, et Doge.

Æternumque tenent per sæcula nomen.
Virg. 6. Æneid.

Ne dirons-nous rien de nos amis estrangers de ceux dont le sçavoir et l'erudition ont fait naistre notre commerce de lettres, à qui nos ouvrages n'ont pas déplû, et qui nous aiment de cette affection desinteressée, que l'envie ne peut jamais détruire. Pour moy je sçay que j'ay des obligations infinies à Messieurs du Bouchet, d'Hozier, de Ruffy, de Gauffridy Conseiller au Parlement d'Aix, de Sainte-Marthe Conseiller en la Cour des Aydes de Paris, Pelisson Mᵉ des Requestes, Abbé Menage, de Grandemont, Meraud, et le Iay Conseillers au Parlement de Paris, de Pons et de Chastebras en la Cour de Monoyes, Guyon Doyen de la Rote d'Avignon, d'une famille originaire de Dauphiné, et qui florissoit à Valence, il y a deux cens ans, de Gaignieres, Iustel fils de l'Historien de la maison de la Tour en Auvergne, de Baricourt Secretaire de Monsieur le Marêchal Duc de la Feüillade, de Refuge, le Pays qui ne connoit pas moins l'amitié que l'amour, au bon homme Palliot, au Reverend Pere de la Chaise Confesseur de Sa Majesté, aux Peres Bonhours, Menestrier, S. Iust, et du Naud Iesuites, à Monsieur de Marville Professeur en l'Vniversité de Valence, dont le merite et le sçavoir Vous sont connus, à Mr le Comte de Saint Tronquet de l'Isle au Comtat Venessin, à Messieurs les Abbez de la Roque, l'un autheur de plusieurs Livres, entr'autres de l'histoire de la Maison de Harcourt, et l'autre qui l'est du fameux ouvrage du Iournal des Sçavans, à Mr de Vizé qui escrit si eloquemment son Mercure Gallant, et du Perier qui fait si bien les Vers Latins et Francois, et qui sçait si agreablement loüer le Roy.

Revenant en Dauphiné, voulez-vous bien que nous y fassions une reveuë parmy les Ecclesiastiques et les Religieux; je suis persuadé que vous et moy y avons autant d'amis qu'il y en a qui aiment les lettres. Nous y trouverons Mr Pourroy Prevost d'Oulx, Mr Moret Prevost de l'Eglise Collegiale de S. André, Mr de Galle Chanoine en la mesme Eglise, qui a esté Advocat General au Parlement, Mr Milleran Chanoine en la mesme Eglise, Mr l'Abbé de Bressac, Mr l'Abbé de Burcio, Mr Ruffier Curé de cette Ville, Mr de Comiers Prevost de Ternans, les Peres Quenel, Lamy et Iousse Prestres de l'Oratoire, tous les Peres Iesuites, le Pere Pescheur Prieur des FF. Prescheurs, qui acheve si heureusement les Predications de son Caresme devant le Parlement et la Chambre des Comptes, le Pere Meney du mesme Ordre, qui a eu toute sa vie un grand soin de ramasser des Livres, et qui les connoit si bien, le Pere Berulle Cordellier, les Peres Mansuel et Laurent Augustins Déchaussez, et tant d'autres qui se signalent par leur pieté et par leur sçavoir.

Vous sçavez aussi bien que moy, que la Noblesse de cette Province est une des plus anciennes du Royaume, mais possible vous ne sçavez que je m'y suis acquis un grand nombre d'amis par les recherches que j'ay faites de son ancienneté, de ses avantages, de ses prerogatives, de sa gloire, et de son éclat : dont j'ay rendu des témoignages asseurez, par les Genealogies que j'ay données au public. Croirez-vous neantmoins que parmy ceux que j'ay tâché d'obliger et d'ajoûter pour ainsi dire quelque nouveau lustre à leur race, il s'en est trouvé qui m'ont payé d'ingratitude, qui m'ont abandonné dans mes malheurs, et qui m'ont rendu de mechans offices, dans le temps qu'ils pouvoient en justice soûtenir mes interests, contre les persecutions de mes ennemis. Mais ce n'est pas dans une lettre pleine de reconnoissance, que je dois mesler mes ressentimens, je leur ay déjà donné tout ce qu'ils ont souhaité de moy, avec raison, dans une Epistre chagrine, et je ne sçay si avant que je meure, je ne découvriray point des choses, qui feront honte à ceux qui ont si mal reconnu mes honnestetez, mes soins, et les veilles que j'ay appliquées à relever leur gloire et leur famille chancelante. J'espere que ceux qui viendront apres moy me sçauront gré des éclaircissemens que j'auray laissé de l'Histoire de nostre temps, et que ma Chronique libre et veritable ne sera pas un des moindres plaisirs de nos successeurs. J'oseray l'appeller scandaleuse à la maniere de celle de Louis XI. Ie sçay l'empressement que vous avez de la voir? mais ce desir mourra avec vous si vous ne me survivez; car asseurement personne n'en aura connoissance qu'apres ma mort. Alors on verra possible bien des gens fâchez de leur injustice, de leur mépris, de leur vanité, de leur politique, et de leur ingratitude; et s'ils ne sont plus, leurs enfans pourront dire que le plus bel endroit de la vie de leur pere, n'aura esté celuy, où ils auront eu des demeslez avec moy.

On vient de me dire que Mr le Bret nostre nouvelle Intendant a regreté Monsieur de Boissieu, et en a dit du bien. Rien n'est suspect d'une bouche comme celle-là, qui sçait si bien rendre justice, et c'est un grand avantage d'estre loüé d'un Homme, qui n'a pas moins herité du sçavoir et de l'esprit du celebre Cardin le Bret son ayeul, que des biens de sa famille.

Bon soir, je finis pour aller me promener avec Monsieur Marcellier et Mr Galfard deux de mes bons amis, qui me sont venus voir, et m'apporter s'ils peuvent, quelque consolation sur la mort de Monsieur de Boissieu. Ie suis à Vous, et de tout mon cœur.

ALLARD.

A Grenoble ce 12. d'Avril 1683.

LES ANCIENNES INSCRIPTIONS

DE

LA VILLE

DE

GRENOBLE

RECUEILLIES

Par M. Guy ALLARD

Ancien Conseiller du Roy, Président en l'Election de la mesme ville.

A GRENOBLE

Chez Jean VERDIER, Imprimeur & Libraire
ordinaire du Roy, & et de la Cour de Parlement :
en la salle du Palais. 1683.

Réimprimé sur le SEUL exemplaire connu, celui qui est conservé à la Bibliothèque impériale.

H. GARIEL.

LETTRE SUR LES ANCIENNES INSCRIPTIONS DE GRENOBLE. A Monsieur Chorier, Avocat au Parlement du Dauphiné.

Si la ville de Vienne vous a paru ancienne par les Inscriptions Romaines qu'on y voit en divers endroits, dont vous nous avez donné un curieux Recüeil, peut estre Monsieur que celles qui ont esté trouvées dans Grenoble vous persuaderont, que cette Viile, si elle n'a pas eu autrefois, autant de reputation que celle de Vienne, que du moins les Romains ne l'ont pas mesprisée, qu'ils y ont fait adorer leurs Dieux, et qu'ils y ont mis des Colonnies et des Gouverneurs.

Ie scay bien que Grenoble n'est pas un nom ancien ny celebre parmy les premiers Geographes, puis que cette Ville ne le porte que depuis Gratien qui y fit quelque sejour, qui la fit fortifier par plusieurs tours, dont il en reste une partie dépuis la Place du Breüil, ou de la Grenette, jusques à la ruë de la Pertuisiere, et particulierement derriere le Couvent des FF. Prescheurs ; mais celuy de *Cularo* qu'elle avoit anciennement, et qu'on a trouvé dans de vieilles Inscriptions qui sont des preuves certaines qu'elle n'estoit pas inconnuë.

Ces Inscriptions estoient sur deux portes, dont l'une estoit appelée *Romana Iovia*, et estoit posée au midy de la Ville a l'entrée de la ruë Porte-Treine, proche de l'endroit où il y a aujourd'huy un puys, et à la sortie de la Place de Saint André. L'Empereur Maximian y fit mettre cette Inscription.

D. D. N. N. IMP. CÆS. CAIVS AVREL. VALERIVS DIOCLETIA
NVS P. P. INVICTVS AVGVSTVS ET IMP. CÆS. M. AVRE
LIVS VALERIVS MAXIMIANVS PIVS FELIX INVICTVS
AVGVSTVS MVRIS CVLARONENSIBVS CVM INTERIORI
BVS ÆDIFICIIS PROVIDENTIA SVA INSTITVTIS ATQVE
PERFECTIS PORTAM ROMANAM IOVIAM VOCARI IVS
SERVNT.

Cette Porte depuis transferée au bout de cette ruë, à l'entrée de la Place du Breüil, et fut appellée Porte-Treine, c'est à dire porte de Trajan. Le Connetable de Lesdiguieres la fit abattre et porter ailleurs pour servir d'entrée à un nouvel agrandissement de la Ville ; et luy donna le nom de Bonne qui estoit celuy de sa famille : enfin en 1672 elle a encore esté abatuë et redifiée en un autre endroit où l'on a encore augmenté cette Ville, l'Inscription ancienne n'y est plus, le mesme Connestable y en a fait mettre une autre en son frontispice en dehors, que je donneray ailleurs avec celles qui ne me paroistront point anciennes.

L'autre porte elevée par le mesme Maximian estoit appellée Viennoise, parce qu'elle estoit construite du côté par où l'on venoit à Vienne. L'Inscription marque encore que la ville estoit nommée *Cularo*, la voicy :

D. D. N. N. IMP. CÆS. CAIVS AVREL. VALERIVS DIOCLETIA
NVS P. P. INVICTVS AVGVSTVS ET IMPER. CÆSAR. MAR.
AVREL. VALERIVS MAXIMIANVS PIVS FELIX INVICTVS
AVGVSTVS MVRIS CVLARONENSIBVS CVM INTERIORI
BVS ÆDIFICIIS PROVIDENTIA SVA INSTITVTIS ATQVE
PERFECTIS PORTAM VIENNENSEM HERCVLEAM VOCA
RI IVSSERVNT.

On ne trouve plus rien de cette inscription, la porte mesme a esté detruite. Monsieur Expilly a escrit au chap. 158 de ses Arrests, qu'elle estoit vers l'Evesché ; il est vray qu'elle n'en estoit pas fort loin, puis qu'elle estoit elevee auprès des Poisles de la ruë Chaunaise, cette ruë n'estant pas alors dans la Ville. Le plassage qui estoit aux environs appartenoit à la famille de Chaunais qui luy a donné son nom. l'ay veu ces deux portes crayonnées en un Recüeil de Plans qui est dans vostre Bibliothèque.

Vne espistre de Plancus qui est parmy celles de Ciceron donne encore le nom de *Cularo* à cette ville en ces termes : *Vale VIIII. Id. Iunias Cularone ex finibus Allobrogum*. En effet Grenoble est situé aux confins des Allobroges, jusques-là mesme que les deux Faux-Bourgs de S. Laurent et de la Perriere sont reputez de l'Allobrogie, au lieu que le Ville qui n'en est separée que par la Rivière de l'Isere est dans le pays des

Voconces. Ce sont des choses que vous sçavez mieux que moy, vous qui avez si sçavamment écrit l'Histoire de cette Province, et qui nous avez si bien démeslé tous les peuples anciens qui l'ont habitée.

Dans la Table de Peutinger qui marque un chemin par les Alpes Cottiennes, on trouve cette ville sous le nom de *Culabo*, et *in notitia utriusque imperii, cap. 90*, il y a *tribus Cohortis prima Flavia Sapaudia Cularonæ*.

Ce changement de nom a esté fait sans doute la cause que cette ville n'a pas esté célébrée par les anciens écrivains, ny mesme par ceux des derniers siècles qui n'ont pas sçeu la trouver sous le nom de *Cularo*, j'en donneray les raisons plus au long dans la description ancienne et moderne de cette ville à laquelle je travaille; mais comme mon dessein n'est que de vous parler de ses Inscriptions anciennes, à cause des deux que nous venons de decouvrir, je suis d'avis de n'aller pas si loin, l'estenduë mesme d'une lettre ne le permettant pas.

Que dites vous de ces deux Inscriptions que nous avons luës sur deux pierres qui sont engagées dans les murailles de la maison de Monsieur de Rabot, du costé de ses jardins? je m'estonne que jusques icy personne n'en ait fait mention, et que mesme elles n'ayent esté connuës aux curieux qui ont passé avant nous. Feu Messieurs Expilly, de Ponnat, de Boissieu, et de Lionne qui ont si longtemps recherché les antiquitez de cette Ville, n'en ont assurement jamais rien sçeu, puis qu'ils n'en ont jamais rien dit ny à vous ny à moy.

Bien qu'elles soient arrachées aux anciennes murailles de la ville, du costé où estoient ses fossez, on voit bien néanmoins qu'elles y ont esté mises de nos jours, apparemment feu Monsieur le premier Président d'Illins de la mesme famille de Rabot, les ayant voulu sauver de l'injure du temps, les avoit fait mettre aux endroits où nous les avons veuës, et comme depuis plusieurs années ils ont été fermés par des jardins, elles ont échapé à la connoissance des curieux.

Quoy qu'il en soit, le lieu où elles sont est auprès de celuy où estoit le Temple de Mars; les termes avec lesquels elles sont conceuës, sont des marques infaillibles que ce sont les monumens funebres que les Romains eslevoient aux manes de leurs parens. C'est à leur imitation que les Chrestiens dressent leurs epitaphes.

Je vous ay promis ces deux Inscriptions, et je vous les envoie.

D. M.	D. M.
T. ÆL. FORTUNA	VRTIINI TITNI
TI ET PAPIRIÆ	P. C. H.
QVIETÆ PAREN	CONIVGI
TIVM ET T. ÆLI.	SANCTISSIMAII.
QVIETI FRATRIS	
T. ÆLIVS FORTV	
NATVS PIISSIMIS.	

Quelques simples qu'elles paroissent, elles sont pourtant anciennes, et il seroit à souhaiter qu'on les vît occuper des places plus honorables que celles où elles sont logées : c'est un outrage qu'on fait à la sacrée antiquité, d'en laisser les marques exposées à l'ignorance d'un jardinier, ou à la barbarie d'un valet, *ô tempora, ô mores.*

Il y a une grosse pierre au devant de la maison de Mr Ferrand, sur laquelle est la moitié d'une autre Inscription; le reste est égaré, mais Estienne Barlet nous l'a laissée toute entiere dans le Recüeil qu'il a fait de toutes celles de Grenoble. La pierre qui manque jointe à celle-cy, faisoit que la face en estoit grande et belle, et qu'il avoit esté necessaire de luy trouver un lieu commode et estendu, car l'Inscription estoit écrite de cette maniere.

SEXTILIO GALLO IIII AVG. ATTIA ATTICI FIL. BELLICA CONIVGI SANCTISS. ET SIBI VIVA POSTERISQ. SVIS FEC.

On voit par cette Inscription que les femmes avoient soin de perpetuer la memoire de leurs maris, et que parmy les Payens, comme parmy les Chrestiens tous ceux d'une mesme famille avoient un sepulchre commun.

Contre la muraille de la mesme maison, sur la ruë on peut encore lire la premiere de ces deux-cy, qui est un témoignage de l'amitié d'un fils, et d'un mary envers son pere et sa femme.

```
        T. ÆL. AVG.              A CAPRILIO ANTVLLO
       LIB. T. AVRO.              FLAMINI MARTIS
     SABINVS MARCELL         PRIMVLVS LIB. PATRONO.
     IN AT. AVRVS FILII.
      PATRI PIISSIMO
      ITALIRAL CONIV
     GI INCOMPARABILI.
```

A l'Hotel de Ville, et contre une muraille qui fait face à la petite cour d'entrée, Mr le President Ducros à qui appartenoit cette maison, eut soin lorsqu'il la fit construire d'y faire mettre la pierre où est gravée cette seconde inscription, qui est une reconnoissance d'un affranchy envers son patron qui servoit au Temple de Mars.

On voit à Eschiroles petit Village auprès de Grenoble qu'on croit porter le nom corrompu de Cularone, ces paroles adressées à Mercure.

```
        MERCURIO              NVMINIBVS. AVG
     L. MANILIVS SILANVS.      ET DEÆ DIAN.
```

L'autre inscription nous apprend qu'il y avoit dans la Ville, ou aux environs un Temple dédié à Auguste et à Diane. On l'a trouvée dans la maison de Monsieur le Conseiller de Bourchenu vers Sainte Claire, qui estoit celle de Monsieur de Bellieure, premier président au Parlement de Grenoble.

Auguste estoit en grande veneration en cette Ville, comme nous l'apprennent quelques autres inscriptions qu'on y a veuës autrefois, comme vous le dites dans votre Histoire de Dauphiné, je ne sçay ce qu'elles sont devenuës, car quelque recherche que j'aye faite dans les lieux publics, dans les places, et dans les anciens bastimens, je n'ay pû les découvrir. Les voicy neantmoins telles que je les tiens de vous, et telles qu'Estienne Barlet les a autrefois recüeillies.

```
        ÆSCVLAPIO              P. CASSIVS
         SACRVM                HERLLETIO
        M. C. ÆCVS              V. S. P.
       ISIDIS ÆDIT.             IIIII. AVG.
            P.
```

La premiere nous apprend qu'Esculape avoit un Temple dans Grenoble.

Et l'autre que souvent les amis vivans dressoient de semblables monumens à leurs amis, apparemment ce Cassius l'estoit d'Herlletius.

En voicy une qu'un mary a dressée à sa femme avec laquelle il avoit vescu trente-cinq ans deux mois et onze jours depuis la perte de sa virginité, à ce qu'il croyoit : je doute que la foy des marys de ce siécle soit aussi grande.

> MILARIÆ QVINTILLÆ FLAMINIÆ
> SEX ATTIVS MIROSES. IIII. VIR AVG.
> CONIVGI KARISSIMÆ QVÆ VIXIT
> MECVM EX VIRGINITATE ANNOS
> XXXV. MES. II. D XI. ET SIBI VIVVS
> FECIT ET SVB ASCIA DEDICAVIT.

Celle cy est d'un affranchy

> D. M.
> Q. VNI NOB.
> LIBERTI
> D. EPICTETI
> IIII. VR. AVG
> HEREDES.

Vous dites dans votre Histoire de Dauphiné que l'Inscription d'Esculape se trouve parmy les pierres qui composent la porte de Bonne, mais je l'y ay point trouvée, il y en a veritablement trois dont je vous fais part, et que nous examinerons à notre premiere veuë. Ie voudrois que Vostre sçavant amy M. Spon y fut, il nous feroit part de ses lumieres, qui dans les remarques les plus obscures de l'antiquité ne sont point bornées. Ces Inscriptions, se voient à nostre droite en sortant, et du costé de la Ville.

D. G. N.	QVIET. TI. DI. PP.	E. M. FI
MIRATIAE	NAMMIÆ SATVR	LIÆ
MATRI FILIA	NINÆ ET TAVRO	OPTIMÆ
...... INÆ.	PARENT. PIENTISS-	Q. FILIA
	TALLIA ITALLIA AI	NATE.
	ÆL. TAVRINI AVV.	
	FIL. DESVO POSV-	
	ERVNT.	

Il manque le commencement de la derniere ligne de la premiere Inscription.

DE LA VILLE DE GRENOBLE.

J'en ay encore trouvé trois au Prioré de S. Laurent, l'une est dans la ruë contre la muraille qui sert de closture à ce Prioré, les autres sont à la montée des Cloistres. Les voicy toutes trois.

```
      D.   M.                    D.   M.
    DEVILLIÆ                   DECIMIÆ
    CATVLLINÆ                  ALBINÆ
    TITIOLÆ                    QV. ÆTIVS
  BEBINVS GRATVS               EPICTETVS
    ET  BIBIA                  CONIVGI
    GRATINA                    SANCTISSIMÆ
    MATRI
  PIENTISSIMÆ
```

```
            D.   M.
         M. ANTONII
       EVDEMONIS ET
      VIRELÆ GRATINÆ
        CONIVG. EIVS
       ANTONIÆ GRATI
      NVLÆ GRATI FIL.
    PARENTIBVS PIENTISS
       IMIS VITA FVNC
      TIS AC SEPVLTIS.
```

Estienne Barlet qui vivoit à la fin du siecle precedent avoit ramassé toutes les Inscriptions de cette Ville, et son ouvrage manuscrit en contient plusieurs que nous ne trouvons plus ; pour moy je m'imagine que des ignorants les ont ensevelies dans les fondemens de plusieurs maisons, qu'on a eslevées du depuis ou qu'on les a laissé combler de terre, de marrein ou de bouë : cependant il est certain qu'elles ont esté, et il ne l'est pas moins qu'elles sont égarées ou perduës.

Le mesme Barlet de qui vous avez veu le manuscript que vous avez extrait, et que vous m'avez communiqué, en marque plusieurs qui estoient à la Porte de Trajan ; cependant je n'y en ay trouvé que les trois que je viens d'escrire, il faut que les pierres des autres soient contournées, ou que les characttères soient confondus avec le mortier dans le gros de mur ; la barbarie des ouuriers seroit mesme allé plus loin sans moy, car lors que l'on transporta en 1672 la porte de Bonne, qui est celle de Trajan, au lieu où elle est presentement, ils renversoient les Inscriptions de la maniere qu'on les avoit déja mises lorsque cette porte fut transférée depuis l'entrée de la place du Breûl, jusques à l'endroit d'où l'on l'a transportée lors du dernier agrandissement : ainsi ne nous estonnons point de la perte de nos anciennes inscriptions. Ie ne veux pas neantmoins que les recherches de Barlet demeurent innutilles, et bien que nous ne trouvions pas toutes celles qu'il a recüeillies, je suis persuadé que le public me sçaura gré de les luy avoir communiquées. Voicy donc les autres que cet Autheur avoit trouvées en la Porte-Treyne, ou de Trajan, qui apparemment estoit *Romana Iovia*. Voicy comment Barlet en parle.

Diruta Porta Iovia Decreto Regio, ad ampliandum Pomerium, sequuntur Inscriptiones inventæ :

SEX SAMMIO VOLT.	DEC. MANIO
SEVERO E LEG. PRIM.	CAPRO
GERMANICO QVI	SVB PRAEF. EQVIT.
FOR. COS. QVO MILIT.	ALAEA GRIPPIAN
COEPT. AQVILIÆ TER	QVI IN EEE IN STA
FACTVS EST ANNO XIII.	TVA............
AQVILIÆ TER MILITAVIT	VT..... ET ÆNEARVM
D. FACTVS C. ANTIS	....
TIO VETERE IIM SVI	.... QVIT.
LLIO MERVILLINO COS	
EX STA	
M. TITIO M. FIL	
VOLT.	
GRATO.	

Il manquait quelques mots en cette dernière Inscription du temps même de Barlet; car dans son manuscript elle n'est pas autrement.

D. M.	D. M.
FRONTONIS	P. TRIMITINVS
ACTORIS HVIVS	AVGVSTOR:
LOCI MATERNA	LIBITO PAT.
CONIVGI RARISSIMO	CVLARON. ET
RILVSA PATRI DVL-	QVARTINIA
CISSIMO PACIEN-	MITANI CON.
DVM CVRAVIT	PRO SE ET HEREDIBVS
ET EVDREPITES	SVIS
FILIVS PARENTI	DONVM DANT.
OPTIMO SVB ASCIA.	

La premiére de ces deux cy est eslevée à un Advocat, ou un Declamateur de cette ville.

Et l'autre fait encore connoistre que cette Ville avoit le nom de Cularone.

<table>
<tr><td>D. D.
Q. IVVENTIO
VICTORIS ET
PAVLINVLAE
FILIO
CASSIANO
DIMO
Q. IVVENTIVS
VICTOR.</td><td>D. M.
CASSIAE
PAVLINVLAE
AN. XXIII.
—
P. CASSIVS
HERMENTIO
FILIAE
PIISSIMAE.</td></tr>
</table>

Apparemment que ces trois Inscriptions concernoient une mesme famille qui estoit celle de Cassius.

<table>
<tr><td>D. M.
M. MACIO
POLENTINO
MAG. MACRINVS
ET ATILIVS FILII
PATRI PIENTISS.
—
P. CASSIVS
HERMETIO
V. S. P.
IIIII AVG.</td><td>DEVILLIAE
ATTICAE
MERAE
DESIGNATAE
—
D. M.
MAGIAE RVFI
NAE EN. VERG.
IOSIMVS CON
IVGI SANCTISSI
MÆ.</td></tr>
</table>

Ce quintumvir d'Auguste fait voir que la premiere de ces deux cy fut faite du temps de cet Empereur, ou en tout cas peu apres qu'il eut esté Apotheosé.

<table>
<tr><td>D. M.
VERATIAE
LVCI FILIAE
LVCINAE.</td><td>T. C. H.
SECVNIO
QQ. VII VIR.</td></tr>
</table>

Voila un Septumvir.

```
      D.   M.                    D.   M.
    T. CASSI-                  NIGIOIAE
    MANSVETI                   IVLIANAE
  FLAMINI VIRT.               T. VELERIVS
  SE RIB. EARAR.              VALERIANVS
  II VIR. IVR. DIC.             CONIVGI
   CASSIA ATTIA              SANCTISSIMAE.
    PATRVELI.
```

La premiere de ces deux-cy est encore de la famille de Cassius : la seconde est semblable à plusieurs autres que je viens d'escrire; on ne trouve gueres aujourd'huy de semblables monumens de l'amitié des maris envers leurs femmes, et nos tombeaux ne nous font point voir que celles qui y sont ensevelies ayent les qualitez de saintes ou de pieuses.

```
              D.   M.
    T. CAMVL. L. E. LAVERTI
    EMERITI LEG. III GALLIC.
    HONESTA MISSIONE DO
    NAT AB IMPER. ANTONINO
    AVG PIO ET EX VOLVNTATE
    IMP. HADRIANI AVG. TOR
    QVIBVS ET ARMLLIIS AVRE
    IS SVFFRAGIO LEGIONIS
    HONORATI CAMVLIA SOROR
    EIVS ET PATEGORIA  E
    MERITA EIVS PATRONO OP-
    TIMO ET PIISSIMO.
```

Je ne sçay point où Barlet avoit trouvé celle là, mais elle est tres belle et tres curieuse. Et il serait à souhaiter qu'elle fut encore en estat.

Il donne celle dont il ne nous reste que la moitié au devant de la maison de Monsieur Ferrand, et les trois que j'ay trouvées à S. Laurent, et il dit qu'elles estoient in *Statione armatorum in excorbiis.*

En voicy encore d'autres tirées du mesme manuscript de Barlet; et parlant de la premiere, voicy ce qu'il en dit : *Saxumque notatissimis scriptum litteris in medio interioris Cularone circo visitor, ejus antiquitatis demonstrabile, quod nonnulli Roma falso arrogant, quod verius est Gratianopolitanarum*

Cularone. Celle-cy, et les deux autres qui suivront estoient dans les jardins de la maison qui fut à la famille de S. Marcel d'Avanson, et qui est aujourd'huy aux PP. Minimes. Elles n'y sont plus, et ces Religieux en bastissant leur Eglise, se sont servy des pierres. Il est juste de tout sacrifier au Dieu vivant; mais il estoit facile de tirer de nos rochers des pierres aussi belles, et aussi grandes que celles-là, et sauver ainsi des Inscriptions tres curieuses. Ce sont des pertes irreparables qu'on pouvoit appeler des tresors; et l'une des beautez de nostre Ville.

IMP. C. I. CÆS. P. P. IIII. COS. DICT. PERP. PRET. QVÆST.
P. M. AEL. CVR. TRIE. MIL. QVI. V. OCTO TRIVMPHO
GAL. ALEX. PONT. AFR. HISP. IN SENATV III. ET
XX. CONFOSS. VVLNER. INTERIIT ID. MAR. NATVS
C. MAR. ET L. FLAC. COS IIII. ID. QUINT
VIX ANN. VI. ET L. ET IN DEORVM NVMER. VICI
RELATVS
CORNELIA CINNÆ IIII COS. FIL. C. I. CÆS.
DICT. VX QVAM DEFVNCTAM PRO ROST.
LAVDAVIT.

IMP. C. OCTAVVS CÆS. AVGVS. T. VIR. D. IVL. EX
NEPOS IN NOM. ET FAMIL. ADOPT. HÆRTSQ. INST.
PP. III. VIR. MVT. PHILIP. PERVS. SIC. ASIAT. PELLIS
CONFEC. DOMIT. CARTAB. AQVIL. PANN. DALM. ILLIR.
III. AC TO TRIOMP. LONGA PACE POTITVS OB SEX POMP.
ET SEX APVL. COS. XIIII. CAL. OCT. LXX. ET VI AET.
SVÆ ANNO.
LIVIA C. OCT. AVG. VXOR. IN CVIVS OSCVLIS
ET IN HAC VOCE DEFECIT IIVIA NOSTRI
CONIVGII MEMOR VIVE AC VALE.

IMP. M. VLP. TRAIANVS PP. ABD. NERVA IN FIL.
LOCVM INQ. IMPERII PORTAM IN INNVMERA
GENTIVM VICT. CLARIVS IMPERII FINES AD INDOS
TIGRIDE CLAVSIT IN QVO DOMI SANCTITA
MILITIÆ FORTITVDO VTROBIIQ. PRVDENTIA
SEN. DEC. OPT. COGNOMEN MERVIT VI ANN
LXXIIII
PLOTINA IMP. TRAIANI VXOR CVIVS
SOLERTIA EMENTITA ADOPT. HADR. AD
IMP. FASSTIGIUM PERVENIT.

Le mesme Barlet a escrit que les deux Inscriptions des portes Viennoise et Romaine estoient dans les mesmes jardins de la Famille de S. Marcel.

Il y a apparence que Grenoble a eu autrefois plusieurs autres monumens de cette nature, que l'on consacroit à la memoire des personnes qui estoient en quelque consideration : Possible qu'avec le temps ils n'eschaperont pas à nos recherches. Ie ne vous dis rien de ceux de nos Eglises, et de nos Monasteres, il y en a d'assez curieux pour n'estre pas oubliez dans ma description de Grenoble. Ils marquent les reconnoissances des vivans envers les morts ; vous et moy en devons sans doute de semblables à nos amis : mais pensez-vous que le Christianisme soit si severe, que nous ne devions rien aux outrages des autres. Il n'y a que vous et moy qui escrivions l'Histoire de notre Pays ; craignons donc que la posterité ne nous reproche d'avoir oublié celle de nostre temps, et souvenons-nous que s'il n'y avait jamais eu des escrivains libres, nous ne sçaurions pas qu'il y a eu des Empereurs execrables, des Roys faineants, des Ingrats amis, et des Iuges injustes : démelons sans crainte en faveur de ceux qui viendront apres nous, les Hommes vertueux d'avec ceux que l'injustice, la barbarie, l'orgüeuil, ou quelque autre vice auront fait la hayne, et les mespris de nostre siecle.   **ALLARD.**

LETTRE

A L'AUTEUR DU *MERCURE GALANT*,

19 may 1685.

Réimprimé sur le SEUL exemplaire connu.

H. GARIEL.

LETTRE A L'AUTEUR DU MERCURE GALANT,

Touchant la resolution prise par les Consuls de Grenoble, agreée par le Roy, d'élever la Statuë de Sa Majesté dans la principale Place de leur Ville.

MONSIEUR,

Tout le Monde s'empresse à élever des Trophées à la gloire du Roy; tout concourt avec luy à immortaliser son Nom et sa memoire ; et la posterité la plus éloignée parlera de son Regne, avec autant d'admiration qu'on parle de celuy d'Auguste, ou de celuy de Trajan. Mais si l'on y apprend que les rivieres les plus rapides, que les Villes les plus fortes, que les Peuples les plus puissans auront contribué par leur soûmission à solemniser ses victoires, si l'on y sçait que les Nations les plus éloignées auront reconnu sa puissance, que la Justice et la Paix auront regné par ses soins, non seulement dans ses Etats, mais encore par toute l'Europe : on y connoîtra aussi par des monumens illustres respectez par le temps qu'il aura été l'amour et les delices de ses Sujets. Combien de Statuës et de Trophées paroîtront en divers lieux? Combien de Places se trouveront ornées des marques publiques de la reconnoissance de plusieurs Villes? Vous l'écrirez, sans doute, pour nos neveux. Déja Paris vous a donné une ample matiere pour remplir vos Mercures ; mais si cette Capitale du Royaume a élargi ses ruës, si elle a donné des embelissemens éclatans à ses quaix et à ses ponts, si la Figure du Roy regne en tous ses carrefours; si Monsieur le Maréchal de la Feüillade en a consacré une magnifique, et si vous l'avez dit; la ville de Grenoble espere que vous n'oublierez pas qu'elle a été la premiere, de toutes celles des Provinces, qui a songé d'en mettre une dans sa principale Place, qui a eu l'honneur de le faire sçavoir au Roy, et qui vient de recevoir, par ordre de Sa Majesté, la nouvelle qu'Elle l'a agreé, et qu'Elle est extrêmement satisfaite du zele que cette Ville en a témoigné là dessus. J'ay crû, Monsieur, que vous seriez bien aise d'en être instruit, et que de si justes desseins ne contribueroient pas peu à exciter les autres Villes du Royaume d'en faire autant. Nous pouvons dire que Monsieur le Bret nôtre Intendant a été le mobile d'une entreprise si legitime. Il étoit avec les Consuls de cette Ville, et parlant de la Statuë que Monsieur le Duc de la Feüillade, Gouverneur de nôtre Province, a fait preparer, pour être mise en une des places de Paris; loüant avec justice l'attachement que ce Maréchal a toujours eu pour tout ce qui concerne particulierement le Roy, auquel il est uniquement attaché; il ajoûta qu'il seroit à souhaiter qu'on en fît autant par toutes les Villes du Royaume, et que s'il en étoit crû, on en verroit bien-tôt une à la principale Place de celle-cy : qu'il étoit même persuadé que Sa Majesté en seroit contente ; que ce ne seroit pas un mediocre avantage qu'elle fût la premiere de toutes celles du Royaume à concevoir un si glorieux projet, et la premiere à l'executer. Un conseil si utile, sorti de la bouche d'un homme sage et intelligent, a produit tout l'effet qu'il en pouvoit attendre, nos Consuls ont demandé au Roy son agrément par un Placet, dont je vous envoye une copie, Monsieur le Maréchal de la Feüillade l'a presenté; et cet Illustre Gouverneur non seulement en a receu un plaisir extrême, mais il s'est encore offert à contribuer à la dépense de la Statuë, si l'impuissance ou les affaires de la Ville, ne luy permettent pas d'aller aussi loin qu'elle le peut souhaiter. Jamais possible aucun Placet n'a été reçû, lû et approuvé comme celuy-cy l'a été. Sa Majesté y a donné son agrément avec une bonté digne d'Elle. Monsieur le Bret, qui n'est pas moins attaché à la gloire qu'aux interests de cet invincible Monarque, va travailler à soûtenir les justes intentions des Consuls : ceux-cy fiers et superbes d'avoir paru les premiers dans une entreprise de tant d'honneur, vont chercher incessamment les moyens de l'achever; ils feront creuser la terre la plus difficile et caver les rochers les plus durs, pour y chercher un marbre digne de representer le plus grand Roy du Monde; tous les Grenoblois vont s'efforcer à contribuer tout ce qui dépendra d'eux pour donner à cette Statuë tout l'ornement et toute la beauté que la main des meilleurs Ouvriers luy pourra donner. Nos Sçavans se preparent pour les Inscriptions : Et nous voyons tant d'empressement de toutes parts, que chacun voudroit être des Assemblées qui se font pour ce sujet, non seulement pour y donner son avis, mais encore pour offrir de quoy executer un si glorieux Ouvrage avec toute la magnificence qu'on luy doit. C'est ainsi que les Romains se signaloient pour la gloire des Empereurs ; les Monumens publics qui nous restent et qui ont échapé à l'injure de tant de siecles, sont les marques visibles de la veneration qu'ils avoient pour leur Prince ; les Statuës qui paroissent encore à Rome, et celles que la barbarie des Nations de l'Asie a renduës imparfaites et délabrées, sont les témoignages certains du zele de tant de Peuples soûmis à la domination des mêmes Empereurs. Des arcs de Triomphe, des Obelisques, des Pyramides, à quelques débris que le tout soit reduit, sont encor des traces des pompeux appareils que la sacrée Antiquité leur avoit dediez. Elle nous a appris ce que nôtre âge est obligé de faire, possible que nous l'aurions fait sans elle. Du moins Grenoble, en ce qu'Elle fait pour LOUIS LE GRAND, a l'avantage d'avoir commencé, et si elle tient quelque instruction des Romains, les autres Villes tiendront tout d'elle. On ne verra aucune Statuë du Roy dans les Provinces qu'on ne soit obligé de dire qu'on y aura suivi son exemple. Comme j'espere que ma Lettre aura une place dans vôtre Mercure, je suis certain que tout l'Univers apprendra un evenement si glorieux aux Grenoblois. J'y prendray part, puisque je suis du nombre, et j'ajoûteray à cet honneur celuy de pouvoir aussi faire connoitre que je suis,

Vôtre tres humble et tres obeïssant
Serviteur,

ALLARD, *ancien Conseiller du Roy,*
President en l'Election de Grenoble.

A Grenoble ce 19
de May 1685.

PLACET AU ROY.

SIRE,

Jamais Prince n'a sçû si bien que Vôtre Majesté le difficile art de regner. Les Souverains n'auront à l'avenir qu'à étudier l'Histoire de vôtre vie, pour se rendre dignes de leur rang en Vous imitant. Aussi quelque éclatante que soit la gloire des Charles, des Philippes, et des Loüis entre vos Predecesseurs, celle de Vôtre Majesté la surpasse, ou l'égale. Elle est l'ouvrage admirable de vos Vertus heroïques, SIRE, mais permettez-nous de dire, qu'il faut necessairement que son immortalité soit celuy de la plume et du cizeau. Sans cet heureux secours la memoire des grandes actions n'est pas de longue durée. Il n'y a d'immortalité sur la Terre que celle qu'il donne. Le Dauphiné, qui a eu l'honneur dans vos premieres années, de Vous communiquer son nom dans le titre de Dauphin, a déja cet avantage, que la plume de quelques-uns de ses Gens de lettres s'est distinguée avec assés de succez dans cette fonction. La ville de Grenoble en est la Capitale par l'établissement de la Politique, et elle merite de l'être par sa fidelité inviolable, et par son zele respectueux ; ne cedant en cela à nulle autre de la Monarchie. Elle s'est proposée d'employer encore le cizeau pour contribuer autant qu'il luy sera possible à l'éternité de vôtre auguste Nom, qui luy est plus que sacré. Ce sera, SIRE, en erigeant une Statuë à Vôtre Majesté dans la principale de ses Places publiques, si Vous luy faites la grace de luy en donner la permission. Ses Echevins ont été chargez par une Deliberation solemnelle de supplier tres humblement Vôtre Majesté, comme ils font, de la leur accorder.

A GRENOBLE
Chez A. FREMON, Imprimeur de Monseigneur l'Intendant,
en la Place S. André,
à l'entrée de l'Hôtel de Lesdiguieres, 1685.

LES
PRESIDENS VNIQVES
ET
PREMIERS PRESIDENS
DU
CONSEIL DELPHINAL, OU PARLEMENT
DE DAUPHINÉ.

PAR

M. GUY ALLARD

Ancien Conseiller du Roy, President en l'Election de Grenoble.

A GRENOBLE,

Chez A. FREMON, Imprimeur

en l'Hôtel de Lesdiguieres 1695.

Avec Privilege et Permission.

Réimprimé sur l'undes rarissimes exemplaires de cette plaquette : celui de la bibliothèque de Grenoble.

              H. GARIEL.

A MONSEIGNEUR,

MONSEIGNEUR

DE BERULLE

VICOMTE

DE GUIANCOURT,

Conseiller du Roy en tous ses Conseils, Premier Président au Parlement de Grenoble.

MONSEIGNEVR,

L'Ouvrage que j'ose Vous presenter, est moins l'effet de mes recherches que celui du desir que j'ay eu de Vous faire plaisir; j'ay crû, que vous seriez bien aise d'apprendre quels ont été ceux qui vous ont precedé dans la Charge eminente où vôtre seul merite vous a élevé; vôtre Nom illustre qu'on y trouvera, garantira, sans doute le mien, de la severité de ceux qui ne jugent d'un Livre que par la reputation de son Auteur. J'avoüe, MONSEIGNEUR, que je n'ay rien encore fait qui m'en ait du promettre une assez glorieuse pour me procurer une place dans le Temple de Memoire ; mais quand on aura sçu que j'auray eu vostre approbation, je dois me flater de quelque estime parmy ceux qui la sçavent justement accorder. Les grands emplois donnez à vostre sage conduite ; l'utilité que le Roy et le Public ont toujours trouvé dans l'administration des affaires qui vous ont été confiées, vous ont acquis dans le monde tant de credit et tant de confiance, que je dois esperer des sentiments avantageux pour ce petit Livre, s'il est assez heureux pour meriter votre protection ; il m'est cependant bien glorieux de pouvoir publier que je suis avec respect,

MONSEIGNEVR,

Votre très-humble &
très-obéissant serviteur,
ALLARD.

STANCES.

BÉRULLE vient remplir une Place Eminente
 Dans un celebre Parlement,
 Et tout le monde est en attente
 De voir ce Premier President.

 Ce qu'il a fait aux Intendances,
 Où sa vertu l'avait porté,
La distribution si juste des finances,
Dont il s'est si bien acquitté,

Ont déja répandu par toute la Province,
 Qu'il importait pour le bien de l'Etat.
 Que nôtre Auguste Prince
En fit de ce Pays le Premier Magistrat.

LES PRESIDENS UNIQUES
ET
PREMIERS PRESIDENS
DU
CONSEIL DELPHINAL, OU PARLEMENT
DE DAUPHINÉ.

Le Parlement de Dauphiné est le troisième de ceux de France, à le prendre du temps de sa Création; car alors il n'y avait que celuy de Paris et celuy de Toulouse. Ce fut Humbert II, le dernier des Dauphins de Viennois, qui l'institua par ses Lettres du 22 de Fevrier 1337, et l'établit dans le lieu de Beauvoir en Royans, sous le titre de Conseil Delphinal. Une année après il le transfera à S. Marcellin : Et enfin par d'autres Lettres du premier d'Aoust 1340, dans la Ville de Grenoble, où il est encore.

Il voulut qu'il fût composé de sept Juges, dont l'un seroit son Chancelier, qui étoit alors Jacques Brunier qui y devoit presider; mais deux ans après il y créa un President. François Fredulfe de Parme fut Chancelier après Brunier. Je donneray les noms des Chanceliers de Dauphiné dans un autre Ouvrage. Cette Cour Supérieure ou Souveraine a toujours été nommée Conseil Delphinal jusques en 1453, que le Dauphin Loüis, fils du Roy Charles VII, étant en cette Province, avec l'autorité de Prince, luy changea ce nom en celui de Parlement, comme le dit Guy-Pape, qui y étoit alors Conseiller, en ses questions 43 et 554, en ces termes : *De anno 1453, & de mense Iulij Dominus noster Delphinus Viennæ, loco Consilij Delphinatus subrogavit Parlamentum ; & ipsum Consilium Delphinale nunc appellatur seu nuncupatur Parlamentum ad instar Regii Parisiis.*

Il n'y eut alors aucune Creation nouvelle, et ce changement ne fit aucune alteration à l'ancienneté de ce Tribunal, qui a toujours tenu le troisiéme rang parmy les Parlements de France : auquel il a été maintenu par un arrest du Conseil du 3 de Decembre 1617. Et tous ceux qui ont écrit des Parlements en conviennent, entr'autres, Joseph Scaliger, natif de Bourdeaux, *in notitia Galliæ*, Boyer en son Commentaire sur le Traité du Grand Conseil, Carolus de Grassalio, *lib.* 1. *Regalium Franciæ*, Jacobus Bonandus aux Notes et Apostilles qu'il a faites sur le Traitez de Jean de Pierrerouge *in Proëmio Operis*, Moreri dans son Dictionnaire, la Rocheflavin, dans son Traité des Parlemens, Cambolas, liv. 5. ch. 18, de ses decisions de Droit, Monsieur Expilly, chap. 161, de son Recüeil d'Arrest.

Je pourrois alleguer d'autres preuves pour l'établissement de ce troisiéme rang ; mais comme j'en ay amplement parlé dans mon Ouvrage de l'Origine des Jurisdictions de Dauphiné, je n'en diray pas icy davantage, et je passeray au dessein que j'ay de faire connoître ceux qui ont presidé en ce Parlement.

I. GUILLAUME DUMAS.

Estoit Juge Majeur de tout le Dauphiné, lors qu'il fut creé President au Conseil Delphinal l'an 1342, et y fût confirmé l'an 1345 ; De luy est derivée la famille de Dumas, qui habite dans la Comté de Clermont en Viennois, et qui porte d'argent à l'Aigle de Sable. Il étoit fils de Lantelme Dumas Gentil-homme de Chatte, au Diocese de Vienne.

II. ESTIENNE ROUX.

Estoit Conseiller du Conseil Privé du Dauphin, l'an 1339, et l'an 1340, il assista en cette qualité, en un accord qui fut fait à Lyon entre le Dauphin et le Comte de Savoye, le 26 de May. Par

Lettres du même Prince du 7 de Decembre 1344, il fut commis avec Amblard, Seigneur de Beaumont, Amedée de Rossillon, Seigneur de Bouchage, François de Theys, Seigneur de Thorane, pour recevoir les hommages qui luy étoient dûs par l'Eveque de Grenoble, et par quelques Seigneurs du Royaume de France. Il fut President l'an 1346. Il fut aussi Chancelier du Dauphin. Sa Famille subsiste encore, et porte d'Argent à trois chênes de Sinople en pal englantez d'or. Ce fut luy qui reçut au Conseil le Dauphin Charles, en 1349, lors qu'il prit possession de cette Province, ensuite du transport que Humbert Dauphin luy avoit fait.

Ce Prince habita même dans le Palais où l'on tenoit le Conseil, et qui étoit le sejour ordinaire des Dauphins de Viennois, et d'une fenêtre, duquel le fils de Humbert tomba dans l'Isere, lors que son pere se joüoit avec luy, étant entre les bras de sa Nourrice.

Ce fut sous ce President que le Conseil par son authorité appaisa les querelles de plusieurs familles considerables, qui étoient celles d'Alleman, d'Aynard, de la Tour Vinay, de Châteauneuf, et de Bocsozel-Giere. Ce President fut leur Entremetteur. C'etoit un privilege de la Noblesse de cette Province de se pouvoir faire impunément la guerre sans l'authorité du Prince, Charles Dauphin commit le Conseil pour remedier à celle-cy, et cette Licence ne fut arrêtée que par le Dauphin Loüis l'an 1450.

Ce President avec les autres Officiers du Conseil qui étoient alors Jean Vallin, Jean Seppe, Guillaume Gelinon, Jacques de Rognes, André de la Mote, et Jacques Barru, accompagnerent le Dauphin Charles jusques à Vienne; d'où il se retira à Paris.

III. RAYMOND FALAVEL.

D'une famille Noble et ancienne, du lieu de Châte. Il avoit eu pour troisième ayeul, André Falavel, qui vivoit l'an 1223; celui-cy, étoit Conseiller du Conseil, et en fut fait President l'an 1355. Il a été l'ayeul de Jeanne Falavel, qui fut l'épouse de Noble Pierre Brenier, en laquelle finit cette famille, qui portoit de Sable à trois Annelets d'Argent.

C'estoit un homme d'excellent merite, qui avoit lû plusieurs années en l'Université de Grenoble ; et à cause de son sçavoir et de son intelligence aux affaires, Aymar de Poitiers, Comte de Valentinois, et de Diois, et Henry de Villars (Eveque), Comte de Valence, et de Die, ayant quelques differens au sujet de leur Jurisdiction sur Crest, Chabeüil, Châsteaudouble et Granne, le Dauphin qui fut nommé pour leur Arbitre par acte du 25 de Mars 1338, prit ce Falavel pour son Conseil. Ayant été fait Conseiller par ce Prince, il fut present en l'hommage qu'il rendit à l'Eglise de Nôtre Dame de Grenoble le 9. d'Avril 1340.

IV. GOBERT CARLAIRE.

Son origine m'est inconnüe ; je remarqueray en cet endroit que déja du temps de celuy-cy les Presidens du Conseil avoient le Gouvernement de la Province en l'absence du Gouverneur, et du Lieutenant ; car par des hommages rendus au Roy Dauphin en 1377, ce fut en la personne de ce Gobert Carlaire, tenant la place de Charles de Bouville Gouverneur.

Ce President eut quelques differens avec ce Gouuerneur, sur ce qu'il vouloit deffendre la chasse aux Gentils-hommes ; le Gouverneur, qui representoit le Prince, et qui en cette qualité avoit la premiere place au Conseil, voulut que son opinion prevalût à celle des Officiers, qui s'y opposerent, par une authorité qui fut condamnée à la Cour ; il menaça quelques-uns de ces Officiers de les faire mettre en prison, Carlaire se fortifia dans sa Maison ; mais quantité des Conseillers se refugierent à Avignon, c'estoient Raymon de Theys, Jacques Barru, Jacques de Rognes, et Amedée de la Motte ; ce fut l'an 1382.

V. ROBERT CORDELIER

Fut fait President l'an 1385, le merite et le sçavoir l'éleverent en cette dignité ; car il étoit d'une petite famille de Briançon, et il lisoit dans l'Université de Grenoble lors qu'il fût pourvû de cette Charge.

Ce fut de son temps que le Marquisat de Saluces fût uni au Dauphiné, et sa Jurisdiction à celle du Conseil.

VI. JEAN SEPPE OU SERPE.

Il étoit Conseiller Delphinal l'an 1391, President l'an 1397, et natif de la Ville de Grenoble. Il avoit esté fait Conseiller Delphinal l'an 1379. Il n'a pas eu de suite.

VII. GUILLAUME GELU

Estoit Conseiller au Conseil lors qu'il en fut fait President. Il estoit originaire du Village de Radieu en la Duché de Luxembourg, Guillaume de Layre Gouverneur de la Province, luy et les autres Officiers du Conseil signerent le traité qui fut fait dans la Chambre du Conseil le 26 de Septembre 1408. entre le Dauphin et Teodat de Lesfang Evêque de Saint Paul Trois Châteaux, par lequel le Dauphin fut admis au Parrage de cette Ville, Pierre Dalphin y assista comme député de l'Evêque. Geoffroy le Maingre dit Boucicaut, voulut encore défendre la Chasse aux Gentilshommes, mais la Noblesse s'étant attroupée et armée pour défendre ses droits, fut appuyée par le Conseil, et Boucicaut fut obligé de quitter la Province; ce fut l'an 1409.

VIII. GUILLAUME GELINON

Fut élevé en cette premiere place du Conseil l'an 1409. Il étoit Ecclesiastique, Prevôt de Cavaillon, et Conseiller Delphinal. J'ay vû dans les Archives des Freres Prêcheurs de Grenoble et dans un Regitre ces mots : *27. Iunij Anniversarium, R. P. Dom. Guillelmi Gelionis, Præpositi Ecclesiæ Cavalicensis, Præsidentis in Consilio Delphinali Gratianopolis residenti, qui dedit pro oneribus Capituli Provincialis supportandis, titulo puræ elemosinæ xxv florenos, valentes quinque scuta, anno Dom. 1420.*

Ce fut pardevant Geoffroy le Maingre dit Boucicaut, ce

Gelinon comme President, et les autres Officiers du Conseil, que les Seigneurs et Nobles de la Province firent leur hommage au Dauphin, l'an 1402.

IX. PIERRE DE THOLON.

D'une ancienne et Noble Famille des Baronies de Dauphiné, qui porte de Sinople, au Jay, ou Cigne d'Argent membré et becqué d'Or. Il étoit fils de Siffrey de Tholon, Seigneur de Sainte-Jalle, Conseigneur de Rochebrune, Conseiller au Conseil Delphinal, et de Madelaine de Remusac. Il fut pourvû l'an 1414, et reçû l'an 1417, et ensuite fait Chancelier du Duc de Bourgogne en 1452. De Jeanne Faret Dame de la Laupie sa femme, il eut Antoine de Tholon, dont la Posterité subsiste encore. Il fut l'ayeul de Disdier de Tholon, quarante-cinquième Grand-Maître de l'Ordre de S. Jean de Jerusalem.

Pendant la Presidence de celuy-cy, l'Empereur Sigismon passant en Dauphiné, siegea au Conseil l'an 1415.

L'an 1427, les Seigneurs et Nobles de Dauphiné prêterent hommage au Dauphin pardevant Alzear Rigaud, Chevalier, Lieutenant au Gouvernement de Dauphiné, ce Tholon comme President, et les autres Officiers du Conseil et de la Chambre des Comptes.

X. JACQUES GELU.

Estoit fils de Guillaume Gelu, dont j'ay parlé en son rang; fut Maître des Requêtes de Loüis Duc d'Orleans, President du Conseil Delphinal l'an 1422, Archevêque d'Embrun l'an 1427, puis de Tours, et mourut l'an 1432.

XI. JEAN GIRARD.

Estoit de la Ville d'Ambrun, d'une Famille à qui la Terre des Orres appartenoit, et qui porte d'Or au chevron de gueules, accompagné de trois Coquilles d'Azur.

Il étoit President l'an 1417, comme il se tire de plusieurs hommages rendus par quelques Seigneurs et Nobles de cette Province cette année-là, pardevant Henry de Sassenage, Gouverneur de Dauphiné, et ce President. On prêta encore de pareils hommages en 1424. Il en reçût encore comme tenant la place du Gouverneur et du Lieutenant de la Province. Il eut la même année et le 20 de Septembre une Commission pour les affaires du Dauphin, où il est qualifié *Vir Nobilitatis, probitatis, scientiæ, laudis et honestatis, circumspectus et magnæ authoritatis.*

Il fut Archevêque d'Ambrun l'an 1437, et de Vienne l'an 1444, et mourut l'an 1457.

XII. ADAM DE CAMBRAY

Estoit de Picardie, et fut fait President en ce Parlement l'an 1429, puis il le fut en celuy de Paris. Ses Armoiries étoient de gueules à la fasce potencée, et contrepotencée d'Argent, remplie d'Azur, accompagnée de trois Loups ravissans d'Or.

XIII. ESTIENNE GUILLON

Fut l'Artisan de sa fortune; car il étoit de petite famille de la Tour du Pin. Il eut des ennemis qu'il surmonta par son adresse, son esprit et son merite. Il fut President l'an 1429. Il fut destitué par de fausses accusations, et fut rétabli par son credit. Le Gouverneur et l'Evêque de Grenoble luy susciterent de fâcheuses affaires; mais il les consomma par une conduite judicieuse qu'il tira d'un genie admirable et d'un sçavoir profond. J'ay vû dans la Chambre des Comptes de Dauphiné les procedures qui furent faites contre luy. Avant que d'être President il avoit été Conseiller. Il épousa Montarzine de S. Germain, fille de Jacques de S. Germain, Avocat General du Conseil Delphinal et de Catherine Gras. Il en eut entre autres enfans Estienne Guillon, Seigneur de S. Maurice, qui n'eut qu'une fille, nommée Françoise Guillon, épouse de Philibert d'Arces, Seigneur de la Bâtie et Jean Guillon, qui fut pere de Leonne Guillon, femme d'Estienne Puget, et de Jeanne Guillon, mariée à Jean Griffon. En elles finit cette famille qui portoit d'Azur au sautoir d'Or.

XIV. GUILLAUME COUSSINOT.

Estoit de Languedoc, et lisant dans l'Université de Grenoble il en fut tiré pour être President l'an 1442.

XV. FRANÇOIS PORTIER

Estoit d'une Famille Noble de Vienne, qui portoit de gueules à deux tours d'Argent massonnées et crenelées de sable jointes par un entremur de même avec une porte : Il étoit petit fils de Jean Portier et fils de Loüis Portier, President en la Chambre des Comptes de Grenoble et de Pernete Saunier. Le Dauphin Loüis le fit President aprés qu'il eut changé le nom de Conseil Delphinal en celuy de Parlement l'an 1453 et il y étoit Conseiller depuis 1442. Le Dauphin contre l'intention du Roy Charles VII. son Pere, s'étoit fait reconnoitre Souverain dans le Dauphiné, sous pretexte que l'an 1349 cette Province avoit été transportée au Fils ainé de France, et non pas à la Couronne; mais le Roy étant venu en ce Païs pour reprimer l'audace de son Fils, et s'y faire reconnoitre Souverain l'an 1456 : il s'y fit rendre hommage par tous les Seigneurs, Nobles, Magistrats et Tiers Etat, qui renoncerent à la superiorité du Dauphin. Portier qui s'étoit démis de sa Charge, et avoit celle de Procureur des Trois Ordres, luy rendit toute la soûmission qu'il voulut, étant à S. Priest dans le Viennois, dont le Dauphin fut si irrité, qu'étant devenu Roy onziéme du nom, il accusa Portier de felonnie, et plusieurs autres qui s'étoient soûtraits de l'Obeïssance que ce Prince avoit crû luy être dûë comme Dauphin, leur nomma des Commissaires pour faire leur procez, aprés les avoir fait mettre en prison dans le Fort de Cornillon, où les Criminels d'Etat étoient enfermez, et où François Portier mourut de chagrin et de misere. Il n'eut point d'enfans, mais Jean Portier son frere, President en la Chambre des Comptes laissa posterité, finie par

Guigonne Portier, qui épousa Felix Guerre, dit la Croix, Avocat General en ce Parlement l'an 1551.

XVI. JEAN BAILE

Estoit Conseiller au Conseil, et y avoit été Avocat General lors qu'il fut mis à la place de Portier, qui avant le Regne de Loüis XI. s'étoit demis de sa Charge ce fût l'an 1457. Il étoit originaire de l'Ambrunois, Seigneur de Pellafol, de Saint Jullien, de Chaillot et de Freizinieres. D'Alix de Maroles sa femme il eut entre autres enfans, Pierre Baile, dont la posterité subsiste, et porte d'Or au chevron d'Azur, accompagné de trois Roses de gueules, Jean Archevêque d'Ambrun et Jeanne Fondatrice du Monastere de Sainte Claire de Grenoble de Filles de l'Ordre de S. François. Ce President s'étant declaré en faveur du Roy Charles VII. essuya aussi les ressentimens du Dauphin étant Roy, et fut aussi accusé de felonnie. Les Commissaires que le Roy avoit députés pour faire le procez à ceux qui s'étoient soûtraits de sa Puissance Delphinale, firent un Arrest contre luy le 11 de Juin 1463, par lequel, aprés l'avoir declaré convaincu d'infidelité et de désobeïssance, il fut condamné à la restitution des gages, des dons et de la pension affectée à la Charge de President.

XVII. GUILLAUME DE CORBIE

Estoit d'une Famille de Picardie, qui portoit d'Or à trois Corbeaux de sable membrez et becquez de gueules. Les Seigneurs de Jaigny en sont aujourd'huy. Il fut fait President l'an 1491. Il étoit fils de Philippes de Corbie, Seigneur de Marüeil et de Jaigny, Maitre des Requêtes de l'Hôtel du Roy, et de Jeanne de Chanteprime, et petit fils d'Arnaud de Corbie, Seigneur de Marüeil, Premier President au Parlement de Paris et Chancellier de France. Avant que d'être President Unique en Dauphiné, il avoit été Conseiller au Parlement de Paris; et l'Histoire porte que le Roy, aprés avoir soupé chez luy avec des Dames, luy donna cette Charge. De Jeanne de Longeüil sa femme il a laissé une posterité qui subsiste aujourd'huy. Jean de Corbie Evêque d'Auxerre étoit frere de son ayeul.

XVIII. PIERRE GRUEL

Estoit Seigneur de Villebois et de Laborel, et avoit eu pour bisaïeul Guillaume Gruel, qui vivoit l'an 1368. Sa famille est du Gapençois, et porte de gueules à trois Grues d'Argent : il n'eut point d'enfans; et la posterité de Claude de Gruel son frere subsiste aujourd'huy. Il fut fait President au Parlement l'an 1461, l'étant alors en la Chambre des Comptes. Dans cette premiere Charge il avoit par sa prudence pacifié les grands troubles que l'ambition d'un Evêque de Gap avoit suscités dans sa Ville pour y établir une Souveraineté contre celle du Comte de Provence, et la protection du Dauphin.

Ce fut luy qui presida à ce celebre Arrest, qui déclara la Principauté d'Orange unie à perpetuité au Fief Delphinal, en consequence du Traité fait avec le Roy et Guillaume de Châlon Prince d'Orange, le 6 de Juin 1475, par lequel il fut dit que cette Principauté étoit declarée mouvante de Dauphiné, et que les appellations de ses Juges ressortiroient à ce Parlement.

Il presida encore lors que par un autre Arrest du mois de May 1477, Jean de Châlon fils de Guillaume fut declaré rebelle, et sa Principauté confisquée, dont le Gouvernement fut donné à Jacques Baron de Sassenage.

De son temps le Parlement reçût encore les hommages dûs au Dauphin; ce fut l'an 1478. Il y est dit qu'ils sont prêtez pardevant le Parlement, faisant pour Jean de Daillon, Gouverneur de la Province.

XIX. JEAN PALMIER

Estoit du Viennois, fils d'un autre Jean Palmier et de Pernette de la Teissonniere : il fut fait President l'an 1480. De Caterine de Beaujeu sa femme; il eut entre autres enfans Jean Palmier, troisième du nom, qui fut President en ce Parlement, où alors il y en avoit deux, comme je diray à la suite, Pierre Palmier,

Conseiller au Grand Conseil, qui parmy ses enfans eut Pierre Palmier, Archevêque de Vienne. Antoine Palmier fut aussi un des fils de nôtre President Unique, et Conseiller en ce Parlement. La posterité de Jean 3.e subsiste encore aujourd'huy, et porte d'Azur à trois Palmes d'Or, deux et une. Ce President fut deputé avec Jean Rabot Conseiller, pour assister au Sacre du Roy Loüis XII.

XX. CHAFFREY CARLES,

Fut premierement Conseiller en ce Parlement l'an 1498, puis President unique l'an 1503 : Il le fut aussi au Senat de Milan sous Charles VIII. Et là Janus Parthasius, l'un des sçavans Hommes de son temps, luy dedia son Commentaire sur le Poëme de Claudien, du ravissement de Proserpine. Jean Marie de Catano luy presenta aussi ses Commentaires sur les Lettres de Pline le jeune. Le Poëte Jean-Baptiste Mantoüan fait son Eloge en l'un de ses Poëmes. Louis XII l'envoya son Ambassadeur auprés du Roy des Romains avec Jean Jaques Trivulce, Marquis de Vigesi, Maréchal de France, l'an 1508 : Sa Majesté luy accorda des Lettres de Chevalier, datées du 14 de May 1509. Il le fit Chevalier en luy donnant l'accollade en un champ de bataille où il avoit combatu l'épée à la main. Le Pape Leon X. auprés de qui il fut envoyé par le Roy, luy accorda un Indult par une Bulle que j'ay vûë en original, qui porte plusieurs exemptions et privileges, tant pour luy que pour les Conseillers qui étoient alors dans le Parlement et pour leurs femmes ; il y a un seau de plomb, où d'un côté est l'Image des SS. Apôtres Pierre et Paul ; et de l'autre, la figure d'un Ange qui tient le second doigt de sa main dextre contre sa bouche, avec ces mots : *Laissez dire ;* et de l'autre, il y a un écusson où sont les armes de Carles, de gueules au Lyon d'Or. Les Conseillers en faveur de qui cette Bulle est aussi accordée y sont nommez, Antoine Palmier, Doyen de l'Eglise de Gap, Pierre Lattier, Bertrand Rabot, François Marc, Estienne Olivier, Martin Gallien, François de Morard, Philippe Decius, Guigues Materon, Antoine de S. Marcel d'Avanson et Jean Materon. On voit encore la figure de cet Ange sur le frontispice de la maison qui appartenoit à ce Carles en la ruë des Clercs à Grenoble, qui appartient aujourd'huy à la Famille de Prunier Saint André, et au dedans sont plusieurs écussons du Roy et d'Anne de Bretagne sa femme, que Carles y fit élever pour un monument de sa reconnoissance. Sa posterité a fini de nos jours par une fille, Marguerite du Motet fut sa femme.

XXI. FALQUE D'AVRILLAC

Estoit de Lyon. Clemence Caille fut sa femme, dont il n'eut qu'une fille mariée à Laurent de Rabot, Conseiller en ce Parlement, elle avait nom Meraude d'Avrillac. Il fut fait President unique l'an 1516; ses Armoiries étoient d'Argent à trois bandes de sable. Il fonda une Chapelle dans l'Eglise des Freres Prêcheurs de Grenoble.

XXII. BONAVENTURE DE S. BARTELEMY

Fut fait President l'an 1533. Il étoit de Cesanne vers les frontieres de Piémont. Il étoit si charitable qu'il donna tout son bien aux Pauvres, et à sa mort on luy en trouva si peu, que le Parlement le fit enterrer à ses dépens.

XXIII. JEAN SAIXON

Eut la charge de President en 1536. Il étoit de Touraine; et parmy plusieurs Ouvrages qu'il a fait, il y a un Commentaire sur la Coûtume de cette Province. Il avoit été Lieutenant du Baillif de Touraine à Chastillon, puis Conseiller au Parlement de Paris. Ce fut de son temps qu'on crea en 1539 une Charge de Second President en ce Parlement en faveur de Michel de Guiez. On a fait depuis plusieurs Creations nouvelles en divers temps, tellement qu'aujourd'huy il y a neuf Presidens en ce Parlement.

Bien que ce Premier President fût étranger de cette Province, néanmoins il en soûtint toujours les droits et les privileges, et le Roy ayant fait l'Ordonnance de Villers-Coterets au mois d'Aoust 1539. Il s'opposa à la verification en ce Parlement; parce que le Roy y avoit parlé seulement en Roy et non pas en Dauphin; cette Province étant alors un Etat separé de celuy de France; et en effet, dans les Etats Generaux où ceux de Dauphiné étoient appellez, le titre étoit : *Les Etats de France et de Dauphiné* : Et les Legats envoyez de Rome étoient nommez, *Legats en France et en Dauphiné*. Ce n'a été que sous le Regne de Loüis XIII. que cette Province a été unie à la France, ayant toujours été un membre separé, à la forme du transport de 1349, où il est dit que cette Province ne seroit jamais unie au Royaume que l'Empire ne luy fût uni.

XXIV. CLAUDE DE BELLIEVRE

Estoit d'une Famille Noble de Lyon, et avoit eu pour bisaïeul Antoine de Bellievre qui vivoit l'an 1480. Celuy-cy fut reçû Premier President l'an 1541. Il épousa Loüise de Faye, fille de Pierre de Faye Seigneur d'Espeisses, et d'une fille de la maison de Patarin en Italie. Il fut le pere de Jean de Bellievre, qui fut aussi Premier President en ce Parlement, et dont je parleray en son rang, et de Pomponne de Bellievre, Chancellier de France. Les Armoiries de cette Maison sont d'Azur à la fasce d'Argent, accompagnée de trois Treffles d'Or.

Ce fut à la sollicitation de ce Premier Président que fut faite l'Ordonnance d'Abbeville locale pour cette Province le 24 de Fevrier 1541.

Ce Premier President, Guillaume de Portes President, et Felicien Boffin, Avocat General, s'étant ouvertement opposés aux violences du Baron des Adrets de la Ville de Grenoble, eurent la plus grande épreuve de ses ressentiments, et faillirent à y perdre la vie. Truchon se tint caché, de Portes se sauva en Savoye, et Boffin fut assassiné de plusieurs coups de dague derriere les Cordeliers, dont pourtant il ne mourut pas.

XXV. JEAN TRUCHON

Fut fait Premier President l'an 1549. Il étoit de Montfort Lamaury en Beausse. Il ne laissa aucuns enfans; et son neveu

Macé de Bazemont, President en la Chambre des Comptes de Dauphiné, fut son heritier. Il assista aux Etats d'Orleans le mois de Decembre 1560, et eut le troisième rang. Il portoit d'azur à deux serpens tortillez d'Or mis en pal, au chef cousu de gueules, chargé d'une Colombe d'argent. Macé de Bazemont President en la Chambre des Comptes son neveu a porté ces Armoiries à sa Posterité.

XXVI. JEAN DE BELLIEVRE

Etoit fils de Claude de Bellievre, Premier President de ce Parlement et frere de Pomponne de Bellievre, Chancelier de France. Il n'eut qu'une fille nommée Anne de Bellievre, qui eut pour mary Ennemond de Rabot. Il fut pourvû de cette Charge l'an 1578.

XXVII. ENNEMOND DE RABOT

Gendre du precedent fut fait Premier President l'an 1584. Il étoit fils de Laurent de Rabot, Conseiller en ce Parlement, et de Meraude d'Avrillac, fille de Falque d'Avrillac, aussi President, dont j'ay fait mention cy-devant : Son ayeul fut Bertrand de Rabot, Seigneur d'Upie, de Beuffieres et de Plaisance, aussi Conseiller; son ayeul avoit nom Jean de Rabot Conseiller au même Parlement, et Chancelier de Naples sous Charles VIII. Il n'eut qu'une fille nommée Anne de Rabot, qui eut pour époux Christophle de Harlay 2e du nom, Comte de Beaumont, Gouverneur de la Duché d'Orleans, Capitaine de cinquante Hommes d'Armes. Falque de Rabot fut son frere, qui a été pere d'un autre Laurent de Rabot, Conseiller au même Parlement, pere de Jean de Rabot, Seigneur de Veissilieu, Avocat General en ce Parlement, et de Pierre de Rabot Conseiller. Jean a laissé Pierre-Joseph de Rabot, qui a aussi été Conseiller au même Parlement. Cette Famille porte d'or à cinq pals de gueules; trois comêtes et deux flamboyans. Le Colonel Alphonse d'Ornano, Lieutenant du Roy en cette Province, étant passé en

Provence, ce Président gouverna pendant son absence, et tint aussi le troisième rang dans les Etats de Bloys l'an 1597.

XXIII. ARTUS DE PRUNIER

Fut Seigneur de S. André en Royans, de Virieu, de Bellecombe et de la Buissiere, et reçû Premier Président l'an 1603. Il étoit fils d'un autre Artus de Prunier Receveur et Tresorier General en Dauphiné, et de Jeanne de la Colombiere, qui le premier de sa Famille vint s'habituer en Dauphiné. Elle est originaire d'Anjou où vivoit l'an 1430. Pierre de Prunier Seigneur de Prunier en Anjou et de la Bresche en Parsey près de l'Isle Bouchard, lequel fut le bisayeul de cet Artus de Prunier qui eut pour frere ainé Jean de Prunier, Seigneur de Fouchau en Touraine et d'Escoussieux en Forêts, qui a été l'ayeul de Marie de Prunier, épouse du Chancelier Pomponne de Bellievre. Cet Artus 2e a laissé une Posterité divisée en deux branches, en celle du Marquis de Virieu, et en celle du Seigneur de Lemps. Il eut cinq filles mariées dans les maisons de Pascal, de Gilbert-Vauseche, de Bazemon, de Virieu et de Montchenu. Pendant qu'il étoit Premier Président en ce Parlement, il fut commis pour l'être en celuy de Provence, qui tenoit alors le party du Roy, et par sa prudence, il ramena à son service les Officiers qui s'en étoient détachez, sous pretexte de la Ligue. Les Armoiries de Prunier sont de gueules à la Tour d'Argent surmontée d'une autre de même.

Ce fut par le conseil de ce sage Gouverneur et par les judicieuses remontrances qu'il dit au Baron de Gordes, Lieutenant de Roy au Gouvernement de cette Province, que le massacre de de la S. Bartelemy ne s'étendit pas en Dauphiné : Et ce fut luy qui dans une Assemblée tenuë à la Côte Saint André, trouva les moyens de pacifier les troubles en cette Province. Il n'étoit alors que President, et n'avoit pas encore la premiere place de ce Parlement. Le Gouverneur de la Province ayant été fait prisonnier l'an 1590 devant Toissay, les Protestans étant également puissans en cette Province, chaque Party se fit un Chef pour les commander; Lesdiguieres le fut des Protestans; mais par une

Assemblée des Catholiques tenuë le 24 d'Avril de la même année, ce President fut choisi pour les gouverner.

XXIX. CLAUDE FRERE

Fut Avocat General au Grand Conseil en 1596, Maître des Requêtes en 1602, Conseiller d'Etat en 1614, et Premier President en ce Parlement l'an 1616. Il étoit originaire de la Ville de Valence en Dauphiné, et fils de Giraud Frere. Il épousa Madeleine Plovier fille de Bertrand Plovier, Seigneur de Quaix, Premier President en la Chambre des Comptes de Grenoble, de laquelle il eut Loüis Frere, qui luy succeda en sa Charge. Ses Armoiries étoient d'azur à une Etoile d'argent au chef d'Or chargé d'une Croix pâtée de gueules.

XXX. LOUIS FRERE

Estoit fils du precedent, et il fut fait Premier President l'an 1641, étant Maître des Requêtes. Il épousa Charlote de Phelipeau fille de Paul de Phelipeau, Seigneur de Pontchartrain Secretaire d'Etat, et d'Anne de Pontcharnois, dont il n'eut point d'enfans.

XXXI. PIERRE LEGOUX

Seigneur de la Berchere, Marquis d'Inteville, Comte de Rochepot, étoit Premier President au Parlement de Dijon lors qu'il le fut en celuy de Grenoble l'an 1644. Il étoit descendu de Jean Legoux de la Province de Bourgogne, qui vivoit l'an 1444 : ce Jean étoit son cinquième ayeul, et fut pere de Pierre Legoux, Chancelier de Bourgogne. Nôtre Premier President étoit fils d'un autre Jean Legoux, aussi Premier President au même Parlement de Dijon, et de Marguerite Brulart de Sillery. Il a été le pere d'Urbain Legoux, Maître des Requêtes, Intendant des Finances, et de Charles Legoux, Archevêque d'Alby. Les Armoiries de cette Famille sont d'argent à la tête de More de sable tortillée du champ accompagnée de trois Etoiles de gueules.

XXXII. DENYS LEGOUX

Estoit frere du precedent, et Maître des Requêtes, il succeda en sa Charge de Premier President l'an 1653.

XXXIII. NICOLAS DE PRUNIER

Marquis de Virieu, Seigneur de Saint André en Royans, a été pourvû de la Charge de Premier President l'an 1680. Il a été Ambassadeur pour le Roy à Venise, où il soûtint vigoureusement la préseance de la France sur l'Espagne. De Marie du Faure petite fille par sa mere du Premier President Claude Frere : il n'a laissé que deux filles, Justine mariée à Joseph-Louis-Alphonse, Marquis de Sassenage ; l'autre Marie, est fille. Il étoit fils de Laurent Prunier, President en ce Parlement, et de Marguerite de Bellievre, fille de Pomponne de Bellievre, Chancelier de France. Son frere Gabriel de Prunier, aujourd'huy Marquis de Virieu, President au même Parlement, est le Chef de la Famille, et Homme d'excellent merite.

XXXIV. PIERRE PUCELLE

Il étoit fils du celebre Avocat Pucelle, qui par ses doctes Plaidoyers et ses sçavantes Consultations s'étoit acquis une grande reputation : Il aimoit tant cette Noble Profession, que quelques biens qu'il eût acquis, et quelques Dignitez ou Charges qui luy fussent presentées, il ne la voulut point quitter, et mourut même en plaidant. Il avoit raison de la cherir, car elle a été à juste titre appellée *Seminarium Dignitatum*. Les Avocats parmy les Romains avoient les mêmes privileges que ceux qui étoient employez à la Guerre, *quia*, dit la Loy, *Advocati*, C. de Advoc. diver. Iud. *Non minus militant quam illi qui gladiis, clypeis et thoracibus nituntur* : C'est pour cela que Guy Pape decis. 288. François Marc, vol. 1. qu. 659. n. 4.

vol. 2. qu. 185. appellent cette Profession *litterata Militia;* sur quoy un Poëte Latin a galamment dit,

Hoc quoque Militiæ genus est civilibus armis
Compositum......

Aussi ceux qui postuloient en ce Parlement, après l'avoir fait vingt-ans, acqueroient la Noblesse transmissible; c'est pour cela que François Marc dit qu'ils étoient de *Primo Statu Provinciæ*; et Guy Pape *decis.* 88. qu'ils prêtoient hommage à la maniere des Nobles, et dans la 888 que *Advocati officium nobile est;* tellement que bien que par les Arrests en Reglement de 1602 et de 1639 rendus au Conseil pour cette Province, ils ayent été privez de la Noblesse transmissible, neanmoins la personnelle ne leur a jamais été disputée. Ils étoient appellez aux Jugemens du Parlement à defaut de Juges; ils étoient pour cela nommez Consistoriaux, comme Guy Pape le rapporte en ses decisions 121 et 127. *secum vocatis aliis in Iuribus Peritis.*

Antomne en sa Conference des Ordonnances sur les Loix 1. et 2. *C. de hæredit. actione.* et Imbert dans ses Institutions Forenses liv. 1. chap. 17. disent que les Parlemens portoient un tel honneur aux Avocats, qu'ils étoient bien-aises de les entendre sur leur opinion, avant que de donner la leur.

Les Armoiries de ce Premier President sont de gueules à la Croix engrelée d'or, cantonnée au premier et quatrième de Croissans montans d'Argent et au deuxième et quatrième de deux Treffles de même.

XXXV. PIERRE DE BERULLE

Vicomte de Guïancourt.

Il a été Maitre des Requêtes, Intendant en Auvergne, et l'étant, des Provinces de Lionnois, Forets et Beaujolois, et de la Ville de Lyon, il a été fait Premier President en ce Parlement l'an 1694. Son pere Charles de Berulle, Vicomte de Guïancourt, Baron de Centenchote, a aussi été Maitre des Requêtes; Jean de Berulle son ayeul de même, Conseiller d'Etat, Intendant des Finances et Procureur General de la Reine Marie de Medecis; et Claude de Berulle son bisayeul, Conseiller au Parlement de Paris; Pierre de Berulle, Cardinal de l'Eglise Romaine, Ministre d'Etat et Ambassadeur à Rome, a été le frere de son ayeul, et il est descendu d'Amaury de Berulle, qui vivoit l'an 1340. Ses Armoiries sont de gueules au chevron d'Or, accompagné de trois Molettes de même.

FIN.

APOLOGIE

DE M. GUY ALLARD,

AVOCAT AU PARLEMENT DE GRENOBLE.

Réimprimé sur le SEUL exemplaire connu.

H. GARIEL.

APOLOGIE
DE M. GUY ALLARD,
Avocat au Parlement de Grenoble.

L'ARREST que ce Parlement en la premiere Chambre a rendu contre moy le 26 du mois de Juin 1697, a fait croire à bien des gens que j'étois coupable, et qu'une peine aussi severe, que de me charger de rendre un compte d'un maniement étranger de me rendre responsable d'une negociation que je n'ay point connuë, et faite par un homme qui ne m'est ni allié ni ami, et m'exposer, pour ainsi dire, à faire l'impossible; n'a pû m'être imposée que par des motifs bien pressans.

Cependant comme les preventions sont toûjours naturellement desavantageuses, et qu'un jugement semblable en a pû faire naistre dans des esprits foibles et malins, j'ay crû que je devois me justifier, en faisant connoistre l'origine et la suite de cette affaire.

Avant que d'entrer dans ce détail, je declare que je ne murmure point contre la rigueur de cet Arrest, que je baise respectueusement la main qui me châtie, que je m'écrie avec Symmachus parlant du Senat de Rome, *vera ratus quæcumque autore Senatu probatur*. Je connais avec le Psalmiste Royal, *Justitia et judicium præparatio sedis Dei*.

Je proteste donc, que ce n'est pas pour me plaindre que je fais cette Apologie, que je suis dans le dessein d'executer l'Arrest autant qu'il me sera possible, que ce n'est pas parce qu'il m'arrache mon bien pour le donner à un homme à qui je ne dois rien, qu'il porte dans ma maison un feu pour la consommer, qu'il me conduit à l'Hôpital, ou peut-être l'un de mes Juges aura la bonté de me recevoir; qu'il me fait le ministre d'une procedure dont je suis incapable, qu'il me veut faire trouver un bien dont je n'ay eu aucun maniment, et qu'il me veut rendre garent des fautes d'un autre, que je veux apprendre au public cette rude catastrophe.

Je veux l'instruire que je meritois un sort plus heureux, que j'étois assez distingué dans le monde pour m'affranchir de ce coup funeste, que mes amis m'ont abandonné, et bien que je sçache que je dois mon malheur à ceux qui m'avoient comblé d'éloges, qui m'avoient promis leur amitié, et dont je m'étois assez rendu digne pour la meriter, par quelques services que je leur avois rendus; je veux passer l'éponge sur le ressentiment que j'en pourrois raisonnablement avoir. Je suis persuadé de ce que dit Aristote dans le 5. de ses Ethiques ch. 7. que la Iustice ne considere point la qualité des personnes, mais celle de leurs pretentions; qu'elle ne regarde pas les hommes comme vertueux ou comme amis, mais comme des Citoyens égaux; ainsi si mes Iuges ont crû que je n'avois pas raison j'aurois tort de les blâmer, mais comme l'on pourroit dire que je me suis mal deffendu, j'ay crû que je devois en instruire le public. Voici le fait.

Il y a vingt-deux ans que le nommé de Calma se presenta pardevant moi en qualité de Iuge du Cham pour prester le serment sur les fonctions de la tutelle que les parents d'un nommé Christophle Perard lui avoient decernée.

Il ne me fit point voir l'acte de nomination qui avoit esté fait à la charge qu'il donneroit caution, et je receus son serment, sans parler de ladite caution, ce qui ne l'en devoit pas dispenser, puisque c'étoit la condition sous laquelle il avoit esté nommé, je ne l'en avois pas dispensé directement ni pas même tacitement, par la reception de son serment dont l'acte ne devoit être consideré que comme une homologation de celui de ladite nomination.

Il est pourtant arrivé que ce tuteur présumé insolvable a donné lieu à ce pupil de me venir inquieter, subsidiairement fondé sur les titres du Code et des digestes *de Magistratibus conveniendis*.

M. d'Orcieres mon Avocat s'est surmonté par ses raisons, par les autoritez qu'il a rapportées, et par son éloquence ordinaire. Il a soûtenu avec raison que je n'étois point au cas de cette Rubriche du droit, qu'il n'y avoit point de ma faute, que la reception du serment n'avoit point dispensé d'une caution pretenduë et demandée, que ce n'étoit point à moy de l'ordonner sans en être requis, que je ne devois pas même l'ordonner; parce que l'usage en étoit peu frequent, que la loy 12 au Code *de administ. tutor.* dit même que *agens pro pupillo non tenetur cauere de tuto.* En voici les termes *tutores debita pupillaria seu deposita reposcentes ad satisdationem compelli non posse manifestum est.*

Qu'il suffisoit qu'il y eut des nominateurs solvables parce qu'ils étoient cautions de droit, que c'étoit à eux à veiller *rem pupilli salvam fore*, à lui donner un tuteur solvable et diligent, et à lui faire donner caution *l. nepotibus C. qui petant tutores.*

Cependant à leur sçeu et de leur consentement ce Tuteur a geré, a negotié et a manié les biens de son Tuteur. Puisqu'ils avoient préveu qu'il avoit besoin de caution pourquoi ne la requerir pas au Juge? pourquoi ne lui demander pas l'execution de la condition avec laquelle il estoit nommé? Le Juge s'étoit reposé sur leur solvabilité, et ne devoit pas éxiger une précaution plus necessaire à moins qu'on ne le demandât.

D'autre part tous les Docteurs regardent ces titres *de Magistratibus conveniendis*, comme une chimere, comme un piege, comme un attentat à la bonne foy, comme une brêche à l'authorité d'un Juge : aussi tous les Parlemens les ont rejettés. Ils ont pris le parti des Juges, et dés le moment qu'ils ont veus que les Magistras n'avoient point agi frauduleusement, ils leur ont rendu justice, et les ont déchargez de ce phantôme de subsidiaire qui n'a jamais pû obscurcir leurs sinceres et penetrantes lumieres.

Souvent ces titres ont donné lieu à des pupils outragez par la conduite de leurs Tuteurs, de s'en servir contre les Magistrats ou contre les nominateurs; mais les Cours Superieures comme des Anges tutelaires de la probité des Iuges inferieurs, comme les protecteurs des officiers Subalternes, ont debouté ces demandeurs temeraires de leurs injustes pretentions. La Roche

Flavin en rapporte un Arrest du Parlement de Toulouse du 25 de Fevrier 1591. Automne un de Bordeaux du 3. de Mai 1493. Belot un de Bretagne du 3. de Iuin 1612. Puymisson un de Toulouse de 1603. Despeisses un autre de Montpellier du 9 d'Aoust 1605; Louët et Brodeau en rapportent aussi du Parlement de Paris, et taxent d'injustice ceux qui comprennent les Magistrats dans la subsidiaire des pupils.

Cujas le plus sçavant Iurisconsulte que la France ait eu, et qui a esté Conseiller au Parlement de Grenoble, sur la loi 21, §. *Iuliam*, et sur la loi *quod si tuta*, et la troisième *de magistr. conven.* decide nettement que le Magistrat n'est pas responsable s'il n'a pas fait donner caution au tuteur.

Il est certain que ces titres sont abrogez comme le dit Chopin sur la Coûtume de Paris liv. 2 ch. 7 n. 11.

Chenu dans sa quest. 29 dit positivement que les Iuges ni les Magistrats qui decernent le tuteur ne sont aucunement responsables de leur insuffisance ni insolvabilité, *officium suum quod ejus cum quo contraxit non etiam sui commodi causa suscepit damnosum esse*, suivant la loi *si servus §. si vera ff. de furtis*, joint que *consilii non fraudulenti nulla est obligatio : ut in regulis juris*.

Où est ma faute dans cette rencontre? le tuteur et le pupil m'étoient inconnus, je n'ai point nommé le tuteur, il ne l'a point esté en ma presence, et c'est pourtant ce qu'exigent toutes les loix de ces titres; qui ne rendent responsables les Magistrats que des tuteurs qu'ils ont nommés. J'ai octroyé actes au tuteur, il m'a dit qu'il a esté nommé par les parents j'homologue la nomination, et quand par ce serment je lui permets d'exercer, c'est à la forme de la nomination. J'ay appliqué le Sceau à la transaction qui avoit esté faite entr'eux, et je ne l'ay point alterée.

C'étoit aux nominateurs à faire executer leur nomination, le serment ny l'acte que j'en ay octroyé, ne leur a pas lié les mains : en tout cas leur negligence pouvoit donner un mouvement à la Cour d'ordonner la subsidiaire contr'eux, avant que de me mettre en proye aux persecutions d'un pupil. Mornac cite un Arrest du Parlement de Paris du 14 de Decembre 1600 qui declare les nominateurs responsables de l'insolvabilité d'un tuteur faute de lui avoir fait prester la caution dont ils l'avoient chargé.

Ce sont les seuls qui doivent indemniser le pupil, dit Charondas qui rapporte un Arrest dudit Parlement du 17. de Decembre 1550, il est bien de plus, c'est que le même Parlement par un Arrest du 14 d'Aoust 1587 a dechargé des nominateurs dont la bonne foi étoit connuë, à plus forte raison un Magistrat contre lequel on ne pouvoit objecter aucune fraude. C'est Guenois qui rapporte cet Arrest et qui dit même que les titres du Digeste *de fidejussoribus et nominatoribus tutorum* n'a plus de lieu.

Toutes ces autoritez ont esté rapportées par M. d'Orcieres mon Avocat, il y a ajoûté des raisonnements et des reflexions dignes de son esprit et de son sçavoir.

M. Moret qui a pris la parole pour Messieurs les Gens du Roy a fait voir, par ses solides reflexions et ses sages raisonnements, qu'une cause aussi juste que la mienne meritoit une fin plus heureuse.

A quoi dois-je raporter mon malheur : je le trouve bien grand d'être la victime d'une rubriche abandonnée et rejettée par tous les Parlements de France, qui n'a pas même esté receuë jusques icy dans ce Parlement, et où tant d'autres pouvoient servir de prejugé, selon la loi *rem judex C. de senten. et interlocut.*

J'étois si prevenu de mon bon droit, que je chantois la victoire avant que de l'avoir remportée. Je disois avec Guy Pape dans sa question 362 que l'équité d'un Juge devoit prevaloir à la rigueur des loix, qu'on ne pouvoit m'intriguer dans une affaire passée il y a plus de 20 ans. Et devois-je croire qu'on m'ordonnat de compter pour un tuteur avec lequel je n'ay jamais eu commerce de deniers, dont je n'ay point manié les biens, et m'appliquer à un emploi, de ce qui a été negocié par une personne étrangere.

C'est me reduire à l'impossible, c'est me plonger dans l'obscurité d'un cahos. N'est-ce pas me soûmettre à ce miserable état dont parle Macrobe *lib. 2 cap. 4 in sumno Scipionis. In re naturaliter obscura quæ in exponendo plura quam necesse est superfundit. addit tenebras, non adimit densitatem.*

Qui me saisira des quittances des creanciers, pour établir une dépense, Perard me rapportera-t'il un inventaire de ses biens, et m'en voudra-t'il charger ? puis-je apprendre la dépense, et où la découvrirai-je.

Ces difficultez ne pouvoient-elles pas toucher mes Juges ? Je leur ay tendu la main pour me retirer du precipice sur le bord duquel j'estois; mais au lieu de me secourir, ils se sont aidez à m'y faire tomber : ils ont bien voulu oublier que *æquitas est ordinatio justitiæ temperata et quod debet obedire misericordiæ*, dit *Afflictus* en ses constitutions de Naples liv. 1. Rubr. 17. n. 28.

Ay-je assez du bien pour en faire à un étranger, tiens-je quelque chose de lui, ay-je profitez de ses dépoüilles, ay-je esté le complice des fautes de son tuteur? l'ay-je affranchi de sa caution; ay-je perverti les conditions de sa nomination? Tant plus j'examine les choses, et plus j'entre dans l'étonnement que me donne cet Arrest. Je n'ose en chercher les motifs, et il n'est pas permis à un profane d'entrer dans le Sanctuaire. J'ay cette consolation que tout le monde me plaint, que chacun demeure interdit au souvenir de ma disgrace, que tout le Barreau écouta la prononciation de cet Arrest au-delà de ses esperances.

Je sçai même, et c'est encore quelque soulagement à ma douleur, que tous les Iuges ne me crurent pas dignes de la foudre qu'on a lancée contre moy.

Ie ne sçay ce que j'ay fait aux autres, j'avois trouvé auprés d'eux un accueil obligeant, ils m'avoient offert leur amitié et leur protection, et j'en esperois des marques dans une occasion où il ne s'agissoit point de faire restituer à un usurpateur des biens mal acquis, à un possesseur des fonds sujets à des hypoteques, à faire rendre des choses enlevées, à faire payer des debtes, ou punir un criminel.

Je pouvois me flatter de quelque distinction avantageuse, que j'avois acquis quelque estime parmi les gens de lettres, que je vivois d'une maniere tranquille et reguliere, que les emplois où je suis pour le Roy et pour le Public me demandoient tout entier; cependant on m'en arrache pour me donner à un inconnu, pour me faire son agent, pour chercher ses biens, pour en répondre, et pour lui faire don des miens.

Je croyois que dans un tribunal où il y a plusieurs sçavans, l'empressement que j'ay pour les lettres, m'y devoit avoir acquis quelque credit, qu'à la faveur des Muses j'y devois trouver des Mecenas, que mon innocence et ma bonne foy devoient combler les rides d'une loy severe, qu'on y pouvoit sans devenir Sophiste l'interpreter en ma faveur; mais ils en ont aimé les épines, ils y ont cherché plus qu'elle ne vouloit. J'avoüe que je ne meritois pas l'honneur que le grand Pompée fit au Philosophe Posidonius, Auguste au Philosophe Arrian, Denys de Syracuse à Platon; mais je devois au moins esperer qu'on se dût souvenir que j'ay travaillé pour la gloire de ma patrie, et même avec quelque application pour le Parlement, et ne s'agissant pas d'une restitution, d'une punition ni d'une affaire importante, que j'avois affaire avec un inconnu, pouvois-je pas dire avec Iuvenal, *ut dubitet Senecam præferri Neroni.*

Peut-être que le Ciel m'a puni d'avoir presumé tant de choses favorables pour moy, la prosperité est souvent accablée, et je puis dire avec Florus *lib. 1. cap. 2. causa tantæ calamitatis eadem quæ omnium nimia prosperitas.*

J'estois bien abusé de croire pour mes amis ceux qui me le disoient, *nomen amicitiæ, nomen inane,* dit Ovide en son art d'aimer. Devois-je pas bien dire avec Cardan Falale, *mihi est à nullis deterius haberi quàm à civibus meis et amicis.*

Mais à quoi bon faire ces reflexions, ne considerons pas mes Juges comme mes amis, mais comme mes Juges, l'esprit de Dieu qui les anime est le garent de leurs resolutions, la loy qui les guide leur empêche de faillir, les titres *de Magistratibus conveniendis* leur servent d'excuse, et je ne dois pas me plaindre s'ils m'ont abandonné au sort rigoureux que ces titres imposent.

Cependant s'ils ont eu le dessein de me perdre, n'ont-ils pas preveu que cet Arrest est un préjugé qui va rejaillir contre tous les Juges de la Province, n'auront-t'ils point de regret de voir appauvrir un grand nombre d'honnestes gens, de Magistrats endormis à l'ombre de tant d'Arrests qui les affranchissent de la servitude d'une loy abrogée, qui consideroient ces titr. rigoureux comme des festes qu'on ne chommoit plus, qui ne tr oient aucun Arrest pendant plus de 4. siecles depuis que le Parlement de Grenoble a esté institué, qui soit aussi fulminant que celuy-cy. Combien de familles qui sont à leur aise vont estre en proye à des pupils recourans. Bien que cet Arrest ne soit pas un Senatusconsulte, et rendu les Chambres assemblées comme celuy-cy le devoit être à cause de sa consequence; je ne laisse pas de le croire aussi puissant et aussi formidable qu'une loy : mais comme les Arrests ont toûjours esté la fin des procez, *hic inter procellas humanas portus instructus,* dit Cassiodore, ne voit-on pas que celuy-cy en va faire naître une infinité. A combien d'imprecations vay-je être exposé pour y avoir donné sujet? En tout cas ce n'est pas ma faute, ce n'est pas même celle de ma partie ignorante qui n'a esté que l'instrument de quelque ennemi.

Il a crû de m'opprimer par un coup rude et dangereux. S'il a eu le dessein de m'oster mon bien, en voicy le chemin; mais s'il a eu la pensée de me mortifier, ou de ternir ma gloire par une accusation, il se trompe. Je reçois ce coup avec toute la constance d'un Philosophe; et ma gloire est assez bien établie pour n'aprehender pas qu'on l'obscurcie.

Lors que Socrate étoit persecuté par Avitus et Melitus, il disoit qu'ils pouvoient bien le faire mourir; mais qu'ils ne pouvoient lui faire du mal. Le Parlement a pû m'ôter mon bien; mais il n'a point ébranlé ma vertu : et je reçois avec respect le coup fatal que son Arrest m'a donné, et la perte de mon bien ne fera pas celle de ma vertu.

Je sçay qu'il reçoit scrupuleusement les Loix Romaines, et j'en vois un effet en son Arrest. Mais veut-il bien me permettre de lui representer ce que mon Avocat et le sçavant M. Moret lui ont déja dit. Ce n'est pas pour me plaindre de ce qu'ils n'ont pas été crûs; mais c'est pour désabuser le Public, qui croit que je n'ay pas été bien défendu, puis qu'on m'a condamné.

Il est certain que je ne suis point dans le cas de la Rubriche. Elle veut que les Magistrats soient responsables de l'insolvabilité des tuteurs, s'ils n'ont pas eu le soin de leur en donner de propres et de solvables. Tout roule sur ce mot de donner; et voici les termes qui sont dans quelques Loix.

La Loy premiere du Digeste dit, *sed si à Magistratibus municipalibus tutor datus sit.* Au §. 7. de la même Loy, *si præses tutorem dederit.*

Il n'est pas même au pouvoir du Magistrat de le donner, et s'il n'y a point de parens, il faut que les voisins le soient, *si quando desunt, in civitate ex qua pupilli creandi sunt idonei videantur, officium est Magistratuum exquirere ex vicinis civitatibus honestissorum quemque et nomina Provinciæ mittere non ipsos arbitirum dandi sibi vindicare.* Puisque le Magistrat ne peut de son autorité donner un tuteur, doit-il répondre de celui qui est nommé par des parens, et le serment qu'il lui fait prester peut-il l'engager? C'étoient des reflexions legitimes, mais mon malheur ou si l'on veut mon étoile les a fait éclipser.

Je reviens encore aux autres endroits qui font connoistre que le Juge n'est responsable que du tuteur qu'il donne, le §. 11 de la même loy si *Magistratus ab initio idoneum dederit*, la loi 2. *duos tutores à magistratibus datos*.

La loi 7. *in magistratibus qui tutorem dederunt*.

Si donc je n'ay pas donné le tuteur à Perard, étoit-ce à moi de répondre de son insuffisance, et quand j'ay receu son serment, n'est-ce pas pour l'obliger sous ce sacré ministere, à suivre les conditions de sa nomination. Avois-je rendu sa nomination moins solemnelle et moins obligatoire : *conditio suspendit actum usque ad conditionis eventum l. filius familias ff. de condict. et demonstrat*. La nomination étoit suspenduë jusques à ce qu'il en eut consommé la condition, les parents nominateurs l'y devoient obliger et un Juge éloigné de six lieuës qui a receu un serment pour executer un acte conditionnel, a-t'il pû et même dû veiller à le faire observer?

Pourquoi dois-je être la victime immolée pour l'expiation d'une faute qu'un autre a commise : cependant je le suis. Je cours au bucher avec la même soûmission que le jeune Isaac s'y porta pour obeïr à son pere. Mais peut-être que la Cour connoissant mon obeïssance et ma deference subrogera un autre holocauste, qu'elle aura pitié de moi et qu'elle ne m'obligera pas à des choses impossibles et à des procedures au delà de mes forces ; peut-être que des gens charitables m'aideront à surmonter les tempestes que j'apprehende de trouver dans la mer orageuse de cet Arrest, et que je pourrai découvrir que ce tuteur n'a rien fait contre son pupil qui ne fut juste. La caution et le secours subsidiaire ne sont donnez qu'afin que *res pupilli salva sit*, je ne dois pas entrer dans le détail des affaires d'un pupil devenu majeur, les cautions ne sont pas données pour les majeurs, ainsi Perrat cherchera, s'il lui plait, d'autres garents de ce que de Calma a negotié pour lui majeur.

Je finis mon Apologie que j'ay entreprise, non pas pour faire connoitre que mes Juges ont mal jugé, ce n'est pas ma pensée, je suis persuadé qu'ils ont crû de bien faire, mais j'ose leur dire, qu'ils pouvoient me considerer comme un homme qui

meritoit leur protection qu'il y avoit des moyens à expliquer la loy sans me l'appliquer, je ne sçay même s'ils ont approuvé que l'un de mes parens ait esté de leur nombre, et si par là cet Arrest peut subsister; enfin mon Apologie n'est que pour faire connoistre au public que je ne suis point coupable, et que j'ay bien esté deffendu..
.................**MANET ALTA MENTE REPOSTUM JUDICIUM PARIDIS.**

L'ETAT POLITIQUE

DE LA VILLE DE

Grenoble, pour 1698.

Par Me Guy Allard Ancien Conseiller du Roy, President en l'Election de cette Ville.

Se vendent A GRENOBLE,

Chez l'Auteur.

Avec Privilege.

M. DC. XCVIII.

Réimprimé sur l'exemplaire de la bibliothèque de Grenoble, le SEUL connu.

H. GARIEL.

A MONSEIGNEVR

L'EMINENTISSIME

CARDINAL

LE CAMUS,

EVESQVE ET PRINCE

de Grenoble.

MONSEIGNEVR,

J'ose faire paroître ce petit Ouvrage sous les auspices de *VOSTRE EMINENCE*; parce qu'il concerne une Ville qui lui apartient en partie, et de laquelle Elle fait le principal ornement. Ses Predecesseurs l'ont possedée en Souveraineté, avant que les premiers Dauphins de Viennois y eussent aucune part; Et ce n'est pas sans cause que les Papes et les Empereurs les ont qualifié PRINCES : Ainsi, *MONSEIGNEVR*, V. E. aura la bonté de proteger ce Travail. En parlant d'Elle, je pouvois m'étendre sur de plus grands Eloges; Car tous les jours Elle en donne de grands sujets, et je serois inépuisable si je voulois parler de sa sainteté de vie, de ses frequentes Visites, de ses continuelles Predications, de ses utiles charitez, du bon ordre et de la sage conduite qu'Elle a introduits dans son Clergé, et de tant d'autres rares qualitez qu'Elle possede. Mais, MONSEIGNEVR, tout le monde le sçait ; si bien qu'il seroit inutile que je le publiasse. Ie diray encore que VOSTRE EMINENCE a des bontez infinies, et comme Elle en a eu pour moy, il est juste que j'apprenne au Public que je suis avec un profond respect,

MONSEIGNEVR,

DE VOSTRE EMINENCE,

Le tres-humble et tres-obéissant serviteur,
ALLARD.

PREFACE.

J'ay composé l'Histoire de Dauphiné, et j'étois dans le dessein de la faire imprimer, en ayant même obtenu un Privilege du Roy; mais les nouvelles connoissances que j'ay tirées de la Chambre des Comptes, me fournissant aussi de nouveaux endroits; je vais y ajoûter bien des choses qui la rendront plus curieuse et mieux complete.

Cependant ayant vû les Etats Politiques de toutes les Villes de Parlement, j'ay crû que je devois en dresser un pour celle de Grenoble, tel que je le donne, et j'en ay détaché la matiere de mon Histoire Generale.

J'en donneray un pour chacune année; mais je les feray tous differens : car on y trouvera des incidents particuliers, et par occasion j'espere d'y comprendre tout ce qui concernera les autres Villes de la Province.

J'ay des evenemens illustres de celle de Grenoble, arrivez en divers siecles, et l'on trouvera en l'un de mes Etats toutes les Inscriptions Romaines.

Je feray voir que les Dauphins de Viennois avoient un Conseil avant que d'avoir établi celui que nous appellons Parlement. Je rapporteray les diverses creations de ses Officiers. L'on connoîtra les Hommes Illustres qui y ont paru. Et les plus considerables Commissions qu'il la eu n'y seront pas oubliées. Je pourray mesme, si je le veux, donner es noms de tous ses officiers depuis son établissement.

Je découvriray ce qu'étoient les Finances du regne des Dauphins de Viennois, quels étoient les Rationaux, les Tresoriers, et les autres qui avoient la Direction et le maniment des deniers des Princes.

Et il me reste tant de choses à dire sur les matieres que je traite en cet Etat, que la diversité des autres fera voir que ce ne sera pas une repetition.

Il y a long-temps que je travaille à la gloire de ma Patrie; bien que souvent j'y ay trouvé des ingrats et des faux amis; mais cela ne m'a pas rebuté. Ie dois à ceux qui m'honorent de leur estime, et mesme au Public, le conte de mes recherches. La Posterité pourroit me reprocher de les avoir laissées ensevelies dans la poudre de mon Cabinet, et tant de Heros que j'ay déja celebrez, et ceux que je vais faire revivre estant connus par mes soins chez nos neveux, on m'y fera part de leur gloire.

Ie ne dois pas, si me semble, loüer des Hommes superbes, infatuez de leur ancienne Noblesse, qui n'ont d'autre merite que celui de leur Naissance, et à qui la vanité ôte le jugement; de faux amis qui vous trahissent, après qu'on s'est efforcé de relever leur famille chancelante : des parens qui oublient leur sang, pour soûtenir des paradoxes; de certains devots qui sacrifient des victimes innocentes à leur zele indiscret; des gens qui connoissent mieux un paralle d'Architecture qu'un paragraphe de Droit : D'autres qui se croyent celebres, parce qu'ils ont un grand nombre de Livres, cependant qui ne les connoissent que par leur couverture : D'autres plus propres au badinage et à la crapule, qu'aux employs serieux ausquels leur Charge les oblige : D'autres qui n'ont du lustre que celuy d'une famille empruntée : D'autres qui n'ont cueilly le Laurier que dans leurs Iardins : Des ignorans, des ennemis des gens de lettres, des sophistes des loix, des envieux et des jaloux de la gloire et de la posterité d'autruy.

Ceux-là seuls meritent des éloges qui se sont signalez par leurs exploits, qui ont merité les grands Employs sans les avoir briguès, qui soûtiennent l'éclat de leur race et qui en ajoûtent un nouveau, qui sçavent rendre la justice sans interests et sans prevention; qui sont distinguez par leur sçavoir, qui sont d'une pieté solide, qui sont affables, complaisans, sans affectation, bienfaisans et vertueux.

Ce sont ceux cy qui meritent mes veilles, c'est pour eux que ie vais continuer de travailler.

Dans mon Histoire de Dauphiné qui est en Dictionnaire, on y verra l'ancienne Geographie de cette Province, quels Peuples l'ont habité, sous quelle Domination elle a esté en divers temps : sa Religion ancienne et moderne : quels ont esté les Bardes, les Druides et ses autres Prestres ou Sacrificateurs : ses Familles éteintes et celles qui subsistent, avec le blason de leurs Armoiries, la division de ses paroisses, ses Tribunaux, ses Hommes Illustres : quels Officiers elle a donné aux Empereurs et aux Roys : ses anciennes Monoyes : les Concessions des Empereurs aux Dauphins, aux Comte de Valentinois, aux Barons de Meüillon : les Dignitez, les Tribunaux, les Merveilles, les simples, plantes, fleurs, Eaux curieuses et minerales : tous ses Prelats, tous les Officiers depuis la creation des Sieges de Iustice :

ses Gouverneurs et Lieutenans : ses Benefices et ses Eglises, de quel Ordre, de quelle nomination, de quel vocable : tous les Seigneurs des Terres depuis 400 ans. Et enfin tout ce qui peut tomber dans la matiere d'une Histoire generale.

Comme iusques icy les outrages que i'ay reçûs de mes ennemis ne m'ont pas estonné ni troublé; que ma plume n'en a pas esté ralentie; ie verray touiours ceux qu'ils ont encor envie de me faire avec le mesme mépris. Ie feray comme la Palme *curvata resurgo*.

Ce petit Ouvrage, que i'ay détaché de mon Dictionnaire, paroîtra peut estre assez curieux, pour recevoir quelque approbation. Il paroit mesme assez utile pour n'estre pas rebuté. La forme que i'y donne, quelque nette qu'elle soit, ne m'empeschera pas de la changer, si l'on me fait connoître qu'il en faille une autre.

L'ESTAT POLITIQUE DE LA VILLE DE Grenoble pour 1698.

Cette Ville est dans une Plaine, entourée de tous côtez des Montagnes des Alpes, à deux lieües de leur entrée, ou est un Village appellé Voreppe, *Vorago Alpium*, la Gueule des Alpes. D'un côté, et tirant contre le midy, est le commencement des Alpes Maritimes : et de l'autre celuy des Cottiennes, qui comprennent l'Allobrogie ou la Savoye jusques en Piemont. Son ancien nom estoit *Cularo*. Des vieilles Inscriptions qui estoient sur deux de ses portes nous l'aprennent. On y trouve ces mots, *Muris Cularonensibus* : Et Plancus écrivant à Ciceron étant en cette Ville, met dans sa lettre, *Cularone Vocontiorum in confinibus Allobrogum*. En effet la riviere de l'Isere qui la traverse separoit les Allobroges des Voconces; et ce Païs s'étendoit bien avant dans le Valentinois, Luc en étoit la capitale Ville, et Die est appellée par les anciens Geographes, *Dea Vocontiorum*. Ce fut a la consideration de Gratian qu'on lui donna le nom de *Gratianopolis*, Ville de Gratian, et en François Grenoble.

Comme j'ay écrit l'Histoire de cette Ville, que je pretens de rendre publique, je n'ay pas crû d'en devoir dire davantage dans ce petit Ouvrage, que j'ay entrepris plûtost pour l'utilité que pour la curiosité.

Ses Fortifications.

Elles sont de huit gros Bastions dans la plaine, accompagnez de courtines et d'orillons bien terrassez, et les dehors de grands et larges fossez avec des demy lunes, des contrescarpes, de chemins couverts, et autres ouvrages necessaires à la défense d'une Ville. Une montagne appellée Chademont est toute ceinte de grosses et hautes murailles regulierement bâties, qui se terminent à une Forteresse appellée Bastille au sommet de la montagne. Elle a aussi dans la plaine et au septentrion, une Forteresse nommée Arsenac où il y a Garnison.

Ses Portes.

Celle de Bonne est au midy.
Celle de Tracloître au levant.
Celle du Quaix au couchant.
Celle de France du mesme côté.
Celle de S. Laurent au septentrion.

Ses Places.

Celle de S. André, parce que l'Eglise de ce nom y est d'un côté : le Palais est de l'autre.
Celle de Nostre-Dame, qui fait face à l'Eglise Cathedrale de ce nom.
Celle du Breüil, ou de la Grenette, qui sert pour les Marchez.
Celle du Ban de Mal-conseil, ou des Herbes, où les menus vivres sont vendus.
Celles des Tilleuls, parce qu'il y a de ces sortes d'arbres.
Celle de Claveson fort petite.

Ses Rûes.

Chénoise.	Brocherie.
Marchande.	Du Chapelet.
Du Beuf.	Du Palais.
De Saint Iaime.	Porte Treyne, ou Grande Ruë.

Derriere S. André.
Peyroliere, ou des Clercs.
De Nôtre-Dame.
Pertuisiere, ou de Sainte Claire.
Bournolenc, ou des Vieux Jesuites.
Paillaret.
Des Prestres.
Tracloistre.
Des Olliers.
Des Capucins.
Du Temple.
De Sainte Vrsule.

Neufve de Bonne.
S. Iacques.
Des Meuriers.
Bonne.
Crequy.
Ragny.
Lesdiguieres.
Saint François.
Montorges.
La Perriere.
Saint Laurent.
Chalemont.

Ie donneray dans un autre état l'éthimologie de leurs noms.

Ses Foires.

De Saint Vincent.
De la Veille des Rameaux.
De la My-Aoust.
De Sainte Barbe.

Ses Marches.

Le Mercredy et le Samedy.

Son Hôtel de Ville.

Avant l'établissement des Maires il y avoit quatre Consuls. Le Premier, Gentilhomme de la robe ou de l'epée alternativement ; le second Procureur ; le troisieme Marchand ; le quatriéme de l'un des Fauxbourgs de la Perriere ou de Saint Laurent : et depuis l'an 1562 jusques en 1692 que par Edit du mois d'Août les Maires furent creéz.

Le Roy a souhaité que tous les Officiers de Ville fussent Catholiques ; il y en a eu un de la Religion Pretenduë Reformée alternativement le second ou le troisième : Aprés la creation du Maire il n'y en a plus eu de Noble.

Il y avoit aussi un Avocat et un Procureur de Ville élûs par le peuple, aussi bien que les Consuls : mais ils ont esté suprimez : et divers Offices ont esté creéz. Voicy tous ceux qui remplissent cet Hôtel.

Les Sieurs

Liousse Maire creé, et demeure prés de la Place Claveson.

Aymar premier Consul, à la Grenette.

Clapasson deuxième Consul, et Assesseur, ruë Portetreine, ou Grande.

Marsal troisiéme Consul, et Assesseur, ruë Portetreine.

Bouvet quatriéme Consul, ruë Saint Laurent.

Ebrard la Valonne Assesseur, ruë de Bonne.

Boneti Assesseur, ruë Marchande.

Roman Copier Assesseur, à la Grenette.

Peilleaud Assesseur, ruë des Clercs ou Peyroliere.

Didon Assesseur, ruë Portetreyne ou Grande.

Maillet Procureur du Roy creé par Edit du mois de Iuillet 1690. ruë des Clercs.

Avril Secretaire, Place des Tilleuls.

Surville Iuge Politique, à la Grenette.

Marjolet Adjoint, place S. André.

Tavel autre Adjoint, à S. Laurent.

Il y a quatre Valets de Ville, quatre Pertusaniers, et cinq Portiers.

Le Gouverneur de cette Ville.

Monsieur Emé Marquis de Marcieux.

Il l'est aussi de l'Arsenac, et du Bailliage de Graisivodan.

Le Major de la Ville.

Monsieur de Calignon la Frey.

Le Lieutenant au Gouvernement de l'Arsenac.

Monsieur Dauby de Moransol.

Le Major de l'Arsenac.

Monsieur de la Baume.

Les Colleges.

Celuy des Freres Prescheurs pour la Theologie, et deux cours de Philosophie.

Celuy des Peres Iesuites pour toutes les Classes, depuis 1651 : les Freres Prêcheurs l'avoient auparavant.

Les Familles Nobles.

Les Familles dont je donne icy le détail, ne sont pas toutes originaires de Grenoble. Il y en a mesme peu. Ie n'y comprens point celles où il y a des Officiers aux deux Cours Superieures, et au Bureau des Finances, où il y en a de tres-anciennes : et d'autres Ennoblies par leurs Offices, suivant l'ancienne liberté de cette Province, confirmée par deux Arrests du Conseil des 15 d'Avril 1602, et 24 d'Octobre 1639.

Alleman-Montrigaud.	Boffin-d'Argenson.
Agout-Voreppe.	Du Bois.
Aleric Rosset.	Brenier.
Audeyer.	Briancon de Varce.
Auriac-Marseline.	Bucher S. Guillaume.
La Baume.	Calignon.
Beatrix-Robert.	Chaboud.
Berenger-Dugaz.	Chaulnes.
Bergeran.	La Combe.
Du Beuf.	La Croix-Chevrieres.
Bienvenu.	Dauby.
Blanc-S. Estienne.	Dornes, Dupré.
Blanlus.	Durand.

Emé Marcieux.
Euvrard.
Ferrand-Teste-Guimetieres.
Du Four la Repara.
La Gache.
Galien de Chabons.
Galle.
Griffon.
Iouffrey.
Langes.
Langon.
Lemps.
Lionne.
Menon.
Menze.
Merindol de Vaux.
Montaynaud.
Morard la Bayete.
La Morte-Laval.
Du Motet.
Ourcieres.
Perrachon.
Perrot.

Philibert-Venterol.
Portes.
Prunier.
Du Puy.
Ravier.
Repellin.
Rosset-la-Marteliere.
Roux-de-Morges.
Sarrasin.
Sassenage.
Sautereau.
Servient.
Sibuet.
Simiane.
Surville.
Thomé.
Vaugimy.
Vauserre-des-Adrets.
Ventes.
Vernet.
Vial.
Vignon-Barnoux.
Virieu-Pupetieres.

Les Eglises.

Nostre Dame est la Cathedrale. Elle estoit anciennement dédiée à S. Vincent, et servie par des Chanoines Reguliers de S. Augustin. Ce fut S. Hugues, l'un de ses Evêques, qui y introduisit la Regularité en 1136, et elle fut secularisée par une Bulle du Pape Paul IV de l'an 1557. Son Evêque est aujourd'huy Estienne le Camus Cardinal de l'Eglise Romaine, dont la pieté, le merite et le savoir sont connus. Il y a un Doyen, un Presenteur, un Aumônier, un Sacristain, et un Infirmier, et quinze autres Chanoines. La Tradition nous apprend que cette Eglise a esté fondée par Charlemagne environ l'an 777.

S. André fut fondé par le Dauphin Guigues-André dans le lieu de Champagnier en 1226. et une année après par des Lettres du dernier de Fevrier il transfera ce Chapitre à Grenoble. C'est une Eglise Collegiale appellée la Chapelle Delphinale, composée d'un Prevost et de douze Chanoines.

Saint Laurent est un ancien Prioré de l'Ordre de S. Benoit, dans un des Faux-Bourgs de cette Ville, qui porte son nom, et fut fondé l'an 540 peu d'années après l'Institution de cet Ordre. On y voit un Ergastule ou Chapelle soûterraine, où les Chrestiens faisoient le Service lors des Persecutions. Le Prieur est Seigneur temporel des deux ruës de S. Laurent et de la Perriere.

La Madeleine est un Prioré au pied du Pont de bois, à la teste de la ruë Chenoise, et derriere le Palais. Il fut fondé par S. Hugues l'an 1082. sous le titre de Maison Hospitaliere. Le Prieur et les Chanoines de l'Ordre de S. Augustin furent secularisez en mesme temps que ceux de Notre-Dame. Ils sont unis à la Cathedrale. Les Cordeliers servent aujourd'huy cette Eglise, et en occupent la Maison.

Les Cordeliers occupent donc cette Eglise, leur Convent estoit au quartier de l'Isle hors de la Ville, et le Connétable de Lesdiguieres les en sortit, parce qu'il fit de cet endroit une partie de l'Arsenac. Ils y estoient depuis 1240.

Les Freres Prêcheurs ou Iacobins sont au levant de la Place du Breüil, et furent fondez par Humbert de La Tour Dauphin de Viennois, Anne heritiere de Dauphine sa femme, et Guillaume de Sassenage Evêque de Grenoble l'an 1288.

Les Minimes ont esté fondez à la Plaine par Laurent Alleman Evêque de Grenoble l'an 1496. et à Grenoble l'an 1644. Ils sont au quartier de Tracloistre en la ruë du Temple.

Les Recollets ont deux Couvents, l'un hors de la porte de Bonne vers les Granges, fondé par le Roy Henry IV, l'an 1609, et un autre auprès de l'Evêché.

Les Capucins s'établirent en cette Ville en 1610; ils sont en une ruë qui porte leur nom.

Les Augustins qui sont au quartier de la Tresorerie près du Quaix de l'Isere depuis 1621.

Les Peres Iesuites vinrent habiter l'an   dans la ruë Bournolenc, et de là ils passerent en la ruë Neufve de Bonne, où ils sont encore, ayant le Colege depuis 1651. que les Freres Prècheurs avoient auparavant.

Les Carmes Déchaussez sont aux Fauxbourg de Tracloitre, leur établissement fut l'an 1653.

Les Freres de la Charité servent en un Hôpital appellé de la Charité, dressé pour les malades dans la Nouvelle Enceinte depuis 1661.

Les Peres de l'Oratoire ont esté introduits en cette Ville par nôtre Illustre Prelat en   ils sont en la ruë du Temple, et occupent l'endroit où étoit le Temple des Protestans, qui fut abbatu par ordre du Roy, et transféré hors de la Ville. Ils ont le Seminaire.

Le Couvent des Religieuses de Sainte Claire, de l'Ordre de S. François, fondé par Loüys XI.

Les Religieuses de la Visitation ont deux Monasteres, l'un sur la Montagne de Chalemont, et Saint François de Sales a posé la premiere pierre de leurs Bâtimens en 1619. l'autre est en la ruë de Tracloître.

Les Bernardines sont en ruë Neufve, sous le titre de Sainte Cecile.

Les Religieuses de Sainte Vrsule sont en une ruë du quartier de Tracloistre.

Les Carmelites sont en la Nouvelle Enceinte, où elles ont fait bâtir un Monastere en 1679.

Les Religieuses du Verbe-Incarné en la Place du Breüil, sont en cette Ville depuis 1643.

Les Hôpitaliers servent un Hôpital et la Chapelle de S. Antoine en ruë Perriere, qui appartient à l'Ordre de ce nom.

Il y en a une de la Madelaine pour les Filles Penitentes, qui est servie par des Religieuses Celestes, en ruë Neufve de Bonne.

Celle de la Propagation est en ruë S. Iacques.

Celle des Orphelines, vers les Meuriers.

Celle des Penitens Blancs de Confalon en ruë Neufve.

Celle des Penitens Blancs du S. Sacrement dans l'Eglise du Prioré de S. Laurent.

Les Filles de S. Ioseph prés la Porte de S. Laurent.

Quant aux Eglises Parroissiales, il y a celle de S. Hugues et de S. Iean jointe à la Cathedrale. Elles étoient autrefois divisées, et celle de S. Iean étoit auprés de l'Eglise de S. André; mais elle fut unie à l'autre à la fin du dernier siecle.

De nos jours on a fait bâtir deux autres Eglises Parroissiales, l'une dans la Ville et en la nouvelle Enceinte, dédiée à S. Loüis, l'autre hors de la porte de Bonne dédiée aux Saints Ioseph et Estienne pour les habitans des Granges.

Le Monastere de Montfleury de l'Ordre de S. Dominique, qui est auprés de Grenoble, a esté fondé par Humbert II. Dauphin de Viennois, l'an 1342. pour des Filles de qualité, qui sont aussi distinguées par leur pieté et leur esprit, qu'elles le sont par leur Noblesse.

Les Hôpitaux.

IL y en avoit un fondé par S. Hugues Evêque de Grenoble l'an 1082. sous le titre d'Aumône, c'est le Prioré de la Madelaine.

L'Hôpital general fondé par Iean de Chissé Evêque de Grenoble, l'an 1424.

Celuy de la Charité pour les hommes malades, servy par les Freres de la Charité.

Celuy des femmes malades, servy par des Filles Hospitalieres.

Celuy de la Providence en la ruë de la Perriere, sans revenu, et où il y a toûjours un grand nombre de malades qui ne vivent que de la Providence et de la charité des gens.

Celuy de S. Roch pour les pestiferez est hors de la porte de Tracloistre, il a esté fondé par Graton d'Arcelle et Guiete-Viard sa femme par son testament du dernier de Ianvier 1485.

Les Iours du départ et de l'arrivée des Courriers en cette Ville.

I.

LE Courier de Paris passe par Fontainebleau, Nevers, Moulins, Roüanne, et autres Villes où on prend les lettres du Nivernois, Bourbonnois, Auvergne et Beaujolois : Et passant par Dijon, Beaune, Châlons, Mâcon, et autres Villes où on prend les Lettres de Champagne, Bourgogne, Bresse et Franche-Comté, Saint-Chaumont, Montbrison, Saint Etienne, Le Puy, et autres Villes de Forest et du Velay, Allemagne, Suisse, Geneve et Alliez; Rome, Naples, Luques, Livourne, Pise, Sienne, Florence, Gennes, Turin, et autres Villes Meridionnales d'Italie, Venise, Milan, Bergame, Bresse, et autres Villes

Septentrionnales d'Italie, passe à Lion, et arrive à Grenoble le Lundy, Mecredy et Samedy à trois heures après midy, et part le Mardi, Vendredy et Dimanche au soir.

II.

Les Couriers de Provence, Languedoc et bas Dauphiné, apportent les Lettres de Bourdeaux, Rodez, Cahors, Montauban, Leitoure, Pau, Bayonne, et autres Villes de Guienne, Roüergue, Quercy, Gascogne, Bearn et Navarre, passe à Toulouze, Carcassonne et autres Villes du haut-Languedoc, et Païs de Foix, Perpignan, Narbonne, Beziers, Montpellier, Nimes, Beaucaire, Vsez, Bagnol, le Saint Esprit, et autres Villes du Roussillon, Bas Languedoc, Cevennes et Vivarez, Nice, Monaco, Toulon, Marseille, Aix, Avignon, Orange, et autres Villes du Contat, Provence et Comté de Nice, arrive à Grenoble le Dimanche, Mardy, Vendredy, et part en payant le port jusques à Valence, le Lundy, Ieudy, Samedy à huit heures du matin. Montelimart, Valence, Romans, Saint Marcelin, et autres Lieux du Bas Dauphiné, arrive à Grenoble le Dimanche, Mardy, Vendredy à huit heures du soir; et part de Grenoble le Lundy, Ieudy, Samedy à huit heures du matin.

III.

Chambery, Pignerol, Suze, Briançon, arrive à Grenoble le Dimanche, Mardy, Vendredy au soir, et part le Lundy, Mecredy, Samedy, après midy.

IV.

Die, et autres Lieux dudit Diocese, arrive à Grenoble le Mecredy au soir, et part le Vendredy au matin.

V.

Pour les Provinces de Normandie, Perche, Beauce, Orleanois, Touraine, Maine, Bretagne, Anjou, Poitou, Marche, Angoumois, Xintonge, Angleterre, il faut affranchir les Lettres jusques à Paris.

L'Isle de France, Berry, Limosin, Perigord, Bordeaux, Guienne, Gascongne, Bearn; Navarre, il faut affranchir jusques à Lyon.

Les Royaumes d'Espagne, Portugal, Hollande, Flandre, Lorraine, l'Alsace, Allemagne, l'on ne paye rien, d'où les Lettres arrivent à Grenoble à l'arrivée des Couriers de Paris.

L'Intendant ou Commissaire départy en cette Province pour les affaires du Roy.

C'EST Monsieur Bouchu, qui loge en cette Ville à l'Hôtel de Lesdiguieres.

L'Introduction des Intendans n'est pas nouvelle en France; car déja Loüis le Debonnaire en envoya par tout le Royaume, pour estre instruit des abus qui pouvoient y avoir esté commis, des crimes qui s'y étoient pratiquez et generalement de l'estat où estoient les Provinces. Ils avoient la charge d'oüir les plaintes des oppressez, d'en dresser des procez verbaux, et de ne rien negliger de ce qui pouvoit servir à la gloire du Roy, à l'utilité et au bien de ses Sujets. L'Evêque Alberic et le Comte Richard furent ceux qu'il envoya à Vienne en Dauphiné.

Les Intendans des Finances estoient nommez parmy les Romains *Præfecti Ærarij*, comme un Tresorier General de qui toutes les Recettes des deniers publics dépendoient.

C'estoit du nom de *Præfectus* qu'on appelloit ceux qui avoient la direction des choses publiques à Rome, d'où vient que celuy qui avoit celle des Ouvriers estoit appellé *Præfectus Fabrum*, et ainsi des autres.

Les Officiers de Quartier,

Les Sieurs

I.

DUPORT Colonel, a sa Compagnie au Quartier S. Laurent, et demeure en ruë de Bonne.

Guinier son lieutenant, ruë S. Laurent.

II.

Raynaud Capitaine du Quartier de Tracloitre, demeure en ruë Neufve.
Caillat son Lieutenant, ruë Marchande.

III.

Iuge Capitaine du Quartier de ruë Neufve, demeure en ruë S. Iacques.
Pointet son Lieutenant, ruë Neufve.

IV.

Giraud Capitaine du Quartier de la Place du Banc de Malconseil, loge en la ruë des Vieux Iesuites, ou Bournolenc.
Arnaud son Lieutenant, sur le Quaix.

V.

De Vaux Capitaine du Quartier de la Grenette, loge en cette Place.
Guerin son Lieutenant, ruë Bournolenc ou des Vieux Iesuites.

VI.

Amart Capitaine au Quartier de S. Laurent du costé des vignes, loge en ladite ruë.
Bugillon son Lieutenant, ruë Porte-treine ou Grande.

VII.

La Grange Capitaine du Quartier Portetreyne ou Grande ruë, loge en cette ruë.
Duclaut son Lieutenant, ruë Brocherie.

VIII.

Abram Capitaine au Quartier du Beuf, loge en ruë Neufve.
Palaix son Lieutenant, vers le Pont de Bois.

IX.

Teissier Capitaine au Quartier de la ruë des Clercs, loge en la ruë Brocherie.
Ioannin son Lieutenant, ruë Portetreyne.

X.

Vigier Capitaine au Quartier de Montorge, loge en la ruë de Lesdiguieres.
Molesin son Lieutenant, ruë du Palaix.

XI.

Vulpian Capitaine du Quartier de Bonne, loge à la Grenette.
Olagnier son Lieutenant, ruë S. Laurent.

XII.

Lesbros Capitaine au Quartier de la Pertuisiere, loge en cette ruë.
Imbert son Lieutenant, ruë Portetreyne.

XIII.

Riviere Capitaine au Fauxbourg de Tracloitre, loge en ruë Neuve.
Favier son Lieutenant, loge en ce Fauxbourg.

XIV.

Bonety, Capitaine au quartier de la ruë Chenoise, loge en cette ruë.

Bonety son frere et son Lieutenant, ruë Marchande.

XV.

Martin, Capitaine du quartier des Granges, loge en ruë Neuve.

Drié son Lieutenant, à la Perriere.

XVI.

Mallet, Capitaine du quartier de la Perriere, loge en ruë Chenoise.

Gontier son Lieutenant, loge audit quartier.

Le Colege des Medecins.

Il a esté établi en cette Ville par Lettres Patentes du Roy Henry IV. de 1606.

Il y a des Statuts qui ont esté enregistrez au Greffe du Parlement en vertu de son Arrest du 11. d'Avril 1620, lesquels ont esté confirmez par Arrest du Conseil d'Estat du 23 de Iuin 1676. Voicy les noms des Medecins agregez en ce Colege.

Maistres.

Monin Conseiller et Medecin ordinaire du Roy, Chef du Colege, loge en ruë Portetreyne ou Grande.

Donys Doyen, loge vers la Place aux Herbes tirant contre la ruë Nôtre-Dame.

Gigard, en la ruë de Bonne.

Paris, en la ruë Chenoise.

Levet, à la Grenette.

Patras, loge en la ruë Bournolenc, ou des Vieux Iesuites.

Francieres, en ruë Peyroliere, ou des Clercs.

Les Apoticaires.

Par des Lettres Patentes du mois de Decembre 1609 l'Art de Pharmacie fut erigé en Maitrise dans cette Ville. Elles furent verifiées au Parlement le 12 d'Aoust 1611, à la charge que nul

Apoticaire ne seroit reçu qu'en presence de trois des Officiers du Parlement, du Iuge de la Ville, et des Consuls, et qu'il seroit examiné par les Medecins.

Il n'y a des Maîtrises en cette Ville que celles des Orfevres et des Barbiers, Etuvistes, et Perruquiers.

Le Parlement.

Il fut institué par Humbert Dauphin II. du nom, sous le titre de Conseil Delphinal, par Lettres du 22 de Fevrier 1337, et il l'établit à Beauvesin dans le Royanois. De là il le transfera à Saint Marcellin, une année après : et enfin à Grenoble, où il est encor, par d'autres Lettres du premier d'Aoust 1340.

Il le composa de son Chancelier pour y presider, et de sept autres Conseillers. Il y joignit les Rationaux ou Gens des Comptes. Le Dauphin Louys qui fut Roy XI. du nom, changea ce nom de Conseil en celuy de Parlement par Lettres du mois de Iuillet 1453. Il est le troisiéme de ceux de France, après ceux de Paris et de Tolose, et il a toûjours eu le rang dans les Assemblées des Estats et des Notables du Royaume, auquel il a esté maintenu par un arrest du Conseil du 3 de Decembre 1617.

L'an 1342 le mesme Humbert Dauphin y crea un President. Il n'y en eut qu'un jusques en 1532 que le Roy François I en crea un second, et pourvût de cette Charge Michel de Guiez. Il y en a aujourd'huy dix.

Voicy le nombre des Officiers qui le composent, et les Chambres où ils sont de service, avec les ruës où ils habitent.

AV PREMIER BVREAV.

Messieurs les Presidents.

De Berulle Premier President, ruë Pertuisiere, ou de Sainte Claire.
De la Poype Grandmont, ruë Neufve.
De Murat, vers l'Arsenac.
De Bazemon, ruë Chenoise.

Messieurs les Conseillers.

Marnais de la Roussiliere Conseiller Clerc, Doyen de l'Eglise de Nôtre-Dame, ruë Portetreyne ou Grande ruë.
Eyraud de S. Marcel, ruë Bournolenc ou des Vieux Iesuites.
De Chaleon, ruë de Crequy.
Baudet de Beauregard, ruë Nôtre-Dame.
De Bovets Garde des Seaux, sur le Quaix.
De Chalvet, ruë de Crequy.
De Beauvoir Faverges, mesme ruë.
De Michel du Sauzay, ruë des Prêtres.
De Bardonenche, ruë Tracloitre.
De Guillet, ruë Peyroliere, ou des Clercs.
Duclot de Beaulieu, ruë Brocherie.
Rabot de Buffieres, ruë Chenoise.
Barrin, ruë Perriere.

AV SECOND BVREAV.

Messieurs les Presidents.

D'Yse de Saleon, sur le Quaix.
Beffin de la Sone, ruë S. Iaime.

Messieurs les Conseillers.

Dv Pillon Conseiller Clerc, Chanoine en l'Eglise Nôtre-Dame, prés des Tilleuls. Il est le Doyen du Parlement.
Francon de Revel, ruë Neufve.
Chevalier des Hoches, ruë de Bonne.
Morel Darcit, Place des Tilleuls.
Mistral de Montmiral, ruë Neufve.
Bout de S. Disdier, ruë Bournolenc, ou des Vieux Iesuites.
De Guerin, ruë S. Iaime.
Marnais de Beauvais, ruë de Crequy.
De la Porte la Forteresse, ruë de Lesdiguieres.
De Pina la Balme, ruë Bournolenc, ou des Vieux Iesuites.

De Vachon, ruë S. Iacques.
De Pourroy, ruë Portetreyne ou Grande.
Morard de Montrivier, Place des Tilleuls.

AV TROISIEME BVREAV.

Messieurs les Presidents.

Allois, ruë de Bonne.
Gratet de Brangoz, Place S. André.

Messieurs les Conseillers.

Guignard de S. Priest, ruë Bournolenc ou des Vieux Iesuites.
De Gallian du Percy, ruë S. Iaime.
De Gumin Hautefort, ruë Bournolenc, ou des Vieux Iesuites.
De Ferrus S. Richard, ruë Pertuisiere ou de Sainte Claire.
Aymon de Franquieres, sur le Quaix.
La Baume Pluvinel d'Aigluy, ruë Chénoise.
De Vaux Palagnin, ruë Portetreyne ou Grande.
Giraud de S. Perrier, ruë Nôtre-Dame.
Morel Conseiller Clerc Chanoine en l'Eglise de Nôtre-Dame, Place des Tilleuls.
Lovat, Place du Beuf.
Berger de Moidieu, ruë de Bonne.
Marnais, ruë Portetreyne.

AV QVATRIEME BVREAV.

Messieurs les Presidents.

De Chaponay, ruë des Prêtres.
De Perissol Saint Ange, ruë Neufve.

Messieurs les Conseillers.

De Barral, ruë Bournolenc ou des Vieux Iesuites.
De Grimaud de Beegue, ruë des Capucins.
De Rome mesme ruë.

Canel Conseiller Clerc, Chanoine en l'Eglise Collegiale de S. André, à l'Hôtel Dieu.

De Gallien de Chabons, ruë de Bonne.

De Bressac Faventines, ruë Neufve.

D'Yse de Chasteauneuf sur le Quaix.

Copin du Bonnet, ruë Peyroliere, ou des Clercs.

De Baronnat, ruë Portetreyne ou Grande.

De Reynaud du Soliers, ruë Tracloître.

Eymery la Chaux, ruë Neufve de Bonne.

Reynaud S. Iullien, mesme ruë.

Ponnat de Gresse, Place des Tilleuls.

Du Motet, ruë Bournolenc ou des Vieux Iesuites.

Messieurs les Gens du Roy.

Il n'y avoit anciennement qu'un Avocat et un Procureur General, et mesme souvent on a vû qu'une seule personne faisoit les deux fonctions.

Ie pretends dans un Estat d'une autre année rapporter toutes les creations de ce Parlement, et en quel temps elles ont esté faites, ainsi on y trouvera celles des deux derniers Avocats Generaux.

Bertrand du May Avocat General, ruë Bournolenc ou des Vieux Iesuites.

Vidaud Procureur General, vers l'Arsenac.

Rolland Avocat General, Place du Breüil ou de la Grenette.

Chosson du Colombier Avocat General, ruë Portetreyne ou Grande.

Les Substituts de Monsieur le Procureur General.

M. Vidaud reçû en survivance en la Charge de Procureur General, et il en fait les fonctions en l'absence de Monsieur son pere : vers l'Arsenac.

M. Cottonay, vers les Iesuites.

M. Barde, Ban de Mal-conseil.

M. Disdier, au mème endroit.

M. Boneti, ruë Marchande.

M. Savoye, ruë Chénoise.

M. Carre, rûe Tracloitre.
M. De Sautereau, rûe Saint Iaime.

Les Greffiers en Chef Patrimoniaux et Secretaires au Parlement.

M. Denicourt, Secretaire Criminel et Patrimonial, est absent.
M. Duvivier premier Secretaire Civil, rûe Bournolenc ou des Vieux Iesuites.

M. Chabert, rûe Montorge.
M. Glasson, rûe Pertuisiere ou de Sainte Claire.
M. Bosonier, rûe Portetreyne.
M. Gallin, rûe Nôtre Dame.
M. Gondoin, rûe de Crequy.
M. Romand, rûe Chénoise.

De la Chambre des Vacations.

Elle est composée de deux Presidents et de 22 Conseillers des anciens. Elle ouvre le 9 de Septembre, et finit le jour de la Saint Martin 11. de Novembre. Ses Audiences sont le Lundy et le Ieudy.

Les Avocats Consistoriaux, plaidans et postulans au Parlement.

Comme il n'y a que le sçavoir et l'exercice qui fasse connoitre qu'on est Avocat, ceux qui ne le sont que de nom, me permettront, s'il leur plait, que je les oublie en ce Catalogue. Ie veux croire qu'ils sont sçavans, que c'est à la rigueur d'un Examen qu'ils ont acquis ce titre honorable : mais n'ayant écrit ni plaidé, ils ne doivent sans doute pas esperer que je leur donne icy un rang.

Les Romains les mettroient au nombre des Nobles; nous l'apprenons de la Loy *qui Advocati de Advocat, divers. Iudic.* quand elle dit, *non minus militant quam illi qui gladiis et clypeis thoracibus nituntur.* Et Guy Pape dans sa Question 88. en parle ainsi, *Scientia nobilitat hominem quæ pretio nummerario comparari non potest.*

Ceux de ce Parlement ennoblissant leurs Familles par un exercice de 20 ans. Vn Arrest du 1. d'Avril 1461 nous l'apprend; François Marc en plusieurs de ses Decisions dit que *erant de primo statu Provinciæ.*

Ils hommageoient mesme à la maniere des Nobles, et j'en ay vû des exemples dans les Registres de la Chambre des Comptes.

Il est vray que par les Reglemens du Conseil du 15 d'Avril 1602 et 24 d'Octobre 1639 on a en quelque maniere dérogé à leur Noblesse transmissible, mais on n'a jamais douté de la personnelle, et des franchises qu'elle attribuë. J'en ay fait là-dessus une dissertation assez curieuse, et tiens à grand honneur d'estre du nombre de ceux que je vais nommer.

Maistres.

Vial Doyen, ruë Peyroliere ou des Clercs.
De Durand, ruë Nôtre-Dame.
De Nantes, vers Nostre-Dame.
Bichon pere, Place des Tilleuls.
Barbier de Bonrepos, ruë Chénoise.
Bodal, vers Nôtre Dame.
Duclot, ruë Brocherie.
De Lemps, ruë Chénoise.
Allard, ruë de Crequy.
Cousin, ruë Bournolenc ou des Vieux Iesuites.
Garcin, ruë Chénoise.
Forent, ruë des Prestres.
Prel, à la Grenette.
Martinon, en ruë Brocherie.
Clapasson, ruë de Bonne.
Brenier, ruë Bournolenc ou des Vieux Iesuites.
Du Molard, ruë Portetreyne ou Grande.
Pascal, ruë Lesdiguieres.
Deloule le pere, vers Nôtre-Dame.
Flauvant, derriere S. André.
Du Moulin, ruë Nôtre-Dame.
La Perriere, ruë Neufve de Bonne.
Du Fresne, ruë Peyroliere ou des Clercs.

Charbot, à la Brocherie.
Drogat, ruē Portetreyne ou Grande.
Vion, vers la Place du Ban de Mal-conseil.
De Lorme, ruē Bournolenc ou des Vieux Iesuites.
Ioubert, ruē de la Perriere.
Ioffrey, ruē Brocherie.
Lambert, Place des Tilleuls.
Doge, ruē Bournolenc ou des Vieux-Iesuites.
Mallein, ruē Brocherie.
Moret, ruē Chénoise.
Vallet, ruē Portetreyne, ou Grande.
Sibeut, ruē Nôtre-Dame.
Bon, ruē Bournolenc ou des Vieux Iesuites.
Alleman, sur le Quaix.
Garnier, du Gaz.
Bois, ruē des Capucins.
Raymon, ruē des Prestres.
Morard, ruē de Crequy.
Nicolas, ruē du Palais.
Piemont S. Disdier.
Cogan, ruē Peyroliere, ou des Clercs.
Disdier, ruē de Crequy.
La Brillane, ruē Portetreyne ou Grande.
Meney, ruē Portetreyne ou Grande.
Dupuy, ruē S. Iacques.
Dorcieres, ruē Chénoise.
Duclot, ruē S. Iacques.
Deloule le fils, vers Nôtre-Dame.
Garnier de Verel, ruē de Crequy.
Allard du Plantier, mesme ruē.
Bichon le fils, Place des Tilleuls.
Expilly, ruē Peyroliere ou des Clercs.
Allard Garandieres, vers Nôtre-Dame.
Disdier, vers les Cordeliers.
Du Besset, ruē des Capucins.
Bergeran, derriere S. André.
Colombe, ruē Brocherie.
Volmar, ruē Neufve de Bonne.
Disdier, vers le Pont de bois.

Collaud, sur le Quaix.

Petrequin, ruë Bournolenc, ou des Vieux Iesuites.

Ioubert, ruë Pertuisiere ou de Sainte Claire.

Monin, ruë Portetreyne, ou Grande.

Il y en a quelques autres qui esperent et font esperer qu'ils feront honneur au Barreau.

Procureurs au Parlement.

PArmy les Romains il y en avoit de deux sortes, sçavoir Procureurs *ad negotia*, qui n'estoient que simples Solliciteurs, Facteurs ou Agens, et dont l'Office estoit vil, comme dit la loy, *si quis Procuratoriorem C. de Decurionibus lib. 10.*; l'autre estoit *Procurator ad lites*, qui estoit honorable, dont parle la loy 86. ff. *de solution.* la loy 1. ff. *de Pactis*, la loy 66. §. *si Secundus ff. de eviction.* la loy 1 *C. si tutor vel curator.* et la loy 4. §. *si quis ff. de alien. Iudic. mut. caus. fact.*

Comme ils estoient nommez par les parties pour procurer l'instruction des procez, pour en poursuivre le jugement, et pour l'executer, ils sont nommez Procureurs; mais après avoir esté constituez et présentez ils sont censez maistres de la cause. Ainsi que s'en explique la loy 4. § ult. ff. *de appellat.* qui dit que *per contestationem Procurator Dominus Iuris efficitur.*

Les Romains les ont differemment appellé *Vindices*, *Cognitores*, et *Procuratores*.

Le Premier de nos Roys qui les a creez en titre d'Office, a esté Charles IX par son Edit du mois de Iuillet 1572. Henri III. le revoqua par l'Ordonnance de Blois de 1579. art. 241. Il les rétablit par Edit du 8. d'Octobre 1585. Il les revoqua encore, et ils demeurerent en cet estat jusques au regne de Louys XIII. qui les rétablit par son Edit de Fevrier 1620.

Ils ont souvent esté reduits à certain nombre, et par Edit du 23 de May 1674 ils ont esté declarez hereditaires. Voicy tous ceux de ce Parlement.

Maistres.

Baume Doyen, ruë Portetreyne ou Grande.
Meysenc, ruë Peyroliere ou des Clercs.
Audemar, Place des Tilleuls.

Coste, derriere S. André.
Boliat, vers les Cordeliers.
Aubert, ruë Nostre-Dame.
Pelliaud, ruë Peyroliere, ou des Clercs.
Allegret, ruë S. Laurent.
Cholat, ruë Brocherie.
Meyer, ruë S. Laurent.
Gorgeron, ruë de Bonne.
Savoye, ruë Chénoise.
Badon, à le Grenette.
Brochier, ruë du Palaix.
Dupré, ruë Tracloitre.
Clement, ruë Neufve de Bonne.
Peysson, vers la Place S. André.
Perrin, vers les Iesuites.
Beaupied, ruë Bournolene ou des Vieux Iesuites.
Billiard, derriere S. André.
Duclot, ruë S. Iacques.
Michel, ruë Paillaret.
Lambert, ruë S. Iaime.
Bulisson, ruë Neufve de Bonne.
Troillet, ruë Marchande.
Goüat, vers les Iesuites.
Clapasson, ruë Portetreyne ou Grande.
Baudet, ruë Peyroliere, ou des Clercs.
Rosset, Place des Tilleuls.
Chagnard, ruë Neufve de Bonne.
Brotel, Place du Breüil ou de la Grenette.
Duchon, ruë Pertuisiere ou de Sainte Claire.
Carre, ruë Tracloitre.
Vulpian, Place du Breüil, ou de la Grenette.
Roudet, Place du Beuf.
Salomon, ruë Neufve de Bonne.
Faure, ruë Tracloitre.
Fraichet, à la Perriere.
Diday, vers les Cordeliers.
Dagis, ruë des Prestres.
Gallien, sur le Quaix.
Berard, ruë Pertuisiere, ou de Sainte Claire.

Baud, ruë Paillaret.
Gaude, ruë de Ragny.
Chaumel, ruë Peyroliere, ou des Clercs.
Bonnefoy, Place des Tilleuls.
Gambeyson, Place du Breüil ou de la Grenette.
Riviere, ruë de Bonne.
Gontard, Place du Breüil, ou de la Grenette.
Moural, ruë Neufve de Bonne.
De Bourdeaux, S. Laurent.
Buisson, ruë des Capucins.
Sappey, ruë Portetreyne ou Grande.
Ioubert, ruë Chénoise.
Baile, ruë Bournolenc ou des Vieux Iesuites.
Latour, ruë Neuve de Bonne.
Iullien, en la mesme ruë.
Rumat, ruë des Capucins.
Borel, ruë Pertuisiere ou de Sainte Claire.
Labory, ruë de Bonne.
Peycherand, Place du Ban de Mal-conseil.
Fontbonne, Cour de Charvarot.
Alzas, ruë Neufve.
Amat, vers les Cordeliers.
Farconnet, ruë Bournolenc ou des Vieux Iesuites.
Eynard, sur le Quaix.
Serré, ruë Chénoise.
Bonne, ruë Portetreyne ou Grande.
Veyret, ruë S. Iacques.
Philipes, mesme ruë.
Masseron, ruë Portetreyne ou Grande.

Huissiers au Parlement.

Les Huissiers étoient connus parmy les Romains sous le nom d'*Apparitores*, parce qu'ils devoient actuellement paroître pour recevoir les ordres du Senat, *quod eos perpetuo Magistratibus apparere oporteat.* Isidore liv. 10. ch. 1 en parle en ces termes, *Apparitor nominatur quod appareat et videatur et præsto sit ad obsequium.*

Ils estoient encor appellez *Statores tum quod semper starent eorum Iudicibus parati ad obsequium*, dit Ciceron *in 5. Verri*, la loy *observare* § *1. ff. de verb. signiff.* la loy ı. *ff. de Offic. Præfect. vigil.* ajoûtent, *quam quod alios sisterent in Iudicium*.

Ils estoient encor nommez *Admissionales*. *hostiarij quia aditum dent ad Magistratus qui arcent à subselliis. Litigantes importunos vel turbam in subsellia irruentem pacemque indicunt Auditores.*

Comme leur principal employ est de garder une porte appellée en Latin *Hostis*, on les a appellez *Hostiarij*, et de ce mot on a fait celui d'Huissier.

Par l'Ordonnance de Charles VIII. de l'an 1464. art. 43. il leur est enjoint de garder la Porte lors des Plaidoyries dans le Palaix, pour empescher que personne n'entre avec une épée, pour faire faire silence, et pour refuser la porte à tout le monde, excepté aux Avocats et aux Procureurs.

J'ay plusieurs Edits, Declarations et Arrests au sujet de leurs fonctions, je les rapporteray une autre année.

Voicy les noms de ceux du Parlement.

Maistres.

Phelix premier Huissier, logé au Palaix.
Dupré, vers les Cordeliers.
Chaulier, rüe Brocherie.
Amard, rüe Marchande.
Fiat, rüe Portetreyne ou Grande
Savioz, rüe Chénoise.
Gelinot, rüe de Crequy.
Charbot, rüe Brocherie.
Gerin, rüe Saint Iayme.
Claviere, rüe Tracloitre.
Arnaud, vers Nôtre-Dame.
. . . .

Iours Feriez.

Depuis la Feste de Saint Thomas de Decembre jusques au 7. de Ianvier.

Depuis le Dimanche des Rameaux jusques à celuy d'aprés la huitaine de Quasimodo.

Depuis la veille de Pentecoste pendant huit jours.

Le Mecredy des Cendres, les Rogations, le Ieudy de l'Octave du Saint Sacrement, les trois jours de chaque Foire, les Festes mobiles.

En Ianvier.

1. La Circoncision.
6. Les Roys.
11 S. Hylaire.
17 S. Antoine.

20 S. Sebastien.
22 S. Vincent.
25 La Conversion de S. Paul.
28 S. Charlemagne.

En Fevrier.

2 La Purification.
3 S. Blaise.

22 La Chaire de S. Pierre.
24 S. Mathias.

En Mars.

12 S. Gregoire Pape.

19 S. Ioseph.
25 L'Annonciation.

En Avril.

1 S. Hugues.

23 S. George.
25 S. Marc.

En May.

1 S. Iacques et S. Philipes.
3 L'Invention de la Sainte Croix.

6 S. Iean Porte-Latine.
9 Saint Gregoire de Nice.
19 S. Yves.

En Iuin.

6 S. Claude.
11 S. Barnabé.

22 La Dedicace de l'Eglise.
24 S. Iean Baptiste.
29 Saint Pierre et S. Paul.

En Iuillet.

2 La Visitation.
20 Sainte Marguerite.
22 Sainte Marie Madelaine.
25 S. Iacques et S. Christophle.
26 Sainte Anne.
29 Sainte Marthe.

En Août.

1 Saint Pierre aux liens.
6 La Transfiguration.
10 S. Laurent.
15 L'Assomption.
16 S. Roch.
24 S. Bartelemy.
25 S. Louys.
29 La Decolation de S. Iean-Baptiste.

En Septembre.

8 La Nativité de la Sainte Vierge.
14 La Sainte Croix.
21 S. Mathieu.
22 S. Maurice.
29 S. Michel.

En Octobre.

4 Saint François.
9 Denis.
18 S. Luc.
28 Saint Simon et Saint Iude.

En Novembre.

1 La Toussaints.
2 Les Trepassez.
11 S. Martin.
23 S. Clement.
25 Sainte Caterine.
30 S. André.

En Decembre.

4 Sainte Barbe.
6 S. Nicolas.
8 La Conception.
13 Sainte Luce.
22 S. Thomas.
25 Noël.
26 S. Estienne.
27 S. Iean l'Evangeliste.
28 Les Innocens.
30 S. Sylvestre.

LES IOVRS DES AVDIENCES
du Parlement.

En la premiere Chambre.

Avdience publique le matin des Lundis et Ieudis, et si c'est un jour ferié elle est tenuë le lendemain. L'Audience des Formalitez, le Mardi matin.

Le même jour de relevée par Etiquete.

En la deuxième Chambre.

Le Mecredy matin par Etiquete.
Le mesme jour par Remontrances.

En la troisième Chambre.

Le Vendredy matin par Etiquete.
Le mesme jour de relevée par Remontrances.

En la quatrième Chambre.

Le Samedy matin par Etiquete.
Le mesme jour par Remontrances.

On donne Audience en toutes les Chambres le jour des Clôtures.

Celle de Misericorde est donnée les jours de relevée.

Les Clôtures sont le 20. de Decembre Veille de S. Thomas, le Samedi des Rameaux, et le 14 d'Août.

L'ouverture du Parlement est le 12 de Decembre, elle commence par une Messe solemnelle chantée en l'Eglise Collegiale de S. André, où les Officiers assistent en robe rouge, et se fait en la Grande Salle, où les Magistrats Subalternes, les Avocats et les Procureurs prestent le serment, après que le Premier President a fait une Harangue ou Remontrance.

Les Conseillers passent en une autre Chambre, et les Presidents optent, à la reserve du Premier, qui reste toûjours en la premiere, aussi bien que le Garde des Seaux.

Les Gens du Roy ont un Parquet, où les causes sont conferées à la fin des Audiences publiques.

La Chancelerie, servant auprés du Parlement.

Dans le temps que les Gouverneurs parloient dans les Arrests et dans les Lettres ils en avoient une, mais elle a esté suprimée en mesme temps que ce pouvoir leur a esté osté.

Les Audienciers et Controlleurs sont Notaires Secretaires du Roy, Maison et Couronne de France, et ont les mesmes prerogatives que ceux de l'ancien Colege, par des Edits que j'avois dessein de raporter, et mesme j'y donnois l'origine de la Chancelerie, l'établissement du Seau par nos premiers Dauphins, et des choses tres-curieuses là-dessus : mais les Officiers ont témoigné de ne s'en pas soucier. Voicy leurs noms.

Monsieur de Bovets Garde des Seaux et Conseiller au Parlement, où il a voix instructive et deliberative, loge sur le Quaix.

M. Martinais Audiencier, rüe Neufve de Bonne.
M. Brenier Audiencier, rüe Bournolenc ou des Vieux Iesuites.
M. Magnan Controlleur, rüe du Palaix.
M. Robert Controlleur, rüe S. Laurent.
M. Des Moulins Audiencier, est en Bourgogne.
M. Duport Audiencier, rüe de Bonne.
M. Chevalier de Montrovan Controlleur, est en Bourgogne.
M. De Farge Audiencier, de mesme.
M. De Pezeras Controlleur, de mesme.
M. Merlin Controlleur, est en Viennois.
M. Richard Richard, Referendaire, vers Nostre Dame.
M. Gravier Referendaire, vers les Iesuites.
M. Bizillon Referendaire,

M. De Gumin Referendaire, est à la campagne.
M. Pierret Receveur, rüe S. Laurent.

M. Ialiffier Receveur, ruë Chénoise.
M. Bourdis Chauffecire, ruë de Bonne.
M. Bierjon Chauffecire.
Il y a deux Huissiers.

La Chambre des Comptes.

Il est certain que sous le regne des Dauphins de Viennois, il y avoit des Maîtres et des Auditeurs des Comptes qu'on appelloit Rationaux, à qui les comptes des Finances et du Domaine estoient rendus. Il y en avoit en 1309.

Lors de la création du Conseil Delphinal ou Parlement de l'an 1328. il fut dit qu'à l'égard de leurs fonctions ils jugeroient conjointément avec les Officiers de ce Conseil, duquel ils n'ont esté démembrez qu'en 1628.

Ils avoient connoissance des Finances et du Domaine, et ces matieres comprenoient la Regale, les Monoyes, les Subsides, les Peages, et toutes sortes d'Aydes et de Contributions : Il est vray que la creation des Cours des Aydes et des Monoyes leur en a osté une partie.

Le nombre de ses Officiers n'estoit que de quatre ou cinq, on commença l'an 1476 de l'augmenter de quatre.

Il n'y avoit point de President, et le plus ancien des Maîtres en étoit le Chef. Ce fut le Dauphin Loüis qui l'an 1450 y créa un President nommé Louys Portier, et ce ne fut qu'en 1548 qu'il en fut creé un second, qui fut Pierre Plovier, et Iean Fleard en fut le premier. Ie travaille à l'Histoire de cette Chambre, où je donneray le nom des Officiers depuis l'an 1309. bien qu'il n'y eust aucune Chambre, et que les Officiers estoient Commissionnaux. Ie feray voir leur ancienneté, leurs fonctions et leur authorité. Ie remarqueray seulement en passant que ce fut par Edit du mois de Mars 1628 que la Chambre fut démembrée du Parlement. Voicy les Officiers de cette année.

Messieurs les Presidents.

Moret de Valbonais Premier President, logé en ruë Pertuisiere, ou de Sainte Claire.

Pourroy de Quinsonas, ruë Neufve.

Manissy de Ferrieres, sur le Quaix.
Marnais, ruë Portetreyne, ou Grande.
Gratet de Dolomieu, ruë Tracloitre.
Du Vache de Vatilieu, ruë Neufve.

Messieurs les Maitres.

De Guiffrey, ruë des Capucins.
Montagne, Place S. André.
Pourroy, ruë Marchande.
De Revel du Perron, ruë S. Iacques.
Martion de la Tour, vers le Ban de Mal-Conseil.
De la Colombiere, ruë des Prestres.
Duchon, ruë Neufve.
Pourroy Monferrier, ruë Portetreyne ou Grande.
D'Allegret, vers Nostre-Dame.
Combet, ruë Tracloitre.
Verdecy, ruë Portetreyne ou Grande.
De Morard S. Veran, ruë S. Iaime.
Baudoin, Place de Mal Conseil.
Alois, ruë de Bonne.
Du Frenet, à la Grenette.
Gondoin, ruë Tracloitre.
Ricol, à la Grenette.
. . . .

Messieurs les Correcteurs.

Colin Place Claveson.
Besson, ruë Brocherie.
De Bruno, ruë Chénoise.
Du Prat, ruë Tracloitre.

Messieurs les Auditeurs.

Chabon, ruë Neufve.
Pelissier, ruë Brocherie.
Meunier de Beaulieu, ruë Pertuisiere ou de Sainte Claire.
Martini, Vers les Iesuites.

Perrin de Lespinay, ruë du Palaix.
Baudoin, Place du Ban de Mal-Conseil.

Les Gens du Roy.

Messieurs.

De Saint Michel, Avocat General, rue Chénoise.
Flandy Avocat General, ruë des Capucins.

Les Secretaires.

M. Amabert, Banc de Mal-conseil.
M. Vintain, ruë Chénoise.
M. Brocherieu, ruë Pertuisiere ou de Sainte Claire.
M. Gaillard, ruë de Bonne.

Huissiers.

Maistres.

Fayole Premier Huissier, dans le Palaix.
Gerlat, ruë Perriere.
Gueyton, à la Grenette.
Ralli, ruë du Beuf.
Berton, ruë Bournolenc, ou des Vieux Iesuites.
Perret, ruë Perriere.

Garde-Livres.

Maitre Termet, demeurant au Palaix.

Receveur des Rolles.

Maistre Bovier, ruë de Bonne.

Controlleur des Restes.

Maistre Berger, vers les Iesuites.

Payeur des Gages.

L'Office est vaquant.

Procureurs.

Maistres

Fevrier, ruë S. Iacques.
Pelliaud, ruë Peyroliere ou des Clercs.
Aubert, Place S. André.
Armand, sur le Quaix.
Morin, à la Grenette.
Lucas, ruë de Crequy.
Les Audiences en cette Chambre sont le Mardy et le Vendredy.

Le Bureau des Finances.

La Charge de Tresorier estoit connuë parmy les Iuifs, puisque nous lisons dans le chapitre 47 de la Genese, que Ioseph le fut de Pharaon, et que pour le recompenser de l'explication de son songe, il lui donna la Direction de ses Finances dans toute l'Egypte. Et dans le chapitre 10 du 2. des Roys, on trouve qu'Aduiar fut élû Tresorier General des Etats de David.

Elle le fut encore parmi les Romains, puisque Pomponius en la loy 2. *ff. de origine Iuris*, dit qu'aprés que Romulus et Numa Pompilius eurent jetté les fondemens de leur Empire, ils choisirent des personnes qui devoient estre employées aux affaires publiques, et qu'ils furent appellez *Quæstores*, Quêteurs, comme le dit encore Vlpian *in l. un. ff. de Offic. Quæst. creandis antiquissima est pœnè ante omnes Magistrates*, Et il ajoûte, *dicti Quæstores ab initio quasi a genere quærendi*.

Cette Charge est fort ancienne en France, puisque Henri III. en son Ordonnance de 1586 art. 7. les nomme les plus anciens Officiers de la Couronne.

Ie pourray faire voir une autre année en quel temps ils ont commencé en France, et quel nombre il y a eu en divers temps, et mesme que les plus Grands du Royaume ont eu cet Employ.

Quant à leur Noblesse, Baquet au *Traité d'Ennoblissement* ch. 19 n. 9. dit, qu'ils le sont par le moyen de leurs Offices. Monsieur le Bret en parle dans son Traité de la Souveraineté liv. 2. ch. 7. Et nous avons plusieurs Ordonnances de nos Roys qui leur permettent de prendre le titre de Chevaliers. I'auray occasion de les rapporter une autre fois. Passons à ceux de Dauphiné.

Sous le regne des Dauphins de Viennois et jusques à celui de Henri II. il y avoit un Tresorier en Dauphiné qui faisoit la recepte generale des Finances et du Domaine, qu'on appelloit Tresorier Receveur General. Le Roy ayant creé un Tresorier General de France en toutes les provinces, par un Edit de Ianvier 1551 il y en eut un pour le Dauphiné, la Savoye, le Piémont, le Marquisat de Saluces, la Bresse, et les Terres Neufves. Charles IX. en crea un second par Edit de Novembre 1570. En Octobre 1571 il en crea trois autres. Le Roy Louys XIII. par Edit d'Octobre 1621 en crea sept : par autre Edit de Decembre 1627 six autres, et ordonna qu'ils auroient un Bureau. Deux autres par Edit de Septembre 1628. Par Edits de May 1635 et d'Août 1637 il y en eut encore quatre. Enfin il y a eu diverses creations qui les ont porté au nombre de 27 où ils sont aujourd'huy compris les Presidents.

Messieurs les Presidents.

Bassel Premier President, creé par Edit de Mars 1691, demeure derriere Saint André.

Gratet de Dorgeoise, ruë Tracloitre.

Guigue Chapolay, ruë Bournolenc ou des Vieux Iesuites.

De Chastelier, demeure à Valence.

Messieurs les Tresoriers.

Vial, ruë Neufve de Bonne.
Garnier, ruë Portetreyne ou Grande.
Boniel de Cathillon, Place du Banc de Mal-conseil.
Brenier, au quartier de la Tresorerie.
Charbonneau, ruë Peyroliere ou des Cleres.
Pourroy, ruë Tracloitre.
Brun, ruë Nostre-Dame.
Dauphin Saint Estienne, est absent.
Charency, ruë Portetreyne ou Grande.
De Nantes, ruë de Bonne.
Pelisson, ruë Pertuisiere ou Sainte Claire.
Penon, sur le Quaix.
Bergeron, ruë Chénoise.
Molart, ruë de Crequy.
Dalmas, derriere S. André.
Girin la Morte, ruë Tracloitre.
Bressieux, Place S. André.
Bertrand Mariniere, ruë Brocherie.
Bocon, ruë Brocherie.
Aymon, ruë Montorge.

Gens du Roy.

Messieurs

Guillet Avocat du Roy, ruë Nôtre-Dame.
Rostaing Procureur du Roy, ruë de Lesdiguieres.

Secretaires.

M. Berton, ruë Neufve de Bonne.
M. Pison, Place S. André.
M. Doucet, ruë Neufve de Bonne.
M.   Aurillac, ruë S. Jayme.

Huissiers.

Maistres.

Bovier, ruë Brocherie.
Luya, ruë Marchande.
Chabert, ruë Brocherie.
Neyroud, vers le Pont de Bois.
Les Audiences en ce Bureau sont le Mecredy et le Samedy.

De la Maréchaussée.

Avant qu'il y eust des Prevôts ou Lieutenans du Connétable, et des Maréchaux de France dans les Provinces, les Baillifs et les Senéchaux, ou leurs Lieutenans en faisoient les fonctions, et c'est pour celà que dans les Iugemens Prevôtaux ce sont eux qui Parlent.

Lors que le Roy François I. les crea, il les tira de la Gendarmerie, et les choisit parmy ceux qui avoient long-temps servy : Aussi voit on dans une Ordonnance du 11 d'Octobre 1570 qu'ils sont dits estre de la Gendarmerie.

Charles IX. par ses Edits de 1563 et 1564, veut qu'ils soient Gentilshommes, ce qui n'a pas esté depuis religieusement observé.

L'Edit de leur établissement, qui est du 25 de Ianvier 1536, veut qu'ils courent sur les vacabons.

Les Ordonnances du 12 de Decembre 1538 et du premier de Fevrier 1539 leur donnent la connoissance de la Chasse, comme aussi un Edit du 5 de Septembre 1552.

Par Edit du 5 de Fevrier 1549 le pouvoir de juger en dernier ressort leur est donné contre les voleurs, guetteurs de grands chemins, sacrileges, faux-monoyeurs. Celle de Louys le Grand de 1670 art. 12 de mesme.

Ie pourrois rapporter plusieurs autres Ordonnances, Edits, Declarations et Arrests concernant cette Charge, car j'en ay un grand nombre; ce sera une autre année : car je pretends diversifier tous mes Estats Politiques, pour la curiosité des Lecteurs.

Après l'Edit de creation de 1536 la distribution dans les Provinces ne fut faite qu'en 1540. et l'on a continué jusques en 1648, tellement qu'il y en a dans toutes les Provinces.

Ce fut par un Edit de 1597 qu'il fut creé en Dauphiné un Grand Prevost, un Lieutenant de Robe courte, un de Robe longue, un Greffier. A la suite on y créa jusques à trois Lieutenans Particuliers, trois Exempts, et trente-deux Archers. Ce fut l'an 1606. En 1612 on crea encore un Exempt. En 1640 un Assesseur. Enfin ils ont esté reduits à ceux qui suivent.

Monsieur de Galien de Lort Grand Prevost, demeurant en la ruë du Temple.

M. Cattier Lieutenant de Robe-courte, derriere S. André.

M. Magnan Lieutenant de Robe-longue, sur le Quaix.

M. Raymon Exempt, ruë Neuve.

M. Rivier autre Exempt, mesme ruë.

Le sieur Fontbonne Commis à la Charge de Procureur du Roy en la place du sieur Doucet.

Le sieur Perier Greffier, est absent.

Il y a dixhuit Archers.

Le Baillage.

Les Baillifs estoient des Iuges que les Roys de la premiere et seconde Race envoyoient dans les Provinces pour y servir de Garde et de support, pour y reformer les Iugemens des Iuges Ordinaires, Prevosts, Viguiers, et Vicomtes, lors qu'ils les trouvoient injustes. On les appelloit à cause de celà *Missi*, ainsi qu'on le trouve dans les anciens Chartulaires.

Le premier de nos Roys qui ait fait des Ordonnances à leur sujet, ç'a esté S. Louys l'an 1254. Ils n'exerçoient leur Charge que pendant un certain temps, puisque dans l'onziéme article de cette Ordonnance le Roy les continuë, et il veut qu'ils rendissent conte de leur conduite pardevant le Procureur de Sa Majesté.

Les Dauphins en userent de mesme.

Leurs principales fonctions, ainsi que me l'aprenent des anciens titres, étoit de gouverner le Pays où ils étoient mandez, d'examiner les Sentences des Iuges des Seigneurs, de se faire rendre compte aux Chastelains qui faisoient la recepte des revenus du Prince, de donner les ordres de prendre les armes, et de conduire mesme les troupes. C'est pour cela qu'ils sont encore aujourd'huy Commis lors de la convocation de Ban et Arriere-Ban.

Ils avoient le pouvoir de nommer leurs Lieutenans, et cette prerogative leur fut confirmée par le Roy Louys II par des Lettres Patentes du 24 de Novembre 1478, ce qu'ils ont continué de faire jusques au regne de Louys XII. qui créa les Lieutenans en titre d'Office, ainsi que le rapporte François Marc Conseiller au Parlement de cette Province en la Question 792 de son premier Volume d'un Receuil d'Arrests.

Il y en avoit sept en Dauphiné : mais le Dauphin Louys par ses Lettres Patentes de l'année 1447 les reduisit à deux, l'un pour le bas Dauphiné, l'autre pour les Montagnes, et divisa leur Iuridiction en sept Sieges, sçavoir pour le bas Dauphiné à Grenoble, à Bourgoin, à S. Marcellin : Et celuy des Montagnes à Serre, à Ambrun, à Briançon, et à Buis, ce qu'il confirma par celles de 1478 estant Roy, ôtant celui de Bourgoin pour le mettre à Vienne : Et Louys XII. transfera celui de Serre à Gap. L'an 1513 les Lieutenans des Baillifs furent appellez Lieutenans Generaux, pour les distinguer des Lieutenans Particuliers que le Roy Henry II. créa par Edit de 1551. Il en créa un Criminel par autre Edit du 6 de Ianvier 1553. Par un autre du 27 de Mars 1578 le Roy Henri III. y créa deux Conseillers Assesseurs. Ils furent supprimez : Mais le Roy Louys XIII. en créa encore deux par son Edit du mois de Fevrier 1622.

Ie laisse les autres Baillages de la Province pour venir à celui de Graisivodan, dont le Siege est à Grenoble dans le Palais. Le Baillif et son Lieutenant peuvent prendre la qualité de Noble quand ils ne le sont pas d'origine. Le Dauphin Louys par ses Lettres Patentes de 1448 et 1453 les y a maintenus. Louys XII. de mesme en 1498. Et ils y ont esté confirmez par les Arrests du Conseil du 15 d'avril 1602 et 24 d'Octobre 1624, qui sont des Reglemens municipaux pour cette Province. Voicy les noms et la demeure des Officiers de ce Baillage.

Monsieur de Maugiron Baillif, demeure à S. Marcellin.
Monsieur Ioubert Vibaillif ou Lieutenant General, ruë Pertuisiere ou de Sainte Claire.

M. Reynoud Lieutenant Particulier, ruë des Capucins.
M. Brunet Conseiller Assesseur, ruë S. Iacques.
M. Granjean Conseiller Assesseur, vers les Cordeliers.
M. Novel Avocat du Roy, Place Claveson.
M. Miolans Procureur du Roy, derriere Nôtre Dame.

Il a un Substitut nouvellement creé, qui est M. Bayle, ruë Bournolene.

Le Greffe est Domanial, et exercé par le sieur Giroud.

Il y a trois Huissiers en titre d'Office.

Les Audiences de ce Baillage sont les Mardy, Mecredy, Vendredy, et Samedy du matin.

Les Procureurs au Baillage.

Maistres

Fevrier, ruë Bournolene, ou des Vieux Iesuites.
Robert, Place S. André.
Giraud, ruë Bournolene.
Bejuy dite ruë.
Lesbros, ruë Pertuisiere ou de Sainte Claire.
Helie, ruë Neufve de Bonne.
Colin, ruë Nostre-Dame.
Tavel, S. Laurent.
Amblard, ruë Brocherie.
Surville, Place du Breüil.
Drogat, ruë S. Iacques.
Chabert, ruë Peyroliere.
Magnan, ruë du Palaix.
Bouvet, S. Laurent.
Garcin, ruë Nostre-Dame.
Arnaud, S. Laurent.
Pain, ruë de Bonne.
Bougeraud, ruë Bournolene.
Clement, ruë Neufve de Bonne.
Berard, S. Laurent.
Rey, ruë du Beuf.
Amat, ruë Portetreyne.
Masseron, ruë de Bonne.

Deynier, ruë de Bonne.
Ioffrey, ruë Brocherie.
Dobert, à la Perriere.
Perbey, à la Perriere.
Masset, Place des Herbes.
Laud, à S. Laurent.
La Combe, ruë de Crequy.
Gelinot, à la Perriere.
Berenger, ruë Neufve.

Les Iuges de la Ville.

Les Evêques de Grenoble étoient anciennement les Maitres Souverains de cette Ville, mais ayant esté chassez par les Mores et restez hors de leur Diocese pendant un long-temps, un Comte appellé Guigues, qui estoit puissant et authorisé dans le Graisivodan, s'en empara par le consentement des Maures. Isarne qui fut le dernier des Evêques fugitifs, estant revenu dans son Diocese à main armée, et en ayant chassé ces Infideles, eut quelque demeslé avec le Comte Guigues au sujet de la Domination sur cette Ville et sur le Graisivodan, et se trouvant le plus foible; il fut obligé d'admettre le Comte au Pariage de cette Ville. C'est pour cette raison que les Dauphins de Viennois issus de ce Comte, et les Evêques en ont toûjours esté Seigneurs. Ainsi chacun y a son Iuge. Ce Traité fut fait environ l'an 950.

Les Officiers.

Monsieur Musy Iuge Royal, en ruë Chénoise.
Monsieur Ioubert Iuge Episcopal, vers les Cordeliers.
M. Dobert Lieutenant Royal et Episcopal, ruë Bournoleuc ou des Vieux Iesuites.
M. Nicolas Procureur du Roy, ruë Chénoise.
M. Micha Procureur Fiscal, ruë Paillaret.
Le Greffe est Domanial quant à la portion du Roy Dauphin. L'un et l'autre est exercé par le sieur
Il y a un Huissier.
Les Procureurs du Baillage postulent en ce Siege.

Les Audiences y sont le Mardy, le Ieudy, et le Samedy de relevée. Et son Siege est le mesme que celui du Baillage.

La Maistrise des Eaux et Forests.

La Chasse et la Pesche ont toûjours contribué aux plaisirs des Roys. C'est pour cela qu'ils ont esté soigneux de conserver les Forests et les Eaux, et y ont establi des Officiers.

L'utilité des Forests avoit déja donné lieu à Rome de leur donner des Gardes pour empescher qu'elles ne fussent degradées. C'est ce que nous apprend Suetone en la Vie de Iules Cesar. *Consulibus*, dit-il, *Provinciæ Sylvæ Callesque decretæ sunt*. Et nous lisons dans Virgile,

Si canimus Sylvas, Sylvæ sint Consule dignæ.

Cet établissement a passé en France par le nombre des Officiers qu'on y a creéz, et nous en comptons dans les Ordonnances jusques à 22.

Leurs fonctions sont raportées dans une Ordonnance de Philippes le Long de 1318. Tous les Roys en ont fait, et j'en ay un grand nombre. I'ay aussi tous les Edits de creation. S'il est necessaire je les raporteray dans un Estat Politique de quelque autre année.

Par des Edits d'Avril 1667 et d'Août 1669 plusieurs Maistrises furent suprimées. Ce dernier est un grand et ample Reglement des Eaux et Forests.

Par un autre Edit de Fevrier 1689 Sa Majesté a creé seize Grands Maistres : Et par celuy du mois de Novembre suivant, huit Maistres Particuliers. Et en consequence le Conseil a fait un Arrest le 29 de Septembre 1693 concernant les fonctions de leurs Charges.

Il y a donc une de ces petites Maitrises en Dauphiné, dont voicy les Officiers, qui ont leur Siege dans cette Ville.

Monsieur Chalvet Maistre, ruë de Lesdiguieres.
M. Rosier Lieutenant, ruë du Palaix.
M. Galfart Garde-Manteau, Place des Tilleuls.
Le sieur Burlet Procureur du Roy.

Le sieur Rosset Greffier.
Six Arpenteurs.
Quatre Gardes.

L'Election en la ruë Brocherie.

PAR Edit du mois de Mars 1628 le Roy Louys XIII. crea huit Elections en cette Province, sçavoir à Grenoble, à Vienne, à Montelimart, à Gap, à Valence, à Romans, à Embrun, à Briançon, à Crest, et à Die. Ces trois dernieres furent suprimées peu de temps après, et les autres subsistent.

Celle de Grenoble est composée de 314 Paroisses et de 930 Feux.

Il y a eu jusques à dix Officiers; mais on en a suprimé quelques-uns en divers temps et voicy ceux qui restent.

M. Boliat President, en la Place des Tilleuls.
M. Mathieu Lieutenant, ruë Saint Iayme.
M. Pison Assesseur, en la Place du Beuf.
M. Peronard la Croix, ruë Neufve.
M. Gillet, ruë de Bonne.
M.
M. Bouloud Procureur du Roy, ruë Brocherie.
M. Achart Greffier, ruë Brocherie.
Il y a deux Huissiers.

Les Procureurs.

Maistres.

Meysenc, ruë Peyroliere ou des Clercs.
Badon, Place du Breüil ou Grenette.
Bougeraud, ruë Bournolenc ou des Vieux Iesuites.
Riviere, ruë de Bonne.
Gelinot, ruë Perriere.
....
Il y a deux Receveurs Particuliers en cette Election,
M. Iay, Place S. André.
M. Chape, sur le Quaix.

Les Receveurs Generaux.

Il n'y en avoit qu'un sous le regne des Dauphins de Viennois, qui continua jusques à celui de Henry II. Et il estoit appellé Tresorier et Receveur General du Pays, recevant ce qui étoit du Domaine du Prince, et ce qui dépendoit de ses Finances.

Il avoit séance au Parlement lors que la Chambre des Comptes y assistoit, et siegeoit après les Presidents. Il y a long temps qu'ils ne se sont point servy de ce Privilege.

Artus Prunier a esté le dernier qui ait eu l'une et l'autre de ces deux Receptes, et François I. les divisa par Edit de 1520. Et par autre Edit du 24 de Ianvier 1522 il crea un Controlleur pour la Recepte du Domaine. Ils furent ensuite augmentez en nombre. Ceux du Domaine estoient appellez Receveurs des deniers du Pays, et les autres Receveurs Generaux des Finances. Ceuy-cy ont esté suprimez par Edit de 1682, et unis à ceux des Finances. Enfin par Edit d'Avril 1685 le Roy a creé un nouveau Receveur du Domaine. Et par autre du mois de Decembre 1689 ly a creé deux Controlleurs.

Les Receveurs des Finances sont.

Mr Ferreol, est absent.
M. De la Menardie, est absent.

Les Controlleurs.

M. Pasquet l'ainé.
M. Pasquet le puisné.

Le Receveur General du Domaine.

Mr De Vivens, ruë Peyroliere ou des Clercs.

Les Controlleurs.

M. Munier, demeurant à Romans.

FIN.

LES
GOUVERNEURS
ET LES
LIEUTENANS
AU GOUVERNEMENT DE DAUPHINÉ.

Reimprimé sur l'exemplaire de la bibliothèque de Grenoble.
H. GARIEL.

LES
GOUVERNEURS
ET LES
LIEUTENANS
AU GOUVERNEMENT
DE DAUPHINÉ

Extrait de l'Histoire de cette Province.

Composée par M. GUY ALLARD, Ancien Conseiller du Roy, President en l'election de Grenoble.

A GRENOBLE
Chez JEAN VERDIER, seul Imprimeur Ordinaire du Roy;
à la Place S. André.   1704.

AVEC PRIVILEGE.

Extrait du Privilege.

Par grace et Privilege du Roy, donné à Versailles le 16. de Mars 1673. il est permis à Me Guy Allard, Conseiller de Sa Majesté, President en l'Election de Grenoble, de faire imprimer, vendre et debiter par tels Libraires et Imprimeurs qu'il lui plairoit l'Histoire de Dauphiné en abregé, tiré de la Generale, de plusieurs chartres, Histoires, Registres de la Chambre des Comptes, Tresors des Eglises, Archives publiques et particulieres, et ce pendant l'espace de cinq ans, à commencer du jour de l'impression, signée par le Roy en son Conseil.

BAUDOIN.

Achevé d'imprimer pour la premiere fois, quant à cet Abregé, le 14. de Mars 1704.

A MONSEIGNEUR

LE DUC

DE

LA FEUILLADE.

MONSEIGNEUR

Vôtre arrivée en cette Province en qualité de Gouverneur, m'a donné le dessein de Vous faire connoître, quels ont été ceux qui Vous ont precedé en cette Charge. Vous y verrez des Grands Princes, et des Hommes Illustres, que Vous avez déja imité, tant par vos premieres actions, que par la maniere, avec laquelle Vous êtes entré dans vôtre Gouvernement. S'ils se sont signalez par leurs Exploits, on Vous en a déja vû faire qui les approchent, et nous jugeons que par cette intrepidité que Vous avez dans les Combats, cette hardiesse dans les Sieges, et cette prudence dans le Cabinet, dont vous avez donné des marques, que Vous les surpasserez, que Vous porterez vôtre Nom à la Posterité la plus éloignée, et Vous vous ferez un rang au Temple de la Gloire. Vous avez herité de tout l'esprit de feu Monseigneur le Marechal vôtre Pere, qui étoit le plus bel esprit de France. Vous avez la valeur et les vertus de vos Illustres Ancestres, déja celebres dans le neuviéme siecle, et renommez dans l'Histoire. Celle de l'Ordre de Saint Iean de Ierusalem nous apprend les services que le Grand Maître d'AUBUSSON luy a rendus. Celle de France recite ce que plusieurs de vos Ayeux ont fait contre les Flamans, les Anglois et les autres Ennemis de l'Etat. Nos Alpes vont bien-tost être le Theatre des Conquestes que vous allez faire; Mais laissant à part les Effets de vôtre courage, Vous en avez deja donné, et vous en donnerez de vôtre Genie, à la tête d'un auguste Corps, où vôtre avis sera toûjours de grand poids, lors qu'il secondera celuy des Sçavans Magistrats qui le composent. La matiere à vous loüer est inépuisable, vous l'avez connu par tant de Harangues qui vous ont été faites, et il ne me reste rien de nouveau à vous dire. Ie souhaite que le Livre que j'ose vous presenter attire vôtre aprobation; alors je pourray me flatter que j'auray celle de tout le monde; car vous avez l'esprit penetrant et le discernement juste. Ie me fais un grand honneur de la Permission que vous m'avez donnée de vous le Dédier, et d'y pouvoir publier que je suis avec un profond respect,

MONSEIGNEUR,

Vôtre trés-humble et trés-obeissant Serviteur,
ALLARD.

PREFACE.

Ce n'est pas icy une Histoire personnelle de nos Gouverneurs et de leurs Lieutenans, c'en est plûtôt une de leur Gouvernement, ou un dénombrement des uns et des autres; ce n'est pas qu'ils n'ayent fait des actions dignes d'être descrites; mais d'autres Historiens ont pris soin de les raporter. Les Princes de Bourbons, de Lorraine, de Savoye, de Saluces, les Comtes de Valentinois, les Dauphins d'Auvergne dont nous avons eu des Gouverneurs, sont mentionnez en des Histoires generales ou particulieres. Duchesne, le Feron, Ste Marthe, Daubigné, le Pere Hilarion de Coste Minime, Mezeray, du Bouchet, Bouche, Guichenon, le Pere Anselme Augustin, et quelques autres Auteurs, ont celebré la plûpart de ceux dont je parle dans mon Ouvrage. Je ne veux pas desavoüer que je pouvois par quelques Actes trouvez dans nôtre Chambre des Comptes dire des choses que les Historiens n'ont pas dites; mais comme elles n'avoient pas grand raport à leur Gouvernement, je les ay negligées en cet endroit; ce que je n'ay pas fait en mon Histoire generale de Dauphiné, où parlant de la Noblesse de cette Province, je remarque que Boucicaut l'un de nos Gouverneurs lui ayant voulu défendre la chasse au prejudice de ses privileges, elle s'attroupa et courut à la Côte Saint André où étoit ce Gouverneur, pour lui faire revoquer son Ordonnance, et l'obligea de se sauver et de ne plus revenir. Nos Clermons, nos Sassenages, nos Guiffreys, nos Allemans, nos Montaynards ont été des Hommes Illustres, qui se sont signalez dans les Guerres d'Italie sous les Regnes de Charles VIII. de Loüis XII. et de François I. Les Histoires qui en ont été données au public nous les font connoître, comme des Hommes Illustres, on le verra encore mieux en celle de Dauphiné, de laquelle j'ay détaché le Livre que je donne au public, pour donner à Monseigneur le Duc de la Feüillade une connoissance de ceux qui l'ont precedé. J'ay crû que les Familles descenduës de nos Gouverneurs et de nos Lieutenans me sçauront gré d'en avoir découvert l'ancienneté et le lustre.

Nicolas Chorier dans son Etat Politique de Dauphiné, et le Pere Hilarion de Coste Minime ont donné au public quelques noms de nos Gouverneurs; mais ils n'ont pas connu leurs Lieutenans : le premier n'y est pas plus fidelle qu'il l'est dans son Nobiliaire, et l'autre l'est peu dans les Epoques. Je declare que mes recherches sont la plùpart des Registres ou autres Actes qui sont en la Chambre des Comptes de Grenoble; et j'ay tiré de grands secours de Monsieur de Bourchenu, Marquis de Valbonnois, qui en est le Premier President, qui non seulement est sçavant pour l'Histoire de cette Province, mais encore en toute sorte d'érudition.

LES GOUVERNEURS

ET LES

Lieutenans au Gouvernement de Dauphiné

Pendant le Regne des premiers Dauphins de Viennois, cette Province étoit divisée par divers Cantons connus sous les noms de Graisivodan, du Viennois, d'Albon, du Gapençois, de l'Ambrunois, du Briançonnois, et de Baronnies. Et chacun avoit un Gouverneur particulier. Humbert Dauphin premier du nom par ses Lettres d'un Vendredy aprés les trois semaines de Pentecôte, fait Gouverneur de l'Ambrunois et du Gapençois Odon Alleman Seigneur de Champs.

Iean Dauphin par les siennes du 29e de Fevrier 1310 nomme Gouverneurs de toute la Province, Aimon Abbé de Saint Antoine, Artaud Seigneur de Rossillon, et Guigues Alleman, Seigneur de Valbonnois, qu'il qualifie ses Conseillers.

Ce Gouvernement, bien qu'il ne soit pas de grande étenduë, a pourtant souvent esté donné à des Princes, parce qu'ils représentoient le Dauphin son Prince Souverain, et que la Province faisoit un état separé et particulier, suivant les conditions du transport à la Royale Maison de France, par le Dauphin Humbert II. du nom, dernier des Dauphins de Viennois, de l'an 1343. Où il est dit, que la Province de Dauphiné ne seroit jamais unie au Royaume, que l'Empire ne le fut au Royaume.

Le Pouvoir du Prince Dauphin étoit confié et transmis à ce Gouverneur.

Il ordonnoit la garde des Châteaux.

Il pourvoioit et destituoit les officiers.

Il donnoit les Rapeaux de Ban.

Il accordoit les Graces et les Abolitions.

Il ordonnoit des Subsides ordinaires et extraordinaires.

Il faisoit assembler les Etats, quand il s'agissoit des Dons gratuits, demandés par le Prince.

Il disposoit de la Guerre.

Il convoquoit le Ban et l'Arriere-Ban.

Il avoit la connoissance des Monnoyes, et les faisoit battre, neanmoins sous la Figure du Prince.

Il siegeoit à la tête des Officiers du Conseil Dalphinal ou Parlement, aussi bien que son Lieutenant, et parloit dans les Iugemens et Ordonnances de ce Parlement et de la Chambre des Comptes.

Ie diray en quel tems son Pouvoir a été réduit à cette seule préseance.

LES GOUVERNEURS.

I. HENRY DE VILLARS,
Archevêque de Lyon.

Après que le Dauphin Humbert eut transporté son état à la Royale Maison de France, ce Prince qui se fit Ecclesiastique, ne voulut pas rester sans donner des marques de sa generosité et de sa valeur; puis qu'il s'offrit au Pape pour commander les Troupes Chrétiennes, qui s'étoient croisés pour aller contre les Infidelles; cependant comme il ne s'étoit pas tout-a-fait démis de son état; puis qu'il s'en étoit reservé la joüissance, et qu'il n'en fit la Translation effective qu'en 1348. et qu'il y voulût que le fils ainé du Roy luy succedat, et fut toûjours Dauphin: avant son départ, il nomma pour gouverner cette Province en son absence, Henry de Villars Archevêque de Lyon par ses Lettres du 28. d'Avril 1343, et le nomme son Vicaire; c'est pour cette raison que ce Gouverneur en cette qualité se qualifia toujours, *locum-tenens Domini Humberti Delphini*, qui est *in transmarinis contra Infideles.*

L'Heresie des Vaudois ayant infecté presque tout le Briançonnois, et le Pape y ayant envoyé un Inquisiteur, ce Gouverneur par ses Lettres du 20 d'Octobre 1351 ordonna au Baillif de Briançon de luy prêter main forte.

Quelques Capitaines devant mener des Troupes au Roy, ce Gouverneur ordonna qu'il leur seroit payé vingt livres pour les frais de leur voyage; par une Ordonnance du 9. de Fevrier de la même année, ils y sont nommez.

Iean de Villars frere du Gouverneur.
Odobert, Seigneur de Châteauneuf.
Aynard de Rossillon, Seigneur d'Anjou.
Hugues de Bocsozel, Seigneur de Giere.
Berard de Lanieu Seigneur d'Hisseron.
Guichard, Seigneur de Grolée.
Pierre Alleman.
Amedée de Rossillon, Seigneur du Bouchage.
Nicoud de Claude.
Louys de la Palu.
Pierre de Loyes.
Gilles d'Arlo.
André de Priora.
Raymon de S. Romain.
Nicoud du Freney.
Lantelme de Bologne.

Les Iuifs qui étoient tolerez en cette Province, moyennant certain Tribut qu'ils payoient au Dauphin ayant contracté plusieurs dettes usuraires, ce Gouverneur par ses Lettres du 9. de Mars de la même année, les confisqua toutes en faveur du Prince, et commit Raymon de Theys, Iuge des appellations de tout le Dauphiné, et Pierre de Portetreine Demoiseau pour se saisir des contracts; ce qu'ils firent, ils sont en la Chambre des Comptes en grand nombre, tous cottez en Hebreu; je les y ay vû travaillant à l'Inventaire de ces titres suivant l'ordre du Roy.

Le Dauphin Charles par ses Lettres du dernier de May 1355. ordonna que Pierre Poncet, que ce Gouverneur avoit pourvû de la Charge de Procureur General, joüiroit de 150 florins de gages.

Il étoit fils d'Etienne II. Sire de Thoire et de Villars, et de Beatrix de Foussigny, d'une ancienne famille de Bresse, qui a conservé ses Titres depuis l'an 1030. Et porte Fuselé d'Or et de Gueules et six pieces.

II. AYMAR DE POITIERS,

Comte de Valentinois et de Dyois.

Celuy-cy fut pourvû de ce Gouvernement l'an 1349 par Charles fils de Iean Duc de Normandie, et petit fils du Roy Philippes de Valois, qui fut le premier Dauphin de France, et en après, Roy cinquiéme du nom.

Pour la preuve que le Gouverneur de cette Province, pouvoit pourvoir des Offices même du Conseil Delphinal, c'est que le 10. de Mars 1354, il pourvût d'une Charge de Conseiller en ce Conseil, Pierre Archinjand, aux gages de 100 florins, et Guillaume du Col de la Charge d'Avocat et Procureur de tout le Dauphiné.

Il étoit Comte du Valentinois et du Dyois, et épousa en premieres nôces Sancie de Baux, fille de Bertrand de Baux, Comte de Montcayeux, et en secondes nôces, Alix Roger de Beaufort, fille de Guillaume Roger, Comte de Beaufort et d'Alets, et mourut sans enfans.

Il étoit descendu des Geylon, Comte de Valentinois, qui vivoit l'an 920. et qui avoit eu pour pére Ebles II. Comte de Poitiers, comme je le justifie par la Genealogie que j'en ay dressée.

Cette famille a fini par Diane de Poitiers, Duchesse de Valentinois et de Dyois, mariée à Loüis de Brezé, Comte de Maulevrier, et par Anne de Poitiers, Epouse d'Antoine Baron de Clermont, filles de Iean de Poitiers, Seigneur de S. Vallier, et de Jeanne de Baternay.

Elle portoit d'Azur, à six Besans d'Argent 3. 2. et 1. au chef d'Or.

III. JEAN DE BOLOGNE,

Comte de Montfort.

Il fut pourvû de ce Gouverneur l'an 1355. par le même Charles Dauphin.

Il étoit fils puisné de Robert VIII. Comte d'Auvergne, et de Bologne et de Blanche de Clermont, fille de Robert de France, Comte de Clermont, et de Beatrix de Bourgogne Dame de Bourbon.

Il épousa Jeanne de Clermont, fille de Iean Baron de Charolois, et de Jeanne Dame de Dargies.

D'Or au Gonfalon de Gueules de trois pendans, frangé et bordé de Sinople.

IV. GUILLAUME DE VERGY,

Seigneur de Mirabeau.

Il fut pourvû par le même Prince le 3. d'Octobre de l'an 1356.

Il étoit fils de Hugues, Seigneur de Vergy, et d'Alix de Beaumont.

Il épousa Clemence de Fouvent, fille de Henry.

Cette famille est de Bourgogne, et du Chesne en a fait la Genealogie depuis l'an 819, elle porte de Gueules, à trois Quinte-feüilles d'Or.

V. RAOUL,

Seigneur de Loupy.

Il fut pourvû le 7. d'Octobre 1361. par Charles Dauphin.

Il fit le dernier de Novembre 1363. une ligue offensive et défensive, au nom du Dauphin, avec Loüis Evêque de Valence et de Dye, Jeanne Reine de Ierusalem et de Sicile, Comtesse de Provence et de Forcalquier, et Aymar de Poitiers, Comte de Valentinois et de Dyois; Et comme le Dauphin possedoit quelques terres qui étoient mouvantes du Pape et de l'Eglise Romaine, ce Prince par ses Lettres du mois de Iuillet 1362. commit ce Gouverneur avec Aymar de la Tour, Seigneur de Vinay et Guy de Morges, pour en faire Hommage en son nom, entre les mains de l'Evéque d'Avignon. Le Roy par ses Lettres de 1365, luy permit de remettre les condamnations en ayant conferé avec les Gens des Comptes. Voulant s'absenter de la Province, il commit par ses Lettres du 19 d'Aoust 1366, pour y gouverner, Guillaume Evêque de Genéve, Conseiller du Dauphin, Disdier de Sassenage Chevalier, Humbert Pila, Prevôt de l'Eglise de Saint-André de Grenoble, Guy Copier Chevalier, Reynaud Raymon Iuge des appellations de tout le Dauphiné, Amedée de la Motte, Reynaud Falavel Chevalier, et Iean de Salice Coaditeur Delphinal.

Il étoit Breton et portoit de Gueules à 5. Annelets d'Or, en sautoir.

VI. JACQUES DE VIENNE,

Seigneur de S. George.

Il fut pourvû le 17. de Mars 1367.

Le Roy par ses Lettres du 23 de Decembre 1369. luy confirma tous les Privileges, Pouvoir et Prérogatives, qu'avoient eu ceux qui l'avoient precedé en cette charge, qui y sont tous specifiés, de la maniere que je l'ay écrit cy-devant.

Charles Dauphin commit ce Gouverneur par ses Lettres du 3. de May 1377, pour recevoir les Hommages qui luy étoient dûs en cette Province.

Il étoit fils de Guillaume de Vienne, Seigneur de S. George, et épousa Ieanne de Château-Villain, fille de Iean, Seigneur de Château-Villain, et de Marguerite de Noyers.

Cette famille est de Bourgogne, et porte de Gueules à l'Aigle d'Or.

VII. CHARLES,

Seigneur de Bouville.

Il fut pourvû l'an 1370, et mourut à la Côte S. André le 8. d'Aoust 1385, son Corps fut porté en l'Eglise Collegiale de S. André de Grenoble, où l'on a conservé sa Statuë en Marbre blanc.

Le Dauphin Charles par ses Lettres du 1. de May 1373 deffend à tous les Iuges et Officiers de cette Province de composer des délits sans l'avis du Gouverneur.

L'Empereur ayant nommé le Dauphin Charles, Vicaire de l'Empire au Royaume d'Arles, ce Prince nomma Bouville pour son Lieutenant, par ses Lettres du 16. de Iuillet 1379.

Lors que ce Gouverneur fut mort, le Conseil Delphinal étant à la Côte S. André ordonna le 18. d'Aoust 1385, que son Sceau seroit rompu, et que le Conseil gouverneroit jusqu'à ce qu'il eut plû au Roy Dauphin de nommer un autre Gouverneur.

L'année qu'il mourut le Roy Charles VI. par ses Lettres du 26. du même mois commit le Conseil Delphinal pour Gouverneur jusqu'à ce qu'il eut pourvû d'un Gouverneur.

Il fut aussi Chambellan du Roy, et épousa Isabeau du Metz, dont il n'eut point d'enfans; son pere étoit Hugues, Seigneur de Bouvil aussi Chambellan du Roy, et sa mere Marguerite des Bares.

Il étoit de Picardie, et s'armoit d'Argent à la fasce de Gueules chargée de trois Annelets d'Or.

VIII. LOUIS,

Duc d'Anjou et de Touraine.

Il étoit fils du Roy Iean, et frere du Roy Charles V.

I'ay vû des Lettres de Grace de l'an 1371. où il se dit Gouverneur de Dauphiné, ce fut une année après que Boville fut fait Gouverneur, cependant comme Bouville l'étoit encore en 1384, il faut que celui-cy ne le fut pas longtemps, et que Bouville fut rétabli.

Ce Prince fut aussi Gouverneur de la Guyenne et de Languedoc, et enfin Roy de Naples.

Semé de France à la bordure de Gueules.

IX. ENGUERRAND D'EUDIN.

Il fut pourvû par des Lettres du 17. d'Octobre 1385.

Le quatriéme de Decembre suivant il commit Robert Cordelier, Conseiller Delphinal pour gouverner en son absence, le 20 du même mois de la même année, il commit encore pour le même sujet Iean Serpe, Guillaume Gelinon, Brunel de Bernac Prieur de S. Robert, Raymon de Theys Docteur aux Loix, Bergerand de Mercules Iuge des appellations de tout le Dauphiné, Iacques de S. Germain Avocat Fiscal, Pierre Gelon Docteur aux Loix, Antoine Tolosan Iuge Majeur du Viennois, Conseillers du Dauphin.

Il mourut en 1390, et le Roi par ses lettres du 11. de Mars de cette année, commit le Conseil Delphinal pour gouverner, jusqu'à ce qu'il eut pourvû d'un autre Gouverneur.

D'Argent à l'Aigle d'Azur.

X. JACQUES DE MONTMAUR.

Il fut pourvû par des Lettres du premier d'Avril 1391, il fut destitué l'an 1399, sur la plainte des Etats de la Province, puis rétabli l'an 1406; mais il mourut la même année.

XI. GEOFFROY LE MAINGRE,

dit Boucicaut.

Il fut pourvû le premier d'Avril 1399. Montmaur ayant été destitué, les Etats de la Province se plaignirent aussi de luy, et le firent rappeler par le Roy. Montmaurt fut mis en sa place ; mais estant mort, le Maingre fut rétabli par des Lettres du 13. de Septembre 1406.

Il voulut à l'imitation de ses Predecesseurs, mander apeller pardevant luy les Officiers du Conseil Delphinal, lors qu'il le desiroit, ou qu'il s'agissoit des affaires du Roy ou du Public, mais le Roy le luy défendit par ses Lettres du 8 de Iuillet 1404, et ordonna qu'il se transporteroit alors au Conseil. Comme les Gouverneurs avoient toute l'autorité du Prince; il défendit par une Ordonnance du 14. de Mars de la même année, l'entrée en cette Province de toutes marchandises étrangeres, et fit un Reglement pour les Monnoyes.

Il étoit fils de Iean le Maingre, dit, Boucicaut, Maréchal de France, et de Florie de Linieres. Il épousa Isabelle de Poitiers, fille de Louïs de Poitiers, Seigneur de S. Vallier, et Caterine de Giac, et eut pour fils Loüis et Iean le Maingre qui moururent sans posterité.

D'Argent à l'Aigle éployé de Gueules, membré et bequé d'Azur.

XII. GUILLAUME DE LAYRE,

Seigneur de Cournillon.

Il fut pourvû le 21 d'Avril 1407,

Il étoit fils de Rolet de Layre, Seigneur de Cuisieu et de Beatrix de Salsac, il laissa deux filles, l'une apellée Ieanne de Layre épouse de Iean de Chevrier, et l'autre Alix, qui le fut de Raymon, Baron de Montmaur.

D'Argent, au Lion de Gueules.

XIII. REYNIER POT.

Il fut pourvû par des Lettres du 8 de Ianvier 1409, par lesquelles on luy accorde mille liv. de gages.

Dans une Ordonnance qu'il fit le 21. d'Octobre 1413. il en

confirma une du Conseil Delphinal, qu'il qualifie son Lieutenant en ce Gouvernement.

Il étoit fils de Raoul Pot troisiéme du nom, Seigneur de Peigeu et de Ratisieu, et de Marguerite de Courte-Iambe, et il épousa Ragonde de Genan fille de Guillaume de Genan, et d'Antoinette d'Amboise.

Cette famille est venuë de Berry en Bourgogne, et Guillaume Pot, Seigneur d'Echampey, qui vivoit l'an 1250 en a été la tige. Elle porte d'Or à la fasce d'Azur.

XIV. JEAN D'ANGENNES,

Seigneur de la Loupe.

Fut pourvû le 18. de Iuillet 1414. Celuy-cy passa procuration le 5. d'Août suivant pour prendre possession en son nom de ce Gouvernement, et pour rompre le Seau de son Predecesseur, et il mourut une année aprés. Le Dauphin Iean frere de Louys par ses Lettres du 7. de Feuvrier de cette année commit le Conseil Delphinal, la Chambre des Comptes et le Tresorier de la Province pour la gouverner.

Comme les Gouverneurs avoient une Chancellerie, et qu'ils parloient dans les Arrêts et dans les Lettres, chacun avoit un Sceau particulier, qui étoit rompu aprés leur mort, ce Iean d'Angennes fit rompre celui de son predecesseur le 5. d'Aoust 1414.

Il étoit Seigneur de Rambouillet, fils de Reynaud d'Angennes aussi Seigneur de Rambouillet, et avoit épousé Ieanne, fille de Richard Seigneur de Coutenlay.

Cette famille est du Mayne, et porte de Sable au Sautoir d'Argent.

XV. GUICHARD DAUPHIN

d'Auvergne Grand Maître de France.

Fut pourvû le 13. de Iuillet 1415 par le même Dauphin, et mourut cette année, et jusques à ce que le Prince eut pourvû d'un autre Gouverneur, par ses Lettres du 7. de Fevrier, il commit le Conseil Delphinal pour gouverner.

Il étoit fils puisné de Robert Dauphin d'Auvergne, Seigneur de Saligni, et d'Izabeau Dame de Château-le-Perron. Il fut marié avec Izabeau de Seneterre, fille de Jean Second Comte de Seneterre. Il avoit été Gouverneur du Roy Charles VI.

Iustel a fait imprimer la Genealogie de cette famille, Monsieur l'Abbé de Baluse a découvert des Titres plus clairs et plus assurez que ceux que cet Autheur a raportez.

D'Or au Dauphin pamé d'Azur, creté et aureillé d'Argent.

XVI. HENRY BARON
de Sassenage.

Il fut fait Gouverneur en 1416.

Par une Ordonnance du 21. d'Aoust 1417 il ordonna la fabrique de certaine Monoye. Le 16. d'Avril 1418. il fit une Ordonnance pour le cours d'autres Monoyes. Voulant absenter la Province, il commit par ses Lettres du 17 de Fevrier de la même année le Conseil Delphinal pour gouverner.

Le Roy par une Declaration du 5. de Iuin de la même année, ordonna que personne ne pourroit exercer le Change en Dauphiné, qu'il ne fut choisi par le Gouverneur.

Il ne fut point marié, Albert de Sassenage son frere luy succeda. Beatrix, petite fille de celuy-cy fut l'heritiere de la Maison, et porta ses terres et le nom de Sassenage à la posterité d'Aymon de Berenger Seigneur du Pont en Royans son mari, descendu d'Ismidon Prince de Royans dans le dixième siécle, qui l'étoit des Comtes de Lyon.

Burelé d'Argent et d'Azur de dix pieces, au Lyon de Gueules, brochant sur le tout.

XVII. GILBERT DE LA FAYETTE
Maréchal de France.

Fut pourvû l'an 1420.

Il étoit fils de Guillaume de Mostier Seigneur de la Fayette, et de Marguerite Brun, il fût aussi Seigneur de Montgibaud, et fait Maréchal de France l'an 1422.

Cette famille est du Bourbonnois, et a été divisée en deux branches ; celle du Comte de la Fayette subsiste aujourd'huy et celle du Seigneur de S. Romain a fini par de filles.

D'Or à une Bande deantelée de Gueules, et une bordure de Vair.

XVIII. RODON DE JOYEUSE

Seigneur de S. Disdier.

Fut pourvû l'an 1422.

Il étoit fils de Loüis Baron de Joyeuse et de Marguerite de Chalancon. Il eut pour premiere femme Caterine Auberte de Monteil de Galas, fille d'Etienne de Monteil et de Marie Dame de Cheilus, et pour seconde femme Louise, fille de Bertrand Seigneur de S. Priest, et de Dauphine de Tournon.

Ecartelé au 1. et 4. Pallé d'Or et d'Azur de 6 pieces, au Chef de Gueules, chargé de trois Hydres d'Or : au 2. et 3. d'Azur, au Lion d'Argent, à la bordure de Gueules, chargée de 8. Fleurs de Lys d'Or.

XIX. MATHIEU DE FOIX,

Comte de Cominges.

Il fut pourvû par des Lettres du Roi Charles VII. du 6. de Juin 1426, et il en fut mis en possession le 19. suivant. Et à la même année voulant s'absenter, il commit pour Gouverner Jean Girard Maître des Requêtes de l'Hôtel du Roy, et Alzear Rigaud Chevalier ; ce que confirma le Roy par ses Lettres du 14. du même mois.

Avant qu'il fut Gouverneur, il avoit assisté en 1416 au Concile de Constance en qualité de Député par le Roy, suivant un article des Canons de ce Concile.

Il étoit fils d'Archambaud Seigneur de Graily, et d'Izabelle Comtesse de Foix. Il épousa Marguerite Comtesse de Cominge en premieres noces et en secondes, Caterine de Corasse, dont il eut Ieanne de Foix mariée à Ican de Foix Comte de Carmain.

D'Or à trois Pals de Gueules.

XX. RAOUL DE GAUCOUR.

Il fut pourvû le premier de Novembre 1428. Le 29. de Ianvier suivant, il nomme son Lieutenant Iean Girard Maître des Requêtes de l'Hôtel du Roy. Le 26 d'Aoust 1434, il nomme encor pour son Lieutenant, Guillaume Iuvenel des Ursins Chevalier Seigneur de Trenel, ce qu'il fit encore le 2. d'Aoust 1435.

Un Curieux dans la Recherche de l'Histoire de cette Province, et des Titres les plus anciens et les plus considerables, a douté que nos Gouverneurs ayent pourvû les Baillifs et les Senéchaux; mais pour le désabuser, on lui dira que ce Gouverneur pourvût le 5. de Novembre 1426 Antoine de Hôstung Seigneur de la Baume de la Charge de Baillif des Baronnies, le 24. de Juillet 1436 de celle de Baillif du Graisivodan Ican Grinde Seigneur du Molard le 25. de Decembre 1441, Ieau Copies de celle de Baillif du Viennois et du Valentinois et le 9. d'Octobre 1443 Ieau Copier, de celle de Baillif de l'Ambrunois et du Gapençois Guinet de Cauvillon.

Le Dauphin Louys étant en cette Province, par ses Lettres du 9 d'Aoust 1441, commit Gabriel de Bernes son Maitre d'Hôtel, pour la gouverner en l'absence de Gaucour Gouverner, et de Iuvenel son Lieutenant.

Gaucour fit un Reglement le 6. de May 1435 pour les Officiers de la Chancelerie et pour la recepte du Seau. Le 14. d'Aoust 1436, il ordonna que le Seau du Gouverneur seroit mis en un coffre, dont le President du Conseil auroit une clef, et un des Conseillers l'autre. Le Dauphin Louys ordonna la même chose par ses Lettres du mois de Decembre 1440.

Il étoit de Normandie, et fils d'un autre Raoul de Gaucour, Baillif de Serres. Ieanne de Preully fut sa femme.

D'Hermines à deux Bars adossez d'Argent.

XXI. BERTRAND DE LOUPY.

Il fut pourvû l'an 1441.

Par ses Lettres du 27. d'Aoust 1442, il commit pour gouverner en son absence et en celle de son Lieutenant, Olivier Flotard Maitre d'Hôtel du Dauphin, Cassin Chaille Tresorier de Dauphiné. Polier Vouzy Conseiller Delphinal, Iean Danran Iuge commun de Carcassonne, Pierre Marc, Iuge Majeur du Viennois et du Valentinois, et Gabriel Vieux Commandeur de S. Gilles.

Le Concile de Bale ayant déterminé de solemniser la Fête de la Conception de la Sainte Vierge, ce Gouverneur par ses Lettres du 6. de Decembre 1447, ordonna qu'elle la seroit en Dauphiné.

Je ne say s'il étoit de la famille de laquelle étoit Rodolphe Seigneur de Loupy Gouverneur. Il pourvût aussi Guillaume de Fordun de la Charge de Baillif du Viennois par ses Lettres du 24. de Juillet 1447.

XXII. LOUIS DE LAVAL,

Seigneur de Chatillon.

Il fut pourvû l'an 1448.

Il étoit fils de Iean de Montfort, Seigneur de Kerley et d'Anne heritiere de la famille de Laval. il ne fut point marié.

D'Argent à la Croix niflée de Gueules, chaque Corniere serpentée d'Or.

XXIII. JEAN BASTARD D'ARMAGNAC.

Il avoit été pourvû par le Dauphin Loüis de la Charge de Senéchal de Valentinois par des Lettres du 10. d'Aoust 1450, où ce Prince l'apelle son Chambellan, et le fut du Gouvernement de Dauphiné par d'autres du 4. de Ianvier 1457, où il est apellé Iean d'Aydie. Il nomme pour son Lieutenant Simon Alleman,

Seigneur de Champs, par les siennes du penultiéme de Ianvier 1460.

Il étoit fils naturel de Iean, Comte d'Armagnac, et fut ensuite Maréchal de France, ayant épousé Marguerite de Saluces, fille de Loüis I. Marquis de Saluces; il en eut Marguerite d'Armagnac mariée à Hugues d'Amboise Marquis Daubigny.

Ecartelé au 1. et 4. d'Argent au Lion de Gueules, au 2. et 3. de Gueules au Lion d'Or.

XXIV. LOUIS,

Seigneur de Crussol.

Il fut pourvû le 16. de Iuin 1463.

Le 17. Iuillet 1472. il fit un Reglement pour les Entrées et Seances des Officiers du Parlement.

Il étoit fils de Geraud Bastet troisiéme du nom, Seigneur de Crussol et de Baudiner, et d'Alix de Basty, et eut pour femme Ieanne de Levis, fille unique de Philipes de Levis, Seigneur de Florensac et d'Izabeau de Poitiers.

Cette famille est de Languedoc, et porte fuzelé d'Or et de Sinople, de 6. pieces.

XXV. JEAN DE COMINGES

Maréchal de France.

Fut pourvû l'an 1472, et mourut l'an 1473 ayant fait son testament le 16. d'Avril de cette année.

De Gueules à la Croix patée d'Argent.

XXVI. JEAN DE DAILLON

Seigneur de Lude.

Fut pourvû le 7. de Mars 1473, il fut aussi Chambellan du Roy Loüis XI. et son Favory.

Son pere eut nom, Gilles Sire de Daillon au Maine, et sa mere Marguerite de Montberon. Il eut pour femme, Marie de Laval, fille Guy de Laval 2. du nom Seigneur de Louët. Il mourut en Dauphiné l'an 1480.

Des Lettres de ce Gouverneur du 8. d'Avril 1478. font encore connoître le pouvoir que les Gouverneurs de cette Province avoient d'instituer et de destituer les Officiers du Parlement; car elles contiennent que le sieur de Comminges qui l'avoit precedé en cette Charge avoit augmenté les Conseillers du Parlement de deux, à cause de l'union à cette Province et à son Ressort, des Comtez de Valentinois et de Dyois, et de la Principauté d'Orange, et que le Roy l'avoit confirmé; et comme le Ressort de la Chambre des Comptes en étoit aussi augmenté, il étoit necessaire d'y créer un nouvel Auditeur, qu'il nomme Iean Pradel, et l'en pourvût.

Cette prerogative et ce pouvoir me font ressouvenir d'autres Lettres du Gouverneur Rodolphe Seigneur de Loupy qui a eu son rang, du 19 d'Août 1369, par lesquelles il nomma ceux qui devoient servir au Conseil, en qualité de Conseillers, à qui il accorde des gages.

Ie remarquerai historiquement que le Valentinois et le Dyois avoient été unis au Dauphiné en vertu du testament de Loüis de Poitiers dernier Comte de l'an 1418, et la Principauté d'Orenge venoit de l'être par la confiscation que le Parlement de Grenoble en avoit faite sur Guillaume de Châlon son Prince, qui s'étoit rangé du parti des Ennemis du Roy, au prejudice d'un Traité qu'il avoit fait à Roüan l'an 1475, par lequel il avoit declaré que sa Principauté étoit un ancien Fief de Dauphiné, et que sa Iuridiction appartenoit à ce Parlement en dernier Ressort. I'ay fait une Dissertation particuliere pour ce sujet, ou par des actes certains et authentiques j'ai prouvé cette vassalité depuis l'an 1339, que le Prince Raymon de Baux reconnut pour son Seigneur Humbert II. Dauphin de Viennois, à qui il fit hommage, et ce dernier Ressort au Parlement de Grenoble, contre les injustes pretentions de celuy de Provence.

I'ajoûte que les deux Conseillers nommez par Comines furent François de Genas et Mathieu Thomassin.

D'azur, à une Croix engreslée d'Argent.

XXVII. PALAMEDE DE FORBIN.

Il fut fait Gouverneur le 19. de Decembre 1481.

Il pourvût d'une Charge d'Auditeur Antoine Motardin le 21 de Iuillet 1483.

Il étoit de la Ville d'Arles en Provence, fils de Iean de Forbin et d'Izoarde de Marin.

De cette famille sont le Cardinal et le marquis de Ianson. Elle porte d'Or au chevron d'Azur accompagné de trois têtes de Leopard arrachées de Sable, lampassées de Gueules.

XXVIII. JACQUES DE MIOLANS,

Seigneur d'Anjou en Dauphiné.

Ie luy donne icy son rang, parce que j'ay vû des Lettres de Provision qui lui furent accordées au mois de Iuin 1482. elles n'eurent point d'effet, j'en ay veu d'autres du 7 d'Octobre 1491. ce qui marque qu'il fut Gouverneur après Philipe de Savoye, ou peut-être par commission pendant l'absence de celui-cy.

Il étoit de Savoye, et sa famille a passé à celle de Mitte. Elle portoit bandé d'Or et de Gueules de six pieces.

XXIX. FRANÇOIS D'ORLEANS,

Comte de Dunois et de Longueville.

Fut pourvû le 13. de Novembre 1483. le Roy par ses Lettres Patentes du 27. de Mars 1484. luy permit de se nommer un Lieutenant, et le 19. d'Avril suivant ce fut Hugues de la Palu.

Il étoit fils du Brave Comte de Dunois Iean d'Orleans, celebre en la Guerre contre les Anglois, et de Marie de Harcour. Sa femme fut Agnes de Savoye, fille de Loüis Duc de Savoye, et d'Anne de Chipre. Il fut aussi Gouverneur de Normandie.

D'Azur à trois Fleurs de Lys d'Or, au Bâton d'Argent, pery en bande, et en chef un Lambel de trois pendants de même.

XXX. PHILIPES DE SAVOYE,

Comte de Beaujeu, Baron de Bresse.

Fut pourvû le 13. de Fevrier 1485. par des Lettres où le Roy le qualifie son Cousin.

Il étoit fils puisné de Loüis Duc de Savoye, et d'Anne de Chipre, et épousa en premieres nôces Marguerite de Bourbon, fille de Charles Duc de Bourbon, et d'Agnes de Bourgogne, et en secondes nôces, Claude de Brosse de Bretagne, fille de Iean Comte de Penthievre, et de Nicole de Bretagne.

De Gueules à la Croix d'Argent.

XXXI. GASTON

Duc de Nemours, Comte de Foix, Vicomte d'Estampes.

Fut pourvû le premier d'Avril 1483.

Il étoit fils de Iean Comte de Foix, Vicomte de Narbonne, et mourut sans alliance, étant tué en la bataille de Ravenes l'an 1512.

Il portoit les Armes de Foix blasonnées cy-devant.

XXXII. LOUIS D'ORLEANS

Duc de Longueville, Marquis de Rotelin, Comte de Neufchastel.

Il étoit fils de François mentionné cy-dessus, et d'Agnés de Savoye, et fut pourvû le 26. d'Octobre 1514.

Il épousa Ieanne de Bade-Horberg, Marquise de Rhotelin

Comtesse de Neufchastel, fille de Philipes de Bade Marquis de Rhotelin et de Marie de Savoye.

XXXIII. ARTUS GOUFFIER,

Comte d'Estampes, Baron de Montlevrier, Grand Maître de France.

Il fut pourvû le 17. de Septembre 1516. il étoit fils de Guillaume Gouffier et de Philipe de Montmorency.

Etant mort trois ans après, son pere lui succeda en cette Charge.

Il avoit épousé Catherine de Hangest fille de Jacques de Hangest Seigneur de Genlis et de Marie de Moüy.

D'Or à trois Jumelles de Sable.

XXXIV. GUILLAUME GOUFFIER,

Seigneur de Bonnivet, Admiral de France.

Pere du precedent, fut pourvû le 27 de Septembre 1519.

Il étoit fils fils d'Emeric Gouffier, aussi Seigneur de Bonnivet et de Madelaine de la Fayette fille de Gilbert precedent Gouverneur. Il épousa en premieres noces Loüise Ad'mboise, sœur du Cardinal, et en secondes Philipe de Montmorency.

Il fut aussi Gouverneur de Languedoc, Chambellan du Roy Charles VIII. et Senéchal de Xaintonge, étant originaire de cette derniere Province.

XXXV. MICHEL ANTOINE

Marquis de Saluces.

Il fut pourvû le 9. de May 1525. et mourut l'an 1528. en luy finit la famille des Marquis de Saluces, qui étoit une branche de celle des marquis de Montferrat, qu'avoit commencé Anselme Marquis de Vast, qui vivoit l'an 980.

D'Argent au chef d'Azur.

XXXVI. FRANÇOIS,
Comte de S. Paul.

Pourvû le 7. de May 1526.

Ce fut sous ce Gouverneur que le Roy François I. commença de déroger au pouvoir des Gouverneurs de cette Province; car par ses Lettres en forme d'Edit du mois d'Avril 1545. il voulut que le Roy seul pût donner des Lettres de Provisions d'Offices, de grace et d'abolition.

Il étoit fils de Thibaud de Luxembourg Comte de S. Paul, et de Philipe de Melun, et épousa Loüise de Savoye. Sa posterité a finy par Louise de Luxembourg femme de Philipe-Emanuel de Lorraine Duc de Mercuer.

De Gueules au Lion d'Or, la queuë fourchée.

XXXVII. FRANÇOIS DESTOUTEVILLE,
Comte de S. Paul.

Fut pourvû l'an 1537. et étoit d'une famille de Normandie, qui porte burelée d'Argent et de Gueules, au Lyon de Sable brochant sur le tout.

XXXVIII. FRANÇOIS DE LORRAINE,
Duc de Guyse.

Fut pourvû le 6. d'Octobre 1547. et le Roy Henry II. ayant conquis la Savoye, l'en fit aussi Gouverneur l'an 1550. Il mourut l'an 1563.

Du tems de ce Gouverneur le Roy par une Declaration du 26. de May 1531. ayant voulu que les Gouverneurs ne pourvùssent plus aux Offices. Par une autre du premier de May 1535. il declara qu'il n'avoit point entendu de déroger au pouvoir de celuy de Dauphiné.

Il étoit fils de Charles de Lorraine, duc de Guyse, et d'Antoinete de Bourbon, et épousa Anne d'Est fille d'Hercules second Duc de Ferrare et de Renée de France.

D'Argent à la Bande de Gueules, chargée de trois Alerions d'Argent.

XXXIX. CHARLES DE BOURBON,
Prince de la Roche-Suryon.

Il fut pourvû le 16. de Ianvier 1562. et le 16 de Iuin suivant, le Roy Charles IX luy accorda par ses Lettres, les quatre mille Ducats Briançonnois, pour ses Gages : ce qui a été continué depuis à tous les Gouverneurs.

Il étoit fils de Loüis de Bourbon, Prince de la Roche-Suryon et de Loüise de Bourbon, Comtesse de Montpensier, et il épousa Philipe de Montespedun, fille de Joachin, Baron de Chenille et de Ieanne de la Haye.

D'Azur, à trois Fleurs de Lys d'Or, au Baston d'Argent, pery en Bande.

XXXX. LOUIS DE BOURBON,
Duc de Montpensier, Pair de France.

Il étoit frere du Precedent, et fut pourvû le 13. d'Octobre 1565.

XXXXI. FRANÇOIS DE BOURBON,
Dauphin d'Auvergne.

Fils unique du precedent, fut pourvû le dernier de Fevrier 1567.

XXXXII. HENRY DE BOURBON,

Prince de Dombes, Capitaine de 100. Hommes d'Arme[s]

Ce sont des qualitez qui luy sont données dans ses Lettres d[e] provision du 26. de May 1578.

En un Etat des Finances de cette année ses gages y son[t] compris à quatre mille florins, évaluez à 2500 livres; ma[is] aprés François son pere qui l'avoit precedé en ce Gouvernemen[t] il fut Duc de Montpensier, de Chateleraud et de S. Ferjeu[l] Pair de France et Souverain de Dombes, Prince de la Roch[e] Suryon, Dauphin d'Auvergne, Marquis de Mezieres, Comte d[e] Mortaing et de Bar sur Sene, Vicomte d'Auge, de Dansfrand [et] de Brosse, Baron de Beaujolois de Montagu en Combraille[,] Seigneur de Champigny, d'Argenton et de S. Sever. Il fut aus[si] Gouverneur de Normandie, et mourut l'an 1608.

Il avoit épousé Henriette Caterine, Duchesse de Ioyeuse [et] Comtesse du Bouchage, fille unique et heritiere de Hugues d[e] Ioyeuse, Comte du Bouchage et de Caterine de la Vallete, d[e] laquelle il eut une seule fille appelée Marie, épouse de Gasto[n] Iean-Baptiste de France Duc d'Orleans.

XXXXIII. JEAN D'AUMONT,

Comte de Château-Roux, Maréchal de France.

Il fut pourvû le 19. de Iuin 1592.

Il fut fait aussi Gouverneur de Champagne et de Bretagn[e,] Chevalier des Ordres du Roy, et Amiral de France, et mour[ut] l'an 1595,

Il étoit fils de Pierre Seigneur d'Aumont, et de Françoise [de] Suly, et épousa en premieres nôces Antoinette Chabot fille [de] Philipe Chabot, Comte de Charny, et en secondes nôces Fra[n-] çoise Robertet, fille de Florimon Dadbaye.

Il descendoit de Iean Sire d'Aumont, qui vivoit l'an 124[

Aumont est aujourd'huy Duché et Pairie en la Province d'Anjou. Le Marquis de Villequier est le chef de cette Famille, qui porte pour Armoiries :

D'Argent au chevron de Gueules, accompagné de sept Merlettes de même, quatre en chef rangées et trois en pointes mal ordonnées :

XXXXIV. FRANÇOIS DE BOURBON,

Prince de Conty.

Fut pourvû le 17. de Decembre 1595.

Il étoit fils puisné de Loüis de Bourbon Prince de Condé, et d'Eleonor de Roye, et eut pour premiere femme, Ieanne de Coitivé fille de Loüis de Coitivé et d'Anne Pisseleu, et pour seconde, Loüise-Marguerite de Lorraine, fille de Henry Duc de Guyse, et mourut sans enfans.

XXXXV. CHARLES DE BOURBON,

Comte de Soissons, Grand Maître de France.

Fut pourvû le 22. de Mars 1602. Il étoit fils puisné de Loüis de Bourbon, et de Françoise d'Orleans, et fut marié à Anne Comtesse de Montafié, fille de Loüis, Comte de Montafié en Piémont, et de Ieanne de Coesme. Il fut aussi Gouverneur de la Normandie.

Aprés sa mort, le grand pouvoir qu'avoient les Gouverneurs leur fut entierement ôté.

XXXXVI. FRANÇOIS DE BONNE DE CREQUY

Duc de Lesdiguieres, Pair de France.

Fut pourvû le 3. de Iuillet 1642.

Il étoit fils de Charles de Blanchefort de Crequy, Duc et Pair de France, et de Madelaine de Bonne, fille de François de Bonne Duc de Lesdiguieres, Conestable de France et de Claude de Berenger. Il fut heritier de ce Conestable, à la charge de prendre le nom et les armes de Bonne.

Il épousa Anne de la Madelaine-Ragny, fille d'Eleonore de la Madelaine, Marquis de Ragny et d'Hypolite de Gondy de Rets.

Les Armes de Bonne sont de Gueules, au Lion d'or, au chef cousu d'azur, chargé de trois Roses d'argent.

XXXXVII. FRANÇOIS DE BONNE DE CREQUY,

Comte de Sault, Duc de Lesdiguieres.

Il étoit fils du precedent, et fut pourvû en survivance de son Pere le 13. de Novembre 1661.

Il a eu pour femme, Paule-Marguerite-Françoise de Gondy de Rets, fille de Pierre de Gondy, Duc de Rets et de Françoise de Gondy.

XXXXVIII. FRANÇOIS D'AUBUSSON COMTE DE LA FEUILLADE,

Duc de Roannez, Pair et Maréchal de France.

Fut pourvû le 9. de May 1681.

Le plus bel éloge qu'on puisse faire de luy, c'est qu'il a été le Favory du plus grand Monarque du monde. La Statuë qu'il a fait dresser en la Place des Victoires, si c'est un monument à la gloire du Roy, c'en est aussi un de sa manificence, et dans l'Histoire de ce Grand Roy, on y verra plusieurs endroits distinguez et honorables de la sienne.

La Ville d'Aubusson, qui est la seconde de la Marche d'Auvergne, luy a toûjours apartenu. Turpin d'Aubusson étoit Evêque Limoges l'an 898. et fils de Geofroy premier Vicomte d'Aubusson. On trouve dans une Chartre ancienne que ce Turpin *erat gente clarissimus et avunculus Roberti Vicecomitis Abuensis.*

Ceux de cette famille ont aussi été Seigneurs de la Feuillade et de Pertange.

Elle a été alliée aux plus anciennes et considérables Familles du Royaume, même à celle de quelques Princes : c'est ce qu'on voit en la Genealogie qu'en a dressé du Bouchet. Pierre d'Aubusson grand Maître de l'Ordre de S. Jean de Jerusalem, en a été l'un des Hommes Celébres. Nôtre Illustre Gouverneur a eu pour épouse Charlotte Gouffier, fille de Henry Gouffier, Duc de Roanez, et d'Anne Hannequin.

D'or à la Croix niflée de Gueules.

XXXXIX. LOUIS VICOMTE D'AUBUSSON,

Comte de la Feüillade, Duc de Roanez, Premier Baron de la Marche, Pair de France, Lieutenant General dans les Armées du Roy.

Il est Fils du precedent, pourvû le mois d'Octobre 1691. Reçû au Parlement de Grenoble le 18. de Janvier 1704. En la Chambre des Comptes et au Bureau des Finances le 19. Cet Illustre Gouverneur herite du merite et de l'esprit de son Pere; ce que le Roy a reconnu, puisque dans son bas-âge, Sa Majesté luy a confié ce Gouvernement, et qu'à peine sorty de l'enfance il luy a donné la conduite et le Commandement d'une Armée importante.

Il est arrivé dans la Ville de Grenoble le 7. de Ianvier, où il a été reçû avec des grands témoignages de joye. Tous les Corps de Iustice, les Ecclesiastiques, les Seigneurs l'ont visité et luy ont rendu leurs devoirs. Comme il est doux, civil, accüeillant, bien-faisant et charitable, il s'est acquis le cœur de tout le monde, qui le considere comme l'Ange tutelaire de la Patrie.

Il a épousé en premieres nôces, Marie-Therese Phelippeaux, fille de Balthazard Phelippeaux Marquis de Châteauneuf, Secretaire d'Etat, et de Marie le Fevre; et en secondes nôces Marie Therese de Chamillart fille de Michel Controlleur General des

Finances, Ministre et Secretaire d'Etat, et de...... Rebours. Il est ainsi devenu le Gendre d'un Ministre digne de l'être, propre pour en faire les fonctions, capable d'une Charge des plus considérables de l'Etat ; et sur le tout ayant toute la confiance du Roy, auprès de qui il tient le Rang qu'avoit Mecenas auprès d'Auguste, et est comme il étoit le Protecteur des Gens de Lettres.

LES
LIEUTENANS.

I. BERENGER DE MONTAUT,

Archidiacre de Laudeve, Conseiller Delphinal.

Il fut pourvû par des Lettres du 25. d'Octobre 1351. données par Henry de Villars Archevêque de Lyon, Gouverneur.

II. ARTAUD,

Seigneur de Beausemblant, Dauphinois, Maître d'Hôtel du Dauphin Humbert Second.

Il étoit fils de Villent Seigneur de Beausemblant. Il ne laissa qu'une fille appellée Beatrix, qui porta la Terre de Beausemblant à Charles d'Alez son mary, d'où vint Berengere d'Alez mariée à Falque quatriéme Seigneur de Montchenu. Il vivoit l'an 1353. et portoit de Gueules à trois Pals d'argent.

III. HUGUES DE GENEVE,

Seigneur d'Anton.

Etoit Lieutenant de Roy l'an 1358. et étoit fils puisné d'Amé second Comte de Geneve, et d'Agnés de Chalon : Beatrix sa fille fut son heritiere, et épousa Frederic Marquis de Saluces. Il avoit eu la Terre d'Anton par son mariage avec Isabelle d'Anton fille de Guichard.

Cinq Points d'or Equipoles à 4. d'azur.

IV. GUILLAUME DE ROIN,

Evêque de Grenoble.

Il étoit Lieutenant en 1566. et descendoit de Iean de Roin, qui vivoit l'an 1202. cette Famille est éteinte il y a long-temps, étoit de Dauphiné, et portoit d'or à l'Aigle de sable.

V. PIERRE COPIER,

Seigneur d'Hyeres, Dauphinois.

L'étoit la même année. Il descendoit de Pierre Copier qualifié Chevalier en un acte de 1285.

Semé d'hermines au chef de Gueules.

VI. JOFFREY,

Vicomte de Clermont.

L'étoit l'an 1369. de l'ancienne et illustre Maison de Clermont, premier Baron cette Province, fils d'Aynard 2. Baron de Clermont en Viennois, et Vicomte de Clermont en Trieves, et d'Agate de Poitiers fille du Comte de Valentinois.

Il eut pour Epouse Isabeau de Montoison fille de Guillaume Seigneur de Montoison, et de Lizerne de Pierregourde. Un autre Aynard fils de ce Ieoffroy continua la Branche aisnée, de laquelle est aujourd'huy le Comte de Clermont, et Charles son puisné commença celle de Montoison.

Aynard pere de Ieoffroy fut le premier que l'an 1340 se rendit vassal du Dauphin Humbert second, qui le fit luy et ses Successeurs Conestable Hereditaire de cette Province, et Grand Maistre du Dauphin et de la Dauphine. Auparavant il ne relevoit que de l'Empire. J'ay dressé la Genealogie de cette Maison depuis l'onziéme siécle.

De Gueules à deux clefs d'argent, passées en sautoir.

VII. GUY DE MORGES,

Seigneur de la Rochette, Dauphinois.

Il étoit Lieutenant l'an 1366. et en cette qualité il reçût les homages du Marquis de Saluces, et des Seigneurs et Nobles de cet Etat.

Il étoit fils puisné de Guigues de Morges Seigneur de Gensac, et fut marié à Falconne Roux, de laquelle il n'eût point d'enfans. J'ay aussi dressé la Genealogie de cette Famille depuis le commencement du onziéme siécle. Elle porte d'Azur à trois testes de Lyon arrachées d'or, lampassées de Gueules, couronnées d'argent.

VIII. ROBERT CORDELLIER,

President unique du Conseil Delphinal.

Fut nommé Lieutenant de cette Province par des Lettres d'Enguerran d'Eudain du 4. de Decembre 1385.

IX. HECTOR DU CHEYLAR,

Dauphinois.

Etoit Gouverneur l'an 1403. sa Famille étoit du Dyois, et est finie il y a long-tems.

X. PIERRE CLARIVAL.

Est nommé Lieutenant de Guillaume de Layre Gouverneur en un Arrest rendu par le Conseil Delphinal, qui étoit alors à la Coste S. André, le 16 de Décembre 1410.

XI. ANTOINE DE SASSENAGE,

Seigneur de Montrigaud, Dauphinois.

Etoit Lieutenant l'an 1424. et étoit fils d'Aynard de Sassenage, et mary de Claudine de Beauvoir.

XII. ALZEARD RIGAUD, Chevalier & JEAN GIRARD, Maître des Requêtes de l'Hôtel du Roy, Dauphinois.

Furent nommez Lieutenans par des Lettres de Mathieu de Foix Gouverneurs, du 9 de Iuillet 1428.

Rigaud étoit descendu d'Hugues Rigaud qui vivoit noblement l'an 1283. Il portoit d'azur à la Bande d'or, accompagnée en chef de trois Lozanges de même posés 2. et 1. et en pointe de trois autres Lozanges de même, posés en Bande.

Girard fut ensuite President unique au Conseil Delphinal, et enfin Archevêque d'Embrun.

D'or au chevron de gueules, accompagné de trois Roses de sable.

XIII. GABRIEL VIEUX,

Commandeur de S. Gilles, Dauphinois.

Fut fait Lieutenant par des Lettres de Raoul de la Loupe Gouverneur du 27. d'Aoust 1442. Il étoit fils de Ieoffroy Vieux et de Philipes de la Vilette, et descendoit de Guillaume Vieux, qui vivoit l'an 1280. Cette Famille a finy au commencement du dernier siecle, et portoit d'azur à la teste de cerf coupée d'or.

XIV. AMAURY,

Seigneur d'Estissac.

Il étoit de Guienne, et portoit d'azur à trois Pals d'argent. On trouve des actes de luy en qualité de Lieutenant de l'an 1434.

XV. GUILLAUME JUVENEL DES URSINS.

Fut nommé Lieutenant de cette Province par des Lettres de Raoul de Gaucourt Gouverneur du 26. d'Aoust 1434. Il fut ensuite Chancelier de France, et il étoit fils de Iuvenel Avocat au Parlement de Paris, et de Michelle de Vitry. Il eut pour femme Geneviéve Heron, et n'eut qu'un fils appelé Iean Seigneur de Trenel, qui mourut sans posterité, et une fille nommée Iaqueline, épouse de Iaques de Beaujeu Seigneur de Lignieres.

Bandé d'Argent et de Gueules de six pieces, au chef d'Argent, chargé d'une Rose de Gueules, et soûtenu d'Or.

XVI. GABRIEL DE BERNES,

Maître d'Hôtel du Dauphin Loüis.

Fut pourvû de cette Lieutenance par ce Dauphin le 9. d'Aoust 1441. tant seulement pour gouverner en l'absence dudit Gouverneur, et de Guillaume des Ursins son Lieutenant. Il se dit Lieutenant au Gouvernement de Dauphiné en un acte de 1443.

XVII. AYMARD DE CLERMONT,

Seigneur de Crolard, Dauphinois.

Fut pourvû par le Dauphin Loüis le 24. de Iuin 1445. et étoit fils naturel du Baron de Clermont.

XVIII. RAYMOND AYNARD,

Seigneur de Montaynard, Dauphinois, Maître d'Hôtel du Dauphin Loüis.

Fut pourvû par ce Prince le 28. de Iuillet 1455. Il étoit fils d'un autre Raymon Seigneur de Montaynar, et ne fut point marié.

Il est peu de Familles en Dauphiné qui soient aussi anciennes que celle-cy. I'en ay dressé la Genealogie depuis l'an 960.

De Vair au chef de Gueules, chargé d'un Lyon issant d'Or.

XIX. JEAN COPIER,

Dauphinois.

Etoit petit fils d'Aymard frere de Pierre, dont j'ay parlé, et fut fait Lieutenant par le Gouverneur le 8. de septembre 1458. Ses Armoiries sont cy-devant.

XX. AYMON ALLEMAN,

Seigneur de Champs, Dauphinois.

Fut nommé Lieutenant par le Gouverneur Jean Bastard d'Armagnac le penultiéme de Janvier 1461. ce que le Roy Loüis XI. confirma par ses Lettres du 26. de Janvier 1462.

Il étoit fils de Guigues Alleman, aussi Seigneur de Champs, de S. George et de Tolignan, et de Marguerite Aynard, et fut marié à Claire de Menthon fille de Henry et de Marie de S. Amour.

Cette Famille est trés ancienne, et dans la Généalogie que j'en ay composée en vingt Branches, je la commence par Alleman Seigneur d'Uriage, qui vivoit l'an 963, et fut l'un de ceux qui aiderent à Izarne Evêque de Grenoble, à chasser les Maures de son Diocese.

De Gueules semé de Fleurs de Lys d'Or, à la P^nde d'Argent brochant sur le tout.

XXI. GUILLAUME DE VENNAC

Fut fait Lieutenant la même année. l'ignore son origine.

XXII. GALLEAS-MARIE SFORCE

Fut pourvû par des Lettres du Roy Loüis XI. du 27. de Juin 1465. qui le qualifie son Oncle.

Il étoit fils de François Sforce, Comte de Catignolle, creé Duc de Milan l'an 1450. et de Blanche, fille naturelle de Philipes-Marie Duc de Milan.

Il fut Duc aprés son pere, et marié en premieres nôces avec Sausie, fille de Loüis de Gonzagues Duc de Mantouë, et en secondes nôces avec Bonne fille de Louis II. Duc de Savoye.

D'Argent à la Guivre d'Azur couronnée d'Or, issante de Gueules.

XXIII. SOFFREY ALLEMAND,

Seigneur de Château-Neuf, Dauphinois.

Fut pourvû le 12. de Mars 1465. il étoit fils de Iean Alleman 2 du nom, Baron d'Uriage, et de Bonne de Chalon. Il eut deux filles de Claudine Grinde sa femme; sçavoir Charlote épouse de Raynaud du Chastelet, et Louise Mariée au baron d'Ayguebelette en Savoye.

XXIV. RAYNAUD DU CHASTELET,

Maréchal de France, gendre du precedant.

Fut pourvû le 25. de Fevrier 1472. Il étoit fils de Felix de Chastelet, qui vivoit l'an 1436.

XXV. LOUIS RICHART,

Seigneur de S. Priest, Dauphinois.

Il étoit filleul du Roy Loüis XI. et descendoit d'un autre Loüis Richart Seig. de S. Priest, qui vivoit l'an 1363. Il épousa Anne fille naturelle du Roy.

D'Azur à trois Quinte-feuilles d'Argent.

XXVI. PIERRE,

Seigneur de Joux.

Fut pourvû le troisiéme de Fevrier 1477.

XXVII. RAYMON DE GLANDEVEZ,

Seigneur de Faucon, Chambellan du Roy, Senéchal de Provence.

Fut pourvû le 25. d'Avril 1481. Il étoit fils de Lion de Glandevez, Seigneur de Faucon, Chevalier de l'Ordre du Croisant d'une famille trés ancienne en Provence.

XXVIII. PIERRE CLARET,

Maître d'Hôtel du Dauphin, Seigneur de Truchenu, Dauphinois.

Fut pourvû l'an 1482. et descendoit d'un autre Pierre Claret qui vivoit l'an 1309, il eut pour femme Charlote de Clermont, fille de Claude de Clermont, seigneur de Montoison et d'Anne de Talaru.

Sa Postérité a fini par Lucresse de Claret épouse d'Antoine de Simiane Seigneur de Cederon.

De Gueules à deux Clefs d'Argent, mises en Pal et endossées, au chef d'Or chargé de trois Merlets de Sable.

XXIX. JACQUES RASOL,

Seigneur de Ceursey.

Fut pourvû le 20. d'Avril 1484, et portoit pour Armoiries d'Argent à trois Jumelles d'Azur, et une Cottisse vivrée de Gueules, brochant sur le tout.

XXX. PHILIPES DE SAVOYE,

Comte de Baugey, Seigneur de Bresse.

Fut pourvû le 14. de Fevrier de la même année, il fut en après Gouverneur. l'ay parlé de luy.

XXXI. HUGUES DE LA PALU,

Seigneur de Chatillon, Comte de Varax, Maréchal de Savoye.

Fut pourvû le 19 d'Avril 1484 par François d'Orléans, Comte de Dunois, Gouverneur.

Il étoit de Bresse, et fils de Guy de la Palu cinquième du nom, Seigneur de Chatillon et Vicomte de Salin, et d'Isabeau de Cuzance, et eut pour femme en premieres noces, Guillemette de Varax fille de Gaspard de Varax et de Caterine de Seysel, et en secondes noces Antoinete de Polignac fille de Guillaume Comte de Polignac et d'Aymée de Saluces.

De Gueules à la Croix d'Hermines.

XXXII. ANTOINE DE GROLÉE-MEUILLON,
Baron de Bressieu.

Fut pourvû le 10. d'Octobre 1491, mais quelques affaires qu'il eut avec les Etats de la Province, le Roy luy ordonna de se retirer chez luy, deux ans aprés. Il fut neantmoins rétably par des Lettres du 9. de Iuin 1498.

Il étoit fils de Iean de Grolée Seigneur de Revel et de Serre et de Beatrix de Meüillon, et épousa Helcie de Hangest.

La famille de Grolée est originaire de Bugey, où est encore le Château de Grolée, qui apartient à la famille de Ducros en laquelle est tombée la branche ainée de celle de Grolée, laquelle avoit étendu ses rameaux en Dauphiné dont il ne reste que le Comte de Vireville en cette Province, et le Comte de Peire en Givaudan.

Gironné d'Argent et de Sable.

XXXIII. HECTOR DE MONTAYNARD,
Dauphinois.

Fut pourvû l'an 1493.

Il fut aussi Chambellan du Roy, Lieutenant General en Normandie, fils de Raymon Aynard Seigneur de Montaynard, et de Claude de Berenger. Il épousa en premieres noces Marguerite de Monferrat fille legitimée de Guillaume Marquis de Montferrat, et en secondes noces Loüise de Montchenu, fille de Philibert, Seigneur de Montchenu et de Bonne de Rivoire. Ses Armoiries sont cy-devant en l'article de Reymon Aynard aussi Lieutenant.

XXXIV. LANTELME DE MONTAYNARD,
Dauphinois.

Fut pourvû l'an 1499, et étoit frere du precedent.

Il eut pour femme Bonne Alleman, fille de Boniface Alleman,

Seigneur d'Uriage, et de Claude de Hostung. Il n'eut qu'une fille appellée Anne femme de Iean de Poisieu.

XXXV. CHARLES SEYTRE,

Seigneur de Novezan.

Fut pourvû la même année.
Il étoit fils de Iean de Seytre et de Delphine Espiefame. Il épousa Philipe Seytre sa parente.
Cette famille est de Provence, et porte d'Or au Lion de Gueules, à la Bande de Sinople, chargée de trois Roses d'Or et Brochant sur le tout.

XXXVI. SOFFREY ALLEMAN,

Seigneur d'Uriage, Dauphinois.

Fut pourvû l'an 1505.
Il étoit fils de Guigues Alleman quatriéme du nom, Baron d'Uriage, et de Marie Grinde, et épousa Jeanne de Saint Priest fille de Louis Richart, Seigneur de S. Priest et d'Izabeau legitime de France. Il se fit distinguer sous le nom de Capitaine Molart dans les guerres d'Italie, et a été l'un des hommes Illustres de cette Province.

XXXVII. JEAN DE POITIERS,

Seigneur de S. Vallier, Dauphinois.

Fut pourvû le 1. de May 1512.
Il fut aussi Chevalier des ordres du Roy, et Capitaine des cent Gentils-hommes de sa Porte, fils d'Aymar de Poitiers, Seigneur de s. Vallier Marquis de Cotron Vicomte d'Etoile, Baron de Chalencon, et de Ieanne de la Tour d'Auvergne.

Il épousa en premier lieu Jeanne de Baternay, fille d'Imbert de Baternay, Baron du Bouchage, et de Françoise de Chabanes, et en second lieu Françoise de Polignac, fille de Guillaume de Polignac, et de Marguerite de Pompadour. Il prit le parti du Connétable de Bourbon, et étant fait Prisonnier, fut condamné à avoir la tête tranchée; mais il eut des Lettres d'Abolition; cependant comme la peur luy avoit donné la fievre, il la garda le reste de ses jours, ce qui a donné lieu d'appeller la fievre de peur, la fievre de s. Vallier, suivant Pasquier en ses Recherches.

Ses Armoiries sont cy-devant en l'article d'Aymar de Poitiers Comte de Valentinois, deuxième Gouverneur.

XXXVIII. PIERRE DE TERRAIL
Surnommé le
CHEVALIER BAYART

Fut pourvû par le Gouverneur le 20. de Ianvier 1514.

Comme on a écrit la Vie de cet Homme Illustre, je ne diray rien de luy sinon qu'il descendoit d'Aymon de Terrail, qui vivoit l'an 1320. Sa mere eut nom Heleine Alleman. Il ne fut point marié, mais il eut une fille de la Maison de Trets Noble de Venise, qu'il fit legitimer. Elle étoit appellée Jeanne, et fut mariée à François de Bocsozel, Seigneur de Montgontier.

D'Azur au chef d'argent, chargé d'un Lion issant de Gueules, au Bâton d'Or, posé en bande, brochant sur le tout.

XXXIX. ANTOINE D'ORIOL,

Fut pourvû l'an 1515.

XXXX. NOEL DE FAY,
Seigneur de Peyraut.

Fut pourvû le 14. de Iuillet 1524.

Il étoit de Vivarais, fils d'Hector de Fay aussi Seigneur de

Peyraut, et de Caterine de Rebé, et épousa en premieres noces Françoise de Gelais, et en secondes Antoinette de Ferley. Il descendoit de Raynaud de Fay qui étoit en existance l'an 1360. J'ay dressé la Genealogie de cette Maison en sept branches; celle de ce Lieutenant a fini à Madeleine de Fay épouse d'Abel Calviere Baron de Beaucoyron, et portoit de Gueules à la Bande d'Or, chargée d'une Foüine d'Azur.

XXXXI. MICHEL ANTOINE,

Marquis de Saluces.

Fut pourvû la même année et fut en après Gouverneur.

XXXXII. CHARLES ALLEMAN,

Seigneur de Laval, Dauphinois.

Fut pourvû le 7. de Mars 1525. Ce ne fut que par commission, et pour commander en cette Province après la mort de Gouflier, jusques à ce que le Roy eut pourvû d'un Gouverneur; mais il fut fait Lieutenant en chef le 23. de Mars 1526.

Il étoit fils d'un autre Charles Alleman seigneur de Laval et de Sechiline et de Caterine de Laudun, et d'Anne de Tolignan sa femme, il eut Guigonne Alleman fille unique, mariée en premier lict à Guillaume Cadar d'Ansesune, et en second lit à Bertrand Rambaud de Simiane Marquis de Gordes.

XXXXIII. GUIGUES DE GUIFFREY,

Seigneur de Boutieres, Dauphinois.

Fut pourvû l'an 1527.
Il étoit fils de Sebastien de Guiffrey Seigneur de Boutieres, et épousa Gasparde Berlioz, il testa le 10. de Fevrier 1560 Guy

Baltazard de Guiffrey son fils mourut sans enfans, Joachine sa sœur fut son heritiere, et fut mariée à Guy Baltazard de Montaynard Seigneur de Marcieu, d'où vint Virgine de Montaynard épouse d'Ennemond Emé pere de Guy Baltazard Emé de S. Iullien, Comte de Marcieu Gouverneur de la Ville de Grenoble.

Cette famille est fort ancienne, et descent de Guillaume de Guiffrey, qui vivoit l'an 1260.

D'Or à la Bande de Gueules, chargée d'un Griffon d'Argent.

XXXXIV. GUI DE MAUGIRONS,

Seigneur d'Ampus, Dauphinois.

Il fût pourvû le premier de Novembre 1528.
Il étoit fils de Hugues de Maugiron et de Claude Lambert Dame de la Roche et épousa Auzanne l'Hermite. Il descendoit d'Hugonnet de Maugiron qui vivoit l'an 1320.

Gironné de six pieces d'Argent et de Sable, ou mal gironné, Armes parlantes.

XXXXV. FRANÇOIS,

Cardinal de Tournon.

Il fût pourvû par des Lettres du Roy François I. du 10. de Decembre 1536 de la Lieutenance aux Gouvernement de Lionnois, Forets, Beaujolois, Auvergne, Dombes, Bresse, Bugey, Varromex, Dauphiné, Provence et Frontieres de Languedoc.

Il étoit fils de Jacques Seigneur de la Ville de Tournon en Vivarrais, et de Jeanne de Polignac, et descendoit d'Odon Seigneur de Tournon de l'an 1270. Je pourrois raporter icy plusieurs actes de sa vie; car j'en ay un grand Memoire, je diray seulement qu'il a fondé le College de la Compagnie de Iesus à Tournon.

J'ay composé la Genealogie de cette Maison en quinze dégrez. Iust Loüis de Tournon deuxième du nom en a été le dernier, et comme il a été Lieutenant au Gouvernement de cette Province, il aura son rang.

Party au premier de semé de France, au second de Gueules au Lion d'Or.

XXXXVI. JACQUES D'ALBON,

Seigneur de S. André, Marquis de Fronsac, Comte de Vallery, Maréchal de France.

Fût pourvû le 16. d'Août 1544, et dans ses Lettres il est qualifié Chevalier de l'Ordre.

Il étoit fils de Iean d'Albon Seigneur de S. André, Gouverneur du Lionnois, de l'Auvergne et du Bourbonnois, et épousa Marguerite de Lustrac, Catherine sa fille mourut sans alliance.

Cette famille est du Lionnois, et porte de Sable à la Croix d'Or.

XXXXVII. GUILLAUME DE POITIERS,

Seigneur de S. Vallier, Dauphinois.

Il fût pourvû le 5. de May 1547.

Il étoit fils de Iean de Poitiers Seigneur de S. Vallier, dont j'ay fait mention et de Jeanne de Baternay sa premiere femme, et pere de Diane de Poitiers Duchesse de Valentinois.

XXXXVIII. ANTOINE,

Baron de Clermont, Grand Maître des Eaux et Forets de France, Dauphinois.

Il fût pourvû le 10. de Fev... 1554, et fût aussi Gouverneur de la Savoye.

Son pere étoit Barnardin de Clermont, Vicomte de Clermont

et de Talart, et sa mere, Anne de Husson fille de Charles Comte de Tonnerre, et d'Antoinette de la Tremoüille, qui étoit descenduë des Ducs de Bourgogne, et épousa Françoise de Poitiers fille de Iean de Poitiers Seigneur de S. Vallier et de Ieanne de Baternay. Il a été le quatriéme ayeul de François Ioseph aujourd'huy Comte de Clermont.

XXXXIX. GASPARD DE SAUX,

Comte de Tavanes, Maréchal de France.

Ne le fût que par Commission.

Il étoit fils de Iean de Saux, Alleman de Nation, qui vint en France l'an 1318, et y épousa Ieanne Dame de Tavanes. La femme du Lieutenant, fût Françoise de la Baume fille de Iean de la Baume Comte de Montrevel, et de Françoise de Vienne.

D'Argent au Lion d'Or, armé et lampassé de Gueules.

L. HECTOR DE PARDAILLAN.

Seigneur de Gondrin.

Fût pourvû l'an 1561, et la même année il fut tué à Valence défendant les Catholiques. Ce fut par les ordres de François de Beaumont Baron des Adrets qui commandoit les Protestans, et qui se disoit aussi Lieutenant au Gouvernement de Dauphiné.

Il étoit fils d'Hector de Pardaillan, et de Paule d'Espagne, Dame de Montespan, et épousa Ieanne d'Antin fille d'Arnaud Seigneur d'Antin, il avoit eu pour troisiéme ayeul Bertrand de Pardaillan Seigneur de Gondrin.

Cette famille de laquelle est le Marquis de Montespan est de Guienne, et porte d'Argent au Lion de Gueules, et un Orle de sept Ecussons de Sinople. Elle écartelle de Castille de Tolongeon et d'Antin.

LI. LAURENT DE MAUGIRON,

Comte de Montleans, Dauphinois.

Fût pourvû par Commission l'an 1562, puis titulairement par des Lettres du mois de Mars de l'an 1578 après Bertrand de Simiane.

Il étoit fils de Guy de Maugiron dont j'ay parlé, et d'Auzanne l'Hermite, et mari de Jeanne de Maugiron, fille de Laurent, Seigneur de la Thiviliere, et d'Agnes de Gottefrey.

LII. BERTRAND RAMBAUD DE SIMIANE.

Baron de Gordes.

Fût pourvû l'an 1564.

Il étoit fils d'un autre Bertrand Rambaud de Simiane quatriéme du nom, aussi Baron des Gordes, et de Perrette de Pontevez, et épousa Marguerite Alleman fille de Charles Alleman Seigneur de Champs, et d'Anne d'Albigny.

Cette Famille est une des plus anciennes de la Provence. J'en ay dressé la Geneologie, et l'ay donnée au public en dix branches, dont il y en a trois en Dauphiné. Je l'ay commencée à Humbert, Seigneur d'Apt, Baron de Case-Neuve l'an 993.

D'Or semé de Fleurs de Lys et de Tourrettes de Gueules.

LIII. TIMOLEON DE MAUGIRON,

Dauphinois.

Il fut pourvû le 15. de Juin 1588. Il étoit fils de Laurant dont j'ay parlé, et épousa Françoise de Tournon.

LIV. CHARLES DE LORRAINE,

Duc de Mayenne.

Fut pourvû la même année. Il étoit fils puisné de François de Lorraine Duc de Guise et d'Anne d'Est, il épousa Henriette de Savoye, fille d'Honoré de Savoye Marquis de Villars et de Françoise de Foix.

Ses Armoiries sont ci-devant.

LV. ALPHONSE D'ORNANO,

Colonel des Corces.

Fut pourvû le 26. d'Aoust 1589.

Il étoit fils de Sanpietro d'Ornano Colonel General des Corces sous Henry II. et de Varnine d'Ornano. Il eut pour sixiéme ayeul un autre Alfonce d'Ornavo, natif de Batalicia en l'Isle de Corse ; il fut aussi Gouverneur de la Guienne : et eut pour femme Marguerite de Pontevez.

De Gueules au Château d'Or Maçonné de Sable, Ecartelé d'Or au Lion de Gueules, au Chef d'Azur chargé d'une Fleur de Lys d'Or par concession.

LVI. ARTUS DE PRUNIER,

Seigneur de S. André, Dauphinois.

Fut pourvû l'an 1590 pendant la prison d'Ornano ; il étoit alors President au Parlement de Grenoble, dont il fut ensuite Premier President.

Il étoit fils d'un autre Artus Prunier Tresorier Receveur

General de Dauphiné, et de Ieanne de la Colombiere, et il épousa Honorade de Simiane, fille de François de Simiane, Seigneur de la Coste en Provence, et de Claire Garin.

Cette famille est originaire d'Anjou, où étoit Pierre de Prunier l'an 1430. Artus Prunier étoit Cadet, et passa en Dauphiné; La branche ainée a fini par Marie Prunier épouse de Pomponne de Belieure Chancelier de France.

De Gueules à la Tour d'Argent, surmontée d'une autre Tour de même.

LVII. ENNEMON DE RABOT,

Seigneur d'Ylins, Premier President au Parlement de Grenoble, Dauphinois.

Fut pourvû l'an 1592.

Il étoit fils de Laurent de Rabot Seigneur d'Upie Conseiller au Parlement de Grenoble, et d'Emeraude d'Avrillac, et épousa Anne de Belieure fille de Iean de Bellieure. Il ne laissa qu'une fille nommée Anne, épouse de Christofle de Harlay.

D'Argent à 5. Pals de Gueules 3. Cometes et 2. Flamboyans, au chef d'Azur chargé d'un Lion Leopardé d'Or.

Aprés luy les autres Premiers Presidens de ce Parlement ont été commis par nos Roys, pour gouverner cette Province en l'absence du Gouverneur et du Lieutenant.

LVIII. FRANÇOIS DE BONNE,

Duc de Lesdiguieres, qui fût ensuite Conétable de France, Dauphinois.

Fut pourvû de cette Lieutenance le 12 de Septembre 1598. et le 26. d'Aoust 1600 il fut fait Gouverneur de la Savoye, le Duc de Crequi son gendre en fut fait Lieutenant.

Il étoit fils de Jean de Bonne, Seigneur de Lesdiguieres et de Françoise de Castelane, et il épousa Claudine de Berenger fille d'André Seigneur du Gaz et de Madelaine de Berenger Pipet.

Videl a écrit la vie de ce Conétable. J'ay fait et donné au Public la Genealogie de cette famille, et l'ay commencée à Bozon de Bonne qui vivoit l'an 1250. Ses Armoiries sont en l'article du Gouverneur François de Crequy Duc de Lédiguieres.

LX. CHARLES DE CREQUY,

Duc, Pair et Maréchal de France.

Il étoit gendre du Conétable de Lédiguieres, ayant épousé Madelaine de Bonne sa fille, et fils d'Antoine Sire de Crequy, et de Chrestiene d'Augerre.

Le nom ancien de cette famille étoit Blanchefort, cet Antoine prit celuy de Crequy, comme fils de Marie de Crequy derniere de cette famille, mariée à Gilbert de Blanchefort son pere.

D'Or au Crequier de Gueules.

LXI. JUST LOUIS,

Comte de Tournon.

Fut pourvû le 22. de Fevrier 1643, il a esté le dernier de sa famille; comme j'ay dit en un autre endroit, et n'ayant laissé aucuns enfans de Françoise de Neufville sa femme, fille de Nicolas de Neufville Marquis de Villeroy Maréchal de France, et de Madelaine de Crequi, la Maison de Levis Ventadour luy succeda, sa mere étant Charlote de Levis, et son pere Iust-Henry Comte de Tournon.

Ses Armoiries ont déja été raportées.

LXII. MAXIMILIAN-FRANÇOIS DE BETHUNE

Fut pourvû l'an 1644.

Il étoit fils de Maximilian de Bethune, Marquis de Rony, Grand Maître de l'Artillerie de France, et de Françoise de Crequy, et épousa Charlotte Seguier fille de Pierre Seguier Chancelier de France et de Marguerite Fabry.

Du Chêne qui nous a donné la Genealogie de cette famille, a commancé à Robert Seigneur de Bethune, qui vivoit l'an 970.

D'Argent à la fasce d'Azur.

LXIII. MAXIMILIAN-PIERRE-FRANÇOIS DE BETHUNE.

Duc de Sully.

Fils du precedent, fut pourvû le 28 de Septembre 1659, et épousa Marie Antoinete de Servien fille d'Abel de Servien Sur-Intendant des Finances, Ministre d'Etat, et d'Augustine Roux.

LXIV. CHARLES-NICOLAS DE BONNE DE CREQUI,

Marquis de Ragny.

Fut pourvû le 22. d'Avril 1670.

Il étoit fils de François de Bonne de Crequy, Duc de Lédiguieres, Gouverneur de cette Province, et d'Anne de la Madelaine Ragny.

LXV. CAMILLE DE HOSTUNG,

Comte de Talart, Maréchal de France, Dauphinois.

Il est fils de Roger de Hostung Marquis de la Baume, Vicomte de Talart, Senéchal de Lion, et de Caterine de Bonne Dame d'Auriac et de la Rochette, Vicomtesse de Talart, et il avoit épousé Marie Caterine de Grolée fille de Charles de Grolée Comte de Viriville, et de Caterine de Dorgeoise.

Son assiduité continüelle dans les dernieres guerres, ses Exploits signalez, sa sage conduite en son Ambassade d'Angleterre luy ont fait meriter le Bâton de Maréchal de France, la Bataille d'Epire qu'il vient de gagner, et la prise de Landau qu'il vient de faire ont augmenté sa gloire et son honneur.

Cette famille en est une d'Armes et de nom, à qui la terre de Hostung dans le Royannois a toûjours apartenu.

De Gueules à la Croix d'Or.

FIN.

DISSERTATION
SVR LES RENTES
DE DAUPHINÉ.

Réimprimé sur le seul exemplaire connu.
H. GARIEL.

DISSERTATION

SVR LES RENTES

DE DAUPHINE'.

J'ENTREPRENS la defense d'un Peuple accablé et fatigué par le grand nombre des Directes ausquelles ses fonds se trouvent asservis. Ie vois bien que je m'expose au murmure des Grands, au reproche des Amis que je puis avoir parmy les Gens de Qualité, et que je ne pourray eviter d'entrer dans un détail, qui possible ne sera pas agreable à plusieurs Officiers du Parlement de Grenoble; neanmoins je n'ay pû refuser mes soins, mes lumieres et mon travail à des gens que les Rentes et les autres Droits Seigneuriaux exposent tous les jours à des miseres et à des calamitez inconcevables.

Mon dessein n'est pas de combattre les Rentes creées par baux emphiteotiques, qui sont du haut et ancien Fief, pourveu qu'elles soient entre les mains des Seigneurs Hauts-Iusticiers: Ie regarde celles du Roy comme des choses Sacrées, et je ne veux point attaquer celles qui sont à l'Eglise par son ancienne fondation ou dotation, puis que c'est un Sanctuaire où je ne sçaurois porter mes mains et mes pensées sans profanation.

Ie proteste de mesme que j'ay du respect et de la veneration pour les Arrests du Parlement, que je les considere comme des Oracles; mais il me permettra, s'il luy plait, de demêler ceux qu'il a rendus pour les Rentes, d'avec ceux qui le rendent fameux par toute la France, et par lesquels il s'est acquis la reputation d'estre l'un des plus Iustes et des plus éclairez de tous les Parlemens.

L'institution des Rentes n'a pas une origine vicieuse, puis que les Seigneurs en donnant leurs biens par des baux emphiteotiques pouvoient avec justice, en se privant du domaine utile, en reserver un direct, et cette tradition mesme de leurs fonds donnoit lieu à ceux qui les recevoient, de trouver des moyens pour travailler et pour cultiver des terres pour leur entretenement, qui auparavant estoient incultes, et le plus souvent ne servoient de rien.

Mais que sous cette liberté de donner son fonds par des albergemens, et sous des reserves d'une cense modique on ait ouvert une porte pour s'asservir des fonds estrangers à prix d'argent, et par des usures reprouvées; c'est ce que je pretens de combattre par ce discours : par où je feray voir que ces constitutions à prix d'argent sont contre le Droit Divin, Canonique et Civil, qu'elles ne peuvent pas avoir le privilege ny la nature des autres, que les Seigneurs les ont neanmoins confonduës dans leurs Papiers-Terriers, qu'elles sont en plus grand nombre que celles de l'ancien Fief, que leur supression est avantageuse au Roy, qu'elle ne diminuë rien des droits de Sa Majesté, que n'estant pas, la taille en sera plus facilement exigée, qu'elles sont plus grandes que la taille, qu'elles ont esté injustement glissées dans les denombremens; que les aveus qui en ont esté donnez sont frauduleux, et n'ont pas esté conceus aux termes des Reglemens municipaux de cette Province; et ayant par ce moyen fait voir la necessité qu'il y a de les soûmettre à un rachat, suivant le Reglement de 1636. je passeray à l'examen des Rentes qui ne sont plus au Roy, à l'Eglise, et aux Seigneurs Hauts-Iusticiers, je feray voir le bien qu'en tirera le public, s'il luy est aussi permis de les racheter, et je deduiray à la suite en peu de mots la necessité de reduire toutes sortes de Rentes en deniers.

Le malheur des temps passez a esté si grand, et l'argent si rare, que bien qu'il fût également prohibé par le Droit Divin, par les Ordonnances de nos Roys, et par les Statuts municipaux de cette Province, d'acquerir à prix d'argent des Rentes directes en grains, vin, et autres especes; Neanmoins l'opulance des Seigneurs, et la pauvreté des habitans, fit que les premiers se prevalans de leurs richesses, et de la misere des Paysans, offrirent à ceux-cy de l'argent sous des censes considerables en grains; et ces pauvres malheureux qui avoient abondamment du bled, et point de l'argent, sacrifierent facilement la fertilité de leurs fonds à la disette de leurs bourses.

Cependant la suite leur ayant fait connoistre que cette premiere apparence de bonheur avoit dégeneré en une servitude, et une charge extraordinaire, à laquelle bien souvent ils ne pouvoient subvenir, ils se plaignirent, ils murmurerent, ils étalerent leur misere, ils firent connoistre la violence de leurs Creanciers, ils éclaircirent leur usure; et alors le Parlement moins attaché à ses interests, qu'à celuy d'un peuple languissant, touché des plaintes qu'on luy portoit tous les jours, fit que les Estats s'assemblerent là-dessus, ordonna aux Officiers des Sieges particuliers de faire convoquer les Consuls, et les plus apparens des lieux de leur Ressort, pour déliberer sur les expedians qu'on pourroit prendre pour abolir cet abus; Et enfin leur raport ayant esté fait aux Estats, et la déliberation de ces mesmes Estats ayant esté prise, et portée au Gouverneur, il se rendit au Parlement, où passa aussi la Chambre des Comptes, et tous ensemble firent un Reglement le 20. d'Aoust 1501. de l'avis desdits Estats.

Par le premier Article, le commerce des Rentes en grains, vin, et autres especes acquises à prix d'argent fut prohibé, soit que la Rente fut conceuë en emphiteote, soit qu'elle le fut sous la clause de reahapt, et il fut ajoûté que l'acquisition n'en seroit permise qu'à simple constitution au denier vingt rachetable à perpetuité.

Et où pour colorer l'usure, il se trouveroit que les premiers acquereurs se seroient en premier lieu fait passer un contract de vente, et auroient en suite remis le fonds vendu au vendeur sous une rente directe portant lods et vente, il fut dit qu'il en seroit usé de mesme que des simples Rentes acquises à prix d'argent, et que le rachapt en seroit permis au denier vingt.

De ce Reglement on peut colliger deux choses; la premiere, que l'usage, ou plûtost l'abus de ces sortes de Contracts d'acquisition de Rentes directes et emphiteotiques à prix d'argent estoit frequent aux siecles precedens, puis qu'il donnoit lieu à une reforme par ce Reglement; Et la seconde, que déja en ce temps-là le rachat en fut permis sur le pied du denier vingt. A quoy on adjoûte, que par l'exhibition qui fut faite alors des protocols ou minutes des Notaires des 13. 14. et 15. siecles, il apparut que pour un contract causé pour un bail d'heritage, il y en avoit pour le moins cinquante d'acquisition à prix d'argent.

Quoy que les defenses portées par ce Reglement fussent tres-justes et tres salutaires à la Province, neanmoins l'abus de ces sortes de Rentes ne cessa pas, et on trouve mesme qu'il fut plus frequent qu'auparavant, les desordres de la peste et ceux des guerres civiles du dernier siecle y ayant beaucoup contribüé.

Ce qui obligea le Syndic des Communautez villageoises du Pays de se pourvoir par Requeste au Roy au mois de May 1624. par laquelle ayant exposé cet abus, et l'impossibilité où estoient les possesseurs des fonds de payer les grandes Rentes ausquelles ils estoient assujettis, comme aussi de se servir du Reglement de 1501. qui leur permettoit ledit rachapt, parce qu'ils n'avoient aucun titre pour justifier de la nature de la Rente, il auroit demandé que les Seigneurs directs fussent seuls obligez d'exhiber les titres d'acquisition desdites Rentes, et que toutes celles dont-ils ne raporteroient pas les actes primordiaux fussent sujettes au rachapt. Sur quoy Sa Majesté fit un Arrest en son Conseil l'onziéme dudit mois de May 1624. par lequel il renvoya au Parlement, et à la Chambre des Comptes de Grenoble, pour donner un prix aux Rentes rachetables, ausquelles ne seroient comprises celles de l'ancien Domaine Delphinal, celles deuës aux hauts-Iusticiers à cause de leur ancien Fief, et celles qui sont de l'ancienne dotation, ou fondation de l'Eglise.

Cette estimation renvoyée au Parlement fut une sursoyance aux justes pretentions d'un peuple gemissant; car bien que le Syndic des Communautez se pourveut à luy par une Requeste du 30. de Iuillet suivant pour l'enregistrement et execution dudit Arrest, neanmoins il ne mit qu'un soit montré au Procureur du Païs, qui se trouvant creancier de semblables Rentes, aussi bien que la plus grande partie des Officiers du Parlement, il ne respondit point precisement; et pour étourdir les choses, il demanda la vision des pieces sur lesquelles ledit Arrest du

Conseil avoit esté rendu ; mais comme cette response ne concluoit à rien, que c'estoit mesme un attentat, de vouloir voir des pieces sur lesquelles un Arrest avoit esté rendu ; et le Parlement d'autre costé ne voulant rien ordonner, ledit Syndic eut encore recours au Roy, qui par un autre Arrest de son Conseil du 11. de May 1626. sans avoir égard à la response du Procureur du Païs, enjoignit au Parlement d'executer le precedent Arrest, et luy donna ordre de vacquer incessemment à l'estimation du prix des dites Rentes.

Le Parlement demeura une année sans se resoudre à rien, ce qui obligea les Estats de s'assembler le 7. de May 1627. et de conclurre que le Procureur du Païs poursuivroit l'enregistrement et l'execution de l'Arrest de 1624. ensuite de quoy ledit Procureur presenta sa Requeste le 28. de Iuin suivant.

Sur laquelle le Parlement les Chambres assemblées où estoit celle des Comptes fit Arrest le 10. de Iuillet 1627. par lequel en enterinant la Requeste du Procureur du Païs, il ordonna que ledit Arrest du 11. de May 1624. seroit enregistré, et que suivant iceluy toutes Censes directes d'où l'on ne trouveroit les albergemens, c'est à dire le bail primitif, ou des reconnoissances au delà de 100. ans, à compter du jour et datte de l'Arrest de 1624. pourroient estre rachetées par toutes sortes de personnes à raison de 60. liv. le sestier de froment mesure de Grenoble, et des autres grains à proportion, et que de toutes les autres Rentes non rachetables excedant un quartal par sesterée, le surplus pourroit estre racheté à raison de 50. liv. le sestier de froment, et ainsi des autres grains à proportion, en quoy n'estoient comprises les Rentes deuës sur fours, moulins, maisons, granges, pâturages et communes, ny pareillement les Rentes deuës à Sa Majesté, comme Dauphin, ny celles qui relevent de l'ancien fief, ny celles qui appartiennent aux Hauts-Iusticiers, à cause de leur ancien fief en Iustice, dont ils seroient tenus de faire apparoir par titre au delà de 100. ans, à compter dés ladite année 1624.

Il faut remarquer sur cet Arrest qu'encor que le Parlement ne fut commis par celuy du Conseil que pour fixer le prix des rentes rachetables, faute de representer le titre primordial sans limitation de temps, et que l'assemblée des Estats de la Province ne luy eût fait demander que l'enregistrement pur et simple de l'Arrest du Conseil de 1624. neanmoins il limita le temps du rachapt contre l'intention de Sa Majesté, et fit des reservations qu'il n'avoit aucun pouvoir de faire.

Toutesfois personne n'osa se plaindre, de crainte d'estre encore plus maltraité; mais ce support du Parlement ayant donné une licence desordonnée aux Seigneurs directs de tout entreprendre, de continuër leurs injustes exactions, et de confondre toutes leurs Rentes; ce Syndic des mesmes Communautez Villageoises ne pût plus demeurer dans le silence, et il se pourveut pour la troisiéme fois au Roy par une Requeste du 11. Aoust 1634. où ayant representé, que le Parlement avoit plus fait que ce dont il estoit mandé, et la continuation des abus que causoit la recepte de toutes sortes de Rentes sans distinction, l'impossibilité des debiteurs à produire les titres primitifs, parce que les Seigneurs s'étoient saisis de tous les protocols des Notaires de leur Iurisdiction, la facilité des Seigneurs à n'en raporter que depuis cent ans, et par ce moyen supprimer l'origine et l'establissement de celles qu'on nomme bastardes ou acquises à prix d'argent, et la fixation extrême et desordonnée de 60. liv. le sestier pour pouvoir les racheter. Le feu Roy d'heureuse memoire, à qui sa bonté et sa justice ont fait donner le nom de Iuste pour finir tant de desordres, et les finir avec connoissance de cause, commit Monsieur Talon alors Intendant de cette Province, pour prendre de cette affaire toutes les connoissances necessaires, et ramasser des memoires et des actes sur lesquels on pût fonder la solidité et l'importance d'un Reglement. Cet Intendant satisfit au desir de Sa Majesté, et luy ayant fait voir plus de 8000. contracts anciens et nouveaux qui luy avoient esté remis par les Deputez des Parroisses, par lesquels il estoit justifié, que la plus grande partie des Rentes en grains, et autres especes, quoy que stipulées à titre de directe et emphiteose avoient esté conceuës à prix d'argent, et qu'ainsi la frequence de cet abus, vouloit qu'on presumat que les Rentes dont l'origine ne paroistroit pas, auroit esté conceuë à prix d'argent; Sa Majesté en son Conseil, apres avoir oüy le rapport de Monsieur Talon, fit en cette occasion ce que François I. avoit fait en Octobre 1539. et Henry III. en 1585. pour toutes sortes de Rentes imposées sur les maisons de la Ville et Fauxbourgs de Paris; c'est à dire qu'il declara que toutes les Rentes dont le titre primordial ne paroistroit pas seroient presumées acquises à prix d'argent, et par consequent rachetables.

Si bien que par Arrest en son Conseil du 25. de Iuin 1636. il ordonna que sans avoir égard à celuy du Parlement de Grenoble du 10. de Iuillet 1627. toutes Rentes en grains, et autres especes assignées sur les heritages seroient rachetables à perpetuité, en payant la somme pour laquelle elles auroient esté constituées, s'il en apparoissoit, sinon a raison de 35 liv. le sestier froment mesure de Grenoble, et des autres especes à proportion, excepté les rentes deuës à Sa Majesté, à cause de son ancien Domaine, celles deuës aux Seigneurs dans l'estenduë de leur Iurisdiction à cause de leur ancien Fief, et Sa Majesté veut en outre que toutes Rentes en grains et autres especes soient et demeurent reduites en argent à raison du denier vingt, tant pour les arrerages, que pour l'avenir.

Comme cet Arrest ne faisoit aucune mention des rentes de l'Eglise, le Clergé se pourveut au Conseil, pour les faire exclurre dudit rachapt; mais comme sa demande se trouva vague et indeterminée, le Conseil par son Arrest du 10. d'Aoust 1641. ne donna ce privilege de l'exclusion qu'aux seules Rentes de l'ancienne fondation ou dotation. On ne pouvoit luy rien accorder d'avantage, puisque par les anciens Protocols on avoit justifié que l'Eglise a acquis plus de ces sortes de Rentes bastardes et nouvelles, que les autres particuliers de la Province.

Cependant quoy qu'il n'y eût rien de plus juste ny de plus raisonnable que ces deux Arrests, neantmoins les creanciers ne laisserent pas de faire de nouvelles instances au Conseil pour en arrester l'execution, et ils surprirent un autre Arrest le 12. de Fevrier 1642. rendu sur Requeste, sans avoir oüy partie, et mesme sans que le Conseil eût esté instruit des Arrests precedens; car pour favoriser lesdits creanciers, on leur accorda la presomption au delà de cent ans avant un pretendu Arrest de 1610. c'est a dire que les debiteurs ne pouvoient racheter aucune Rente dont-il y auroit eu des reconnoissances cent ans avant ladite année 1610. et le prix du rachat fut augmenté jusques à 50 liv. le sestier.

Outre le peu de connoissance qu'eut alors le Conseil des interests des Emphiteotes, c'est que les Seigneurs directs lui imposerent un Arrest de 1610. et changerent entierement la date de celuy de 1501. car jamais ny au Conseil, ny au Parlement de Grenoble il n'y eut aucun Arrest de 1610. mais ce fut la finesse et la politique des creanciers, qui apprehendant que les cent années ne fussent portées au delà de 1501. supposerent cet Arrest de 1610.

Aussi le Syndic des Communautez Villageoises se pourveut encore contre cet Arrest, et ayant remontré la fausseté de celuy de 1610. la justice de ceux de 1501. 1636. et 1641. il en obtint un autre au Conseil le 5. de Septembre 1646. où il fut dit, que conformement ausdits Arrests du Conseil de 1636. et 1641. et audit Reglement du Parlement de Grenoble de 1501. toutes les Rentes deuës en grains seroient sujettes au rachat, et reduites en argent sur le pied du denier vingt, avec defenses à toutes sortes de personnes de se plus pourvoir contre lesdits Arrests, à peine de dix mille livres d'amande.

Il sembloit alors que cette affaire estoit finie, et les debiteurs pouvoient trouver quelque adoucissement à la charge à laquelle leurs fonds estoient asservis, mais la minorité du Roy et les guerres civiles ayant mis le desordre en cette Province, aussi bien que dans tout le reste du Royaume, le Parlement qui estoit alors composé, comme il est encore aujourd'huy de plusieurs Seigneurs et Personnes Nobles et opulantes, et par consequent creanciers de plusieurs Rentes, bien loin de tenir la main à l'execution dudit Arrest qui luy estoit mandée, qu'au contraire il fit plusieurs Arrests contre la teneur de celuy-là, et entr'autres il en rendit un general le 19. de Decembre 1648. par lequel sans avoir égard à ce qu'il avoit ordonné, de l'avis de la Chambre des Comptes, du Gouverneur de la Province, et des Estats par celuy de 1501. et mesme par l'autre de 1627. il declara que la presomption de la constitution de Rente à prix d'argent, au cas où le contract primitif ne paroistroit pas, seroit limitée à 120. ans, à compter tant seulement dez le jour que la Rente auroit esté contestée, et que les Rentes non rachetables excedant un quartal pour sesterée seroient rachetées à proportion de l'excedant, excepté celles deuës au Roy et aux Seigneurs Hauts-Justiciers à cause de leur ancien Fief, bien qu'ils ne justifiassent pas de la qualité desd. Rentes par aucune reconnoissance au delà de 120. ans.

De sorte que l'on voit que sans aucune nouvelle raison le

Parlement en 1648. a ordonné deux choses directement contraires à ce qu'il avoit ordonné en 1501. et 1627.

La premiere, en ce qu'il limite le temps auquel lesdites Rentes seroient sujettes à rachat, lorsque le titre primitif ne paroistroit pas à 120. ans, à compter du jour tant seulement que le creancier en seroit requis en Iustice, quoy que par le Reglement de 1501. il n'y eût aucun temps limité, et que par l'Arrest de 1627. il eût porté ce temps à cent ans au delà du 11. de May 1624.

La seconde, en ce qu'il a declaré, que toutes les Rentes reconnuës aux Seigneurs Hauts-Iusticiers dans l'estenduë de leur Iurisdiction, seroient exemptes du rachat, quand mesmes elles excederoient un quartal pour sesterée, bien qu'ils ne produisissent que des reconnoissances modernes, et au dessous de 120. ans. En ce point ce Reglement de 1648. est tout-à-fait contraire à l'Arrest de 1627. puis que par la disposition de celuy-cy les Seigneurs n'étoient point dispensez du rachat pour l'excedent d'un quartal pour sesterée, ny de produire des titres au delà de 100. ans, à compter dez le 11. May 1624.

Cependant c'est ce Reglement de 1648. que le Parlement a toûjours voulu qu'on ait executé depuis, et il luy a servy de modelle pour les Arrests qu'il a rendus, lors qu'il a paru par-devant luy des instances et des contestations sur le fait des Rentes, jusques-là mesmes que dans le cas où le titre primitif de l'acquisition de la vente à prix d'argent a paru, s'il a esté au delà du temps prescrit par ce Reglement de 1648. il n'a esté d'aucune consideration, et s'il s'est trouvé dans le temps limité, le Parlement n'a pas laissé de condamner le debiteur à payer en especes jusques à ce qu'il eût declaré de vouloir racheter, et mesme les lods escheuz avant le jour de cette Declaration, comme on peut le voir dans le chapitre 68. des Arrests recüeillis par Monsieur Expilly, bien que souvent une seule écheute de lods ait excedé le prix de la constitution de la Rente.

On voit donc de la contrarieté et de l'injustice en de semblables Arrests. De la contrarieté, parce que le Parlement à jugé contre ses Arrests de 1501. et 1627. et de l'injustice ; parce que là il a toleré des Rentes bâtardes constituées à prix d'argent, pour avoir limité un temps, et exclu celles qui étoient déja conceuës avant ce temps-là. Et il a procedé en cette occasion contre les termes mesmes de l'Ordonnance de Charles IX. faite à Tours l'an 1565 qui defend d'exiger en especes aucunes Rentes en grains acquises à prix d'argent, comme étant de leur nature rachetables à perpetuité, comme le dit Coquille en ses institutions du Droit François chapitre des Prescriptions. Tellement qu'il n'a pû en admettre le rachat en un temps qu'il ne l'ait permis pour tous les autres à l'infiny, à cause de la nature du contract, mesme sans convention, comme le dit Monsieur de Boissieux chap. 94. de l'Vsage des Fiefs. D'ailleurs comme ces sortes de contracts sont usuraires, et par consequent reprouvez par le Droit, ils ne peuvent recevoir aucune limitation, *quia usura non ex natura, sed ex jure permittitur*, comme dit la Loy *Si navis ff. de reivindic.*

Il y a donc cette importante reflexion à faire, que puisque des Iuges ont bien voulu declarer inutiles des Arrests rendus avec une grande connoissance de cause, des Officiers d'une Chambre des Comptes appellez, un Gouverneur de Province present, et les Estats consultez, par d'autres Iugemens solemnels, où l'interest et la politique ont eu bonne part; on ne doit point avoir pour eux en cette rencontre cette deference aveugle, cette soumission respectueuse, et cet attachement solemnel qu'on doit à leurs autres Arrests.

Et cette contrarieté parut d'abord si suspecte au Roy, que Mr Basset dans son Recüeil d'Arrests page 244. dit que Sa Majesté par plusieurs Arrests du Conseil, ordonna à Monsieur le Procureur General de donner les motifs de ce Reglement de 1648. et cependant l'execution en fut surcise. Mais comme ces motifs ne pouvoient que découvrir l'interest où les Officiers du Parlement estoient, d'empescher le rachapt de ces sortes de Rentes pour tous les temps, on n'a eu garde de les faire paroistre, et la chose en est demeurée en ces termes.

Mais ny ce Reglement de 1648. ny l'Arrest de 1627. ne peuvent subsister, et il y a plusieurs raisons pour cela.

La premiere, c'est que puisque le Roy par l'Arrest de son Conseil de 1624. avoit declaré le rachapt des Rentes indefiniment, à moins qu'il n'aparut du titre primoldial, et n'avoit commis le Parlement que pour regler le prix du rachapt, pourquoy en excedant les termes de sa commission limiter le temps dudit rachapt, et raporter de la modification à l'execution dudit Arrest.

La seconde, puis qu'en l'assemblée des Estats qui representoit tout le Corps de la Province, il avoit esté conclu, que le Procureur du Païs se pourvoiroit, pour demander au Parlement l'execution dud. Arrest tant seulement; le Parlement ne pouvoit rien ordonner de contraire, en une affaire de laquelle les Trois-Ordres de la Province estoient convenans et y avoient deliberé.

La troisième raison, c'est qu'il n'en avoit aucune nouvelle qui le dût obliger de limiter le temps dudit rachat à 100. ans avant 1624. puis qu'il resultoit, tant par les anciens Protocols et Minutes des Notaires, que par le preambule ou narratif de l'Arrest de 1501. que l'abus d'acquerir ces sortes de Rentes à prix d'argent étoit plus ancien que ladite année 1501. et que ces sortes de contracts ont de tout temps esté plus frequens que ceux des veritables Baux Emphiteotiques, et mesme on pouvoit plûtost premuser les Rentes reconnuës en directe avant 1501. dont le titre primordial ne paroistroit pas avoir esté constituées à prix d'argent, que celles dont on ne produiroit des reconnoissances que depuis ledit temps, ou depuis 120. ans avant la demande qui en seroit faite en jugement, puis qu'en 1627. et en 1648. il constoit de toutes parts qu'on trouvoit cinquante contracts de constitution de Rentes à prix d'argent, lors qu'il s'en trouvoit un de Bail à Emphiteose.

La quatriéme, si le Parlement a trouvé le rachat de ces sortes de Rentes juste, pourquoy en limiter le temps? et si en 1501. ce mesme rachat luy avoit paru legitime, pourquoy en 1627. et 1648. laisser ce premier temps, et en choisir un autre plus approchant du nôtre? Fallut-il que l'abus, l'usure et le méchant usage des siecles avant celuy de 1501. ayent pû trouver des Protecteurs parmy des Iuges de 1627. et 1648. dans un Tribunal où en 1501. ils avoient eu des persecuteurs et des Iuges severes? Il y a apparence apres des observations si raisonnables, que si ceux qui composent aujourd'huy le Parlement y veulent refléchir, bien loin de murmurer et de faire du bruit auprés du Roy, comme ils font pour empécher l'execution de l'Arrest du Conseil de 1636. qu'ils en feront un semblable, sur tout s'ils considerent qu'on ne veut point toucher à leur ancien Fief, et qu'on ne veut détruire que des Rentes bâtardes ou denaturées.

S'il s'en trouve parmy eux qui en ayent de cette nature; comme ils punissent tous les jours l'usure, ils ne doivent point s'opposer à la détruction de celle qu'on voit dans ces sortes de contracts, et Eux qui sont appellez les Peres du Peuple voyant le grand soulagement que ce Peuple peut tirer de ce rachat, il y a lieu d'esperer qu'ils ne contrarieront plus un Arrest si juste et si important, comme est celuy de 1636.

Car comme il permet ce rachat pour ceux qui sont en estat de l'exercer, et qu'il reduit lesdites Rentes à l'égard des autres à prix d'argent, à raison du denier vingt sur le capital de 35 liv. le sestier de bled froment, bien que ce prix soit encore excessif, eu égard à celuy de la constitution; on evite pourtant par là une infinité de procez et de procedures qui se font pour la liquidation des grains; l'Usage estant dans cette Province, que quand le debiteur a laissé arrerager la Rente jusques à six ans, comme il arrive ordinairement à l'égard des pauvres qui possedent peu de fonds, le Rentier prend une commission souvent mesme dans la plus miserable saison pour faire la liquidation des grains, année par année adressée au premier Notaire, sur le pied de ce que le bled a vallu au mois de Mars de chaque année, et ces sortes de procedures coûtent bien souvent plus que ne monte la Rente desdites six années. J'en connois qui en ont agy de cette maniere, et qui ont beaucoup contribué au murmure de ceux qui en ont souffert.

En second lieu, par ce rachat on supprime d'autres procedures qu'il faut faire, lors que le fonds sujet à ces sortes de Rentes est divisé entre coheritiers.

En troisième lieu, ce mesme rachat estant fait, on evite par là une quantité prodigieuse de procez; car on met en fait que les Rentes causent les trois quarts de ceux qui occupent les Tribunaux de Iustice; et comme pour prescrire les Rentes il faut un siecle, pendant ce temps-là le fonds qui y est asservy passe en tant de mains, que souvent celuy qu'on attaque, pour chercher de quoy se defendre est ruiné en fraiz, avant qu'il soit éclaircy, s'il possede le fonds, ou s'il ne le possede pas.

En quatrième lieu, il est certain que le Roy trouve de grands avantages en ce rachat et en cette reduction à prix d'argent, car dez le moment qu'un fonds sera franc de Rentes, il n'en est point qui ne porte raisonnablement des fruits pour payer la taille. Et s'il est chargé de Rentes, ces mesmes fruits sont enlevez par les Rentiers, avant que le premier quartier de la taille soit escheu, parce que les Rentes s'exigent ordinairement en cette Province vers la Feste de tous les Saints, et ne restant plus rien au Collecteur que de méchans effets à prendre pour la taille, il est obligé d'accabler le pauvre Paysan par le logement des Gens de Guerre, et bien souvent il remet aux Communautez des cottes de non valeur.

Il ne faut pas qu'on vienne icy objecter que le Roy perdra les avantages des lods, si l'on supprime les Rentes qui sont hommagées et reconnuës à Sa Majesté, parce qu'il faut considerer, que quand cela seroit, le revenu des tailles est toûjours plus certain et beaucoup plus considerable que celuy que le Roy tire de ses droits Seigneuriaux, et qu'ainsi le moindre pouvant détruire le plus grand, il n'y a point de difficulté qu'il faut supprimer celuy-là pour bien asseurer l'autre, sur tout si l'on considere que les tailles entrent dans les coffres du Roy, et que les lods passent en d'autres mains par les dons que le Roy en a toûjours faits.

Mais comme le Reglement de 1636. exclut du rachat les Rentes deuës à cause des anciens Fiefs, comme il n'y a que celles-là qui soient hommagées et denombrées, on ne touche point par consequent au Domaine Sacré de la Couronne. Que si les creanciers dans leurs aveus et denombremens y ont glissé ces nouvelles Rentes constituées à prix d'argent, ils ne l'ont pû faire au prejudice des debiteurs, ce sont des aveus frauduleux faits contre les termes du Reglement de Lyon du 24. d'Octobre 1639. municipal pour cette Province, qui prescrit la forme des aveus et denombremens par tenans et aboutissans; et comme cette forme ne se trouve pas en ceux-cy, ils ne peuvent rien operer au prejudice des debiteurs de ces sortes de Rentes rachetables.

Les choses estant donc reduites à ce point, que bien loin que le Roy trouve du prejudice en la suppression de ces Rentes, qu'au contraire elles sont avantageuses à Sa Majesté, par la facilité que cette suppression donnera au payement des tailles, il s'ensuit que le faux principe dont on se sert se trouve entierement détruit.

La reduction en argent de toutes sortes de Rentes luy sera encore avantageuse, car par la vente des grains le Paysan trouvera de l'argent pour le payement de la taille, et pour celuy de la Rente, au lieu que les fruits estant enlevez pour la Rente, il ne reste plus rien pour la Taille.

Il n'en est pas aujourd'huy comme du temps des constitutions des Rentes, où le bled froment ne valloit plus souvent que deux ou trois sols le quartal, alors il estoit facile de payer en grains, mais aujourd'huy qu'il vaut trente sols, et qu'on la ven souvent à trois livres, la vente qu'on en pourra faire, fournira facilement au payement de toutes les charges des fonds, si la Rente aussi bien que la taille se paye en argent, et dans un prix modique, tel qu'il plaira à Sa Majesté de prefiger, au cas que celuy de trente-cinq sols le sestier ne soit pas juste pour toutes sortes de Rentes, comme il l'est pour les bastardes, à considerer le peu d'argent en capital qu'on a donné lors de leur constitution.

Quant au rachat, comme l'Arrest de 1636. et celuy de 1641. en excluent les Rentes du haut et ancien Fief et celles de l'Eglise : Le point vertical de cette affaire roule a démêler ces sortes de Rentes d'avec les bastardes et constituées à prix d'argent. Par les reconnoissances passées par les Emphiteotes aux Seigneurs directs, il est impossible d'en faire la distinction, car dans leurs Papiers-Terriers les unes et les autres sont confonduës, et ils ont fait également reconnoistre les Rentes foncieres, anciennes et du haut-Fief, et celles qui ont esté constituées à prix d'argent, sans y faire mention de leur nature, des moyens de leur constitution, ny du temps de leur establissement, et cette confusion ne permettant pas aux debiteurs de connoistre la constitution, ils sont dans l'impuissance de faire voir de quelles Rentes ils peuvent demander le rachat.

Cependant la presomption est pour eux, et cette presomption fondée sur plus de 8000. contracts de constitution à prix d'argent raportez lors du Reglement de 1636. et sur tous les protocols et minutes des Notaires de plusieurs siecles parlant en faveur des debiteurs, lors que le titre primordial ne paroit pas ; il n'y a pas lieu de douter que ce ne soit aux creanciers à faire voir le contraire. Ce sont les raisons fondamentales et invincibles, sur lesquelles le Conseil par ses Arrests a soûmis toutes sortes de Rentes au rachat, n'apparoissant pas qu'elles en soient exemptes par un titre primordial.

Il est vray que le Parlement a voulu limiter cette presomption, tantost à 100. ans. tantost à 120 ce qui fait voir qu'elle estoit de justice en faveur des debiteurs, mais en ce point cette limitation est injuste, et elle n'a esté faite que selon les differens interests où se rencontroient les Officiers au temps qu'ils ont fait leurs Arrests de 1627. et 1648. Car ou la presomption leur a servy de guide, ou elle estoit de peu de consideration; si elle estoit inutile pourquoy l'admettre? et si elle a deû passer pour un fondement solide et necessaire, pourquoy la limiter? puis que le Parlement avoit déja connu en 1501. que l'abus des Rentes constituées à prix d'argent estoit frequent aux siecles precedens, et mesme plus en usage que les veritables albergemens ou baux à Emphiteose.

Ce qui marque evidemment que le Parlement, nonobstant l'interest contraire de ses Officiers a reconnu deux choses également favorables, avantageuses et decisives. La premiere, que comme les anciens Titres justifient que l'usage d'acquerir des Rentes à prix d'argent a esté plus frequent que celui des baux Emphiteotiques, les debiteurs sont fondez en la presomption de la Rente constituée; et la seconde, que le rachat en devoit estre accordé.

On voit bien que sa limitation marque son interest, mais le Conseil qui n'en a point d'autre que de rendre Justice, en a agy plus equitablement, et par ses Arrests de 1636. et 1641. ayant declaré toutes sortes de Rentes rachetables, n'apparoissant pas qu'elles fussent du Domaine du Roy, du haut Fief, et de l'ancienne fondation et dotation de l'Eglise; il y a apparence qu'il a entendu que c'est aux seuls creanciers à faire apparoir des causes de cette exclusion, comme estant le fondement de leur droit et de leur pretention. Sur tout si l'on considere qu'ils se disent creanciers, et en ce cas ils ne peuvent eviter d'exhiber ce qui peut establir leur demande, suivant la decision de la Loy *Justum C. de edendo*, estant bien plûtost presumé qu'ils ont les Titres, que des debiteurs ou emphiteotes, la plus-part idiots et ignorans; et si les Papiers-Terriers sont toûjours censez aux mains des Seigneurs, comme ce sont des relations des uns aux autres, il y a apparence qu'ils ont les Titres primordiaux, et par consequent ils doivent necessairement rapporter : Vn debiteur fondé par la connoissance d'un usage abusif n'estant pas obligé de croire que le titre primordial a esté un veritable bail Emphiteotique, parce que la Rente est comprise dans les Papiers-Terriers; puis qu'il est constant que les Seigneurs y ont également confondus toutes sortes de Rentes ; jusques-là, que par les anciens denombremens du haut Fief d'une terre, on s'est aperceu que le Seigneur en plusieurs endroits n'a reconnu par exemple que cent sestiers de Rentes, et aujourd'huy ses Papiers-Terriers en contiennent plus de six cens, ce qui est aisé à faire voir.

Mais ce ne sont pas les seuls Seigneurs Hauts-Iusticiers qui accablent le pauvre Peuple, en luy demandant des Rentes ; il est des Communautez où il y a plus de 40. Seigneurs directs, et mesme plusieurs en exigent sur un même fonds : Peut-on apres cela estre en pouvoir de payer les charges qui sont ordonnées par Sa Majesté, qui souvent dans l'année viennent trois ou quatre fois, soit pour la Taille Royale, soit pour les utencilles, soit pour les étapes, soit pour les Francs-Fiefs, et autres impositions que le Peuple s'efforce de payer par la veneration et l'empressement qu'il a pour les ordres de Sa Majesté.

Il faut dire la verité, que se voyant pressé par cette multitude inombrable de Seigneurs directs, il ne peut se resoudre à payer leurs Rentes par les plus beaux fruits de ses fonds, sans gemir et sans soûpirer ; c'est pour cette raison qu'il a toûjours fait de grands effors pour obtenir les Arrests du Conseil, auxquels le Parlement a eu si peu de deference, aussi bien que les autres Seig. de la Province ; assi espere-t'il, que le Roy apres avoir donné la Paix à toute l'Europe mettra le repos dans les familles, et esteindra pas un bon Reglement en conformité et explication de l'Arrest du Conseil du 25. de Iuin 1636. une infinité de procez causez par ces sortes de Rentes. Qu'il ordonnera conformement audit Arrest de 1636. que toutes sortes de Rentes seront rachetables au prix de 35. liv. le sestier de froment, ou tel autre qu'il plaira à Sa Majesté, excepté celles de son Domaine, celles de l'ancienne dotation et fondation de l'Eglise, et celles des Seigneurs Hauts-Iusticiers, à raison de leur ancien Fief, dont ils feront apparoitre par les Titres primordiaux, ou par les aveus et denombremens donnez en forme 100. ans avant 1501. que l'on ne pourra estendre les Rentes du haut Fief qu'en faveur des

Hauts-Iusticiers dans l'estenduë de leur Iurisdiction, sans que les autres qui les ont acquises d'eux dans la mesme Iurisdiction, ou de Sa Majesté, ou de l'Eglise puissent en eviter le rachat, sous pretexte de leur origine, afin d'eviter par là une infinité de directes dispersées et possedées par divers creanciers ou des Iurisdictions estrangeres pour eux, que toutes les Rentes de quelque nature qu'elles soient seront reduites en argent, à raison de 35 s. le sestier de froment, et les autres grains à proportion, du moins concernant toutes celles dont le rachat sera permis, et que l'impuissance et la pauvreté des debiteurs pourra empécher de racheter, et les autres non rachetables à tel prix qu'il plaira à Sa Majesté de prefiger. Et afin d'eviter la grande quantité des procez que les Rentes causent et les procedures de la liquidation, que passé une année toutes sortes de payemens de Rentes seront prescrits, où il n'apparoistra pas des diligences des creanciers; et comme les Iuges des Seigneurs qui jugent en premiere instance des differens des Rentes sont suspects, pour estre les creatures des Seigneurs qui les ont establis sans finance, mais par leur seule gratification; que dez le moment que le Seig. du lieu aura interest aux differens qui naistront pour ce sujet, qu'il soit permis aux debiteurs de se pourvoir aux Vibaillifs et Visenéchaux.

Ce sont les plus seurs et les plus justes moyens qui se puissent trouver pour mettre fin à tant de desordres, de confusion et de concussions, que la recepte et le payement des Rentes causent en Dauphiné. Mais le plus important, c'est de defendre à toutes sortes de personnes de plus se pourvoir au Conseil ny ailleurs au sujet desdites Rentes, à cause de tant d'Arrests qui ont esté rendus avec tant de contrarieté, d'enjoindre au Parlement de tenir la main à l'execution dudit Reglement, avec defenses de juger autrement que conformement à iceluy. Combien de vœux apres cela le pauvre Peuple poussera-t'il au Ciel dans son repos et dans son soulagement pour nostre Grand Monarque? à quels efforts ne se portera-t'il pas pour payer toutes les charges que Sa Majesté luy voudra imposer? Sa misere et la calamité à laquelle ces Rentes l'ont souvent reduit, luy ont fait jetter des larmes de douleur, alors il n'en jettera que de joye.

Ie ne suis possible pas le seul qui ay pris sa defense, et qui ay eu pitié de sa misere. Trop de gens y sont interessez pour ne pas me seconder en une si juste entreprise, et je ne doute point qu'il ne s'en trouve, qui n'estant ny creanciers, ny debiteurs pourront estre leurs protecteurs, et à l'imitation de Monsieur Talon pourront faire connoistre au Roy, qu'un Reglement pour les Rentes est absolument necessaire.

Les pauvres debiteurs voyent bien qu'ils ont particulierement à combattre l'obstination des creanciers, à ne vouloir point raporter le titre primordial, parce qu'ils sçavent bien, que *melius est non ostendere titulum quam ostendere vitiosum*, parlant aux termes du Pape Innocent, *In cap. dudum extr. de decimis* : Mais ils esperent que le Conseil fera consideration sur la presomption qui est toute pour eux, et sur cette maxime ordinaire, que *ne quidem per mille annos nemo potest mutare causam suæ possessionis*, qu'ainsi de quelque long-temps que le creancier fasse voir sa possession, si le titre en est vitieux, il ne peut avoir prescrit; et tant de contracts anciens faisant voir que les Rentes acquises à prix d'argent, estoient plus frequentes que les autres, ou la presomption doit l'emporter, autre chose n'apparoissant, ou le creancier est obligé de faire voir son titre.

Car on ne pense pas qu'un creancier d'une Rente bastarde veüille s'opposer au rachat d'icelle, puis que ces sortes de Rentes sont reprouvées par toute la France dans les cas où la raison veut qu'on les presume plûtost à prix d'argent, que par baux d'heritage, suivant les Ordonnances de Charles VII. de 1442. art. 16 de François I. d'Octobre 1539. de Henry II. de Ianvier 1552. de Charles IX. de May 1573. art. 1. et de Iuin 1574. ainsi que la plus-part des Docteurs François l'ont raporté, entr'autres le Maistre au traité des criées chap. 28. du Moulin sur la Coustume de Paris §. 58. Chopin sur les mœurs des Parisiens tit. 3. Bacquet au traité des Droits de Francs-Fiefs chap. 5. Maynard tom. 1. liv. 4. chap. 9. Loyseau du deguerpissement liv. 3. chap. 9. Loüet lettre R. n. 32. et plusieurs autres qui determinent tous que les Rentes acquises à prix d'argent, ou presumées telles sont rachetables.

Et les creanciers ne peuvent pas opposer qu'en cette Province ils ne peuvent point estre plus mal-traitez qu'aux autres, ou apres un certain temps ils ne sont pas obligez de produire les **Titres primitifs**, et ou la simple enonciation de la Rente directe dans les reconnoissances fait toûjours foy en leur faveur, jusques à ce que le debiteur de la Rente ait prouvé qu'elle ait esté acquise à prix d'argent : d'autant que les plaintes qui donneront lieu au Reglement de 1501. et le nombre des contrats qui furent raportez par Mr Talon, qui obligea le Conseil de faire l'Arrest de 1636. font assez voir qu'on ne doit pas faire le même jugement de cette Province qu'on fait des autres, où l'abus d'acquerir des Rentes à prix d'argent n'a jamais esté pratiqué. Et comme en celle-cy on voit que la pratique en est fort ancienne et incomparablement plus frequente que celle des baux Emphiteotiques, c'est pour cela que quand le Seigneur, qui doit estre saisi du titre primitif differe de le produire, la presomption est absolument pour le debiteur; veu mesme que pour frauder le Reglement de 1501. les creanciers de semblables Rentes qui ont toûjours eu plus de credit que les pauvres debiteurs, ont toûjours affecté de faire perdre les Protocols des Notaires, ou de les acquerir; et quand on les peut trouver, pour un contract de veritable bail Emphiteotique, où en rencontre plus de 50. de Rente directe acquise à prix d'argent. C'est un fait dont Monsieur de Talon rendit un témoignage autentique, lors de l'Arrest de 1636.

Quant à la fixation du prix de celles qui ne le sont pas, il y a apparence que les mal intentionnez ne manqueront pas d'interesser encore le Roy, à cause des siennes; mais pour les prevenir, ils n'ont qu'à lire ce qui déja a esté dit cy-devant, que perdant d'un costé, il gagnera beaucoup plus de l'autre, parce que sa Taille s'en payera mieux : A quoy on adjoûtera, que comme ses revenus en grains dans ses Terres domaniales sont de peu de consideration, que mesmes ils sont tous engagez; il y a apparence que ce ne sera pas un obstacle pour opposer au bien, au soulagement, et à la pitié qu'il aura sans doute pour un Peuple accablé et impuissant. On veut tout attendre de sa Bonté; et bien que ses Predecesseurs dans le Dauphiné ayent déja autrefois reduit leurs propres Rentes à un prix modique, ainsi qu'on peut voir dans les Registres de la Chambre des Comptes aux alienations et albergemens, sur tout pour celles d'Allevart, où l'an 1442. le sestier froment fut reduit à 10. sols, le seigle à 7. s. 6. d. et l'orge et l'avoine à 5. s. neanmoins comme c'est un Monarque qui n'a pas besoin d'exemple, et qui répend tous les jours ses bienfaits à ses Sujets, les Dauphinois ont tout lieu d'esperer qu'il ne les oubliera pas en cette occasion, sur tout, s'il plait à Sa Majesté, de vouloir considerer, que s'il y a du profit à retirer des Rentes en grains, il n'est que pour les Fermiers, estant certain qu'il n'est point de Seigneur en cette Province, engagiste, ou autre qui retire plus de 40. ou 60. s. du sestier de ses Rentes, comme on le justifiera par les contracts de leurs Fermes, et le bled qui va à beaucoup plus, fournit ausd. Fermiers un profit considerable, auquel ils ajoûtent des grands fraix pour les procedures des liquidations, ou pour les executions qu'ils font. Tout cela cesse-rait, si tout estoit reduit en argent, et que passé une année la Rente fût prescrite, alors le profit allant aux débiteurs, et non aux Fermiers, ils trouveroient dans la vente de leurs fruits de quoy payer la Taille et la Rente, quand mesme la Rente seroit declarée portable.

Le Clergé a fait de grands efforts dans la minute d'Arrest qu'il a presentée à Sa Majesté, qu'on ne peut brécher à ses Rentes, sans deroger à l'Edit de Melun : Mais cet Edit qui dispense les Ecclesiastiques d'une preuve exacte et rigoureuse pour l'establissement de leurs Rentes, ne détruit pas le droit municipal de cette Province, qui suppose la presomption de l'acquisition de la Rente à prix d'argent, lors que le titre ne paroit pas, tant de la part des Ecclesiastiques, que des autres; sur ce fondement qu'il conste par les anciens Protocols des Notaires, que les Ecclesiastiques n'ont pas esté plus reservez à faire de ces sortes d'acquisitions vicieuses, usuraires et reprouvées, que les autres pretendus Seigneurs directs, par consequent l'avantage qu'ils peuvent tirer de l'Edit de Melun, n'est autre, sinon que les mesmes adminicules qui dans les autres Provinces doivent servir pour la preuve des Rentes de l'Eglise, suffisent en celle-cy pour l'establissement de leur Rente, telle que par le droit municipal de la Province, elle y peut avoir lieu, c'est à dire sans deroger à la presomption, qui est toute pour les debiteurs.

On a appris que ce même Clergé se reposoit extrémement sur les soins et sur le credit de Monseig. l'Evesque de Grenoble pour tirer ses Rentes bastardes ou nouvelles du rang de celles dont le rachat est infaillible. Il a eu raison de le prendre pour Protecteur auprés de Sa Majesté, qui connoit parfaitement son merite et sa vertu; puis qu'il est vray que souvent il a esté un Mecenas auprés d'un Auguste. Mais il y a apparence que quand il aura veu que l'usure est le principal fondement de ces sortes de Rentes, que Luy qui la condamne et qui la presche avec tant de severité, ne l'approuvera pas parmy des Ecclesiastiques, où il jette tous les jours des semences admirables de la conduite des Apôtres.

Mais afin que les choses attachées à l'Encensoir n'en soient pas ostées pour les mettre à d'autres usages, il sera aisé de convertir le prix des Rentes qu'on rachetera à l'acquisition de quelques fonds ou heritages dont les revenus pourront tenir lieu des Rentes qui auront esté supprimées, et ce changement pourra estre fait du consentement et de la deliberation des Patrons et des Recteurs des Benefices.

Ie demande tres-humblement pardon au Parlement, si pour la defense que j'ay entreprise, je n'ay pû me dispenser d'attaquer quelques-uns de ses Arrests. Comme ce sont des armes dont les creanciers des Rentes se veulent servir, il a fallu necessairement les émousser : Ce n'est ny mon interest, ny aucun ressentiment qui m'ait obligé d'en user ainsi ; Les Seigneurs directs qui peuvent me demander des Rentes ne m'ont jamais trouvé rebelle, quand ils ont esté raisonnables ; Et il m'a toûjours esté facile de demêler ceux d'entre les Officiers du Parlement, dont je pourrois me plaindre peut-estre avec justice, d'avec ceux à qui la vertu, le merite, l'equité, la bonté et la reconnoissance ont toûjours servy de guide, et pour qui jusques au tombeau je conserveray un respect invioiable et une veneration particuliere. Comme il en est qui me croyent capable de quelque chose ; je feray mon possible pour ne pas les detromper : Et ceux qui me croyent propre à rien, qui refusent mes loisirs, mes travaux, et le fruit de mes veilles, et qui n'écoûtent ny ma gloire, ny ma vertu ; je porteray possible à la posterité la plus éloignée un temoignage certain, qu'ils m'auront mal connu.

DE COMBEBRVNE.

GUY ALLARD.

ŒUVRES DIVERSES

PUBLIÉES

Par H. GARIEL.

2ᵉ Partie

MÉLANGES INÉDITS.

LA
DESCRIPTION HISTORIQUE
DE
LA VILLE DE GRENOBLE
CAPITALE DE LA PROVINCE DE DAUPHINÉ

TIRÉE

DE L'HISTOIRE DE DAUPHINÉ

COMPOSÉE

Par M. GUY ALLARD

Ancien Conseiller du Roy, President en l'Election de ceste Ville.

A GRENOBLE

Chez . . . .

AVEC PERMISSION DU ROY.

Publié pour la première fois sur le manuscrit original conservé à la bibliothèque de la ville de Grenoble et disposé par l'auteur lui-même pour l'impression, comme on le voit par le titre que nous avons exactement reproduit : titre auquel il ne manque que ce qui a si souvent fait défaut à Guy Allard..... le nom d'un éditeur.

15 avril 1865. H. GARIEL.

LA DESCRIPTION HISTORIQUE DE LA VILLE DE GRENOBLE

CAPITALE DE LA PROVINCE DE DAUPHINÉ

TIRÉE DE L'HISTOIRE DE DAUPHINÉ.

Elle est située sur la rivière de l'Isère qui la divise de ses faux-bourgs et sur laquelle il y a deux ponts, l'un de pierre du costé du couchant, l'autre de bois et comme au milieu de la Ville.

Elle est la capitale de la province et le principal lieu de la comté de Graisivaudan appelée anciennement la Vallée Profonde, dont les Évêques etoient souverains ne relevant que de l'Empereur. Dans l'histoire du diocèse de cette ville que j'avois composée, je faisois connaistre cette souveraineté et en quel temps les Comtes de Graisivaudan commencèrent de s'en rendre maistres, obligeant l'Évêque de les admettre au pariage. J'y décrivois toutes les prérogatives de ces Évêques et l'ouvrage estoit recherché et curieux ; mais comme j'ay veu qu'on n'y donnoit pas toute l'application que j'en attendois, je l'ai égaré ou peut-être perdu. On laisse souvent échapper des occasions favorables qu'on ne peut réparer quelque soin qu'on se donne pour cela. Je ne plains point la perte de mon travail, mais je ne saurois convenir qu'on n'en ait pas eu l'empressement qu'il méritoit. Je m'en console facilement et je ne regrette que la gloire que j'aurois acquise si le public en avoit eu part. Passons à mon histoire.

Ptolémée, liv. II ch. X, donne le nom d'*Acusion* à cette ville, mais il n'y a que luy qui l'ait donné. Il dit que c'estoit *Colonia Acusianorum*.

Tous les autres luy donnent celuy de *Cularo*, et en effet, c'estoit son veritable nom. Plancus, écrivant à Cicéron lorsqu'il estoit en ceste ville en qualité de Préteur des Gaules, peu de temps après que Jules César eut conquis la province Viennoise, met dans sa lettre : *Cularone Vocontiorum in confinibus Allobrogum*. Elle est la 23ᵉ du 10ᵉ livre des Épitres familières de cet orateur Romain. En effect elle est sur les limites de l'Allobrogie, sur la rivière de l'Isère qui la sépare des Voconces, et elle estoit une des dix-neuf villes des Voconces dont Luc estoit la capitale, suivant César en ses Commentaires. Il ne reste plus rien de cette ville de Luc ensevelie par la Durance. Sirmon en parle en ces termes sur Sidonius, Livre III, Epitre XIV, qu'elle est située au pied des Alpes et d'une montagne appelée Chalemon, au confluent du Drac et de l'Isère, et il rapporte l'épitre de Plancus.

M. de Valois, dans le sçavant et curieux ouvrage qu'il a donné au public soubs le titre de *Notitia Galliarum*, parle de cette ville soubs le nom de Cularo. Il commence par la lettre de Plancus. Il parle aussi de ses anciennes inscriptions que je rapporterai bientôt. Il dit que Strabon et Varron font mention des deux fleuves de l'Isère et du Drac qui y passent; qu'il est dit dans les notices de l'empire Romain : *In provincia Galliæ riparens tribunum cohortis primæ Floriæ Sabaudia Cularone*, que Scaliger et Sirmon conviennent de cette colonie : ce Scaliger *in notitia Gall.* et Sirmon *ad Sidonium Appollinarem*; que *Salvangius* a mis ceste ville parmi celles des Voconces.

Scaliger rapporte les mesmes inscriptions en ces termes : *muris cularonensibus*.

Ce nom lui est donné aux notices de l'Empire romain et en l'itinéraire de Peutinger.

Mais les plus grandes et asseurées preuves de ce nom sont les inscriptions qu'on a trouvées sur deux de ses portes, lorsque Dioclétien et Maximilien la firent ceindre de murailles.

L'une fut mise sur la porte appelée *Porta Romana Jovia*, et l'autre sur celle qui eut nom *Herculea Viennensis*.

La première estoit où finit la place de Saint-André entrant en la rue Portetraine, et l'autre où finit la place de Nostre-Dame sur laquelle est une partie du palais épiscopal.

Son enceinte estoit fort petite car elle ne comprenoit que la rue Moyenne appelée aujourd'huy Brocherie, la rue *Mercatoria*, ou Marchande, ce qui fait aujourd'huy la place du Ban de Mal-Conseil, la rue du Palais, celle du Bœuf, la place de Saint-André jusques à l'Isère vers le septentrion, à l'extrémité de laquelle, vers cet endroit, fut basty la maison de nos premiers Dauphins où est aujourd'huy le Palais du Parlement et la Chambre des Comptes. On voit encore les marques de ces vieilles murailles de cette ville dans les maisons qui y sont basties en la rue Chenoise ou Chaunoise, et peu éloignées du Ban de Mal-Conseil.

Au commencement il n'y avoit que les rues de Saint-Laurent, et de la Perrière, et c'est là où nos premiers Evesques ont demeuré comme je l'expliqueray ailleurs

Mais revenons à nos inscriptions. Voicy celle de la porte *Romana Jovia*.

D. D. N. N. IMPP. CÆS. GAIUS AURELIUS VALERIANUS DIOCLETIANUS PP. INVICTUS AUGUSTUS ET IMPER. CÆSAR. M. AURELIUS VALERIUS MAXIMIANUS PIUS FŒLIX, INVICTUS AUGUST. MURIS CULARONENSIBUS CUM INTERIORIBUS ÆDIFICIBUS PROVIDENTIA SUA INSTITUTIS ATQUE PERFECTIS PORTAM ROMANAM JOVIAM VOCARI JUSSERUNT.

La mesme inscription estoit sur l'autre porte, mais, au lieu de *portam Romanam Joviam*, il y a *portam Herculeam Viennensem*.

Il me semble donc bien prouvé que le premier nom de cette ville a esté celuy de *Cularo*.

Sa situation a souvent donné lieu à des Empereurs, des Papes et des Roys de la choisir pour des conférences, c'est que nous apprend une lettre escrite par Hugues Capet au pape Jean en ces termes : *Nihil nos contra apostolatum vestrum gessisse scimus, quod si absentibus non satis creditis, Gratianopolis Civitas in confinibus Galliæ et Italiæ sita ad quam Romani pontifices Francorum regibus occurrere soliti fuerint, hoc si vobis placeat itinerare possibilitas est ac si et nostra invisere libet, summo cum honore, descendentem de Alpibus excipiemus morantem, aut redeuntem debitis obsequiis persequemur.*

On voit par là quelle avoit déja le nom de *Gratianopolis*, *urbs Gratiani*, qui luy fut donné parcequ'on y célébroit des jeux en l'honneur de cet Empereur qui furent si magnifiques, qu'estant connus par tout l'Empire, on commença de luy donner le nom de ville de Gratian.

St Augustin en parle soubs ce nom en sa cité de Dieu, il vivoit du temps de cet Empereur.

Plusieurs Romains l'avoient habitée comme nous l'apprennent des inscriptions que je rapporteray en leur rang, et elle fut longtemps le magasin des Romains pendant les guerres dans les Gaules.

Son second agrandissement fut environ l'an 855, que les Maures s'en emparèrent et en chassèrent l'Evesque Ebbon qui en estoit Prince souverain et de tout le Graisivaudan, ne relevant que de l'empire. Ils la firent clore de murailles à qui les anciens titres donnent, à cause d'eux, le nom de *muri Sarrasenorum*; elles commençoient derrière l'église de Nostre-Dame, continuant où le monastère de Sainte-Claire est basty, entre les rues Bournolenc et Neufve, de Bonne contre l'enclos des FF. Prêcheurs, jusques à l'Isère derrière l'hôtel de l'Esdiguières où l'on en voit encore quelque partie. La porte de Tracloistre les terminoit vers l'Evesché, vers la rue Bournolenc et au commencement estoit une poterne appelée Pertuisière, et à la fin la porte appelée Portetreyne ou *porta Trajani*.

Son troisième agrandissement a esté l'an 1602 en vertu des lettres patentes du Roy Henry IV de 1596. On mit dans cet enclos tout ce qui estoit depuis l'Isère, le faux-bourg de Tracloistre, la rue Neufve, la rue de Bonne, la place du Breuil, et ce qui fait aujourd'huy le bois et le jardin de l'hostel de l'Esdiguières qui appartenoient au Dauphin; et la porte Treyne fut portée à quelques pas de la place du Breuil et prit le nom de Bonne à cause de François de Bonne qui fust ensuite connestable de France aux soins duquel fut fait cet agrandissement.

On mit encore dans ceste enceinte la montagne de Chalemont, et les rues de St Laurent, et de France. Bien que de ce costé il n'y eust point de murailles auparavant, il y avoit une espèce de redoute et une poterne qui y est encore par où l'on sortoit et descendoit jusques à l'endroit où est la porte de France, car les rochers aboutissoient à la rivière de l'Isère; il n'y avoit point encore le chemin qu'on y a fait depuis; il est vray aussy qu'au bout de la Perrière il y avoit une ancienne porte mal figurée et, qu'auprès de l'Isère, il y avoit une petite porte par où on allait sur le quai de l'Isère qui, à cause de cela, estoit nommée la **porte du Quaix.**

Comme l'on devoit cet agrandissement aux soins de l'Esdiguières, on en a laissé la mémoire par des inscriptions qui sont encore sur les quatre portes, telles que je vais les publier.

Ses Portes.

Celle de la porte de France en ces termes :

LUDOVICUS XIII GALLIARUM ET NAVARRÆ REX PIUS, FELIX, INUICTUS GRATIANOPOLI MONTE AUCTA. EJUSQUE MURIS. PROPUGNACULIS ET INTERIORIBUS ÆDIFICIIS. PROVIDENTIA SUA ET CURA FRANCISCI BONÆ DUCIS DIGUERIARUM. PARIS ET MARESCHALLI FRANCIÆ, PROREGIS DELPHINATUS. INSTITUTIS ATQUE PERFECTIS PORTAM HANC REGIAM VOCARI JUSSIT MDCXX.

Celle de la porte St Laurent :

FELICIBUS AUSPICIIS ET JUSSU HENRICI IV GALLIAR. ET NAV. REGIS INVICTISSIMI, DECORA MŒNIA CIVITATIS GRATIANOP. INCHOATA ET EX VOLUNTATE LUDOVICI XIII REGIS CHRISTIANISSIMI PROPUGNACULIS ET POMÆRIIS AUCTA, FRANCISCUS BONA LESDIGUERIUS, DUX, PAR ET MARESCHALLUS FRANCIÆ, DELPHINATUS PROREX. FIDELISSIMO STUDIO ET CURA SOLERTI ABSOLVIT. ET PORTAM DIVI LAURENTII, EXTERIS ET INCOLIS. A FUNDAMENTIS EREXIT ANNO SALUTIS MDCXV.

Celle de la porte de Bonne :

ÆTERNÆ MEMORIÆ HENRICI IV GALL. ET NAV. REGIS CHRISTIANISS. VERE AUGUSTI OPTIMI CLEMENTISS. FORTISS. FELICISSIMIQUE REGNI GALLORUM INSTAURATOR. PATRIÆ PATRIS, QUOD FRANCISCI BONÆ LESDIGUERII VIRTUTE, FIDE, MANU, SENATUI AUCTORITATEM. CIVITATI PATRIÆQUE UNIVERSÆ PACEM RESTITUERIT, URBEM NOVO POMÆRIO AMPLIARIT, CIVITAS ET PATRIA GRATIAN. MONUMENTUM CIƆIƆXCV.

Celle de la porte Tracloistre, ainsi nommée du mot *Transclaustrum*, parcequ'elle est à la fin d'une rue qui estoit autrefois hors de la porte vers les cloistres de l'église de Nostre-Dame. Elle est semblable à l'autre et à la fin CIƆIƆXCIII.

Le dernier agrandissement eut lieu en vertu des lettres patentes du Roy du 19 de Janvier 1670, et la porte de Bonne y a esté portée, c'est celle qu'on appeloit Portetreyne où il y avoit plusieurs inscriptions Romaines qu'on y voit encore. Cet agrandissement est depuis le bastion St Jacques jusques bien avant au couchant, et comprend quelques rues que je descriray en leur rang. Partie des murailles avoit déja esté faites par les soins du mesme Lesdiguières qui en avoit déja fait le projet, mais estant presque ruinées, on les a réparées et fait une porte au bout du quaix contre l'Isère.

Ses Rues.

Passons à la description des rues après avoir parlé de ses portes.

La rue de Tracloistre; j'ay donné son étimologie.

La rue Chenoise ou Chaunaise, tire son nom de la famille de Chaunais ancienne, esteinte environ l'an 1450, et c'estoit là ses vergers et les dehors d'un fief qu'elle y avoit; elle n'estoit point en rue lors du 1er et du 2e agrandissement. Un chartulaire de cette ville de 1360 l'appelle *Calnesia*.

La Brocherie que les anciens titres nomment *via media*, ainsi nommée en un acte de 1330.

La rue Marchande nommée en latin *Mercatoria*.

La rue du Palais parcequ'elle aboutit au Palais du Parlement, et de la Chambre des Comptes; on l'appeloit autrefois de St Jean parcequ'elle aboutissait à l'Eglise paroissiale de ce nom.

La rue Portetreyne, ou Grande rue, à cause de la Portetreyne qui luy aboutissoit, elle va depuis la place de St André jusqu'à celle du Breuil.

La rue des Prêtres derrière l'Eglise de St André.

La rue des Clercs appelée en un chartulaire de Grenoble de 1389 *via capellanorum sancti Andreæ*, appelée anciennement Bueiliere.

Une autre de ce nom, derrière Nostre-Dame, aboutissoit à la place des Tilleuls.

Celle de Nostre-Dame qui va à l'Eglise de ce nom ; en un chartulaire de . . . , rue Peirolière.

Celle de Bournolene ainsy nommée, comme qui diroit Bourg de Nolene, parceque, après le deuxième agrandissement, commençant de se remplir de maisons, on l'appele Bourg et Nolenc à cause d'une maison qu'y avoit la famille de Nolenc qui a depuis esté celle de Rabot. On l'a par   la rue des Vieux Jésuites parceque ces Religieux y ont fait leur premier séjour en cette ville.

Celle de la Pertuisière, connue aujourd'huy soubs le nom de Ste Claire, ainsy nommée parcequ'elle aboutissoit à la petite porte de ce nom. On l'a allongée lors de l'agrandissement de 1602 jusques à l'Eglise des Jésuites.

La rue de Paillaret qui va de la rue des Vieux Jésuites à celle des Clercs ou Peyrolière.

Celle du Chapelet, despuis celle de Nostre-Dame jusques à la rue Brocherie.

Celle de Bonne Neufve despuis la place du Breuil jusques aux Jésuites.

La Neufve despuis lesdits Pères jusques à celle des Capucins.

Celle-cy aboutit à celle de Tracloistre.

Celle des Olliers proche de celle de Tracloistre ainsy nommée à cause qu'on y vendoit des pots de terre appelés vulgairement des *oules*.

Une autre petite voisine, sans nom.

La rue de Bonne dans la nouvelle enceinte.

Celle de Créquy.

Celle de St François.

Celle de Lesdiguières.

Celle de Ragny.

Celle de Montorge.

Celle de Sault.

Et une autre construite nouvellement derrière le Verbe Incarné.

Celle de St Jayme proche de la rue Chenoise, corrompue du nom de St Jacques, à cause qu'il y avoit là un hospital.

Celle du Bœuf a pris son nom d'un enseigne, car dans les anciens titres elle est appelée *via monialium*, à cause d'un monastère de Ste Claire fondé à Yseron par le dauphin Humbert, qui fut transféré en cet endroit, où les Religieuses moururent toutes de la peste.

Celle du Temple, aboutissant à celle de Tracloistre, ainsy nommée parceque le temple des Protestants y estoit basty.

Celle de Ste Ursule où est le monastère de ce nom.

Celle des Meuriers parceque, lors de l'agrandissement de 1602, il y avoit grand nombre de ces arbres.

Celle de St Jacques parceque, avant l'agrandissement de 1602, on passoit par là pour aller à St Jacques d'Échiroles.

Celles de St Laurent et de la Perrière sont réputées Faux-Bourgs.

Celle de Chalemon qui va au monastère de la Visitation qui est entre ces deux ruës.

Ses Places.

Quant à ses Places, en voicy le dénombrement :

Celle de St André, à cause de l'Église de ce nom.

Celle de Nostre-Dame, de mesme.

Celle du Ban de Mal-Conseil, ainsy nommée parceque la populace y délibéra de tuer l'Évêque Guillaume de Ruin.

Le connestable de L'Esdiguières la fit agrandir et abattre quelques maisons voisines, en 1606, et en fit une place d'armes.

C'estoit là où l'on vendoit les grains, et où l'on vend aujourd'huy les fruits et les herbages.

Celle du Breuil ou la Grenette, parcequ'on y débite le bled, et les autres grains, les jours de marché. C'estoit où estoient les vergers des FF. Prescheurs. Humbert, Dauphin, Anne son épouse et Guillaume Évêque de cette ville la leur avoient donnée en les fondant.

Ses Églises.

Voicy le dénombrement de ses Églises :

La Cathédrale est soubs le vocable de l'Assomption de la Ste Vierge, et est nommée de Nostre-Dame. Elle estoit anciennement soubs celuy de St Vincent, parceque Charlemagne qui la fit bastyr de la manière qu'elle est aujourd'huy, la fit faire sur une chapelle dédiée à St Vincent qui, selon quelques mémoires escrits en un registre de la Chambre des Comptes, avoit esté fondée par Pepin en reconnaissance de la victoire qu'il avoit remportée sur les Sarrazins en la Vallée profonde que nous appelons aujourd'huy Graisivaudan.

Ce sont ces mesmes Maures qui, environ l'an 860, estant revenus en ce pays en chassèrent l'Évêque Ebbon qui se réfugia à St Donnat et qui en furent chassés par l'Évêque Isarne environ l'an 960. Ce fut l'an 777 que Charlemagne fit édifier cette église Cathédrale, car despuis Domnin, son premier Évêque, qui assista au concile d'Aquilée l'an 381, les Évêques avoient demeuré en la ruë de St Laurent où pour église ils avoient un Ergastule, ou église souterraine qu'on y voit encore et sur laquelle est celle de St Laurent, comme je l'expliqueray en parlant d'elle en particulier.

Celle-cy estoit tenue par des chanoines séculiers de l'ordre de St Augustin. St Hugues, l'un de ses Évêques, la rendit régulière, en vertu d'une bulle de l'an 1136 qui lui donna pour vocable l'Assomption de la Ste Vierge. Elle fut sécularisée par une bulle du 8 des kal. d'Aoust de l'an 1557.

Contre la muraille de cette Église, et à l'entrée par la petite porte de la place on trouve cette épitaphe (1) :

ΣΤΕΦ ΛΑΠΛΩΝ ΚΙΟΣ ΡΙΧΕΤΗΣ
ΚΑΝΟΝΙΚΟΣ ΤΑΥΤΗΣ ΕΚΚΛΗΣ
ΚΑΘΗΓΗΤΗΣ ΘΑ
ΝΩΝ ΚΑΙΣΕΤΑΙ ΤΥΧΟΝ ΕΝ
ΚΟΝΙΣ ΟΛΙΤΗ ΕΣΣΟΜΕ
ΝΕΝΟΣ Η ΓΑΙΑ ΜΕΛΑΙΝΑ

---

(1) Sur cette inscription, voir la *Notice* en tête de la publication.

Il y a encore une autre, sur une des portes des cloistres, d'un chanoine de la famille de Baile, en ces termes :

DEO ET NATURÆ REDDO SIMPLICIA
ACTA COMPOSITI ; SINT DEO GRATA.

L'Église collégiale de St André. Guigues André, Dauphin, fonda premierement ce collège à Champagnier le 13 d'Avril 1224, et le transporta à Grenoble le dernier de Fevrier 1226, et fit bastir l'Église sur une chapelle qui estoit à Amédée, prieur de St Martin de Miséré.

Le prioré de St Laurent fut fondé l'an 540, vingt ans après que l'ordre de St Benoist fut estably. Ce fust sur la montagne audessus du lieu où il est aujourd'huy, et on en voit les vieilles masures sur lesquelles Humbert Dauphin fit bastyr un hermitage en 1343. Estant abattu par le temps, il fust rétably, et l'église bastie sur l'ergastule dont j'ay parlé, ou église souterraine, en laquelle les chrestiens, pendant qu'ils estoient persécutés sous l'empire de Décius, faisaient leur sacrifice.

Le prioré de la Madelaine est appelé de l'Aumône par l'acte de fondation faite par St Hugues, évèque, l'an 1082. Son intention fust pour un hospital ; et en effet les chanoines y ont longtemps servy un hospital voisin dont la maison a esté aliénée en mains seculieres. Aymon de Chissé, autre évèque, l'érigea en prioré soubs la règle de St Augustin l'an 1457. Le prioré et les chanoines ont esté incorporés avec le chapitre de Nostre-Dame et sécularisés en mesme temps. Leur église et leur maison sont occupés par des cordeliers. Je diray bientost comment.

Ses Couvents.

Le couvent des Cordeliers fust fondé, l'an 1240, en un lieu hors de la ville au septentrion, où le connestable de L'Esdiguières fit bastir une citadelle appelée Arsenal et les en sortit. On les mit en la maison du prioré de la Madelaine, jusqu'à ce qu'il leur en fust fourny un autre ; et ils y sont encore. Les FF. Prescheurs furent appelés en cette ville l'an 1288. Humbert, Dauphin, Anne, son espouse et Guillaume de Sassenage, évèque, leur donnèrent un grand territoire, où leur couvent et leur église furent bastis, mais avant cette construction ils habitèrent au prioré de St Pierre qui en estoit voisin. Leur église fust abattue en 1561 par les protestants et rebastie où estoit leur réfectoire.

J'ay composé son histoire et celle des autres couvents de cette province où je rapporte plusieurs titres.

Le monastère de Ste Claire des filles de St François est dû à la piété d'une sainte fille appelée Jeanne Baile, fille de Jean Baile, président unique du Parlement de Grenoble. Le Dauphin Louys, après avoir attaqué vainement sa pudeur, admira sa vertu et sa sagesse et lui ayant demandé ce qu'elle souhaitait de luy, elle ne souhaita qu'une place sur les bastions, vers la porte de la Pertuisière, pour y faire bastir un couvent de filles de Ste Claire, ce qu'il luy accorda; et estant devenu Roy, XI° du nom, il ordonna au gouverneur d'y mettre en son nom la premiere pierre, ce qu'il fit l'an 1469. Ce fust en vertu d'une bulle du Pape Paul II de cette année. Des religieuses d'Annecy en Savoye furent appelées pour l'occuper. C'est de cette sainte fille dont on conserve chèrement les restes et qu'on expose à la dévotion du peuple un jour de l'année.

Le couvent des Récollets, hors de la ville, est l'un de ceux que le Roy Henry IV fonda en France après sa conversion. Ce fust en vertu de ses lettres patentes du 28 d'Aoust 1607 et on le bastit, en 1609, soubs le vocable de l'Immaculée conception de la Vierge.

Il y en a un autre dans la ville fondé par Jean du Vache, seigneur de l'Albenc, président en la Chambre des Comptes, l'an 1662.

Le couvent des Capucins fust édifié l'an 1610.

Celuy des Augustins Deschaussés l'an 1642.

Celuy des Minimes fondé l'an 1644 par Marguerite de Sassenage, veufve d'Horace du Rivail, seigneur de Blagnieu.

Celuy des Carmes y fust estably en vertu de lettres patentes du Roy de ladite année 1644; ils sont au faubourg de Tracloistre despuis 1644.

Les Pères Jésuites commencèrent par une mission l'an..... et en 1651 ils ont eu le collège. Ils commencèrent d'habiter en la ruë Bournolene, et estant en ruë Neufve ils commencèrent de construire une église en 1655, ce ne fust qu'en bois, mais despuis, ils en on fait construire une très belle à la façon de celle qu'ils ont en la ruë St Jacques à Paris ; c'est par les bienfaits du Roy. Le frontispice en est magnifique.

Les prêtres de l'Oratoire de Jésus. Nostre illustre prélat le cardinal le Camus les y a appelés l'an .... et leur a confié son seminaire.

Les Religieuses de la Visitation de Ste Marie ont icy deux monastères, l'un est sur la montagne de Chalemont et St François de Sales, évèque de Genève, y a mis la première pierre l'an 1619.

Le deuxième est dans la ruë de Tracloitres depuis l'an .....

Celuy de Ste Cécile de l'ordre de St Bernard l'an .....

Celuy de Ste Ursule, l'an .....

Celuy du Verbe incarné l'an . ... son église a esté bastie en 1674.

Celuy des Carmélites l'an.. ..

Les FF. de la Charité l'an.....

Les Religieuses hospitalières l'an.... (1)

Ses Paroisses.

Il y a quatre paroisses ou églises paroissiales.

Celle de St Hugues à costé de la Cathédrale.

Celle de St Jean estoit où est la place de St André. Elle fust abattue en vertu d'une bulle du Pape en 1582, et jointe à celle de St Hugues, et unie à la précédente ; mais lorsque l'on a eu construit l'église de St Louys, en 1677, on l'y a transportée.

Ceste mesme paroisse de St Loys a esté elevée en vertu de lettres patentes du Roy du 15 de Febvrier 1676, et sa majesté donna pour cela 36,000 liv. pour estre imposées sur les gages des secrétaires greffiers des communautés, à commencer à l'an 1675, à raison de 6,000 liv. par an. Estienne le Camus, évèque de cette ville et cardinal, y a fondé quatre chanoines. On a commencé de la bastyr en 1689 (2).

---

(1) Toutes ces dates sont en blanc dans le manuscrit original. Cette observation s'applique à tous les BLANCS PONCTUÉS que l'on trouvera dans cette publication. Les autres indiquent la place de mots indéchiffrables.

(2) Huit lignes plus haut, Allard dit qu'elle était construite en 1677. Règle générale, il ne faut accepter les dates de Guy Allard que sous bénéfice de..... vérification.   H. G.

Celle de St Laurent en la ruë de ce nom et avec prioré.
Celle de St Joseph hors de la porte de Bonne.

Ses Chapelles.

Il y a quelques chapelles séparées.

Celle des filles pénitentes où il y a une maison gouvernée par des religieuses et où l'on met en refuge des filles débauchées pour les y convertir. Il y en avoit desja une en 1282, car elle est donnée pour confins à la place qui fust accordée aux FF. Prescheurs lors de leur fondation. Il y a encore, vers la montagne de Chalemont, la Tour Dauphine où l'on enferme les obstinées pour les y chastier. La tradition nous apprend que ceste montagne a pris son nom de celuy de Chalumeau, parceque, au son de cet instrument, on conduisoit autrefois ces filles débauchées ornées comme des espousées, les cheveux pendant et couverts de rubans.

Il y a deux chapelles de pénitents, l'une en l'église de St Laurent, soubs le titre de St Sacrement, l'autre de Confalone en la ruë Neufve.

Il y a encore celle des Orphelines.

Celle de la Propagation de la foy establie en la ruë St Jacques l'an 1650.

L'ordre de St Antoine y en a une en la ruë de la Perrière desclarée exempte des décimes par lettres du Roy Loys XI du 14 Febvrier 1463. On y faisoit autrefois de grandes offrandes de jambons, soubs le pretexte que, donnant un pourceau à St Antoine devant ses images, il estoit le protecteur des cochons. Le curé de St Laurent voulut y avoir part, et par une transaction du... on la luy accorda. Comme elle est proche de l'hospital de la Providence elle luy sert.

Il y en a une sur le pont de bois, et comme au mesme endroit il estoit autrefois de pierre tombé en 1651. Cette chapelle fut dotée en 1422 par Claude Crest, chanoine de Nostre-Dame, de 20 septiers de froment de cense et d'un septier de noyaux pour en faire de l'huile pour la lampe qui devoit toujours estre allumée, et il voulut que si cette chapelle venoit à estre destruite les consuls disposassent de cette rente.

Il y en a une au palais épiscopal soubs le vocable de St Michel.

Une autre à la porte de France.

Ses Hospitaux.

Quant aux Hospitaux,

Le plus ancien fust celuy que fonda St Hugues, l'an 1082, soubs le nom d'Ausmone, et le vocable de la Madelaine. J'en ai déja parlé soubs le titre de prioré.

Aymon de Chissé, évèque, en fonda un le 19 d'avril 1334, en la rue Chenoise proche du poisle et vers un endroit qu'on appelle Maupertuis. Il en nomma Directeur les Consuls, et le mit soubs la protection du Conseil Delphinal.

Il fust transferé en l'isle de la Trésorerie hors de la ville, et il est dedans depuis l'agrandissement de 1602; c'est là où l'on a destiné l'hospital général, suivant l'intention du Roy par son édit de juin 1662.

Il y avoit encore l'hospital de St Jacques pour les Pélerins. Laurent Alleman, évèque, en une visite de 1494, dit qu'il avoit esté fondé par la famille de Theys. Il n'est plus, et la maison est possédée par des séculiers. J'y ay veu une chapelle où l'on disoit la messe, mais elle n'y est plus en cet estat depuis quelques années. Nostre illustre prélat Cardinal le Camus ayant trouvé à propos de la supprimer.

Celuy de la Providence pour les malades en la ruë de la Perrière, proche de la chapelle de St Antoine, a esté commencé il y a environ 40 ans par les soins de quelques dames. On a raison de l'appeler ainsy, car il n'a aucun revenu que des charitez qu'on luy fait, et la providence est si grande que, bien qu'on y traite plusieurs malades, il ne leur manque de rien. Il est dirigé par des dames charitables.

Celuy de la Charité est servy par les FF. Religieux de ce nom. C'est pour les pauvres hommes malades. Establi en 1662.

Il y en a un pour les femmes, servy par des religieuses hospitalières, establi en avril 1666.

Celuy de St Roch en l'isle hors de la porte de Tracloistre fondé par Gras d'Ancelle, le 12 de may 1477, par son testament et en donna la direction aux consuls. Il la dota de peu de chose, mais dans un autre testament du dernier de janvier 1485, il luy légua cinq mille florins pour le bastir, et en donna la direction à Jean Rabot, conseiller au Parlement, sa veufve, en fust la directrice pendant sa vie.

Comme j'ay composé l'histoire Ecclésiastique de cette province, je rapporte plusieurs titres concernant ses priorés, églises, monastères et hospitaux.

Ses Ponts.

Il y a deux ponts sur la rivière d'Isère.

L'un est aux extremités de la ville vers le couchant et de pierre de trois arches, basty en 1670.

L'autre est de bois et construit en quatre arches depuis une petite ruē appelée du Pont, de l'autre costé aboutissant à la montée de Chalemont, entre les deux ruēs de St Laurent et de la Perrière.

Il y en avoit un de pierre qui fust abattu par un déluge en 1651. Il y avoit une haute tour dans laquelle il y avoit une horloge, et on y avoit mis cette Inscription en vers latins, qu'on a eu soin de recueillir et de me la communiquer.

TOLLE MORAS FUGIUNT TACITO NUNC TEMPORA CURSU
NEC TIBI PRÆTERITOS RESERUNT HORARIA MENSES.

C'est d'un costé de la Tour, et de l'autre :

DURA FEROX SUMMÆ CERNIS QUÆ MARMORA TURRIS
OBSTULERAT MAVORS FLUMINIS ARTE SUO
CUNCTIS OPTATÆ JAM NON SINE NOMINE PACIS
LAUTE STRACTA DIU NON PERITURA MANENT.

Son Hostel de Ville.

Son hostel politique ou de ville, est composé d'un Maire, de quatre Consuls.

Il n'y avoit point de Maire et il fut créé avec d'autres dans le royaume.

Le premier Consul est toujours noble, on le tire de la noblesse de l'espée une fois, et l'autre de la robe; le deuxième, Procureur; le troisième, Marchand; le quatrième, du fauxbourg de la Perrière, ou de St Laurent.

Il y a tousjours eu un secrétaire.

Il y avoit un avocat et un procureur de ville qui ont esté supprimés et on a créé en .... un procureur.

Les autres officiers sont de création nouvelle.

Au sujet des loyers des maisons il y a plusieurs arrests du Parlement qui ont jugé qu'on n'en devoit point pendant la guerre, entre autres en 1461 et 1468. On y entre la feste de la croix de septembre, qui est le 14, et il faut se contremander avant celles des Roys, autrement on n'y est plus recevable, ainsy jugé le 14 d'octobre 1510. François Marc, en ses *décisions*, vol. I, marque la maniere de le faire, *quest.* 1055.

Fief.

Il y a un seul fief en cette ville qui est une tour fort ancienne qui appartenoit à la famille de Chaunais qui n'est plus il y a 200 ans; ce fief s'estendoit bien avant, et il en fut pris une partie pour faire la rue qui, de son nom, a esté appelée Chaunaise, comme j'ay desja dit. Aymar de Chaunais vendit cette tour à François sgr. de Sassenage, au mardy avant la feste de St Michel de l'an 1301, pour 325 liv.: les confins y sont. Elle est encore à cette famille, et on l'appelle la Tour Sassenage. Elle est ronde, fort haute, et toute de briques avec des crénaux.

Ses Foires.

Il y a 4 foires : à Ste Barbe, à St Vincent, aux Rameaux et à la my aoust.

Universités.

Il y avoit une Université fondée par Humbert, Dauphin, en 1342, unie à celle de Valence l'an 1566.

Gouverneurs.

Il y a un Gouverneur qui l'est aussy de la vallée de Graisivaudan et de l'arsenal ayant pour gages, pour la ville 1,500 liv., pour la vallée 500 liv. et pour l'arsenal 300 liv. Laurent Emé Cte de Marcieu l'est aujourd'huy de l'une et de l'autre; Guy Baltasar son père l'a esté.

Parlement.

Il y a un Parlement fondé par le Dauphin Humbert, en 1337, dans le lieu de St Marcellin, soubs le titre de Conseil Delphinal transféré à Beauvoir en 1328 (sic) et en cette ville l'an 1340. Le Dauphin Loys luy eschangea son nom de Conseil en celuy de Parlement en 1453. Il y a 10 Présidents, 54 Conseillers, 1 Garde des sceaux, 3 Avocats généraux, 1 Procureur général, 9 Substituts, 8 Secrétaires, 11 Huissiers et... Procureurs, et 2 Chevaliers d'honneur.

Chambre des Comptes.

Une Chambre des Comptes tres ancienne dont les Officiers estoient anciennement appelés Rationaux, unie au Parlement jusqu'en 1628 qu'elle en fust séparée. Il y a... Présidents, ... Maistres, ... Correcteurs, ... Auditeurs, 1 Avocat general, 1 Procureur general, 4 Secretaires, ... Huissiers, ... Procureurs.

Bureau des Finances.

Le Bureau des finances où il y a un premier Président créé par édit du.... 4 autres Présidents, ... Trésoriers, un avocat et un Procureur du Roy, ... Secrétaires, ... Huissiers. Ce fust en 1551 que le Roy Henry II créa des Trésoriers généraux. Charles IX les confirma en 1579. Il leur fut permis d'avoir des buraux en ....

Bailliage.

Un Bailliage composé du Baillif, son Lieutenant appelé Général ou Vibaillif, un Lieutenant particulier, deux Assesseurs, un Avocat du Roy, un Procureur du Roy, un Substitut, un Greffier et un Huissier. Ce Bailliage est le premier de Graisivaudan. Le Baillif estant noble personnellement, le Vibaillif de même.

Élection.

Une Élection, créé en 1628, composée d'un Président, un Lieutenant, ... eleus, un Procureur du Roy, deux Greffiers, 4 Procureurs.

La Judicature y est alternative entre le Juge du Roy Dauphin et celuy de l'Evêque. Il y a un Procureur du Roy et un Huissier. Chacun a son Greffier; les Procureurs du Bailliage y postulent.

Un *Lieutenant général de police* créé par édit du . ..

Il y a un *Chastelain* qui est le Concierge des Prisons; il peut juger jusques à 60 sols, suivant une ordonnance du Conseil Delphinal du 7 juillet 1389.

Il y avoit un *Célérier*; St Hugues en inféoda la charge en 1210.

Il y a une *Milice*, ou *Pennonage*, de 18 compagnies.

Il y avait une charge de *Bannier* dont l'Eveque pourveut le 1ᵉʳ Janvier 1407 où il est dit qu'il pouvait faire saisir le bétail en dommage.

Il y a trois *Vigueries*, de Gière, de Portetreyne et de Clerieu.

Il y a un *Hostel de monnoye* en la rue de St Laurent, autrefois à la Tronche hors de la porte de ce nom. Il a cessé quelques années. Mais on l'a restabli. Ses monnoyes sont conformes pour le poids à celles de France, mais on y met les armes de Dauphiné escartelées avec celles de ce royaume, et la marque est la lettre Z. En un protocole de Pilati est la création des Officiers de la monnoye de la Tronche.

On y mesure le bled par quintal; celuy du froment y pèse 41 livres. *La mesure* est moindre que celle de Montbonod d'un 8ᵉ suivant un compte de 1523.

Il y a un *Péage* qui est au Roy Dauphin.

Une *Leyde* suivant un registre *tangent. gratian*, fol. 375 qui marque la maniere de la lever.

Saint Augustin parle de cette ville en sa *Cité de Dieu*, liv. 2, chap. VIII.

Ayant parcouru le répertoire des titres de la Chambre des Comptes j'y en ay trouvé plusieurs qui concernent cette ville.

mais comme j'en ignore les années je n'ay pu leur donner un ordre chronologique en cette histoire, mais ils me paroissent essentiels, je n'ay pas cru les devoir supprimer.

Au 1 *generalia* fol. 255 est une taxe pour la vente des perdrix, et des conils en cette ville.

Au 6 *copiarum* fol. 69 est une déclaration concernant ses privilèges.

Au 19 *generalia* fol. 29 est un règlement entre les trois ordres au sujet de l'entrée du vin en cette ville.

En un chartulaire de cette ville de 1334, il est dist que le Dauphin avoit icy une leyde despuis la feste de St Jullien jusques à celle de tous les SS.

En un autre de 1361, qu'il y avoit un four en la rue Chenoise accensé à 6 d. et un gros Tourn. et 18 d. de plait.

Au 2 *copiarum* cotté B sont ses limites.

Au 3 *copiarum* fol. 652 sont des lettres patentes du Roy au sujet des officiers de l'évêque.

Au livre de *mandatis domini Humberti* est la création d'un procureur fiscal en la cour commune avec défense d'occuper pour les autres que pour le Dauphin.

Dénombrement des chasteaux du ressort de la Cour majeure de Grenoble et de leur valeur en un parchemain.

Inscriptions Romaines.

Après que Jules César eut conquis ceste province plusieurs Romains y furent establys pour y exercer des charges différentes, ou pour y jouir des récompenses de leurs services par la concession de plusieurs domaines, terres, ou seigneuries qu'il leur donna. Aux uns ce fust gratuitement aux autres soubs des redevances qui furent appelées cens, et plusieurs auteurs ont escrit, et entre autres Duarénus, que c'est l'origine du cens ou de la rente dont les Lombards compilèrent l'usage et la juridiction que l'Empereur Frédéric Ier confirma ou ajouta en 1178. Soit par ce moyen, ou par la seule intention ou volonté des Romains, plusieurs s'habituèrent dans cette ville comme on le connoit par plusieurs inscriptions qu'on y a trouvées. J'en vais donner quelques unes; je les tiens en partie d'un recueil qu'en avoit fait

Estienne Barlet, avocat en ce Parlement, qui vivoit l'an 1570 et que le célèbre Denys de Salvaing, seigneur de Boissieux, premier Président en la Chambre des Comptes, m'a communiqué. Chacun sçait qu'il n'estoit pas seulement sçavant en toute littérature mais qu'il l'estoit de l'antiquité et qu'il avoit fait des curieuses et rares receptes, s'il ne s'estoit pas rendu immortel par sa vertu, son mérite, son sçavoir et son ouvrage et que je fusse digne de porter son nom à la postérité la plus éloignée, je luy devrois ce temoignage de la reconnoissance que je suis obligé d'avoir pour les marques obligeantes et sincères qu'il m'a donné de son estime et de sa bienveillance, et je dois ne l'oublier jamais.

Il nous reste peu des Inscriptions que je veux rendre publiques. Jean de St Marcel d'Avançon, avocat général en ce Parlement, avait eu le soin de faire porter, dans la maison qu'il avoit en cette ville, les pierres où plusieurs estoient gravées; cette maison ayant esté acquise par les PP. Minimes ils n'en ont pas connu le prix, car ils les ont fait ensevelir dans les fondements de leur église. N'est-ce pas une espèce de barbarie, ou si l'on veut d'une crasse ignorance! Quel outrage à la sacrée antiquité, et quelle injure à la curiosité des sçavants qui doivent encore une grande obligation aux recherches de Barlet.

Comme toutes les Gaules estoient payennes, il est certain que ce qui compose aujourd'huy le Dauphiné et qui compose une partie de la Celtique l'estoit de mesme.

Les premiers roys gaulois estendirent leur domination despuis le Rhin jusqu'à la Méditerranée, ainsy la ville de Grenoble, soubs le nom de Cularo, n'eut pas d'autre culte que celuy des dieux des payens.

Lorsque Jules César vint dans les Gaules, et qu'il séjourna mesme longtemps à Vienne, il trouva que ce pays adoroit ses dieux, et les empereurs payens qui luy ont succedé n'y ont pas commis des tribuns, des préfets et des presteurs qui ayent eu une autre religion.

Les Flamines, les Flaminiques et les autres prestres qu'ils y ont souffert n'y ont pas fait d'autres sacrifices qu'à la manière des payens, aussy avons nous eu des Inscriptions qui nous ont appris les noms de leurs dieux, ceux de leurs prestres, et de ceux qu'ils ont commis au gouvernement de ce pays.

Ce ne furent apparemment que des gens de distinction et relevés qui ont eu le soin de consacrer leur nom et leur mémoire à la postérité. Nous le connoistrons par les termes avec lesquels ils se sont expliqués en leurs inscriptions ou épitaphes.

Il est certain que les dieux révérés par les payens l'ont esté en cette ville. Nous avons eu des inscriptions dédiées à Junon, à Mercure et à quelques autres de ces fausses divinités. En voicy deux qui le prouvent.

MERCURIO
L. MANLIUS SILANUS.

NUMINIB. AUG.
ET DEAE DIANAE.

On voit par la deuxième qu'Auguste avoit esté déifié, et qu'il partageoit les honneurs divins avec Diane. La première est à Echiroles, l'autre en la maison de Bellievre, premier Président en ce Parlement. Suivant le rapport de Barlet, Manlius Silanus estoit un tribun militaire dont la famille a donné plusieurs Consuls à la ville de Rome; il fust envoyé à Grenoble en cette qualité par l'Empereur Auguste.

Esculape estoit aussy adoré en cette ville et Marcus Coxcus prestre de la déesse Isis luy dressa ce monument.

AESCULAPIO
SACRUM
M. COECUS
ISIDIS AEDIL.

M. de Boissieux la rapporte en ses *Sylves* des merveilles de cette province.

Selvetius estoit un chef de légion en cette ville et Publius Cassius luy fit graver les mots suivants sur une pierre à son avènement en cette ville.

Cassius Longinus et Cassius Quintus qui avoient esté tribuns à Rome avoient esté de ses prédécesseurs et estoient d'une illustre famille.

P. CASSIUS
SELVET
V. S. P.
Iml. AUGUST.

Sextus Attius après avoir esté Gouverneur du Capitole soubs Auguste et Septemvir fust envoyé en cette ville par cet Empereur pour la gouverner. Il y fust avec sa famille, et sa femme y estant morte, il luy fit dresser cet Epitaphe.

<pre>
        HILARIÆ QVINTILLÆ FLAMINIÆ
     SEXT. ATTILIVS MIROSAS IIIII VIR AVG.
       CONIVGI CARISSIMÆ QVÆ VIXIT
       MECVM EX VIRGINITATE ANNOS
       XXXV MES. II DXI ET SIBI VIVVS
       FECIT ET SVB ASCIA DEDICAVIT.
</pre>

Ceux qui nous ont expliqué ce que signifie ce mot *ascia* disent que les pierres soubs lesquelles on gravoit les inscriptions estoient coupées par une scye. Ce mary avoit des sentiments bien avantageux pour sa femme de croire que sa femme estoit vierge lorsqu'il l'espousa. Je doute que la foy des maris de ce siècle soit aussy grande.

Epictetus estoit apparemment un homme de considération en cette ville puisqu'il avoit des esclaves. Il fust *quartumvir* d'Auguste. Quintus Verus, l'un de ses affranchis, méritoit la qualité de noble que ses héritiers luy donnent.

<pre>
              D.   M.
           QV. VER. NOBIL.
          LIBERTI D. EPICTETI
           IIII VIR AVGVSTI
              HÆREDES.
</pre>

Sur quelques pierres qui sont en la porte de Bonne qui est celle de Portetreyne et de *Romana Jovia* il y a 3 Inscriptions : l'une dédiée par une fille à sa mère, l'autre est le souvenir d'une bru à son beau-père et de sa belle-mère, et l'autre encore d'une fille envers sa mère.

<pre>
    D. B. M.   QVNCTI P.P.P.   R M FIL
    MERATIÆ   MAMMIÆ SATUR   LÆ
   MATRI FILIA   NINÆ TAVO   OPTIMÆ
    .....FINÆ   PARENT. MERITISS.   Q. FILIA
                   VALLIA ISACIA   MATRI.
                  ÆT. TAVRINI AVV
                  FIL DE SVO POSV.
                       ERVNT.
</pre>

Bebinus Gratus estoit un citoyen de cette ville, habitant au quartier de St Laurent, dont la postérité dura longtems, car le prioré de ce lieu en receut des grandes gratifications ainsy que j'ay tiré d'un chartulaire de l'église de cette ville et que je raporte ailleurs. Il y a une inscription attachée aux murailles de ce prioré qui fait mention de luy. C'est un Epitaphe dressé à la mémoire de sa mère par luy et par sa sœur.

D.   M.
DEVILLÆ
CATVLLINÆ
FILIOLÆ
BEBINVS GRATVS
ET LIBIA
GRATINA
MATRI PIENTISSIMA.

Ce Gratus descendoit d'un autre Gratus consul de Rome soubs Decius.

En la montée des cloistres de ce prioré il y a encore deux Inscriptions ou Epitaphes en ces termes :

D. M.	D. M.
DECIMÆ	M. ANTONII
ALBINÆ	CVDEMONIS ET
Q. STETIVS	VIRELÆ GRATINÆ
EPICTETVS	CONIVGI EIVS
CONIVGI	ANTONIÆ GRATI
SANCTISSIMÆ.	NVLÆ GRATI FIL
	PARENTIBUS PIENTISS
	VITA FVNCT
	IS AC SEPVLTVS.

La première de ces Epitaphes me fait dire que ce mary estoit trop persuadé de la pieté et de la vertu de sa femme de l'appeler saincte. Ce seroit une grande profanation dans ce temps cy. Il est vray que le mot de saincte en latin signifie pieux.

J'ay rapporté trois inscriptions qui sont à la porte de Bonne. Barlet en a mis dans son recueil qu'il dit avoir extraites du mesme endroit. Il faut que dans le changement de cette porte fait deux fois on en ait renversé les pierres, car elles n'y sont plus.

L'une est dediée à Sextus Saminius Valleianus chef de la première légion Aquilina, c'est à dire des troupes sur l'enseigne ou drapeau desquelles il y avoit un aigle. C'estoit soubs ce Maricilinus.

```
        SEX. SAMMIO VOLT
         SEVERO E LEG. PRIM.
          GERMANICA QVI
         TER COS QVO MILIT
         CÆPT AQVILIÆ TER
         FACTVS EST ANNO XIII
        AQVILIA TER MILITAVIT
          D. FACTVS C. ANTIS
         TIO VETERO IIM SICI
          VERVILL. IIII COS.
              EX STA
           M. TITIO M. FIL.
               VOLT.
               GRATO.
```

En voicy une autre du mesme endroit selon Barlet.

```
         DECIO MANIO
             CAPIO
         SVB. PRÆF. EQVITI
          ALEÆ GRIPPIAN.
   QVI IN ƎƎƎ       IN STA
           TVA
     ET            ET ÆRARIVM.
```

De plus sçavans que moy pourront remplacer les lacunes.

En voicy encore d'autres, que Barlet dit avoir treuvées et extraites, qui ne paroissent plus.

```
      D.   M.                D.    M.
      FRONTONIS          P. TRIMITINVS
    ACTOR. HVIVS           AVGVSTOR.
    LOCI MALLENA          LIBITO PAT.
   CONIVGI CARISSIMO      CVLARON ET
   RILVSA PATRI DVL        QVINTILINA
    CISSIMO FACIEN         MILANI CON
      DVM CVRAVIT       PRO SE ET HÆREDIBVS
    ET HVDREPITES             SVIS
    FILVS PARENTI         DONVM DANT.
   OPTIMO SVB ASCIA.
```

DE LA VILLE DE GRENOLLE.

La première est dédiée à l'advocat de cette ville ou le deffenseur de ses affaires. Nous apprenons par l'autre que, déja parmy les Romains, il y avoit des tombeaux singuliers pour les familles et que cette ville avoit nom *Cularo*. Ce Trimitinus estoit un Augure, charge donnée aux prestres qui faisoient des prédictions.

Voicy d'autres Epitaphes.

```
     D.   M.                D.   M.              P. CASSIVS
  Q. IVVENTIO               CASSIÆ              HERMENTINÆ
   VICTORIS ET             CAVLINVLÆ               FILIÆ
   PAVLINVLÆ               ANNO XXIII.           PIISSIMÆ.
      FILIA
    CASSIANO
      DIMO
   Q. IVVENTIVS
     VICTOR.
```

Nous avons des médailles d'un Cassius et d'un Juventius. Voicy d'autres inscriptions trouvées en cette ville.

```
        V. F. T. PARIOLIVS PARIONIS
        F. QVIRINVS GRATVS QVÆST.
        II VIR MVNIO. BRIGANTIEN.
        SIBI ET PARRIONI EXCINGII
        PATRI VIENNÆ MATRI SOLI
        TAE SORORI VADNEME SOROR
          V. TILLONIÆ TILLONIS
          FILLIÆ TERTIÆ VXORI
         V. T. PARRVLIO INGENVO
         FILIO V. PARVLIÆ GRATÆ
                 FILIÆ.
```

```
VSV V SVSPITI SEXTINI       MODESTO SVLPICIO
 F. TERTVLIA NEPTI.          SECVNDINA NEPTI.
```

```
              P. CASSIVS
              HERMITIO
               V. S. P.
             IMI. AVGVST.
```

Nous avons plusieurs inscriptions de ces Cassius, marque que la famille a esté longtemps en cette ville. Elle estoit de considération à Rome.

<table>
<tr><td>DIVILIÆ
ATTICÆ
FLAMINVL.
FLEIÆ
DESIGNATÆ.</td><td>D.   M.
M. MARCIO
POLENTINO
MAG. MACRINVS
ET ATTILIVS FILII
PATR. PIENTISS.</td></tr>
</table>

Cette Deusille (*sic*) estoit la prestresse de quelque temple en cette ville. Les Marcius ont esté d'une famille distinguée à Rome, et Opelius Macrin fut le 23ᵉ Empereur, l'an 220 de la Rédemption.

<table>
<tr><td>T. C. M.
SECVNIO
Q. VII VIR.</td><td>D.   M.
MAGIÆ RV
FINÆ CN. VERG
LESIMUS CON
IVGI SANCTISSI
MI.</td><td>D.   M.
VERATIÆ
TVCI FILIÆ
LVCINÆ.</td></tr>
</table>

<table>
<tr><td>D.   M.
L...... PRIMI
VIDERI
ET PORTIÆ
CARILLÆ
PRIMI
VASSILIUS
ET VALERIVS
PARENTIBVS.</td><td>D.   M.
NIGIOLIÆ
IVLIANÆ
T. VALERINVS
CONIVGI
SANCTISSIMÆ</td></tr>
</table>

Ces deux inscriptions estoient sur des pierres qui sont encore attachées à la muraille d'une maison qui appartient aux filles religieuses de St Bernard, soubs le titre de Ste Cecille. Quelque dévot leur ayant persuadé qu'il ne falloit pas qu'elles eussent ainsy des monuments du paganisme, elles ont fait pour ainsy dire martyriser à coups de marteau les inscriptions. Mais je les avais extraites avant cette cruauté. Voila comme des zélés indiscrets poussent leur manie jusques à des injures, car c'en est une bien grande faite à l'antiquité.

Ce Titus Valerianus estoit fils de Titus Quintus Crispinus Valerianus, consul de Rome, dont nous avons une médaille. On a veu plusieurs personnes de cette famille dans la ville de Vienne, suivant les inscriptions que Nicolas Chorier à raportées dans l'histoire de cette ville. Titus Camulus estoit fils de Lauertius Emeritus Camulus. Il commanda en Gaule la 3e légion de l'Empereur Antonin, et par l'ordre d'Adrien mit cette légion à Cularone pour y estre en garnison, il y mourut et on luy dressa cet (épitaphe) :

```
           D.     M.
      T. CAMVLVS F. LAVERTI
      EMERITI LEG. IN GALLIC.
       HONESTA MISSIONE DO
      NAT. AB IMPER. ANTONINO
      AVG. PIO ET EX VOLVNTATE
        IMPER. HADRIANI AVG. TOR
       QVIBVS ET ARMILLIS AVREIS
          SVFFRAGIO LEGIONIS
      HONORATI CAMVLIA SOROR
         EIVS ET PVLEGERIA E
          MERITA EIVS PATRONO
         OPTIMO ET PIISSIMO.
```

Les Romains appeloient légats ceux qu'ils envoïoient dans les Gaules pour les gouverner.

J'ay veu au devant de la maison du sieur Ferrand la moitié d'une inscription, mais Barlet a eu le soin de la donner toute entière en ces termes :

```
  SEXTIO GALLO IIuI AVG. ATTILIO FILIO
  BELLICÆ CONIVGI SANCTISS. ET SIBI VIVA
          POSTERIS SVIS FECIT.
```

Barlet dit qu'elle estoit *in institutione armatorum ex orbiis*. Ce Sextus Gallus estoit un Augure et sçavant dans la science du droit. Il estoit de Latran et vivoit soubs l'Empereur Vespasien. C'est de luy dont parlent quelques loix du Digeste.

Contre la muraille d'une maison voisine de celle de feu M. le premier président de St André en la rue des Clercs, il y a cette inscription.

> T. ÆL. AVG.
> LIB. TEVTRO
> SABINVS MARCELLVS
> MATAVRVS FILII
> PATRI PIISSIMO
> ET ITALIRAL. CONIV
> GI INCOMPARABILI.

C'estoit un Augure de la race de Quintus Ælius qui s'estoit signalé dans la guerre d'Allemagne et qui fust surnommé Tubero, soubs le consulat de Vispanus et le pontificat d'Agripine.

En la muraille de la cour de l'Hostel de Ville, il y a une pierre sur laquelle est gravée celle-cy :

> A. CAPRILIO ANTVLO
> FLAMINI MARTIS
> PRIMVLVS LIBER PATRONO.

C'est une reconnaissance d'un esclave à son maistre prestre de Mars qui l'avoit affranchi.

Barlet en a decouvert d'autres, et voicy de la manière qu'il en parle : *Sara notulissimis scriptis litteris in medio interioris Cularone curiæ visitus eorum antiquitatis demonstrabile quod nonnulli falso arrogant, quod verius est Gratianopolitanorum Cularone.*

Une est de Jules César que luy élevèrent dans Cularone les Romains qui en composoient la colonie ; on l'y qualifie père de la patrie, troisième grand pontife, et qui avoit esté trois fois receveur des deniers publics.

> IMP. C. I. CÆSAR PP. IIII COS. DICT.
> PERP. PRÆT. QVÆST. N M. ÆD. CVR. TRIB.
> MIL. QVI V OCTO TRIVMVIRO GAL. ALEX.
> PONT. AFFR. HISP. IN SENATV III ET XX
> CONFOSS. REVINER. INTERIIT AD MART.
> NATVS C. MAR. ET L. FLAC. COS. IIII IDEM
> QVINTVS VIR ANN. VI ET L. ET IN DEORVM
> NVMER. VICI RELATVS CORNELIA CINNÆ IIII
> COS. FIL. C. I. CÆS. DED. VX. QVAM.
> DEFVNCTAM PRO ROSTR. LAVDAVIT.

Une autre à la mémoire d'Auguste.

IMP. OCTAVIVS CÆS. AVGVSTVS TVIR D.
IVL. NEPOS IN NOM. ET FAMIL. ADOPT.
HÆRESQVE INST. POST III VIR MVL. PHILIP.
PERVS. SIC ASIAT. PELLIS CONFECT. DOMIT.
CARTAB. AQVIL. PANNON. DALM. ILLIR. III OCTO
TRIOMPH. LONGA PACE POTITVS OB SEX. POMP.
ET SEX APVL. COL. XIIII CALAD. OCT. LXX ET
V ÆT SVÆ ANNO LIVIA OCT. VXOR IN
CVIVS OCVLIS ET IN HAC VOCE DEFICIT LIVIA
NOSTRI CONIVGII MEMOR VIVE ET VALE.

Une autre pour l'Empereur Trajan.

IMP. M. VLP. TRAIANVS PP. ABD.
NERVA IN FIL. LOCVM INQ. IMPERII PORTAM
IN INNVMERANDA GENTIVM VID. CLARIVS
IMPERII FINES AD INDOS TIGRIDE CLAVSIT
IN QVO DOMI SANCTITA MILITAT FORTITVDO
VTROBIQVE PROVIDENTIA SEN. DEO OPT.
COGNOMEN MERVIT VI ANNO LXXIIII
PLATINA IMP. TRAIANI VXOR CVIVS
SOLERTIA EMENTITA ADOPT. HADR. AD.
IMP. FASTIGIVM PERVENIT.

Celles-cy sont encore rapportées par Barlet en son recueil manuscrit et estoient parmy celles que St Marcel avoit ramassées.

D. M.	D. APRONIA SABINI
C. CASSI	M. FILIÆ CASSALÆ
MANSVETI	P. HELVIVS MASSO
FLAMINI VIRT.	CONIVGI CHARISSIMI.
SC. BIB. EA RAT.	
II VIR. IVR. DICT.	
CASSIA ARTIA	
PATRVELLI.	

Avant Barlet Estienne. Clavier avoit descouvert d'autres inscriptions en cette ville. Il les raporte en son livre, intitulé :

Floridorum liber singularis, ch. 35, 36 et 37. Les voicy au nombre de 11.

M. VALERII MATRI PIENTISSIMÆ.	Q. IVVENTIO VICTORIS ET PAVLINVLÆ FILIO CASSIANO BONO IVVENTIVS VICTOR.
CENTVRIONIS ET SEXT. SAMMICI.	M. TITIO M. FILIO VOTO GRATO
A TISIO.	C. TITIO VADRO FIL. VOTO TITVLO.
LARINVS ET POLLIANI FLARINIA DE SVO POSVERVNT.	AD MATRIS CASVM FILIVS INDOLVIT.
DIVA ANNIA.	RVTILLO VENNIO

VICTIONI TITINI P. C.

La famille de Ventia estoit consulaire, de même que celle de Servilia; Publius Servilius Isauricus, ayant pris le surnom de Vassius qu'il communiqua à sa postérité, estoit Consul soubs le triumvirat de Jules César, d'Antoine et de Lépide.

Rutilius avoit le surnom de Vennius à cause de Vennius Rutilius Vaginius, ancien Consul de Rome, l'an 274, après la création de cette ville et il en estoit descendu.

J'ay déja parlé de la famille de Juventius; celui-cy se surnomme Victor parcequ'il avoit battu et vaincu Cottius Roy des Alpes.

Bouche, en son Histoire de Provence, livre 4. ch. 6, rapporte une inscription qu'il dit avoir esté trouvée à 3 lieues de cette ville laquelle avoit esté dressée à l'honneur de Gratien. En voicy les termes :

DIVO GRATIANO TYRANNIDE
VINDICATA
THEODOSIVS ET VALENTINIANVS AVG. EX VOTO.

J'ay oublié de mettre celle cy au rang de celles qui sont à la porte de Bonne.

> D. G. M.
> MERCVTIÆ
> MATRI FILIA
> LVANA.

A Eschiroles, dans le territoire de Grenoble, est encore celle-cy :

> MERCVRIO
> E. MANILIVS SILLANVS.

Celle-cy à encore esté trouvée à Grenoble. Clavier la rapporte encore :

> D.   M.
> MARCO MARTIO POTENTISSIMO
> MAG. MACRINVS ET ATTILIVS
> FILII PATRI PIENTISSIMO.

J'ay tiré celle-cy d'une pierre attachée aux vieux murs de la ville, au jardin de M. de Rabot.

> D.   M.
> VRTINI TINI
> P. C. H
> CONIVGI
> SANCTISSIMII

L'Évêché.

L'Évêché de cette ville a eu pour premier évêque St Domnin qui assista au concile d'Aquilée en 381. St Cyrac en a esté le 6ᵉ. St Feréol, martyr, le 13ᵉ. St Hugues le 39ᵉ. C'est le premier saint canonisé dans les formes. Il y en a eu six chartreux. François de Conzi Cardinal, et Estienne le Camus qui siège aujourd'huy est aussy Cardinal, d'un mérite, d'un sçavoir et d'une piété sans pareille.

L'évêque de cette église est appelé prince parceque anciennement il estoit souve... dans tout son diocèse. Isarne, qui en a esté le 32e, admit le comte de Graisivaudan au pariage environ l'an 960. C'est par là que le Dauphin est coseigneur de cette ville. Ce comte de Graisivaudan estoit appelé Guigues. C'estoit assurément un riche seigneur du Graisivaudan.

Les Maures y estant venus, et s'estant emparés de ce pays dont ils chassèrent l'évêque Ebbon qui estoit le 4e avant Isarne. Ce Guigues s'impatronisa avec eux qui le déclarèrent comte de Graisivaudan. Isarne les ayant chassés avec l'aide de quelques gentilshommes de Dannemarc, ce comte se trouva assez fort pour soutenir cette qualité, et après quelques combats où l'évêque ne fust pas le plus fort, il fust obligé d'admettre l'autre au pariage. Il en protesta mesme par escrit qu'on trouve encore dans les titres de l'Évêché; mais la chose a continué et le Roy, en qualité de Dauphin, comme successeur de ce comte de Graisivaudan, jouit de ce pariage. C'est par là que le Roy Dauphin et l'Évêque ont chacun leur juge en cette ville.

Il me reste à faire un dénombrement des familles nobles de cette ville qui y habitent, y en ayant peu qui en soient originaires :

Abon ;
Agout ;
Allegret ;
Alleman ;
Alric ;
Armand ;
Auriac ;
Aimon ;
Bardonnenche ;
Baronat ;
Barral ;
Basemon ;
Basset ;
Baudet ;
La Baume ;
Bérenger ;
Bertrand ;
Blanlus ;
Boffin ;
Boniel ;

Bouc ;
Bovetz ;
Brenier ;
Bressac ;
Briançon ;
Bucher ;
Canel ;
Chaponay ;
Charbonneau ;
Charency ;
Chaulnes ;
Chevalier ;
La Combe ;
La Croix Chevrieres ;
Dauby ;
Dauphin ;
Dorne ;
Durand ;
Dupuy ;
Emé ;

Eyraut;
Eyzard;
Expilly;
Ferrand-Teste;
Ferrus;
Forests;
Feroy;
Du Four;
Francon;
La Gache;
Gallian;
Gallien;
Garnier;
Giraud;
Gratet;
Griffon;
Grimaud;
Gruel;
Guerin;
Guichart;
Guigou;
Guiffrey;
Ize;
Jouffrey;
Langes;
Langon;
Lemps;
Leusse;
Liousse;
Manissy;
Marnais;
Maurienne;
Micha;
Mistral;
Montaigne;
Mont-Chenu;
Morard;
Morel;

Moret;
La Morte;
Du Motet;
Murat;
Perrachon;
Du Perron;
Perret;
Philibert;
Du Pilhon;
Pina;
Ponnat;
La Porte;
Pourroy;
La Poype;
Prunier;
Du Puy;
Rabot;
Ravier;
Regnaut;
Repellin;
Reynard;
Reynaud;
Rome;
Rosset;
Roux;
Sassenage;
Sautereau;
Thomé;
Vachon;
Valserre;
Vaux;
Vial;
Vidaud;
Viennois;
Vignon;
Virieu;
Yse.

Il y a encore les officiers du Parlement, de la Chambre des Comptes, du bureau des Finances, de la Chancellerie et les Secrétaires du Parlement et de la Chambre des Comptes.

Les Avocats prétendent la noblesse personnelle et ils ont raison. Mais il faut en faire la profession laquelle est dite *immunis ab omni onere* par la loy *Magistris cum sequ. C. de Professorib.* par la loy *Sancimus C. de advocat. diversar. judic.*

Militares namque advocati. L. advocati C. Cod.

François Marc, *quest, 659, n° 4,* l'appelle *Militaris scientia nobilitat hominem,* dit Guy Pape en la *quest. 88.*

Les 21 premiers ennoblissoient leur famille par un service de 20 ans, et cette noblesse fut approuvée par les Etats de la Province assemblés en 1538.

Mais un advocat qui ne l'est que par un peu de cour, qui croupit dans l'ignorance, qui n'a de sçavoir que par des lieux communs, qui n'a jamais paru au barreau, qui, par l'exercice de quelque judicature, prétend estre advocat, qui n'a ny sçavoir, ny naissance peut-il prétendre à ce titre de noblesse? Bien que j'aye vieilly dans cette glorieuse profession, que je sois le deuxième dans la matricule je n'ose pas bien y aspirer. J'ay fait une dissertation, avec des recherches très curieuses, au sujet de cette noblesse. Ce grand nombre de véritables advocats, éloquents en leurs playdoyers, doctes en leurs escritures, profonds et sages en leurs consultations, qui sçavent demesler le vray d'avec le faux, qui condamnent le sophisme, qui finissent les procès par leurs sages avis, qui n'approuvent pas les folles et audacieuses entreprises, mesme parmy leurs collègues, m'en ont inspiré le dessein.

Voila a peu près la description topographique et politique de cette ville, passons aux evénements.

Evenemens.

C'est la première ville des Gaules que Jules César conquit et il y laissa une colonie. Lors du partage d'Auguste et de Lepide, les Voconces et les Allobroges estant restez au premier, il y mit une garnison de la cohorte Flaminienne première commandée par un tribun selon la *Notitia* (1) qui luy donne le nom de Cularo.

L'Empereur Adrian luy accorda le privilége de colonie Italique.

Valentinien y a souvent séjourné. Ayant associé son fils Gratian à l'empire il mit en cette ville une compagnie de gens à cheval, *equites Gratianenses*, en la notice de l'empire d'Occident.

Ce fut alors que cette ville changea de nom et fut appelée *Gratianopolis* au lieu de *Cularo*.

Gratian aussy (y séjourna) qui luy donna le droit de colonie Romaine, c'est-à-dire l'exempta de tout tribut.

Domnin son 1er évèque adsista au concile d'Aquilée l'an 340.

Ce fut l'an 450 que l'évêché de cette ville fut déclaré sujet à l'archevesque de Vienne comme métropolitain par le pape Symmachus, Sidonius estant archevêque.

L'an 574 de la naissance de Jésus-Christ, les Lombards l'assiegerent soubs leur chef Rhodon.

Mommol luy fit lever le siége et l'obligea de repasser les Alpes.

Pépin qui estoit venu chasser quelques Maures qui avoient saccagé le Graisivaudan, appelé alors Vallée Profonde, y fit quelque séjour et fonda la chapelle de St Vincent, comme j'ay déja dit.

Charlemagne de mesme, et y fit bastir l'eglise Cathédrale comme je l'ay rapporté.

St Clarus fut évèque de cette ville l'an 630. Son église en célèbre la feste.

St Ferrol qui luy succéda et fut martyrisé en cette ville, en estoit évèque au milieu du septième siècle. Ce furent les Maures et les Sarrasins qui, après l'avoir massacré, jetèrent son corps dans la rivière de l'Isère, qui par un miracle remonta l'eau jusques en un endroit à quelques estades de cette ville où il s'arresta, et où est aujourd'huy une église de son nom que le

---

(1) Allard veut parler ici de l'ouvrage suivant : *Notitia Dignitatum Imperii romani* dont il existe plusieurs éditions. La plus récente et la meilleure est de *Bonn*, *Marcus*, 1839-53, 3 vol. in-8°.　　H. G.

vulgaire appelle St Ferjus. La Cathédrale célèbre sa feste. Cette paroisse en est une du mandement de Montfleury où est un monastère de filles de l'ordre de St Dominique, toutes de familles nobles, mais plus connues par leurs vertus et par leur piété que par leur naissance. Ce monastère fut fondé par le Dauphin Humbert II l'an 1340.

Les Maures s'en emparèrent l'an 840 et en chassèrent l'Évêque Ebbon qui se refugia à St Donnat que Boson, Roy de Bourgogne, avoit donné aux évêques.

Isarne, autre évêque, les en chassa. Ce fut celuicy qui admit Guigues, nouveau comte de Graisivaudan, au pariage de cette ville l'an 960. Il y a plusieurs circonstances que je disois en l'*Histoire ecclésiastique* de ce diocèse.

Hugues Capet choisit cette ville pour conférer avec le pape Jean. Voicy les termes de la lettre que Hugues Capet escrivit à ce pape : *Nihil nos contra apostolatum vestrum gessisse scimus, quod si absentibus non satis creditis, Gratianopolis Civitas in confinio Galliæ et Italiæ sita est, ad quam Romani pontifices Francorum regibus occurrere soliti fuerant; hic, si vobis itinerare posibilitas est, et si nos et nostra invisere libet, summo cum honore descendentem de alpibus excipiemus, ac redeuntem debitis obsequiis persequemur.*

Hermengarde, reyne de Bourgogne, y estoit l'an 1050, on le voit dans un chartulaire où sont mentionnez les biens qu'elle fit à l'évêque, particulièrement le don de l'Eglise d'Aix en Savoye.

St Hugues fut élu évêque de cette ville l'an 1080 et sacré par le pape Grégoire VII l'an 1081. Il estoit fils du Seign. de Chasteauneuf d'Isère en cette Province.

La venue de St Bruno fut l'an 1084. Il fut en telle considération en cette province qu'on a longtemps compté les années despuis sa venue.

Le pape Urbain II estant venu en France passa en cette ville l'an 1092.

L'évêque Hugues acheta la Leyde des ponts de cette ville, l'an 1108, de Dodon et Guigues frères, et de Guigues de Torane; un autre évêque l'a aliénée et elle est aujourd'huy en main séculière. J'en parlois plus amplement en mon histoire de ce diocèse et faisois voir que l'évêque en peut revenir.

L'an 1116 le Comte de Graisivaudan et l'évêque St Hugues firent un traité au sujet des leydes de cette ville. L'acte est en un chartulaire. Il fut fait par l'entremise de l'évêque de Vienne légat du St Siége.

L'an 1130 Guigues Dauphin VIII du nom, mourut en cette ville et fut ensevely aux Cloistres de Nostre Dame. On voit encore son tombeau soubs une voute où il y a un rond dans lequel est une croix nislée.

L'an 1132, et le 1er d'Avril, mourut l'évêque St Hugues.

L'an 1133 et le 16 de Février, y ayant un hiver fort rude et toutes les récoltes estant péries, l'évêque donna la permission de manger de la viande. Il en est autant arrivé en 1709.

L'an 1147 les gentilshommes de cette province s'assemblèrent en cette ville pour se croiser pour la terre Sainte.

La mesme année l'Empereur Frédéric y passa pour aller en Italie. Les Gentilshommes de la province en grand nombre l'y suivirent. Il passa encore en 1177 revenant d'Italie et allant à Arles.

L'an 1161 l'Empereur Frederic donna les régales de son évêché à l'évêque Geoffroy à qui il donna le titre de prince. J'ay veu plusieurs autres bulles des Empereurs en faveur de ces évêques. Ce Geoffroy, comme souverain, establit en cette ville une foyre pour le jour de St Michel; elle n'est plus.

L'an 1184 il y eut une transaction entre Festus, évêque de Grenoble, et Hugues, duc de Dijon, qui avoit espousé la fille du Dauphin veufve de Taillefer, comte de St Gilles, au sujet de la juridiction ecclésiastique, et celle des chanoines conservée par une bulle du pape Urbain du 2 des kal. de Mars.

L'an 1188 la noblesse s'y assembla encore pour une autre croisade.

L'an 1213 l'Empereur inféoda au Dauphin deux fonds qu'il avoit en cette ville, dont il se reserva les fruits pendant l'octave de St Vincent pour marque de directe. *Lib. Civit. Grat.* F° 121.

L'an 1219, et le 14 de Septembre, arriva un grand déluge arrivé par une chute de rocher dans le canal de la Romanche dont les eaux arrestées ensevelirent toute la plaine du Bourg d'Oysans, et, ayant par leur impétuosité ouvert ces amas de rochers tombés, descendirent dans l'Isère avec tant de rapidité et si abondamment qu'il n'y eut que les plus hautes maisons dont les toits paroissoient, sur lesquels les gens se tinrent pendant 24 heures. Le pont fut abbatu.

L'an 1222 l'évêque accorda des priviléges aux habitans.

L'an 1226 on commença de bastir quelques maisons en la rue Chenoise.

La mesme année l'évêque accorda de nouveaux priviléges aux habitants.

En Janvier 1226 le Dauphin Guigues et Guillaume, évêque, accordèrent des priviléges aux habitans.

L'an 1237 le Dauphin Guigues André mourut en cette ville et fut enterré en l'Eglise de St André dont il estoit le fondateur.

Ce fust en cette ville que Pierre, prevost d'Oulx, présenta au Dauphin une bulle que l'Empereur Frédéric II luy envoya (elle estoit des nones d'avril 1238) par laquelle il luy confirma toutes les concessions faites à ses prédécesseurs par les Empereurs, luy donna les minières de Rame, dans l'Embrunois, luy permit de faire bastre de la monnoye en son coin dans le lieu de Cesanne. J'ay veu cette bulle en la Chambre des Comptes, où il y a pour tesmoins :

Pellerin, patriarche d'Aquilée ;
Hillin, Archevêque de Trèves ;
Hurard, Evêque de Luxembourg ;
Herman, Evêq. de Constance ;
Ordin, Evêq. de Basle ;
Ubalde, abbé de Cerbaye ;
Albert, primat de Verdun ;
Albert, prieur d'Aix ;
Henry, duc de Saxe ;
Berthold, duc de Cervigio ;
Henry, duc de Carintie ;
Lotelans, duc de Pologne ;
Archen, comte Palatin ;
Herman, marquis de Bade ;
Herdacher, marquis d'Aire ;
Guil.... marquis de Montferrat ;
.... comte de Luxembourg ;
Pierre, prieur d'Oulx ;
Valler comte de Hanesbourg ;

Estienne de Chevrières ;
Guigues de Dons ;
Alleman, Guy et Guillaume R

Le Dauphin Guigues André et François, évêque, accordèrent des libertés et des franchises aux habitans l'an 1244.

Ce prince mourut en cette ville l'an 1265 et fut ensevely en l'église de St André. On couvrit son corps d'armes, et lors de la guerre des protestans, en 1561, que ces hérétiques pillèrent les églises, ils enlevèrent les armes de ce prince avec celles des autres en fouillant dans le tombeau de nos Dauphins qui est vis à vis d'une chapelle à costé de l'Evangile du grand autel. Il avoit espousé l'an 1302 (sic) Béatrix de Claustral, petite fille de Guillaume, Comte de Forcalquier, qui luy donna pour dot l'Ambrunois et le Gapençois.

Le 3 des kal. d'Avril 1258, Guigues Dauphin défend de construire aucun four en la paroisse de St Laurent au préjudice de celui du prieur.

L'an 1259 le Pape Innocent IV, passant en cette ville pour aller à Lyon, y fit quelque séjour.

Le 5 des kal de Mars 1266, Guillaume évêque estant mort, le temporel fut mis en régale.

L'an 1272 un autre Guigues Dauphin y mourut. Il estoit 12e du nom.

La mesme année, Anne Dauphine espousa Humbert, Seign. de la Tour du Pin.

Nos Dauphins n'estoient point si absolus en cette province que les autres princes le sont dans leurs états, et les Seigneurs vivoient avec beaucoup d'indépendance possédans leurs terres en franc alleu. Il y en a eu trois races, la première finit en Béatrix qui épousa Hugues, duc de Bourgogne ; la seconde, en Anne qui eut pour espoux Humbert de la Tour dont le petit fils Humbert 2 transporta son état à la Royale Maison de France en 1343 et 1349. Cette Anne Dauphine, après la mort de son frère, voulut faire un acte de souveraineté et, par des lettres d'un Mercredy après la feste de Ste Madelaine de l'an 1276, il (sic) ordonna aux plus puissans seigneurs de luy faire hommage, et à ces fins de se transporter en la ville de Grenoble. Ils s'assemblèrent à St Marcellin et résolurent de la refuser et menacèrent de se défendre par les armes. La Dauphine se départit de ses prétentions.

et leur fit dire de se séparer et de se retirer. Ces Seigneurs furent:

Giraud et Hugues Adémar, Seig. de Monteil, ville de Dauphiné appelée depuis Montellimar, *Montelium Ademari*, tenue par cette famille en souveraineté et ne relevant que de l'Empire.

Girard de Rossillon, Seign. d'Annonay en Vivarais, et de Rossillon en Dauphiné dans le diocèse de Vienne.

Guigues de Rossillon, Seign. d'Anjou, au mesme diocèse.

Roger, Seign. souverain de Clérieu, ne relevant que de l'empire, au mesme diocèse.

Guillaume de Poitiers, Seign. de St Vallier au mesme diocèse, frère d'Aimar de Poitiers 5e du nom, Comte de Vallentinois et de Diois.

Aynard de la Tour, Seign. de Vinay du diocèse de Grenoble, frère de Humbert de la Tour, Seign. de la Tour du Pin, qui devint Dauphin par son mariage avec cette Anne.

Aynard, Seign. de Chasteauneuf au mesme diocèse.

Odon, Seign. de Tournon en Vivarais.

Falques, Seign. de Bressieux, au diocèse de Vienne, l'un des 4 Barons de cette province qui précédèrent les autres dans les Etats, et le 3e.

Falques, Seign. de Montchenu, au mesme diocèse.

Guillaume de Claveson, Seign. de Mercurol, au mesme diocèse.

Guionnet Seign. de Tullin, en celuy de Grenoble.

Aynard, Seign. de St Quentin, au mesme diocèse.

Poncet (il y a Poncel ou Ponced), Seign. de d'Hauterive, en celuy de Vienne.

Guigues Payen, Seign. d'Argentail, en Vivarais.

Aymar Payen, Seign. de Mions, au diocèse de Vienne.

Jacomet, Seign. de Jarest, en Varomey.

Guigues Alleman, Seign. de Valbonnois, au diocèse de Grenoble.

François, Seign. de Sassenage, au mesme diocèse.

Pierre Aynard, Seign. de la Mote Chalençon, en celuy de Dye.

Guigues de Berenger, Seign. de Morges, en ce diocèse.

Raymon, Baron souverain de Meuillon, au diocèse de Vaison.

Guillaume Artaud, Seign. d'Aix, en celuy de Dye.

Raynaud de Montauban, Seign. de Montauban, au mesme diocèse, 4e baronnie de Dauphiné.

Isnard d'Agout, Seign. de Savournon, en celuy de Gap.

Aynard Flotte, Seign. de la Roche, en ce diocèse.

Philipis Seign. de Serre, mesme diocèse.

Guillaume Auger, Seign. d'Oze, mesme diocèse.

Perceval, Seign. de Cras, mesme diocèse.

Guillaume de Moustiers, Seign. de Ventavon, mesme diocèse.

Galburge, dame de la Chaulp, mesme diocèse.

Aynard de Rame, Seign. de Pallon, en celuy d'Ambrun.

L'an 1290, il y eut traité, entre le Dauphin et l'évêque au sujet de cette ville où leurs différents furent réglés.

L'an 1292, et un Jeudy avant les Rameaux, Jean de Goncelin, juge de cette ville, régla le droit de fournage à 3 den. pour un sestier, 3 oboles pour une esmine et trois pedezes (sic) pour un quartal.

Le mois de Septembre 1293 le Dauphin Humbert, Anne son épouse, et Guillaume, évêque, firent une transaction au sujet de la juridiction de cette ville où il est dit entre autres que le juge leur estoit commun, que les criées seroient faites au nom des deux, que les hospitaux et les personnes hospitalières seroient au seul évêque, où sont les limites de son territoire : despuis la maladerie soubs la Balme à la fontaine de Jaillon qui est soubs la forteresse de Gière, et despuis le temple d'Echiroles et du lieu appelé Selors (sic) jusques proche de la fontaine de St Jean vers la ville du costé de Montfleury.

Ce fust en cette ville que Aimard, fils d'Aymar de Poitiers, Comte de Valentinois, esposua Marie de Viennois, fille de Humbert Dauphin et d'Anne Dauphine, le 13 de Juillet 1297, laquelle on constitua 13,000 .... de dot.

Le 14 des kal. de Mars de cette année, Humbert Dauphin émancipa son fils Jean par devant Guillaume de Sassenage, évêque, et il luy donna les comtés d'Ambrun et de Gap, et ce fut en cette ville qu'il reçut les hommages des seigneurs et des nobles de ces deux comtés, dont voicy le dénombrement :

Guillaume Auger, Seign. d'Oze ;

Isoard d'Agout, Seign. de Savournon ;

Isoard Flotte, Seign. de la Roche des Arnauds ;

Raybaud, Seign. d'Argenson ;

Atenulfe d'Aspremont, Seign. d'Aspremont ;

Albert d'Aspremont, Seign. dud. lieu ;

Guillaume de Hauteville, aussy Seign. dud. lieu;
Guillaume Sylve, de mesme;
Pierre d'Aspremont, de mesme;
Ponce de Lachaulp, de mesme;
Pierre de Pierre, de mesme;
Bertrand de la Balme, de mesme;
Guillaume d'Aspremont, de mesme;
Rostaing d'Aspremont, de mesme;
Guillaume Dentrouars, Seign. de Batine;
Obert de la Roche, Seign. de Ste Marie de Baudille;
Guigues de Montal, Seign. de Montmaurin;
Raybaud de Jarjaye, Seign. de Jarjaye;
Guigues de Veynes, Seign. de Veynes;
Jean et Anthelme de la Vilete, Seigneurs de Veynes;
Armand Albert, de mesme;
Guillaume de la Vilete, de mesme;
Albert de la Vilete, de mesme;
Artaud de Veynes, de mesme;
Jordan de Veynes, de mesme;
Pierre de Chastauvieux, de mesme;
Giraud de St Marcel, Seign. de Valserre;
Arnaud de Pierre, Seign. de Pierre;
Roger, Henry, Arnaud, Raymond, Guiraud et Lagier de Pierre, Seign. de ce lieu.
Par les Seigneurs de Sigotier nommés :

Pierre Fabri;
Raymond de Sigotier;
Pierre de Sigotier;
Guigues Arzeliers;
Pierre de Penne;

Gardon de Sigotier;
Pierre de Sigotier;
Lantelme de Penne;
Isnard Fabri;
Isoard Garrel;

Pierre Rostang, Seign. de Rosset;
Guillaume de Moustier, Seign. de Ventavon;
Rodolphe de Valeton, Seign. d'Avanson;
Guigues Athenot, Seign. de Savines;
Aynard de Savines, Seign. de Savines;
Girard de Valsere (sic), Seign. d'Avanson;
Pierre Caire, Seign. de Savines;
Atenulphe de Montcalm, Seign. de Veynes;
Raybaud de la Chaup, Seign. de Laval Barret;

Arnaud Osascize, Seign. de Jarjaye.

Par les habitans d'Ambrun :

Odon des Onibes de Serre ;

Lionnet de Comps ;

Arnaud Seign. de la Baume des Arnauds ;

Arnoux de Sigoyer, Coseig. dud. la Baume ;

Pierre et Guillaume de Hauteville ;

Jean Milet, d'Aspremont ;

Isoard de Pierre ;

Rodolphe d'Ourcières, Seign. de Theus ;

Bertrand Seign. de Jarjaye ;

Estienne d'Agout, Seign. de Savournon ;

Bienvenu de Comps, Seign. de Pennes ;

Pierre Rostain, Seign. de Rosset ;

Pierre Boche, Seign. de Chanousse ;

Girard de St Marcel, Seign. de Valserre.

L'an 1294 l'évêque confirma les priviléges des habitans.

Le 1er de Febvrier 1302, Jean de Chalon, Seign. d'Arlay, espousa en cette ville Béatrix, fille du Dauphin Humbert, à laquelle on donna pour dot 3,500 liv.

L'évêque de Gap tenoit sa ville en souveraineté par des concessions impériales. Le Dauphin, estant Seign. du Gapençois, ne le put souffrir, et il demanda l'hommage à l'évêque, et mesme il luy envoya des troupes pour l'y obliger. L'Evêque vint en cette ville pour dire ses raisons au Dauphin et, par accommodement du 5 Septembre 1305, le Dauphin se contenta de quelque portion du territoire qui fut Montauquier et Chassagne.

Il y a dans Grenoble une tour en fief que l'on appelle de Sassenage parce que François, Seign. de Sassenage, l'acheta d'Aimar Chatmois l'an 1301. Ce que nous appelons aujourd'huy la rue Chenoise, ou Chaunoise, en dépendoit et c'estoit les vergers de cette maison.

Le Dauphin Jean, le 21 avril 1307, fit hommage à Guillaume, évêque de Grenoble, pour tout ce qu'il avoit au territoire de cette ville.

Humbert Dauphin mourut en cette année l'an 1307. Il y avoit longtemps qu'il avoit laissé l'administration de la province à Jean, son fils, et s'étoit retiré comme un religieux. D'Anne, héritière de Dauphiné, il laissa pour enfans :

Jean, son successeur;
Hugues, Baron de Focigny;
Guy, Baron de Montauban;
Henry, eleu Evêque de Metz;
Alix, espouse de Jean Comte de Forets;
Alexie, d'Aymar de Poitiers Comte de Valentinois;
Marguerite, de Louis Marquis de Saluce;
Béatrix, de Hugues de Chalon, Seign. d'Arlay;
Caterine, de Philippe de Savoye, prince d'Achaye;
Marie, religieuse.

J'ay déja escrit que Anne Dauphine avoit voulu obliger plusieurs seigneurs de cette province de luy rendre hommage, mais elle ne put les y obliger à cause que cette province estoit de franc alleu. Jean Dauphin, son fils, fut plus puissant car, en 1309, ayant attiré à sa cour dans cette ville plusieurs Seigneurs soubs prétexte de la guerre qu'il avoit contre le Comte de Savoye, ils ne firent point de difficulté de se déclarer ses hommes liges, le 18 Aoust 1308, ce furent :

Graton, Seign. de Clérieu, qui jusques alors avoit tenu son petit estat en souveraineté soubs le fief de l'Empire ;
Guichart de Clérieu, son frère;
Artaud, Seign. de Rossillon;
Guigues d'Alleman, Seign. de Valbonnois;
François, Seign. de Sassenage;
Henry de la Tour, Seign. de Vinay;
Guy, Seign. de Tullin;
Jean, Seign. de St Quentin;
François et Hugonet de Chateauneuf;
François de Beauregard;
Aymar de Berenger, Seign. de Pont en Royans, descendu d'Ismidon qui se disoit prince en Royans;
Aymar, Seig. de Bressieu;
Guelin de Rochefort;
Lantelme de Hostung;
Jaceline Bertrand;
Humbert Falavel;
Lantelme Aynard.

Par un acte de 1308 il conste que la boucherie estoit au pied du pont, que l'on payoit aux deux seigneurs en chaque banc un quartier de mouton, à celuy du banc de Malconseil 12 s. 6 d.

L'an 1309 il y eut une sédition en cette ville contre l'évêque Guillaume de Roin. Le peuple alla en son palais dans le dessein de l'assassiner où il massacra plusieurs de ses domestiques. L'évêque eut de la peine d'en échapper. Le Dauphin Jean qui estoit alors en cette ville luy fit faire toutes les réparations qu'il souhaita, et comme la place où cette insulte avoit esté délibérée estoit appelée *scamnum magni consilii*, on l'a appelée à la suite le *Banc de mal Conseil*.

Cet évêque confirma pourtant encore ses priviléges en 1310 et 1321, transigea avec Jean Dauphin en 1310 et 1311.

Ce fust en cette ville, et le 7 Mars 1312, que Philippe de Savoye, prince d'Achaye, espousa Catherine, fille de Humbert Dauphin, 1er du nom, et d'Anne Dauphine.

L'an 1313 le Dauphin establit un droit de régale sur le sel qui estoit vendu par des regratiers par luy nommés.

La mesme année, pour la première fois, on y célébra la feste du St Sacrement.

La mesme année on dressa des statuts où entre autres l'adultère devoit estre puny d'une amende de 100 s., et, s'il n'avoit pas de quoy, à l'arbitrage du juge.

La maison de Chaselet, auprès de Grenoble, fut inféodée en 1312 par Humbert Dauphin à Lantelme Aynard.

Le Dauphin passa une procuration, le 10 Février 1314, pour recevoir de Robert, Roy de Naples, les gages et émoluments de la charge de Capitaine de la Lombardie.

L'an 1315 le Dauphin Hugues le renouvelle (*sic*) avec Jean son frère en cette ville. Hugues avoit pris le party du Comte de Savoye. Ils se donnèrent réciproquement tous leurs biens. Ce fust dans la chambre du palais qu'occupaient les Rationaux. Le Dauphin y habitait aussy.

L'an 1316 le Dauphin confirma les priviléges de cette ville conjointement avec l'évêque.

Guillaume, Comte de Genève, estant en cette ville, soumit au Dauphin Jean sa comté le 3 Juin 1316.

L'an 1316 ce prince desclara les habitans de cette ville et de son territoire exempts de toute imposition ordinaire et extraordinaire, à la réserve du cens et des servitudes, et réduisit les cas impériaux à trois. Pierre Aynard, Hugues de Comiers et Humbert Claret, ses conseillers, furent consultés pour cela.

Guy Dauphin, Seign. de Montauban, s'estant retiré à Grenoble auprès de Jean Dauphin, son frère, estant caduc et malade, fit son testament en cette ville le 23 Janvier 1317. Il auoit esté marié et eu une fille mariée à Raymond de Baux, prince d'Orenge. Ceux qui ont escrit l'histoire des Templiers ont fait bruler un Guy Dauphin, commandeur de cet ordre à Paris, et ont hardiment dit qu'il estoit Dauphin de Viennois, cependant ce Guy, qui a esté le seul de ce nom, a vescu plus de quatorze ans après le concile de Vienne où les chevaliers furent détruits. Quelle imposture!

Jean Dauphin mourut en cette ville l'an 1319 et fust enterré en l'Eglise de St André au tombeau des Dauphins, du costé de l'Evangile du grand autel.

Le 12 de May 1321, les mesmes confirmèrent lesdits priviléges. L'an 1323 Henry Dauphin, régent de Dauphiné, par ses lettres, desclara les habitans de cette ville exempts de tailles pour les fonds qu'ils avoient à Monthonod, à Montfort, à Montfleury et à la Terrasse. Il estoit Seign. de ces lieux.

Guigues Dauphin, et Pierre évêque de Grenoble, le 9 Juillet 1325, conviennent que le profit qui revenoit de la Boucherie qu'ils avoient fait construire à communs fraix seroit partagé, comme aussy celuy du four près de l'évêché, élevé aussy à communs fraix.

L'an 1326, après la bataille de Varey gagnée par le Dauphin contre le Duc de Bourgogne et le Comte de Savoye, les personnes de marque furent emmenées en cette ville. Ce furent le Comte d'Auxerre, le Baron de Beaujeu, Robert frère du Duc, Odon de Grolée, Hugues de Saint Bensard (sic), Jean de Barry, Bertrand de Linas, Guichard de Meysia, Guillaume de Vergy, Guy de Crecy, Guillaume de Graves, Pin de Baynauls, Guichar de Marzeu et Hugues de Coste.

Roolle et dénombrement des nobles de Dauphiné qui combattirent en cette bataille, tiré de la Chambre des Comptes:

(Les familles qui subsistent marquées par une †.)

Robert de Meuillon;	Agout des Baux;
Girard de Rossillon;	Jean de Rossillon;
† Guillaume Artaud;	Jean de Tournon;

Guillaume de Quint;
Villen de Beausemblant;
† Jean Alleman;
Estienne de Beaurepaire;
† Guillaume Artaud;
Hugues Tisseran;
† Jean Aynart;
† Hugues de Bérenger;
Lambert Marron;
Aimaron Lunel;
Eustache de Pisançon;
Philippe de Montferrand;
Humbert de Lyne;
† Falconnet Giraud;
Guillaume Verne;
Estienne Raby;
† Arnaud de Rochefort;
† Eustache de Montchenu;
Humbert d'Ylins;
† Pierre de Bérenger;
Jean de Laval;
Odebert de Chateauneuf;
Gilet de Moras;
† Giraud Arnaud;
Guillaume Guelis;
Estienne Bernard;
Jean Plat;
† Hugues d'Ize;
Monet Criblier;
Pierre Fournier;
Pierre de Baux;
† Louys de Loras;
† Jean de la Tour;
Aynard de Bellecombe;
† Jean de Vaux;
Vivian Juif;
Goiet de Ruë;
Jean Froment;
Guigonnet de Torchefelon;

Agout de Ruë;
François de Gestre;
Cossin Lambert;
Amédée de Peytes;
† Hugues Aimar;
Pierre Copier;
Pierre de Vatillieu;
Artaud de Rossillon;
† Guillaume Alleman;
Ancelot de Briord;
† Guionnet Berard;
† Pons d'Hyeres;
Jean de Borse;
Guillaume de Rogemont;
Lambert Virolet;
Raymond Virolet;
Estienne Bernard;
† Lantelme de Granges;
Gaillard de Montferrand;
† Pierre Chabert;
Jean Vignol;
† Raymond de Montauban;
† Pierre de Montauban;
Rolland Rossan;
Guichard de Clérien;
† Jean de Hostun;
† Pierre Berard;
Hugues d'Izel;
Guionnet de Cusan;
Jean de Verger;
Henry de Vinay;
† Guillaume Arman;
Lantelme Girin;
Guillet de la Saune;
Guionnet Singe;
† Joffrey Seign. de Clermont;
Jean Lauduc;
† Gaillart de Voissenc;
Guigues Correart;

Guillaume Villepeille ;
Guillaume de Barge ;
Jean Payan ;
† Hugues du Beuf ;
† Armand Flotte ;
Rolland de Rosans ;
† Jean Alleman ;
Hugues Raybaud ;
Jean de la Tour ;
† Joffrey de Chaste ;
Guillaume de Roin ;
Guigues Veyer ;
Guillaume de Peyles ;
Aynard de Jouni ;
Jean Lombard ;
André Cural ;
Aymarin Jouve ;
François Maniol ;
François Galbert ;
Repiginel de l'Albene ;
Raymon de Varce ;
Pierre Regis ;
† Aymonet de Beaumont ;
† Bertrand de Berenger ;
Pierre Dez ;
† Albert de Sassenage ;
† Boudon de Comiers ;
Rolland de Montjay ;
† Raynaud de Montauban ;
† Didier de Sassenage ;
† Henry de Beaumont ;
Guillaume Bigot ;
Pierre Clarat ;
Lantelme Raymon ;
Jean de Cognet ;
Lantelme Jaissaud ;

Joffrey de Boqueiron ;
Odon d'Avignonet ;
† Guillaume d'Agout ;
† François de Maurienne ;
Guigues de St Jean ;
Monet de Jarjaye ;
Henry d'Albin ;
Rolland Charvet ;
Guigues Berru ;
Raynaud des Angonnes ;
Rolland de Montgay ;
Guillaume Arnoul ;
Raynaud de Rosans ;
Lantelme de Torane ;
† Barral Agout ;
Perrinet Claret ;
Raymon Desperon ;
Odon de Rame ;
† Guigues Reynier ;
† Berard d'Agout ;
Guigonnet Ezupi ;
Hugues Pellat ;
Eymeric Leutzon ;
Roux de Pasquiers ;
† Guillaume de Salvaing ;
Bertrand de Montuere ;
Pacalet de la Mure ;
Raymon Leutzon ;
Aynard de la Penne ;
† Estienne d'Arvilars ;
† Pierre de Baratier ;
Guigues du Faure ;
Aymar Leutzon ;
† Guillin de Moustiers ;
Aymaret de Machines ;
† Jacques Giraud.

Ce fust en cette ville que Guichard, Seign. souverain de Beaujeu, se rendit vassal du Dauphin le 24 de Novembre 1327, sauf l'hommage qu'il doit à la grande Esglise de Lyon, au duc de Bourgogne, au Comte de Clermont et à l'abbé de l'Ile Barbe.

L'an 1330, Guigues Dauphin establit une Chambre de Justice en ceste ville contre les officiers qui auroient mal versé.

Cette mesme année il reçut en cette ville un député du Roy pour l'obliger à faire sa paix avec le Comte de Savoye et le dissuader de faire la guerre au Duc de Bourgogne. Il luy respondit, le 3 de Juin, qu'il vouloit bien vivre avec le Duc de Savoye, et qu'il n'avoit jamais pensé à avoir guerre avec le Duc de Bourgogne.

La mesme année, et le 20 d'Octobre, Isabelle, fille du Roy Philipes de Valois et espouse de ce Dauphin, passa une procuration à Guy de Grolée, Seign. de Neyrieu, à Nicolas Constant, Seign. d'Aspremont et à Soffrey d'Arces pour aller en France pour poursuivre ses droits sur l'héritage de ses père et mère. Je remarqueray en cet endroit que M. de Corneille, en son *Dictionnaire géographique*, parlant des Dauphins, a mal allégué que cette princesse succéda au Dauphin son mary, puisque ce fust Humbert Dauphin, son frère, et qu'ayant survescu à son mary, ce frère luy restitua ses droicts en 1334. Elle n'eut point d'enfans. M. de Furetière, en son dictionnaire, s'est aussy trompé en rapportant que le nom de Dauphiné avoit esté donné à cette province par un Comte de Graisivaudan, à cause d'une maitresse qu'il avoit, appelée Dauphine. Il ne sçavait pas sans doute que ce fut Guigues VIII qui estant allé à la guerre contre les Turcs soubs Godefroy de Bouillon, portant un dauphin en ses enseignes, le surnom de Dauphin luy fust donné et il le communiqua à son estat. Duchesne, qui a donné l'histoire généalogique de nos Dauphins, ne la commence qu'à celuy cy, l'appelant le premier Dauphin. Il avoit raison de l'appeler ainsy parceque véritablement il a esté le premier de nos Comtes de Graisivaudan appelé Dauphin; et son épitaphe, qui est sur son tombeau dans l'église du prioré de St Robert, à une lieue de Grenoble, le qualifie aussy le premier Dauphin. Cette remarque est utile pour concilier nos historiens. Je faisois connoistre le premier Comte de Graisivaudan en l'histoire du diocèse de Grenoble, mais on l'apprendra par la généalogie de ces Comtes que peut être je donneray au public.

Guigues Dauphin, Seign. de Faucigny, mourut en cette ville et fut ensevely à St André en 1331.

L'Abbé de St Claude estant venu visiter le Dauphin Guigues, en ceste ville fit une ligue avec luy, le 22 Juillet 1331, où pour caution de part et d'autre Beatrix, Dauphine, dame d'Arlai.

Le mesme Dauphin ayant guerre avec le Comte de Savoye, et le Roy Philipes de Valois ayant esté convenu pour arbitre, le Dauphin commit le 13 de May 1332 Guy de Neyrieu, François de Theys Seign. de Torane, Nicolas Constant Seign. de Chasteauneuf de Bordete, qu'il qualifie ses conseillers, pour aller desfendre sa cause auprès de sa Majesté.

Le Dauphin Humbert commit, le 8 Février 1334, Guillaume Mite, abbé de St Antoine, Hugues de Genève, Seign. d'Anthon, et Frédéric de ..... pour aller rendre hommage au Roy de France de ce qu'il tenoit de sa souveraineté. L'acte fut passé au palais Episcopal de cette ville.

Guillaume, évêque, estant mort, le temporel de son évêché fut mis en regale. Le Dauphin Humbert ordonna en 1333 de le rendre à Jean de Chissé, nouvel évêque.

Guigues Dauphin, ayant esté tué au mois de septembre 1333 au fort de la Perrière contre le Duc de Savoye, fut porté à Grenoble à l'Eglise de St André.

Humbert Dauphin, ayant succédé à Guigues, son frère, et estant en la maison épiscopale de cette ville, passa procuration, le 8 de Février 1334, à Guillaume Mite, abbé de St Antoine, Hugues de Genève, Seign. d'Anthon, et à Falcon de Moras pour aller rendre hommage au Roy de ce qu'il tenoit de sa souveraineté.

L'an 1335 Humbert Dauphin fit desfendre la chasse mesme aux Gentilshommes. Il en vint 400 en ceste ville pour se plaindre; il en eut peur, car il révoqua d'abord ces défenses à leur égard.

La mesme année il transigea avec l'évêque.

Ce prince avoit eu de Béatrix de Hongrie un fils nommé Guigues André, et estant parvenu à l'âge d'un an, son père contracta mariage pour luy dans cette ville, le 3 Août 1335, avec Blanche, fille du Roy Philipes, en présence de deux ambassadeurs du Roy. Ce fust ce jeune prince qui tomba d'une fenestre de son palais à Grenoble dans la rivière de l'Isère. Le Dauphin se jouant avec luy, estoit entre les bras de sa nourrice.

L'an 1337 Humbert Dauphin ordonna de réparer la Tour

Dauphine, en Chalemont, pour y mettre les filles de joye, on l'appeloit la maison de .... Elle sert encore pour le mesme usage.

Ce fust en cette ville que fust consenti le mariage entre Jacques de Savoye et Sibille des Baux, fille de Reymond, le 9 de Juin 1339, et, le 29 de ce mois ce prince en transigea avec le Dauphin sur la restitution de la dot de Catherine de Viennois, sa première femme.

Aymar Comte de Savoye estant en guerre avec Humbert Dauphin, et mesme estant entré bien avant dans la vallée de Graisivaudan, convoqua son ban à Avalon pour s'assembler en cette ville l'an 1339, et venir camper en un pré appelé Sainct-Aynard. Il voulut cependant que tous ceux qui avoient des forteresses, eussent à y tenir garnison de leurs vassaux; et pour ce sujet il fit dresser un roole de tous les nobles du Graisivaudan et marquer ceux qui avoient des maisons fortes. J'ay cru que je devois le donner au public, à deux fins : la première pour faire voir le grand nombre de maisons fortes, et la seconde pour faire connoistre que c'est avec raison qu'on a tousjours cru que cette province estoit une pépinière de Gentilshommes puisque en une seule contrée il s'en trouva 465.

Le Roy Louys XII estant à Grenoble en 1512, après avoir receu les visites des Gentilshommes, dit que la *noblesse du Dauphiné estoit l'escarlate de celle de France.*

Roolle des nobles de Graisivaudan et ceux qui avoient maisons fortes marquez par une †.

A Montfleury.

Guillaume Grinde, chevalier; †
Pierre du Molart;
Anselme Coni; †
Aynard Coni;
Corgenon Conoz; †
Aubert Conoz;

François de Mantonne;
Artaud de Cizerin;
André et Pierre Pelache.

A Montbonod.

Lantelme de Lans;
Jean de Coine; †

Hugues de Cizerin ;
Amédée de Cizerin ;
Guillaume de Cizerin ;
Eustachon Vieux ; †
Jean Vieux ;
Pierre Vieux ;
Guigues de Meilan ;
Chabert de Meilan ;
Hugues d'Avalon ; ††
Pierre Gavot ;
Guiffrey de Montbonod ;
Guillaume Rachais ;
Jean Alleman, chevalier ;
Eymonet Chamon ;
Aynard Chamon ;
Jean Chamon ;
Morard d'Arey ; †
François Vachon ; †
Eustache de Clemes ;
Jean de Clemes ;
Mallin Aquin ;
Jean de Combes ;
Estienne Lyobard ; †
Lantelme Coche ;
Roudet de Montfort ; †
Hugues des Prez ;
Aymaret Vachier ;
Jean du Vache ;
Jean de Portetreyne.

François Saramant ;
Humbert de Peiren ;
Aimar de Mailles ;
François de Clermont ;
Jean de Giere ; ††
Jean de Mailles ;
Artaud de Cossenay ;
Guillon Morel ;
Humbert de Guiffrey ;
Jean de Guiffrey ;
Artaud de Ciserin ;
Jean des Angonnes ; †
Pierre Alleman ;
Henric des Herbeis ;
Lantelme de Comiers ; †
Guelix de S. Juers, chevalier ; †
Guigues Pelissier ; †
Aymeric Mace ;
Artaud Chabert ;
Guillaume Areoud ;
Simeon Areoud ;
Pierre Areoud ;
Jean de Lafont ;
François Chaunais ;
François Baston ;
Hyerome de Pontuére ;
Guigues de Vauroges ; †
Jacelme Bertrand. †

A Visille.

Hugues d'Avalon ; †
Macheral d'Avalon ; †
François d'Avalon ; †
Pierre d'Avalon ; †
Pierre Chambrier ;
Roudin Chambrier ;
Aynard d'Avalon ;

A Cournillon.

Berton Clara ; ††
Pierre Charrier ;
Jean Gaide ; †
Pierre Roin ; †
Guigues Mallein ;
Guillaume Mallein ;
Amédée de la Mote ;

Humbert de la Mote;
Guigues Rancurel; †
Omar de la Garde;
Pierre de Quare.

A Montfort.

Guichard de Crolles;
Aimaret Mosterlin;
Guillon de Paymes;
Pierre du Pas;
Guillon de la Terrace;
Jean de la Terrace;
Moret de Lumbin;
Guigues Alfin;
Soffrey de Lavarie.

A la Buissiére.

Jean de Granges, chevalier;
Lantelme de Granges, chev.;
Berlion de Bellecombe; †
Guillaume Cassart; †
Hugues de la Flachère;
Guigonnet de Bellecombe; †
Jacquet Robert; †
Amblard de Granges;
Guillaume de Chamouchans; †
Pierre de Salvaing?; †
Pierre Mistral;
Pierre Leutzon;
Ponet de Granges.

A Avalon.

Bermon Leutzon, chev.; †
Guillaume Leutzon;
Leutzonnet Leutzon;
Berton Guers; †

Antoine Guers; †
Hugonnet Guers; †
Antoine Guers;
Antoine d'Aneisieu;
Guillaume de Bardonne-
 che; †
Antelme Buissiere;
Pierre de Granges;
Pierre Bectoz;
Guigues Jordan;
Guillaume Chanamec;
Pierre de Beaumont;
Jean de Charfaz;
Guillaume de Croles;
Moret de Croles;
Jean Baudier;
Hugonet Grimaud;
Pierre Terrail;
Hugonet Cardinal;
Bortet de Charfatz; †
Peronnet Peyrac;
Jean Jala;
Hugonnet de la Chapelle;
Camel Geloux;
Pierre de la Chapelle;
Guillet de la Chapelle;
Perinnet Moine;
Jean Bal;
Jean Laqueime;
Pierre de Bumi;
Pierre le Maistre; †
Pierre Chapet. †

A Bellecombe.

Jacquemet Chaunet; †
Artaud Broard; †
Jean Broard;
Guillaume des Masuers.

A Moretel.

Richard de Mailles, chev.; †
Aymon de Mailles; †
Auberjon de Mailles; †
Jean de Guiffrey; †
Amédée de Guiffrey; †
Mermet de Guiffrey; †
Eustache Pinel; †
François de Mailles;
Bosonet de Mailles;
Guigues de Guiffrey;
Pierre de Mailles;
Chabert de Montfort;
Thibaut de Theys;
Pierre Charbot; †
Nantelme Argoud;
Richidon Argoud;
Jean Bartier;
Philippon Philipes;
Humbert Philipes;
Berlion d'Arènes;
Pierre d'Arènes;
Guigues de Rosan;
Jacquemet Combe;
Jean Janin;
Jaquemet de Rosan;
Guigues des Masuers;
Lantelme de Montfort;
Eustache Bectoz;
François de Theys;
Jean du Vache;
Jean de Theys;
Antelme Philipes; †
Jean Joffrey; †
Jean de la Chapelle; †
Estienne Roux;
François de Mailles;

François Alegoud;
Jean d'Aresnes;
Pierre Joffrey;
Roudet de la Chapelle;
Alix de Morges; †
André de Vaunaveys; †
Jean Berard; †
Dragon de Moretel; †
Odon Costanel; †
Reynaud Beraud; †
André Richart; †
Lantelme Richart; †
Aymon du Pont; †
Drodon Leutzon; †
Peronnet Leutzon; †
Aymeric du Pont; †
Guigues Mistral. †

En Oysanc.

Hugues Mistral;
Jean Mistral;
Philipes Mistral;
Jean Poyace;
Pierre Poyace;
Pierre de Champs;
Humbert Poyace;
Jean Raymon;
André de la Garde;
Lantelme Mistral;
Jean Raymon;
Odon de la Balme;
Jean de la Balme;
Guillaume Raymon;
Pierre de la Balme;
Guigonnet Taillefer;
Guillaume de la Garde;
Guigues Miart;
Pierre Bourgogne;

Hugues de l'Isle ;
Jean de Vermasc ;
Jean Fraite ;
Lantelme Leutzon ;
Jean Arnaud ;
Odon Bectoz ;
Guillaume Mistral ;
Pierre Rosset ;
François Casser ;
Peronnet Rosset ;
Guillaume des Auberges ;
Pierre des Auberges ;
Pierre de Leuc.

A Allevart.

Guillemes Ysmidon ; †
Lantelme Oyand ;
Guillaume Genton ;
Lantelme Genton ;
Albert Bigot ;
Bartelemy Bigot ;
Bertin Bigot ;
Guillaume Bigot, chevalier ;
Guillaume Barral ; † †
Jean Barral ;
Guigues Barral ;
Pierre Peloux ;
Guigues Oyand ;
Jean Bigot ;
Pierre Oyand ;
Jean Oyand ;
Eustache Bigot ; †
Pierre de Dine ;
Jean de Dine ;
Pierre Corier ;
Raymon Corier ;
André Corier ;
Pierre Megenc ;

Richard Blanc ;
Chaber Peloux ;
François Peloux ;
Jean Peloux ;
Estienne d'Arvilars ; †
Pierre Bigot ; †
Jean de Goncelin ; †
Richard de Montel ; †
Amedée de Guiffrey ;
Hugues Aquin ; †
Pierre Guilin.

A Clermont en Trièves.

Pierre de la Tour ; †
Godonin Baile ; †
Lantelme Canal ; †
Jean Faure ;
Jean Baile ;
Jean du Mas ;
Armand du Mas ;
Jean Baudouin ;
Siboud Pourret ;
Hugues Pourret ;
Humbert du Mas ;
Pierre du Mas.

A la Mure et à Cognet.

Jean Alleman ; †
Guigues du Villars ; †
Jean Beymon ; †
François de Clermont ; †
Pierre Aynard ; †
Reynaud Alleman ;
Pierre de Bardonneche ;
Guillaume Beymon ;
Guigues Rosset ;
Jean Beymon ;
Lantelme Beymon ;

Pierre de Fraissimeu;
Jean Domenge;
Eustache de Thesin;
Odon de la Terrace;
Pierre Domengi;
Pierre de la Terrace;
Guillaume Dumas;
Guisgues Disdier;
Pierre Disdier;
Disdier Disdier;
Guionnet de Villaret;
Berton de Villaret;
Disdier de Villaret;
Perrot de Villaret;
Jean Chalvet;
Pierre de Villaret;
Bernard de Boras;
Terrail du Mas;
Odon de Tourbe.

A Sessins.

François de Pariset; †
Disdier de Sassenage, chevalier; †
Disdier de la Brive, chevalier; †
Gillet de Leucaleur;
Hugues de Leucaleur;
Disdier de Leucaleur;
Odon de Peneissin;
Perrin Cancaigne;
Perrin Vial;
Sibeud de Revel;
Hugues Chaix;
François de Colonges;
Guillon de Colonges;
Aymon Soffrey;
Guigues Chastaing;

Hugues de Miribel;
Jacques Jay;
Bertrand Galeis.

A Vif.

Aymeric du Gua; †
Raynaude Alleman; †
Hugues de Saignes; †
Guigues de Saignes; †
Jean Alleman;
Gaspard Alleman;
Jean de Cognet;
Jean Berrie;
Pierre Berrie;
Guillaume Berrie;
Pierre de Portetreine;
Pierre de la Tour;
Pierre Alleman;
Jean Bonard;
Rodon de Laval.

A Avignonet.

Guillaume Ismidon; †
Pierre Ismidon;
Raymond d'Avignonet;
Raymond Rivière;
Jean Rivière;
Pierre Rivière;
Pierre Peyron;
Pierre de la Porte;
Catarin de la Tour;
Jean Villet;
Humbert Villet;
Thomassin Charavel.

A Miribel.

Lantelme de Miribel;

Disderin de Miribel ;
Guillaume Calnez ;
Guigues Durieux.

A Varce.

Jean des Aures ; †
Jean de la Tour ; †
André Pelicart ;
Raymon Vachon ; †
Jacon Broard ;
Alleman Chabert ; †
Lantelme de Varce ;
Raymon Chabert ;
Boson de Portetreyne ; †
Gillet de Lanes ;
Pierre de l'Echaillon ;
Jean de l'Echaillon ;
Aimeric de Miribel ;
Pierre Echinart ;
Pierre de Cheyse ;
Disdier de Miribel ;
Durand de la Balme ;
Thibaud de Vercors ; †
Chabert de Rinieu ;
André Pelissier ;
Mathieu de Farne ;
Jean Bercard ;
Guillaume Rancaynes ;
Hugues Rechinart ;
Pierre Rechinart ;
Rodon Rechinart ;
Jean de la Balme ;
Guillaume de Laye ;
Chabert de la Balme ;
Guigues de la Balme ;
Jean de la Balme ;
Guillaume de la Tour ;
Albert de l'Echaillon ;

Rodon Chavillart ;
Pierre Durand ;
Guigues Durand ;
Martin Chavillart ;
Rodon de Sagnies ;
Guillaume de la Tour.

A Pariset.

Pierre de Leucataire ;
Odon de Penaisieu ;
Disdier du Mas ;
Bertrand de Revel ;
Pierre Chaix ;
Hugues Chaix ;
Jean Chaix ;
Disdier de Miribel ;
Guigues Jay ;
Pierre Campagne ;
Pierre de Colonges ;
Guillaume de Colonges ;
Pierre Galeis ;
Guillaume Mistral ;
Pierre Armier ;
Guigues Compagne ;
Guigues Chastaing.

A Toschane.

Giraud Ricoz ;
Guillaume Ricoz ;
Jean Ricoz ;
André Ricoz ;
Bertrand Cheval ;
Jean de Rouin.

Au Gaz.

Amblard de la Colombière ; †

Jean des Aures;
Pierre du Gaz;
Raymon Coignet;
Guigues Coignet;
Humbert de Clermont;
Rodolphe de Clermont.

A Marcieux.

Lantelme Aynard; †
Rostaing Giroud;
Guigues de Briconne;
Pierre de Briconne;
Ponce de Briconne.

A Valbonnois.

Jean des Aures; †
Pierre des Aures; †
Christophe des Aures; †
Jacques de Morges; †
Guigues de Quint;
Guigues de Morges;
Pierre de Morges;
Silvonnet de Luels.

Au Périer.

François du Périer;
Philippe d'Eybens;
Jean d'Eybens.

A Claix.

Boson de Portetreine, chevalier; †
François Marchis; †
Amblard de Claix;
Pierre de Portetreine.

A Sassenage.

Bertrand Francon;
Guiffrey de Revel; †
Francon de Revel; †
Aimoin Seignoret;
Pierre Seignoret;
Hugonet Pichon;
Raynaud d'Aresnes;
Chabert de Revel; †
Odon de Revel;
Pierre de Revel;
Lantelme d'Aresnes; †
Guiffreon de Revel;
Pierre de Beuf;
Aimon le Maistre;
Guiffrey le Maistre;
Guillaume le Maistre;
Pierre le Maistre;
Guigues d'Aresnes;
Pierre des Albins;
Pierre d'Aresnes;
Pierre Raverie;
Pierre de Revel;
Bertrand de Revel;
Guigues Francon;
Lantelme Rivail;
Lantelme d'Aresnes;
Guillaume du Beuf;
Lantelme du Beuf;
Francon Chardon;
Bertrand des Engins;
Guillon d'Aresnes;
Guigonnet d'Aresnes;
Pierre de Borne;
Pierre Guilhon;
Guigues des Engins; †
Pierre des Engins

Jacquemin François ;
François des Engins.

A Veurey.

Guigues Berard ; †
Bertrandon de Veurey ; †
Guillaume de Roin, chev. ;
Guillaume du Molart ;
Pierre de St Ours ;
Pierre Journet ;
Hugues de Maurienne.

Aux montagnes de Sassenage.

Guslin de la Bessee ;
Albert Siméon ;
Guillaume Archimbaud ;
Guigues Barnier ;
Pierre Postem ;
Jean Bovier ; †
Guillaume Achart ; †
Guillaume de Vercors ; †
Pierre de Vercors ;
Disdier Achart ; †
Achart Achart ; †
Humbert Falavel ;
Poncet Falavel ;
Ismidon Achart ;
Michel Tancagny ;
Hugues Sylve ;
Guillaume Sylve ;
Pierre Tancagny ;
Raoul Tancagny ;
Guillaume Baudoin ;
Girard Baudouin ;
Ponson Baudouin ;
Guigues Baudouin ;
Pierre Baudouin ;
Hugues Baudouin ;
Disdier Baudouin ;
Odon Baudoin ;
Arnaud Achar ;
Raymon Barnier ;
Guillaume Achart ;
Lantelme Baudouin ;
Hugonet Arnaud ;
Pierre Tancagny ;
Guigues Tancagny ;
Raynaud Tancagny ;
Pierre Aymar ;
Guillaume Aymar ;
Guillaume Falavel ;
Artaud de Vercors ;
Humbert du Motet ;
Jean du Motet ;
Bonnet du Motet ;
Michel du Motet ;
Guigues Nerin ;
Guillaume Nerin ;
Pierre Nerin ;
Guiton de Pisternes ;
Albert de Postein ;
Pierre de Postein ;
Guillaume de Postein ;
Hugues de Postein.

A Yseron.

Soffrey Caurani ;
Ouillaume Pelinot ; †
Jean Pelinot ;
Pierre Guichart ;
Pierre Sibillon ;
Richard Sibillon ;
Pierre Juvenis ;
Aymarin Juvenis.

A St George, proche de Champs.

Guillaume de Comiers;
Pierre de Comiers. †

Au Touvet.

Guillaume Janvier;
Pierre Ravier;
Michel de Moretel; †
Jean de Bérenger; †
Pierre de Bérenger.

A Eybens.

François Calvese;
Michel d'Eybens;
Beronet Alpin;
Raymon Villet. †

A Giére.

Hugues de Giére; †
Hugues de Portetreyne; †
Jean de Giére; †
Hugues de Claix; †
Raymond des Engins;
Pierre Roux;
Jean Ravier. †

A la Mote St Martin.

Jean de Bartélémy;
Guionnet de la Mote;
Covasson de la Mote;
Pierre Raymbaud;
Jean Ponorret;
Jean Pannet;
Michel Roux;
Guigues de Murianete;
Guillaume Pollet;
Pierre du Molart.

A la Terrasse.

Jean Isoard;
François Isoard;
Hugues Morel;
Aisinin Ravier;
Antuchier Berlioz;
Jean Berlioz;
Guillaume du Truc;
Berton du Truc;
André Moret;
Peyret Moret;
Guigues Ravier;
Pierre Ravier;
Jean Pellerin.

De tant de familles nobles, il n'en reste aujourd'huy que celles de :

Cognoz;
Clermont;
Roux;
Bectoz;

Genton;
Faure;
Disdier;
Dubœuf;

Comiers ;
Rachaix ;
Guiffrey ;
Granges ;
Beaumont ;
Peloux ;
Dumas ;
Sassenage ;
St Ours ;
Berenger ;
Vachon ;
Alleman ;
Cassart ;

Theys ;
Arvilars ;
Reynier ;
Revel ;
Du Motet ;
Chambrier ;
Bertrand ;
Bardonnenche ;
Morges ;
La Tour ;
Aynard ;
La Porte ;
Salvaing.

L'an 1340 le Conseil Delphinal fut transporté de St Marcellin à Grenoble.

Le 9 Avril 1340 le Dauphin Humbert fit hommage à l'évêque de cette ville.

L'an 1342 Humbert Dauphin establit une Université en cette ville. Ce fut en vertu d'une bulle du Pape Benoist qui luy accorda des privilesges, et dit que c'estoit à la réquisition du Dauphin. Elle est de 1339 ; mais l'Université n'eust des regens qu'en 1342. Ils furent 4 officiers du Conseil Delphinal, suivant l'ordre du Dauphin dans son édict de création de ce Conseil, bien que l'Université ne fust pas encore establie, mais il avoit déja projecté de le faire.

L'an 1343 le Dauphin Humbert acheta plusieurs maisons derrière l'Eglise de St André pour agrandir celle qu'il y avoit, laquelle appartient aujourd'huy au successeur du Duc de Lesdiguières.

Il en acheta une, auprès de l'Eglise St Jean, de noble François de Theys où il logea les religieuses de Ste Claire qu'il avoit fondées à Yseron, puis transportées ensuite à Moiranc auprès des FF. Mineurs, enfin, en cette ville, en l'endroit que je viens de marquer ; on les mit ensuite à la rue du Beuf, procl : des FF. Mineurs, où elles moururent toutes de la peste comme j'ay remarqué en parlant de cette rue.

L'an 1343 le Dauphin fit une transaction avec l'évêque au sujet de leurs droits et pouvoirs en cette ville.

Ce fust cette année, et le 14 de Mars, que le Dauphin compila les libertez Delphinales. Dans le transport de cette province à la royale maison il fut dit qu'elles seroient toujours invariablement observées.

Elles furent jurées par Charles, nouveau Dauphin, et elles l'ont esté par tous les Roys Dauphins jusques à Henry II. On y a fort dérogé.

Le mesme prince assembla les Etats de la province en cette ville cette année 1343 pour décider du prince à qui il transporteroit son état. Ce fust en l'évêché, Jean de Chissé estant alors évêque. Le Pape, le Duc de Bourgogne, le Comte de Savoye, le Prince d'Orange y avoient des emissaires pour estre préférés. L'Evesque y opina en faveur de la royale maison de France et y fit déterminer le Dauphin en faveur du fils puisnay de Jean Duc de Normandie, petit fils du Roy Philipes de Valois; ce qui fust éxécuté la mesme année. Mais, en 1349, ce fust en faveur de Charles, l'aisné, à la charge que celuy qui devoit succeder à la couronne seroit toujours appelé Dauphin et souverain de cette province, qui ne seroit jamais unie à la couronne de France que l'Empire ne le fust. C'est pour cela que quand nos Roys ordonnoient l'assemblée de leurs états, ils disoient ceux de France et de Dauphiné, et, lorsque le Pape envoyoit des légats au Roy, il disoit en France et en Dauphiné. Mais le Roy Loys XIII, en 1638, a uni cette province à la France. En reconnaissance des soins de l'évêque qui avoit porté le Dauphin à ce choix, le Dauphin Charles le fit, et ses successeurs, president aux estats, et l'abbé de St Antoine son lieutenant.

Le transport de cette province ayant esté fait par ce prince au fils de Jean, Duc de Normandie, petit fils du Roy Philipes de Valois, le Roy envoya en cette ville Guillaume Flotte, son chancelier, pour recevoir le serment de fidélité des nobles, qui le prestèrent en Juillet de cette année dans la Chambre du Conseil, ce furent :

Bertrand de la Chapelle, Archevesque de Vienne ;
Henry de Villars, Archevesque de Lyon ;
Jean de Chissé, Evêque de Grenoble ;
Louis de Poitiers, Comte de Valentinois et de Diois ;

Girard, Seign. de Rossillon;
Jean de Villars;
Hugues, Seign. de Geix;
Hugues de Bressieux, Seign. de Viriville;
Girard de Rossillon, Seign. d'Anjou;
Odobert, Seign. de Chateauneuf;
Henry, Seign. de Sassenage;
Jean Payan, Seign. d'Argentail;
Aynard de la Tour, Seign. de Vinay;
Joffrey, Seign. de Chaste;
Artaud, Seign. de Claveson;
Aynard de Rossillon, Seign. de Serrières;
Humbert de Cholley, Seign. de Lullins;
Amblard, Seign. de Beaumont;
Amédée de Rossillon, Seign. du Bouchage;
Henry de Theys, Seign. de Thorane;
Rodolphe de Comiers, Seign. du Mas;
Girard, Seign. de Crémieu;
Guillaume de Compeis, Seign. de Thorenc;
Berard de Lanieu, Seign. d'Illins;
Jean de Bérenger, Seign. de Morges;
Raynaud Alleman, Seign. de St George;
Artaud de Beaumont, Seign. de la Frette;
Amblard de Briord, Seign. de la Serre;
Jean, bastard de Guigues Dauphin;
Guichard, Seign. de Grolée;
Hugues d'Avalon, Seign. de la Bastie;
Guillaume, Seign. de Besignan;
Guillermet Alleman, Seign. de Marjais;
Guichart Alleman, Seign. de Lentiol;
Jacques de Bocsozel, Seign. de Gière;
Rodolphe de Comiers, Seign. de Mas;
Guigues de Morges, Seign. de l'Espine;
Jean de Grolée, Seign. de Neyrieu;
Pierre, Seign. de Langon;
Hugues des Echelles, prieur de Rosans;
Humbert, Seign. de Villars et de Th...;
Pierre Colet, abbé de St Antoine;
Guillaume Bastard de Furmeier;

Artaud, Seign. de Beausemblant ;
Falcon, Seign. de Montchenu ;
Hugues Gras, Seign. de Valgaudemar ;
Arnaud Flotte, Seign. de la Roche des Arnauds ;
Guillaume de Meuillon, Seign. de Valbonnais ;

Guillaume de Rouin ;
Raynaud Falavel ;
Soffrey d'Arces ;
Guiot de Ferley ;
François de Revel ;
Nicod de Ferney ;
Guy de Palanin ;
Gilles d'Arlo ;
Jean de Compeis ;
Pierre de Servient ;
Aymonet de Chissé ;
Joffrey de Galle ;
Jean Liobard ;
Aimonet de Salleneufve ;
Humbert de Chaponay ;
Jean du Saix ;
Pierre de Lucinge ;
Jean de Claix ;
Rodolphe de St Joirs ;
Aynard de Rivière ;
Giles Benoist ;
Jean de Molans ;
Eustachon Berlioz ;
Humbert de Loras ;
Pierre Durand ;
Lancelot de Briord ;
Pierre de Loyes ;
Guillaume de Sevirac ;
Pierre d'Avalon ;
Jean de Buenc ;
Ancelin de Montfort ;
Rosset d'Arbrelle ;
Perrot de Chissé ;
Aynard de Bellecombe ;

Pierre Vivian ;
Aymarin Alleman ;
Pierre Verdet ;
Guillaume Richart ;
François de Cagine ;
Henry de Drenc ;
Guy Bertrand ;
Guillaume de Morges ;
Hugues de Rossillon ;
Gillet de Lustrin ;
Jean Garin ;
Henry d'Hyères ;
Philipes de Montferrand ;
Pierre du Vache ;
Jean Pellerin ;
Lardin Romestaing ;
Berlion Beraud ;
Jean de Morges ;
Raynaud de Revel ;
Guionnet de Grolée ;
Jean de Comiers ;
Guillaume de Mas ;
Raymon Chabert ;
Lancelot de Tholon ;
Jean du Gay ;
Jean Berlion ;
Guillaume Bigot ;
Jean de Hauteville ;
Guigues de Comiers ;
Guigonnet Leutzon ;
François Vachier ;
Jean de Seissuel ;
Guict Copier ;
Girard de Theys ;

Jean de Revel ;
Jean de Chevrières ;
Aymar de la Brive ;
Aimonet de St Pierre ;
Estienne de Lucinge ;
Guigues Falavel ;
Raymond Falavel ;
Pierre de Painchaud ;

Guillaume Grinde ;
Disdier de Pellafol ;
Dronet de Vaux, Seign. de Lucinge ;
Hugonin de Lustrin ;
Baudouin de Bardonneche ;
Reynier Berlioz ;
Lantelme de Montfort.

L'an 1345 le Dauphin reçut en cette ville un légat du Pape Clément, avec un bref qui le créa général des armées chrétiennes contre les Turcs.

Ce fust en ceste ville que Henry de Villars, archevêque de Lyon, reçut ses lettres de provision du gouvernement de Dauphiné par Humbert Dauphin, estant près de faire son voyage d'outre mer, le mois d'Aoust 1344. Par un concordat du 3 Juin de la mesme année, fait entre le Dauphin et l'évêque, il fust dit que les habitants ne pourroient estre distraits de leur juridiction.

Guillaume de Montbel, Seign. d'Entremonts, ayant cette terre entre la Savoye et le Dauphiné, et les deux princes de ces estats pendant leurs guerres taschaient de se saisir de cette terre et de s'acquérir le Seigneur de leur parti ; ce vassal vint en cette ville pour se soumettre au Dauphin, ce qu'il fit, le 27 Juillet 1345, en présence de :

Jean de Chissé, évêque de Grenoble ;
Amblard, Seign. de Beaumont ;
François de Theys, Seign. de Torane ;
Hugues, Seign. du Gaz ;
Leutzon de Lemps, prieur de St Donat ;
François de Parme, chevalier.

Le Dauphin Humbert estoit alors en son expédition contre les infidèles. Henry de Villars, archevêque de Lyon, Gouverneur de Dauphiné, stipula pour luy.

L'an 1347 il fit bastir des hermitages sur la montagne de Chalemont, on en voit encore les ruines.

L'an 1348 il y eût une si grande famine en cette ville que le sestier de froment, qui ne valoit auparavant que dix sols, fut vendu deux florins d'or valant le chacun 45 sols.

Humbert Dauphin, par ses lettres du 14 de Mars 1349, promit

de maintenir les habitans dans leurs privilèges et franchises et d'en charger le nouveau Dauphin de France.

Ce fust en cette ville que Jean, évêque d'Orange, ayant été sacré par l'archevêque de Vienne, presta serment au Dauphin, le 22 Mars 1349, parceque la principauté d'Orange estoit mouvante de luy. Le prince Raymond de Baux l'ayant soumise au Dauphin Humbert par un acte passé au pont de Sorges le

Le Dauphin Humbert, se voulant faire religieux en 1349, commit à l'administration de son domaine Delphinal l'évêque de Grenoble, celuy d'Orange et le prieur de St Donat.

Le 3 de Novembre 1350, le juge de la ville défendit le port des armes à toutes personnes tant la nuit que le jour.

Les Consuls rendirent hommage au nouveau Dauphin Charles le 8 de Décembre 1350. Ce fust à l'évêque en mesme temps.

A la fin de l'an 1349 et au commencement de 1350, il y eût une furieuse peste en cette ville où il mourut plusieurs personnes, et le reste en sortit tellement que l'herbe crut partout dans les rues.

L'an 1350 le Dauphin vint en cette ville. Il estoit fils de Jean, Duc de Normandie, et petit fils du Roy Philipes de Valois. L'année précédente Humbert Dauphin luy ayant cédé son estat, il reçut en cette ville, cette mesme année, les hommages de plusieurs Seigneurs et Gentilshommes nommés :

Guigues Alleman, Seign. de Valbonnois ;
Jean Alleman, Seign. de Sechilienne ;
Disdier, Conseigneur de Sassenage ;
Jean de Bocsozel, Seign. de Giére ;
Rodolphe de Comiers, Seign. du Mas ;
Odon Alleman, Seign. d'Uriage ;
Siboud Alleman, Seign. de Revel ;
Pierre de Granges ;
Guionnet de Comiers ;
Albert de Briançon, Seign. de Varce ;
Humbert, Seign. de Thoyre et de ..... ;
Bronnet de Vaux, Seign. de la Terrasse ;
Jean de Grolée, Seign. de Neyrieu ;
Guichard, Seign. de Grolée ;
Albert de Voissanc, surnommé Gaillart ;

Jean de Virieu ;
Arnaud du Bourg ;
Jean de Montchénu ;
Hugonet de Maugiron ;
Ripert Dupuy ;
Hugues Rostaing ;
Pierre Rachaix ;
Guillaume Ysoard ;
Alberton Baile ;
Guillaume de Morges ;
Louys de Moustiers ;
Lantelme de Vauserre ;
Aynard de Bardonneche ;
Arragon de Lemps ;
Guillaume de Salvaing ;
Guillaume du Mas ;
Jacquemon de Buffevant ;
Jean Clavel ;
Pierre de Véronne ;
Artaud de Beaumont ;
Guigues Bertrand ;
Guy de Rivoire ;
Humbert de Loras ;
Alleman de Murinais ;
Chabert de Claveson ;
Guillaume de Bardonneche ;
Marquis de l'Espine ;
Guillaume Girard ;
Bernard de Chaste ;
Guigues Sibeut ;
Jean de Virieu ;
Raynaud de Montauban ;
Guillaume Artaud, Seig. d'Aix ;
Boniface de Navasse ;
Guionnet de Loras ;
Aynard Rivoire ;
Raynaud Rivière ;
Ambel d'Ambel ;
Vivian de Revel ;
Robert de Hostung ;
Armand de Ferron :
Lantelme Baudet ;
Jean Falcoz ;
Guigonnet Marcel ;
Jacques de Bocsozel ;
Jean de Berenger, Seigneur de Morges ;
Henry Gras ;
Raymond de Vaujany ;
Guigues de Veynes ;
Barral d'Agout ;
Artaud, Seign. de Claveson ;
Guigues de Morges, Seigneur de Chastellar ;
Lencelot de Tholon ;
Guigonnet de Beaufort ;
Gaucher de Montauban, doyen de Gap ;
Estienne d'Arvilars ;
Artaud d'Arces ;
Lantelme Aynard, Seigneur de Theys ;
Raynard Bérard ;
Guillaume Peloux ;
Amedée de Guiffrey ;
Jacques Roux ;
Raymon Chaber ;
Jean Borrel ;
Raymond de Theys ;
Ogier Rivière.

Et de plusieurs autres dont les familles sont esteintes.

La mesme année Humbert Dauphin, qui estoit patriarche d'Alexandrie, consacra Rodolphe de Chissé qui avoit esté nommé évêque de cette ville.

Le 9 de Janvier de la mesme année le gouverneur de la province et l'évêque firent un règlement pour les manœuvres.

Le mois de Septembre 1354, le Roy Jean, Charles Dauphin, son fils, et Jean évêque, firent un concordat au sujet du gouvernement de cette ville.

Les Estats, assemblés en cette ville le 17 de Juin 1357, délibérèrent de fournir quelque somme pour la rançon du Roy Jean, prisonnier en Angleterre. Il y eut 32 Gentilhommes de la terre de Latour du Pin qui s'offrirent de contribuer de leur part en particulier, ce furent :

Aynard de la Tour, Seign. de Vinay ;	Humbert Face ;
Humbert de Loras ;	Jacquemin de Gumin ;
François du Palais ;	Albert de Quirieu ;
Jean Alleman ;	Jean de Briord ;
Amblard Ferrand ;	Henry Noir ;
Guy Putrain ;	Aynard Ferrand ;
Artaud Giaire ;	Berliot de Valin ;
Jean Berard ;	Aymon d'Ameisin ;
Louys de Chapeaucornu ;	Berlion Laure ;
Hugonin de Lustrin ;	Jean de Loras ;
Guigues Pegeu ;	Jean Pellerin ;
Poncet de Broenc ;	Jasselme Berard ;
Jean de Briord ;	Pierre de Bourcieu ;

L'an 1360, les religieuses de Montfleury ayant fait construire un martinet audessus de cette ville, les Consuls s'y opposèrent parceque, pour le faire valloir, elles avoient dessein de faire des essarts en leur montagne, elles donneraient lieu à des ravines qui viendroient inonder cette ville par les eaux.

Le 16 de May 1363 il y eut une enqueste qui prouva que, dans cette ville, il y avoit un poids où tous les habitans et marchands étrangers devoient faire peser, que les habitans devoient pour cela un denier et les étrangers deux.

L'Empereur Charles IV, par sa bulle du 5 de Juillet 1365, exempta tous les habitans de tous péages et impositions tant par terre que par mer, de tous pontonnages, gabelles, rentes. leydes et tributs, et défend à toutes personnes, tant séculières qu'ecclésiastiques, d'en tirer aucun paiement à peine de mille marcs d'or; et commit pour l'exécuter le Dauphin de Viennois, le Gouverneur de la province, et l'évêque de Grenoble. Il estoit alors en cette ville, et, en un régistre de la Chambre des Comptes, intitulé *liber Expensarum factarum*, Fol. 9, est la description de son passage en cette province, de quelle manière il fust receu en ceste ville. Au fol. 20, la despense qui fut faite pour cela. On y lit que le Comte de Savoye l'avoit accompagné partout, et que, pour récompense, il l'avoit fait Duc à Lyon.

Cet empereur fit des actes de souveraineté en cette province, donna des privilèges aux villes de Vienne et de Romans, des lettres de noblesse et autres semblables dont les Estats se plaignirent, et le conseil Delphinal de mesme par des cayers qu'ils présentèrent au Dauphin qui sont en la Chambre des Comptes. Il fit le Dauphin vicaire de l'Empire au royaume d'Arles.

Le Roy ayant accordé des nouveaux privilèges à la province de Dauphiné, ils furent proclamez avec de grandes solennitez en cette ville le 12 Aoust 1368. On chanta le *Te Deum* dans l'église de Nostre Dame où se trouverent plusieurs Seigneurs de la province.

Le Conseil Delphinal transféré à la Coste St André à cause de la peste en 1384. Pendant ce temps là Charles de Boville, Gouverneur de la province, y mourut le 10 Aoust de cette année.

L'an 1369, le Roy Charles estant à Grenoble, ce fust là où il ordonna de saisir toutes les terres qu'Amédée Comte de Genève, qui venoit de mourir, avoit en Dauphiné.

Le Roy, par ses lettres du 4 Septembre 1371, ordonna qu'on mettroit des gardes sur l'Isère, et particulièrement en cette ville, pour faire payer la gabelle aux marchands trafiquans de la Savoye et de la Bourgogne.

L'an 1375, quelques compagnies licenciées de Bretons s'estant jetées dans le Dauphiné, on ordonna, pour s'opposer aux désordres qu'elles y faisoient, de mettre des troupes en plusieurs endroits. Celles qu'on mit en cette ville furent commandées par Geoffroy, baron de Clermont.

La mesme année, il y eut une grande division entre Aymon de Chissé, évêque, et Charles de Boville, Gouverneur de la province. Les habitans se rangèrent du costé du Gouverneur, assiègèrent l'évêque en son palais, et luy firent quelques violences. L'évêque en escrivit au Roy qui envoya ses ordres pour destituer le Gouverneur qui ne le fust pourtant pas, car il blama et désavoua l'entreprise : les séditieux furent punis.

Le Cardinal d'Ostie passa en cette ville l'an 1377. Il estoit grand amy du Cardinal de Conzie, évêque de cette ville, et il y passa exprès pour le voir, il fut tesmoin de sa mort estant logé au palais épiscopal.

Cette année 1379, le Drac quitta son lit et alla passer à Echiroles pour se jeter dans l'Isère, au dessus de cette ville. J'ay veu les ordres donnés pour le réparer.

Il y eut la mesme année un grand tremblement de terre en cette ville.

L'an 1381 arrive en cette ville un député du Comte de Savoye nommé François Maréchal (ou Antoine Maréchal). Le Gouverneur de la province le receut en son hostel et s'offrit à solliciter un procez que son maistre avoit au Parlement contre l'abbé de Ternay au sujet de la juridiction de St Saphorin. Il estoit chargé de plusieurs titres anciens, entre autres des anciennes transactions. Le Comte de Savoye voulut mesme paroistre comme partie, et en effet l'arrest du Conseil Delphinal, dont ce prince avoit convenu, du 17 de Mars de cette année, le met en qualité. Ce n'est pas le seul prince qui a convenu de ce célèbre tribunal; les Comtes de Genève, les Marquis de Saluces, les Princes d'Orenge, et des Princes d'Allemagne ont bien voulu l'avoir pour juge. Les remarques que j'en fais en l'histoire de ce Conseil Delphinal sont un des plus beaux endroits de mon ouvrage.

Le 5 Septembre 1387, le Gouverneur de la province ordonna qu'on payeroit des ouvriers qui avoient réparé les prisons qui estoient alors proche de l'Eglise de St André.

Le Roy ayant fait des défenses aux juges ecclésiastiques de connoistre des affaires séculières, le Conseil Delphinal, par son arrest du 29 de Juillet 1388, déclara que cela ne concernoit point le juge de l'évêque; ce qu'il confirma encore l'an 1394.

François de Conzie, évêque de cette ville et cardinal, mourut cette année et fut ensevely en la Grande Chartreuse. Il estoit d'une famille noble de Savoye.

Par des lettres patentes du 5 de Février 1392, l'évêque est maintenu dans la juridiction du territoire de cette ville, où sont les confins despuis la fontaine du Jailles, qui est dessoubs la forteresse de Giére, jusques à la maison du temple d'Echiroles, et, de cette maison, allant par le chemin public jusques à l'eau du Drac, et ainsy que l'eau du dit torrent se jette dans la rivière de l'Isère; on procéda à une procédure de plantement de limites en conséquence, le 6 de Février 1395.

Le 8 de May 1395, fut bruslé un hérétique de cette ville par condamnation d'un Inquisiteur.

En 1396, il y eût une enqueste qui prouva que les habitans ne devoient aucun droit de péage pour l'entrée du poisson fraix, ny pour le betail lanet (*sic*).

Le vicariat de l'Empire ayant esté donné au Dauphin, il commit le Gouverneur de cette province, Jacques de Montmaur, et le chastelain de cette ville, pour en publier la bulle. Elle le fut à Grenoble l'an 1401. Les titres de commission du Dauphin sont scellés d'un sceau écartelé aux 1er et 4e d'un aigle, aux 2e et 3e écartelé de France et de Dauphiné.

Ce fust en cette ville, et l'an 1397, que François, Baron de Sassenage, receut, au nom du Roy Charles VI, le serment de fidélité des Gennois.

Enqueste de 1404 qui prouve que les habitans estoient exempts des péages par la concession de l'empereur Charles.

Les Etats assemblez en cette ville, l'an 1407, délibérèrent de donner au Roy Dauphin la somme de 30,000 florins pour luy aider à acheter les comtez de Valentinois et de Dyois, à la charge de les unir au Dauphiné.

Ce fust en ceste ville que Theodat de Lestang, évêque de St Paul Trois Chasteaux, admit le Dauphin au pariage de la ville de St Paul Trois Chasteaux et de ses dépendances, de St Restitut, de la Baume de Solorin, de la foret bastarde, de la part qu'il avoit en la juridiction de Chamaret, excepté la supériorité et le domaine majeur du chasteau de Suze; que ses habitans rendroient hommage au Dauphin; qu'ils seroient subiects aux subsides de la province; que le Dauphin pourra faire bastre de la monnoye à St Paul; qu'il y pourra mettre un baillif approuvé par les deux, et l'évêque alternativement un autre. L'acte fut passé en la Chambre du Conseil Delphinal, stipulé pour le Dauphin par le Gouverneur de la province et les Officiers de ce conseil, le 25 de Septembre 1408.

Par les libertés Delphinales, les seigneurs et gentilshommes de cette province pouvoient impunément se faire la guerre, att... leurs amis à leur party, faire marcher leurs vassaux. Il y en eut une sanglante entre Berlion, Seign. de la Tour du Pin, et Odebert, Seigneur de Chasteauneuf. Ils avoient déja donné quelques combats, brulé les terres ennemies, exposé leurs vassaux, lorsque le Dauphin les fit venir dans cette ville et les raccommoda, les Ides de Février 1249 (sic). Voicy le dénombrement de ceux qui estoient de leur party, sçavoir :

De celuy du Seign. de Vinay.

Humbert de St George ;	Nantelme de Nerpol ;
Pierre Albert ;	Falcon de la Chapelle ;
Humbert de Murinais ;	Borel de Nerpol ;
Jordan de Crespol ;	Guigues de Soleure ;
Berlion de la Chapelle ;	Pierre Gutel.

Du party de Chasteauneuf.

Guillaume de Miribel, Seign. d'Ornacieu ;	Amedée de Monteillez ; François de Chaste ;
Boniface, son fils ;	Guillaume d'Ernes ;
Amedée d'Amblérieu ;	Pierre de Bocsozel.
Pierre Rostaing ;	

Le Dauphin Louys, estant en cette province, abolit cette liberté l'an 1450.

L'an 1410, la peste estant en cette ville, le Parlement se transporta à Voyron.

Le 18 de Novembre 1414, il y eut un réglement, fait au nom du Dauphin et de l'évêque, qui en confirma un dès l'an 1294, par lequel il est dit que les meuniers de cette ville ne pourroient prendre, pour droit de mouture, que dix livres de farine pour chaque sommée de bled, depuis les fêtes de Noël jusques à celle de St Jean Baptiste, et 12 livres les autres temps.

L'an 1416, l'Empereur Sigismond passa par cette ville et y séjourna quelques jours ; il y a un estat de la despense qui fust faite à son passage.

La mesme année, le Drac ayant enlevé quelques isles albergées au profit du Dauphin et de l'évêque, l'évêque ordonna qu'il en seroit fait enqueste.

L'an 1418, le pape Martin V passa par cette ville pour aller visiter les reliques de St Antoine; l'évêque de Grenoble, François de Conzié, l'y accompagna et il en fut fait cardinal.

Cette mesme année 1418, Pierre de Filinge présenta au gouverneur une bulle du pape Martin, du 11 des kal. de Décembre et du 1er de son pontificat, par laquelle il luy donna   de la tenue du concile de Constance. Le Gouverneur luy fit présent, par la desliberation du Conseil Delphinal, de 25 moutons d'or.

En un conseil tenu en l'hostel de ville, l'an 1420, il fut résolu que les ecclésiastiques contribueroient aux frais des fortifications. L'évêque y contribua. Le chapitre de Nostre Dame y fut pour 60 florins; celuy de St André pour 12.

L'an 1424, l'arrière ban de Dauphiné fut convoqué en cette ville. Il combattit à la bataille de Verneuil où 400 gentilhommes furent tuez. Les Etats fondèrent un anniversaire pour eux en l'église des FF. Prescheurs, firent peindre leurs armes et mettre leurs noms, en une chapelle en l'église de St Antoine de Viennois, que l'on a supprimés en faisant blanchir la chapelle. Autre marque d'injustice. Le Baron de Sassenage, Albert, les commandoit.

L'an 1427 le Parlement passa à Romans, la peste estant en cette ville.

Jean de Chalon, prince d'Orenge, s'estant reconcilié avec le Roy, et ayant fait sa paix, il fut question d'en faire un traité. Sa Majesté commit à ces fins le gouverneur de Dauphiné, et il fut fait dans cette ville, le 27 de Juillet 1428, entre ce gouverneur qui estoit..... et les Seigneurs de Beaulieu et de Laubespine que le prince y avoit envoyez, où l'on trouve que ce prince feroit hommage au Roy comme Dauphin.

Les Etats, assemblez en cette ville en 1429, ordonnèrent qu'on feroit rendre compte à ceux qui avoient manié les deniers dont ils avoient ordonné la levée. L'évêque de Grenoble fut nommé pour l'Eglise, le Seign. de Clermont, Gabriel de Rossillon, Seign. de Bouchage, Charles de Poitiers, Seign. de St Vallier, Joffrey d'Arces, Aymon de Beaumont, Seign. de la Palu, et Aynard de Bellecombe, Seign. du Touvet, pour la noblesse.

La mesme année des commissaires, députez par le Roy Dauphin et par l'évêque, firent un réglement au sujet des boucheries, où il fut dit que personne que les bouchers ne pourroient tuer ny vendre à peine de 25 francs d'or d'amende; qu'ils vendroient la viande à la livre, à 10 d. celle de mouton, à 7 d. celle de la brebis despuis la St Martin jusques en caresme, 8 d. le mouton despuis Pasques, que celle du pourceau seroit vendue toute l'année à 10 d., le beuf le quart d'un gros la livre, sçavoir 6 d. et demy, et la vache 6 d.

La mesme année il y eut une assemblée des États, en cette ville, où il fut délibéré qu'on donneroit au Dauphin un don gratuit de 20,000 florins pour ayder au Roy son père en la guerre qu'il avoit contre les Anglais. Ils l'accordèrent sans conséquence et sauf et sans préjudice de leurs libertez.

Il y eut l'an 1430 une grande disette de bled, et les Estats assemblez en cette ville délibérèrent d'en faire acheter à Avignon et à Carpentras pour ce que l'esmine ne valoit que 1 gros.

L'an 1430, on fit un règlement pour les boucheries à 10 d. la livre du mouton, à 7 d. celle des brebis, à 10 d. celle du pourceau, le beuf à 6 d.

L'an 1433, le 16 de Fevrier, y ayant eu un hyver fort rude et toutes les récoltes estant péries, l'Evêque donna la permission de manger de la viande. Il en est autant arrivé en 1709.

Le Roy Charles VII, par ses lettres du 8 d'Avril 1434, déclara tous les habitans de cette ville devoir payer la taille, exceptez le Président et les Conseillers du Conseil, les Auditeurs des Comptes, l'Avocat et le Procureur Général, le Trésorier de la province, le Juge des Appellations, un Audiencier, un Controolleur du Trésorier, un Greffier du Conseil, un de la Chambre des Comptes, les Clercs, les Docteurs, les Licentiez et autres Officiers.

Le Drac passoit au fossez de cette ville en 1435; car, dans un compte de cette année, parmy les revenus du Dauphin, on y met la pesche du Drac aux fossez.

En un roolle d'arrière ban de 1436, il y eut pour nobles en cette ville :

Jean Portier ;
François de Molene ;
Guillaume Armuet ;
Drevon Saunier ;
François Varnier ;
Jean de Veurey ;
Mathieu Cassart ;
Hugues Marc ;
Rodolphe Bailly ? ;

Les hommes de Petrement Aquin ;
Ceux de Jean Pic et les héritiers de George du Motet.

Cette année 1437, le Conseil Delphinal fut transféré à Voiron le mois de Juin.

Par une ordonnance du Gouverneur de la province, cette ville est dite être de 200 feux taillables en 1440.

En un compte de cette année il est dit que la pesche appartenoit aux deux Seigneurs.

Ce fust cette année que le Dauphin vint en Dauphiné par la cession que le Roy Charles VII luy en avoit fait comme estant son propre patrimoine. Il fit son principal séjour en cette ville. Il demeura en Dauphiné jusqu'en 1455. Ses lettres furent présentées au Conseil Delphinal le 13 Aoust, où se trouvèrent :

Guillaume Juvénal des Ursins, Lieutenant au Gouvernement de cette province ;

Guillaume Guillon, Président au Conseil ;

Girard de Bleterens, Estienne Durand et Mathieu Thomassin, Conseillers ;

Louis Portier, Président en la Chambre des Comptes ;

Jean Carle, Avocat fiscal ;

Nicolas Erlod, Trésorier de la province ;

Jean Connan, et Jean de Gamaches, Auditeurs ;

François du Motet ;

André Dury, Procureur fiscal général.

La mesme année, Soffrey, évêque, fit hommage au Dauphin Louis.

L'an 1444, on vit dans cette ville des desputez de la ville d'Avignon, de celles de Basle, de Reintelding, de Berne, de Spiegelberg, de Soleure, d'Urc, de Syrie (sic), de Vindelralden, de Vintelvalden, de Zuric et de Clanc? qui firent un traité de confédération avec le Dauphin, le Gouverneur de la province stipulant pour luy. Ce fust le 21 d'Octobre.

L'an 1446 il y eut une assemblée des Etats en cette ville. J'en fais la remarque tant seulement pour faire remarquer que l'évêque de Grenoble, comme Président nay des Etats, y présida et que l'archevêque d'Ambrun siégea après luy.

Jean Grinde, Gouverneur de cette ville, fit un réglement de police en 21 articles.

La mesme année 1446, il y eut une attestation des marchands de cette ville au sujet de la valeur des monnoyes :

L'escu d'or du Roy Charles, 29 gros.

L'escu neuf au soleil, de mesme.
Le ducat de bon poids, 30 gros.
Le ducat au point, un demy gros.
Le florin d'Allemagne, 28 gros.
Le florin de   , à 14 gros.
L'escu de Savoye, celuy de la Quitaine (sic), celuy de Hollande, celuy de ....., 28 gros.
Le florin d'Avignon et celuy de Provence, 10 gros.

Cette mesme année, le Dauphin Louys receut en cette ville l'hommage du Marquis de Saluces.

L'an 1447 le Dauphin Louys mit l'Eglise de St André soubs sa protection.

La mesme année il envoya Guy Pape, Conseiller au Conseil Delphinal, au Pape pour son Ambassadeur. Ce Guy Pape a laissé plusieurs ouvrages de droit qui sont imprimez. Il estoit de Lyon, et sa famille subsiste encore en Dauphiné ayant la terre de St Auban aux Baronnies quand déja celuy cy (sic)..... comme on le voit en quelques unes de ses décisions. Je remarque que, par son testament du .... il fit un légat d'une pension à celui qui presche la Passion en l'église des FF. Prescheurs de cette ville. Je ne sçais pas si elle a esté payée, car cette famille a esté infectée de la doctrine de Calvin. J'ay tiré cette ambassade d'une bulle du Pape Nicolas, du 11 des kal. de Novembre de cette année, où il le déclare.

L'an 1448, il reduisit les 7 baillifs en 2 et laissa les 7 siéges et la sénéchaussée en deux juges.

En un roolle des nobles de cette province, dressé l'an 14.9, il y eut en cette ville :

Jean Portier ;	Drevon Saunier ;
Mathieu Cassart ;	Petrement Acquin ;
Jean Pic ;	François de Moline ;
François Varnier ;	Hugues Marc ;
Guillaume Armuet ;	Georges du Motet ;
Jean de Veurey ;	Rodolphe Béatrix.

L'an 1450, le Dauphin receut les hommages des Seigneurs et Gentilshommes de la province en la personne de son Chancellier Yves de Sepeaux. Ils sont nommés :

Louys de la Baume, Seign. de Eyrieu ;	Jean de Grolée, Seigneur de Montrevel ;

Rondon Chapel;
Humbert et Hugues Robert;
Guichard de Morges, Seign. de la Mote;
Charles Blayn;
Raymon de Laye;
Jean de Rame;
Jean Grinde, Seign. du Molart;
Bertrand de Rosans, Seign. de Ste Euphémie;
François Marc;
Mermet Claret;
Jean, Seign. de Miribel;
Claude d'Arces;
Reynier du Puy, Seign. de la Roche;
Jacques de la Vilete, Seign. de Veynes;
Jean de Suau;
Pierre Gruel;
Antoine Boisson;
Antoine d'Agout, Seign. de la Baume des Arnauds;
François de Lemps;
Guy Pape, Seign. de St Auban, Conseiller au Conseil Delphinal;
Louys Louvet, Seigneur de Mirabel;
Falcon Pain;
Jean du Pont;
Raymond de Theys, Command. du Poët;
Disdier de Poligny;
Lantelme et André Nel;
Jean et Honnorat Humbert;
Jean de Navaisse;
Raymond et Jacques Filoche;
Jacques Aubert;
Urbain de Nanaisse;
Pons de Ville;
Jean de Rossillon, Bastard de Tullin;
François Bouchart;
Humbert Ode;
Antoine de Cornillon;
Arnoux d'Aspres;
Albert Belle;
Albert Chabert;
Jean de Galle;
Pierre Colomb;
Pierre de Vinay;
Jean de Rivoire;
Talbert Best;
Antoine du Faure;
Jean et André Bouzel;
Pierre de Baratier;
Estienne Charrier;
Louys Aignel;
Jacques Chanuel;
Antoine Romestaing;
Arman de Chateauneuf de Randon;
Pierre, Seign. de Brion;
Hugues de Comiers, d'Estapes;
Burnon de Brion, Seigneur d'Argentail;
Thomas Darbon;
Guy de l'Estrange;
Hugues de Vallin;
Berard Gorgie;
Pierre Legoux;
Jean de Puygros;
Claude de Rame, Seigneur de Savines;
Hugues de Bardonneche;
Jean Robe;

Gastonnet de Gaste;
Philipes de Bardonneche;
Gabriel de Rossillon, Seign. du Bouchage;
Imbert de Baternay;
Pierre Rolland;
Michel Cassard;
Aimon Alleman, Seigneur de Champs;
Humbert de Berenger, Seign. de Morges;
Guillaume Cina;
Albert de Montfort;
Dumas Charbonneau;
Antoine de Marsane;
Raymon de Serre;
Louys Baisse;
Jean Colonel;
Louys de Martel;
Jean de Rame;
Louys de Bardonneche;
Hugues Baile;
Antoine Peloux;
Antoine de Navaisse;
Jean de St Germain;
Louys de Villars;
Bertrand de la Baume, Seign. de Suze;
Boniface Alleman;
Raymon Aynard, Seigneur de Montaynard;
Jean Claret, S. de Truchenu;
Jean Tholosan;
Jacques Morel;
Jacques Aynard, Seigneur de Chanousse;
Guigues de Thoire;
François Durand;
an de Chaste, Sr de Geissans;
Raymon d'Agout, Seigneur de Savournon;
Raymon de Morges, Seigneur de l'Espine;
Siboud Alleman, prieur de St Donnat;
Humbert Borel;
Pierre de Vinay;
Claude de Fay;
Jean de Viennois;
Aimé Soffrey;
Jean Robert;
Jacques de Montorcier, Seign. de Jarjaye;
Aymar de Ruliac;
François Auberjon;
Raimon Aimar;
Jean de Montorcier;
Jean Dupuy, Seigneur de Montbrun;
Aimar d'Agout, Seign. de Sault et de Rhelianete;
Claude de Pierregourde, Seign. de Chasteauneuf;
Arnaud de Colant;
Chabert de Rame;
Disdier Brunier;
François Ambrois;
Gabriel de Bardonneche;
Artaud de Beaumont;
Aynard de Beaumont, Seign. de St Quentin;
Jean de Marcel;
Antoine Rambaud;
Dalmas de Berenger;
Charles Blain, Seigneur du Poët;
Jacques Dusson;
Giraud de Rosans;

Aynard de Montclart, Seign. de Vachéres ;
Pierre de Vesc ;
Jean de Berenger ;
Guigues du Sauze ;
Louys de Vesc ;
Reynier de Revilasc, Prieur d'Aspres ;
François de Revilasc, Prieur de Sigotier ;
Dalmas d'Urre, Seigneur de Leyssières ;
Girardin Lambert ;
Ponton Archimjaud ;
Claude, Aimar et Pierre de Vesc ;
Disdier de Langon ;
Jean Isoart ;
Louys Malet ;
Guichard de Precontal ;
Antoine de Berenger ;
Jean de St Geoire ;
Telmon d'Urre ;
Guillaume de la Vilete ;
Pierre de Puygros ;
Pierre Genton ;
Aimé Genton ;
Aimé de Bressieux ;
Jean Moine ;
Jean Veyer ;
Humbert Auberjon ;
Jean de Vallin ;
Jean Chabert ;
François Bochasson ;
George de Lattier ;
Gonnet de la Balme ;
Humbert d'Ameisin ;
Jean et Valentin Bacquelier ;
Jacques et Jean Dedin ;

Antoine Belhon ;
Antoine de Veynes ;
Aimar de Veynes ;
Jean Portier ;
Antoine Vallier ;
Hugues et Claude Marc ;
Antoine d'Alauson ;
Antoine Pellet ;
Antoine et Aymar d'Urre ;
Jean François Dupuy ;
Raymon de Montauban, Seign. de St André ;
Jean Alleman ;
Jean de Montauban, Seign. de Montmaur ;
Antoine de Puygros ;
Artaud de Baternay, Seign. de Chalmen ;
François, Seign. de Pierre ;
Aymon Sauret, Seign. d'Aspremont ;
Méry de Bologne ;
Claude de Bologne ;
Gonnet Rolland ;
François Barral ;
Antoine Peloux ;
Odinet Bruyart ;
Jean Taillefert ;
Louys Reynart ;
Jean de Molens ;
Pierre de Terrail Bayard ;
Louys de Villars ;
Aubertin de Pierre ;
Giraud de Rivière ;
Jean Artaud, Seigneur de la Roche ;
François de Lemps ;
Jean-Antoine d'Ambel ;
Antoine de Quincieu ;

Claude de Theys;
Antoine Garnier;
Antoine Richiére;
Antoine d'Alauson, Seign. de Sorbiéres;
George Flotte, Commandeur de Gap et d'Ambrun;
Antoine, Estienne, Jaime, Pierre, et Benoit de la Tour;
Simon Anam;
Beneton, Gabriel et Perceval Ambrois;
Aymar de Poitiers, Seign. de St Vallier;
Antoine de Virieu, Seign. de Bisonnes;
Estienne de Poisieu, Seigneur de Septeme;
Jean de Chandieu, Seign. de Chandieu;
Louys de Chandieu, Seign. de Marennes;
Robin d'Oncieu, Seigneur de Diesmoz;
Estienne Guerrier, Seign. de Meisieu;
Louys Lambert, Seigneur de Nions;
Antoine, Seign. de St Priest;
Claude de Poisieu, Seign. de Meirieu;
Gaspard de Bocsozel, Seign. d'Eydoche;
François du Bois;
Hugonin Mallin;
Guillaume de Bocsozel;
Antoine de Gotefrey;
Richart Blanc;
Antoine Veyer;

Pierre Aynart;
Jean de Hauterive;
Aynard Vehyer;
Claude de Chateauneuf;
Jean de Vienne;
Aimar de Beauvoir;
Pierre de Rivoire, Seign. de Faverges;
Jean de Broenc;
Humbert de la Porte;
Estienne de la Balme;
Antoine Blanc;
Antoine de Tolignan;
Pierre Eschalier;
Pierre de Rivoire, Seign. de Domeisin;
Guillaume de Peladru;
Jean et Antoine Bernard;
Artaud Machi;
Jean de Torchefelon;
Guillaume Robe;
Claude d'Urre, Seign. de
Jacques de Beaumont;
Barthelemy Helis;
Pierre Marc;
Amblard Chastaing;
Antoine de Sassenage, Seign. de Montrigaud;
Jacques de Montagne, Seign. de Rochegude;
Antoine Louvat;
Gillet Richart;
Jean Lambert;
Joffrey de Montrigaud;
Jean de Bocsozel;
Jean le Maistre;
François de Chateauneuf;
Antoine de Vallin;
François de Bocsozel;

Aynard de Vallin ;
Estienne Lambert ;
Jean Lambert ;
Girard de Vallin ;
Aynard du Puy, Seign. de   ;
Jean Maréchal, Seigneur de Monfort ;
Charles des Astuards, Seign. de Pierrelate ;
Guigues Boniface ;
Hugues, Seign. de   ;
Jarenton Richart ;
Guigues Boniface ;
Antoine Sauret ;
Nicolas du Motet ;
Giraud Ademar, Seigneur de St Auban ;
Jean de Bocsozel ;
Aimé d'Arvilars ;

Bertrand et Pierre de Boliane ;
Antoine de Risset ;
Louys Louvet, Seigneur de Propiac ;
Aynard du Puy, Commandeur de St Paul ;
Guillaume, Seign. de Tournon ;
Feder de Tournon, Seign. de Quinsonas ;
Aimar de Quincieu ;
Girard de Montchenu ;
Girard Ademar, Seigneur de Grignan ;
Jean Olivier ;
Urbain Rode ;
Tienoz des Granges ;
Jean Baile, Seign. de Pelafol ;
Aynard de la Tour, Seign. de Vinay.

Le 13 de Décembre 1451, le Conseil Delphinal fut transféré à Bourgouin à cause de la peste.

L'an 1453, il changea le nom de Conseil Delphinal en celuy de Parlement.

Il y avoit trois ponts, en cette ville, dont le droit de pontonnage appartenoit au Chapitre de St André qui l'albergea, en 1453, soubz la cense de 3 s. on les appeloit Sable, la Rite et Mimens, et l'un estoit au bout de Tracloîtres.

En 1457 le dauphin Louys logea en la maison de la tresorerie J'ay vu un estat des réparations qu'on y fit pour le recevoir.

Le roy Charles VII ayant remis le Dauphiné à Louys dauphin. son fils, comme luy appartenant, et ayant fait des actes qui déplurent au Roy, son père, il le rappela, dont il ne tint compte ; le Roy pour le sortir de cette province vint jusques à Saint Priest, et ordonna au Parlement, et à ceux quy devoient hommage, de le luy venir rendre. Les Estats s'assemblèrent le 19 de Mars 1457 pour y délibérer. La question fut agitée si on devait rendre cef hommage au Roy au préjudice du Dauphin, souverain de cette province. Mais il fut délibéré de le faire, dont le dauphin Louys se vengea étant devenu Roy, XI du nom.

Jean Baile Président, et François Portier, Procureur des Etats, furent traitez en criminels et le Roy leur fit faire le procez. Baile fut déposé, et François Portier mourut de misère au fort de Cornillon ; d'autres furent aussy condamnez comme felons, mais le roy Charles VIII rétablit le tout. Je m'estends un peu davantage, sur cette matière, en l'histoire de ce Dauphin que j'ay composée, sur ce qu'il fit en Dauphiné despuis 1440 jusques en 1445.

Par des lettres du 17 de Juillet 1458, il (le dauphin Louis) déclare exempts de leurs tailles en cette ville les gens d'Eglise, les Présidents, Conseillers, Avocats et Procureurs généraux de Parlement, les Auditeurs des comptes, les Controoleurs des finances, les Clercs des comptes, le Juge, le Lieutenant du Baillif, les pauvres et mendiants, ce qu'il confirma étant Roy le mois de Mars 1478.

La mesme année, par une révison de feux, il y eut pour nobles en cette ville :

Petrement Aquin ;
Pierre Rolland ;
Claude Coct ;
Valentin Baquelier ;
Michel Cassart ;
Jean Chapuis ;
Drevon Sonnier ;
Antoine Vallier ;

Les héritiers de Jean de Guiffrey ;
Jean Baile, Président au Parlement ;
Mathieu Thomassin, Guy Pape, Jean de Ciserin, Guillaume Guillon, Jean de St Germain, François de Ciserin et François Portier, Conseillers.
Nicolas Erlant, Trésorier ;
Jean de Marolles, Président en la Chambre des Comptes ;
Jean Dorignac, Jean Jostelet, Auditeurs ;
Pierre Baile, Procureur général ;
Pierre Galbert, Vibalif de Graisivaudan ;
Philipes Gilles, Controoleur général ;
François Guiffrey, Procureur fiscal de Graisivaudan ;
Jean Portier, Procureur fiscal de la cour commune.

Par un arrest de ce Parlement, du dernier d'Aoust 1461, les Avocats et les Secrétaires du Parlement, sont déclarez exempts de tailles.

L'an 1465, le ban et l'arrière ban de la province fut convoqué en cette ville. Il se trouva en la bataille de Montlery où 54 Gentils-hommes furent tuez. Les Etats fonderent encore un anniversaire pour eux en la chapelle de St Louys, dans l'église des FF. Prescheurs, où leurs noms et leurs armoiries furent mis.

Par un arrêt du Parlement, du 16 Juin 1467, furent déclarez nobles et exempts de tailles en cette ville :

Drevon Saunier;

Jean du Motet et ses frères;

Pierre Rolland, attendu qu'il avoit fief noble et juridiction : marque que le fief ennoblissoit.

Les greffiers de la Cour des appellations, attendu qu'ils tenoient le greffe en fief.

Que les Avocats, pour estre exempts, marcheroient à l'arrière ban, autrement qu'ils contribueroient aux subsides.

Le 1er de Mars 1469 le roy Louys XI confirma les priviléges de cette ville.

Nous avons pour nobles, en cette ville, en 1470 :

Michel Cassart;
Antoine Vallier;
Antoine de Molene;
Jean de St Germain;
Jean de la Vilete;
Pierre Rolland;
Pierre Ancillon;
Guillaume Armuet;
Jean et François du Motet;
Ennemon Bovier;
Les hoirs de Drevon Saunier;
Jean Portier.

Le Parlement, par son arrest du 10 Mars, les desclara nobles et exempts de tailles.

François de Ciserin estoit juge du Dauphin en 1472, et l'évêque pourveut pour le sien Jean Motet, lui donnant pouvoir de se nommer un lieutenant.

L'an 1475, le roy Louys XI vint en cette ville. Par des lettres du 9 de Janvier 1475, il ordonna que tous les habitans du Graisivaudan, du Gapençois, de l'Ambrunois et du Briançonnois contribueroient aux frais des réparations contre le Drac pour empêcher la perte de la ville de Grenoble, déja commencée par les désordres que ce torrent y avoit faits; ayant gasté tous les chemins et ruiné toutes les terres dans l'étendue de 2 lieues; ayant abbatu une tour de la maison de la Trésorerie; que les eaux avoient passé par le jardin, renversé jusques aux fondemens des murailles et des tours de la ville, laquelle estoit en danger; que ses eaux passoient dans les fossez et, affin que les habitans de ces lieux fussent plus portez à fournir à ces frais, le roy leur donna les terres et héritages perdus par ces débordemens pour en disposer à leur volonté, pourveu qu'à l'avenir ils entretinsent les réparations.

Le Drac est un torrent impétueux qui prend sa source à dans le Gapençois, se jette dans l'Isère au dessoubs de cette ville. Il se déborde souvent et fait plusieurs désordres. Il avoit abbatu les murailles de Grenoble; le roy Louys XI, par ses lettres du 9 de Janvier 1477, rendues à la requeste des consuls, ordonna que tous les habitans du Graisivaudan, du Gapençois, de l'Ambrunois et du Briançonnois contribueroient aux frais des réparations. Il est parlé dans ces lettres que ce torrent avoit pery tous les chemins et toutes les terres, deux lieues audessus de cette ville, dans laquelle il avoit abbatu la tour de la Trésorerie, passé par le jardin, que la ville avoit esté en danger.

L'an 1477 Josse de Salignon, évêque, fit hommage au roy Louys XI.

Cette année, il tomba si grande quantité de neige que la pluspart des maisons furent enfoncées, et plusieurs vieillards moururent de faim à la campagne n'ayant peu sortir de leurs maisons. Elle tomba plusieurs fois jusques au 6 Mars.

L'an 1479 et le 24 de Février, le roy Louys XI exempta de tous péages, gabelles et autres droits les habitans et leur permit d'imposer à perpétuité des deniers d'octrois.

Cette année, Laurent Alleman fust élu évêque de cette ville. Il est juste que je célèbre sa mémoire, car c'estoit un des excellents prélats de son temps dont les ordonnances et les visites ont esté le modelle de tous ses successeurs. Il descendoit d'un nommé Alleman qui fut l'un de ceux qui servirent l'évêque Isarne à l'expulsion des Maures de son diocèse, et qui a donné le nom à cette famille dont j'ay dressé la généalogie, qui est assurément une des plus considérables de mon histoire généalogique dont j'ay donné quatre volumes au public. Celle-cy n'y est pourtant pas. Elle a cru qu'il suffisoit qu'on la tint pour noble sans qu'on sceut son ancienneté, et elle a fait peu de cas de cette destination. Les généalogies sont pourtant des monuments élevés à la gloire des familles, et qui font connoistre ses illustres ancestres. Ces sortes d'ouvrages sont assez du goust des sçavans bien qu'un certain fat des Baronnies m'ait dit un (jour) comme par reproche, que je n'estois capable que de faire des généalogies, voulant ainsy limiter mon sçavoir.

Ce digne prélat receut chez luy un Espagnol qui alloit à Rome, passant en cette ville le 22 de Juillet 1480. Il raconta à l'évêque le sujet de son voyage : qu'en un village de Castille des hommes, dansant dans une prairie, en une célébration de nopces, estoient demeurés immobiles et dans la posture de danseurs parcequ'ils n'avoient pas cessé de danser, le Saint-Sacrement passant, et qu'il alloit demander leur pardon au pape. J'ay tiré cette relation d'un registre de la Chambre des Comptes où elle est écrite.

On establit en 1482 une monnoye en cette ville. Le Gouverneur de la province en nomma les officiers.

Le 21 de Mars 1484, le roy Charles VIII créa en cette ville une charge de visiteur général de tous les cordonniers, cuiratiers et ordonnateurs de cuirs.

L'an 1484 fut tenu en cette ville un chapitre général des FF. Mineurs. Il fut composé de 100 religieux. Ils firent des processions jusques aux autres Eglises. En celle qui fust aux FF. Prescheurs, parurent à la suite un nombre de filles bien ornées qui donnoient des bouquets aux dames et de l'eau bénite aux personnes distinguées. C'estoit au mois de May.

L'an 1485 il y eut en cette ville une peste si grande que tout déserta et les rues devinrent   . Ce fust alors qu'on éleva l'hospital de l'Isle pour les pestiferez.

Le roy Charles VIII estant à Grenoble, en 1490, alla à la Grande Chartreuse et à Ambrun, et comme le chemin luy avoit esté montré par le chastelain de Grenoble, il luy donna 50 liv. par des lettres du 21 de Novembre. On luy fit un présent en argent et tous y contribuerent. Il toucha, et guérit 50 malades des ecrouelles en l'église des FF. Prescheurs.

Dans les notes de la *quest.* 82 de Guy Pape il est rapporté que le Code de Justinien avoit esté imprimé en cette ville l'an 1492.

Le Baron de Sassenage ayant fait des réparations contre le Drac, du costé de Fontaines, le procureur général luy fit procez, en 1493, pour les faire abbatre attendu quelles poussoient les eaux du costé de Grenoble, qui pouvoient l'inonder.

Le Seigneur de Sassenage voulant faire des réparations du costé de ses terres contre le Drac, il le luy fust défendu par le

Parlement l'an 1493, pour éviter une seconde inondation. Ce qui marque qu'il y en avoit eu une précédente.

L'an 1493 on fit un role de ceux de cette ville qui devoient contribuer pour les réparations du Drac. Les officiers du Parlement et de la Chambre des Comptes y furent compris.

L'an 1495 on répara la maison du Dauphin, proche l'Eglise St André.

Le roy Charles VIII passa en cette ville l'an 1495 revenant d'Italie. Ce fust en Octobre.

L'an 1501 Antoine de Rives vendit au Roy Dauphin la leyde du sel qu'il avoit en cette ville.

L'an 1502, et le 23 de Juin, le roy Louys XII arriva en cette ville allant en Italie, et mit le feu au bûcher la veille de la St Jean ; le Duc de Savoye l'y vint voir, et il receut les Ambassadeurs de Venise. Guy de Rochefort, son chancelier, entra au Parlement le 27 du même mois et présida en l'audiance.

Comme dans les Etats les consuls des villes y avoient séance, celuy de Vienne en disputa la préséance à celuy de Grenoble. Le Gouverneur de la province en voulut connoistre et prit pour assesseurs Falques d'Aurilac, président unique au Parlement, Bertrand Rabot et Antoine Carles, George de St Marcel et Aimar du Riva, ils l'adjugèrent à celuy de Grenoble l'an 1503.

L'an 1504, il ne plut point et la secheresse fust si grande que les fruits périrent tous.

L'an 1505 il y eut ici une grande peste.

Le Roy devant bientôt arriver en cette ville, l'an 1508 (1507), pour passer en Italie, Gaston de Foix, gouverneur de la province ordonna, le 28 de Mars de cette année, à Pierre de Bellefennieu, à Gabriel de Lupé, conseillers et maistres d'hostel du Roy, à Guigues Baudet, secrétaire Delphinal, et à Benoist Drevon de soigner et tenir les chemins de Grenoble à Suze en estat, pour le passage de ce Roy qui devoit bien tost arriver en cette ville.

Par des lettres du Roy, du 5 de Mars de cette année, il supprima toutes les monnoyes de cette province, à la réserve de celle de Grenoble.

Le 27 de May 1507 le Roy et la Reyne arrivèrent en cette ville.

Le comte Conrad de Plaisance et quelques seigneurs Milanois

ayant fait soulever la ville de Milan en faveur de Louys Sforce, furent faits prisonniers et envoyez au Parlement de Grenoble pour estre jugez. Ils demandèrent pardon, et Chaffrey Carles président, fit accommodement qui leur cousta cent mille escus d'or de Roy.

L'an 1510, le cardinal d'Amboise, allant en France comme légat du Pape, passa en cette ville et présenta ses bulles au Parlement pour les vérifier.

Le 12 de May 1511, ils (le roi et la reine) y arriverent encore et le Roy y receut le grand estendart du Pape pris en la ville de Bologne par Charles Alleman, Seign. du Molar. Il estoit d'un satin rouge de 5 toises de longueur et de 4 de largeur; les armoiries du Pape estoient au milieu en broderie.

L'an 1512 le roy Louys XII passa en cette ville avec Anne de Bretagne, son épouse, allant en Italie, qu'il y laissa, et toucha plusieurs malades en l'église des FF. Preschéurs.

Le Gapençois, qui estoit du ressort du Parlement de Provence, fust donné à celuy de Grenoble, et Gabriel Desclaffenatis qui estoit évêque de Gap, vint en cette ville pour faire hommage au Roy Dauphin, ce qu'il fit, le 14 de Janvier 1515, pour le temporel de son évêché, pour ce qu'il possedoit en propriété et en fief aux terres du Glesier, de Noyer, de Villeneufve, de Poligny, de la Bastie Vieille, de la Bastie Neufve, de Letret, de Chasteau Vieux, de Rambaud et de Lazer.

Les Etats s'assemblèrent en cette ville, et en une salle du palais épiscopal, en 1520, et délibérèrent de donner un don gratuit au Roy de 30,000, et 6,000 liv. au gouverneur de cette province.

Je remarqueray que dans cette salle, qu'on appelle des Etats, sont peintes des armoiries de plusieurs familles nobles de cette province.

Ils s'y assemblèrent encore en 1524 et délibérèrent de quelle manière on devoit s'opposer aux desseins de l'Empereur qui menaçoit d'envahir cette province, la supposant estre de l'empire.

En 1525 et 1526, les rivières du Drac et de l'Isère s'estant debordées innondèrent cette ville (au 5 *generalia* fol. 1).

La mesme année Meraud Morel, conseiller au Parlement, dressa des statuts pour elle.

La mesme année, fut porté à Grenoble le corps de Pierre de

Terrail, chev. Bayart, tué en Italie, qui fut porté en l'église des Minimes de la Plaine où Pollod St Agnin luy a dressé un épitaphe.

L'an 1526, les Lutheriens commencèrent d'y paroistre et d'y enseigner leurs dogmes; le Parlement les en chassa.

L'an 1527, les Estats assemblez en cette ville accorderent un don gratuit de 10,000 escus pour le rachat du Dauphin détenu en Espagne.

L'an 1529, au mois de Novembre, le comte de St Paul, gouverneur de cette province, y créa trois foires franches.

La mesme année la disette fut si grande que le bled froment, qui ne valait que 20 s. le sestier, fut vendu 12 florins. Une grande pesta la suivit.

Pierre Bacquelier, gentilhomme de la Buissière, estant en cette ville, fit une donation, le 30 de May 1532, d'une maison qu'il avoit à Paris pour y loger les Dauphinois qui y estudieroient, et en laissa la nommination au Parlement qui, le 17 de May 1637, en donna la direction à Antoine et Pierre Perrot, grenoblois, estudiant alors à Paris.

Les Faux bourgs de St Laurent et de la Perriere n'estoient point clos de murailles et il n'y avoit aucune porte, on en fit élever une à la Perriere, l'an 1533, et on la costoya au bord de l'Isère d'une grosse tour. Le tout a esté abbatu en l'agrandissement de 1602.

Maximilien Sforce, cy devant duc de Milan, estant mort, ses biens furent mis en discution, et l'affaire fut remise à des commissaires tirez du Parlement de Grenoble qui la jugèrent le dernier de Mars 1533. J'y remarque deux choses : l'une que le Roy fut condamné à payer à ses héritiers la somme de cent soixante huit mille huit cent quarante huit livres dix sols, du reste d'une pension que Sa Majesté luy avoit promise, lors de la reduction du chasteau de Milan, le 4 d'Octobre 1515, ce qui est historique; l'autre que le nommé Claude de la Croix, sieur de Plancy?, fust débouté d'une promesse que Sforce luy avoit faite de luy payer un camaieu lorsqu'il seroit pape, ce qui est singulier.

Le Gouverneur ordonna, le dernier d'Aoust 1538, que tous les habitans du Graisivaudan vinssent travailler aux fortifications de cette ville, ou y envoiassent.

Il y a un procez, en la Chambre des Comptes de cette année, entre le fermier du peage et les habitans qui pretendoient en être exempts.

L'an 1540 l'on répara les fortifications de cette ville et les commissaires ordonnèrent, le 15 de Janvier, qu'on mettroit des faisceaux et le bois nécessaire partout.

On continua de faire réparer les fortifications et d'en faire de nouvelles en 1540, et les commissaires permirent pour cela de prendre des faisceaux et des   .

Le Parlement, par une ordonnance du 15 de Décembre 1541, décharge de tous peages les marées et poissons de mer apportez en cette ville.

Le 5 de Juin 1545, les consuls albergèrent à Jean et à Gaspard Fleart 53 sestérées d'isles ou deperissement du Drac.

L'an 1547, mourut Michel de Guiez, second président au Parlement, dont je dois célébrer la mémoire parceque cestoit un homme si charitable qu'il se servoit même de ce quy luy estoit nécessaire pour sa nourriture, affin de le donner aux pauvres dont sa maison estoit toujours remplie; et il mourut si pauvre luy mesme qu'on ne luy trouva pas après sa mort de quoy pour faire ses funérailles que le Parlement fit faire à ses fraix.

L'an 1551 on dressa en cette ville le papier terrier du Roy Dauphin.

Le 16 de Janvier 1554, les Etats assemblez, en cette ville, délibérèrent que tous les ecclésiastiques et gens de robe de cette ville seroient exempts de toutes contributions pour tous leurs biens, tant nobles que ruraux, et mesme de l'arrière ban; que seroient aussy exempts les officiers du Parlement, de la Chambre des Comptes; comme aussy il fust accordé que les Chapitres, les Collèges, les Communautez ecclésiastiques ayant des fondations pieuses seroient tenues de se dessaisir des biens ruraux immeubles qui leur seroient cy après donnez ou laissez par le tiers Estat, à quelque titre que ce fust, dans 2 ans accomplis à compter du jour que lesdits immeubles fleur auroient estez donnez; et, à faute de ce, qu'ils seroient acquis aux habitans des paroisses où ils seroient situez sinon aux plus prochains, et, quant aux affaires communes, que les ecclésiastiques et les nobles contribueroient aux réparations des ponts, des fontaines, chemins publics, murailles et autres dépenses communes.

L'an 1555, le Tiers Etat s'assembla en cette ville pour délibérer sur les différents qu'ils avoient contre les 2 autres ordres.

L'an 1560, le calvinisme commença de s'introduire dans cette ville, et comme plusieurs de ceux qui avoient embrassé cette religion avoient pris les armes, André Maximi, avocat, fut commis par le Parlement pour informer contre eux. Ce qu'il fit en Décembre de cette année.

L'an 1561, les protestans y firent de grands désordres soubz François de Beaumont, baron des Adrets; j'en ay un journal.

Ce baron des Adrets estoit François de Beaumont dont j'ay escrit et fait imprimer la vie.

Le Parlement ne se sentant pas en seureté se retira à Chambéry.

Le Parlement fit un arrest, le 4 de May 1562, par lequel il défendit d'ensevelir les corps morts des protestants aux cimetières des catholiques, et qu'aux obsèques il n'y eut que 10 parents ou alliez sans pompe n'y cérémonie.

L'an 1562 les protestans firent leur temple de l'église de Ste Claire, mais en 1563 ils en bâtirent un, et ils furent admis au consulat, ce qui a continué jusques à la suppression de l'Edit de Nantes.

L'an 1565 Christophle Joubert, M^e des Comptes, fut commis pour dresser un réglement de police. Il le fit le 28 de Juin 1566.

L'an 1573, le sçavant Cujas fut fait conseiller au Parlement de Grenoble.

L'an 1574 commença la ligue. Le Dauphin d'Auvergne, fait gouverneur de cette province, receut en présent de cette ville une coupe d'argent doré du poids de 15 marcs et de la valeur de 150 escus.

Le Parlement de Grenoble fit un arrest, le 10 Juin 1575, par lequel toute beste chargée, entrant dans cette ville par la porte de Trescloistre, payeroit un denier pour le péage. Cette porte estoit alors où est une voute du palais épiscopal proche des Récollets.

L'an 1578 les Estats furent tenus en cette ville. L'archevêque d'Ambrun y voulut présider, au préjudice de l'évêque, mais il en fust debouté.

Jean Truchon, premier président du Parlement, fonda un collège en cette ville, et donna pour cella 400 escus d'or pour l'entretènement d'un professeur. Il en donna le soin à François du Faure, procureur général, et aux consuls de la ville. Ce fust par son testament. Macé de Basemon, président en la Chambre des Comptes, son héritier, y satisfit.

Gordes, lieutenant de Roy en cette province, et le Parlement ordonnèrent, ladite année, que chaque habitant auroit sur soy une espée et une dague.

Le 21 de Janvier 1579, la reyne Caterine de Médicis arriva en cette ville suivie du Cardinal de Bourbon, du Duc de Mayenne, et du Maréchal d'Amville. Le Duc de Savoye l'y visita.

Le Duc de Mayenne, fait gouverneur de cette province, fit son entrée en cette ville le 21 d'Octobre de cette année. Il y fut receu avec le bruit de la mousquetade. La duchesse y accoucha d'un fils le 3 de Décembre. Il permit d'y fabriquer des liards pour la commodité du commerce.

L'an 1580, mourut en cette ville Henry Corneille Agrippa dans la maison de François de Vachon de la Roche, president au Parlement. Il laissa un fils nommé comme luy dont j'ay veu une requeste présentée au Parlement pour sa noblesse où il est dit que son père avoit esté historiographe et chancelier de l'Empereur Charles-Quint. Il fut ensevely dans l'église des FF. Prescheurs de cette ville.

L'an 1582 il y eut icy, pour garnison, 50 Suisses et 200 François.

La peste y fust, mais de peu de durée.

Le 9 des kal. de Juin, et la 4ᵐᵉ (année) du pontificat du pape Clément, il fut permis de démolir l'église paroissiale de St Jean. Il y fut procédé en 1582. Bien que la bulle portat que le service seroit fait en l'église de St André, neantmoins on la joignit à celle de St Hugues, et c'est aujourd'huy celle de l'église de St Louys bien et élégamment bastye proche de la porte de Bonne.

Au commencement de l'an 1583 les Estats s'y assemblèrent, ce fust le lendemain des Roys. Il y eut, de la part du Roy, Philipes de Luc, évêque de Nantes, Louis Chastanier, La Rochepolay, Baulat et le Comte. Ils leur demandèrent 37,000 liv. au dela des charges ordinaires.

Le roy Henry III estant mort en 1584, Lesdiguières et d'Ornano se joignirent pour soustenir les prétentions de Henry de Bourbon, roy de Navarre ; les consuls et habitans de cette ville n'en firent pas de mesme et se rangèrent du party de la Ligue; et par une délibération, faite en l'hostel de ville le 29 de Septembre, se résolurent de n'obéir qu'a un Roy catholique tel qu'il seroit esleu par les estats du royaume. Ils y furent exhortés par une bulle du pape. Le Parlement fut divisé. Cella dura jusques en 1589 que le Roy ordonna aux officiers qui luy estoient fidelles, par ses lettres du 5 de Février, d'aller à Romans.

Charles Emmanuel de Lorraine, Comte de Sommerive, fils de Charles de Lorraine Duc de Mayenne, Gouverneur de Dauphiné, et de Henriette de Savoye, naquit en cette ville la mesme année 1584.

L'an 1586 la peste emporta plus de la moitié des habitans.

L'an 1588, Lesdiguières fit construire le fort de Bosancieu auprès de cette ville.

L'an 1590, Lesdiguières prit cette ville contre la Ligue après l'avoir battue et mis à bas, à coups de canon, la tour du pont.

Par une ordonnance de la Chambre des Comptes du 16 Décembre 1592 il fust défendu de sortir de cette ville or ny argent moneyé ou non.

Le Parlement estoit divisé, et partie estoit à Romans, l'autre estoit resté à Grenoble. Il se réunit après la prise de cette ville.

Le roy Henry IV, par ses lettres du dernier de Juin 1594, ordonna de transférer les prisons de Portetreyne proche du palais, comme elles étaient en toutes les autres villes, et que la maison seroit vendue.

L'an 1594 des Ambassadeurs de Venise, allant en France et passant en cette ville, siégèrent au Parlement en la place des prélats. Ce fust un lundy de Décembre, dit Expilly, *plaid*. 32.

L'an 1597 il y eut encore une grande peste en cette ville.

L'an 1600, le roy Henry IV vint en cette ville et assista en une procession génerale qui se fit la feste du S. Sacrement.

Il décida un différent que le Parlement avoit fait naître voulant que le corps de ville eut son rang après luy, bien qu'il fust en possession de le précéder aux processions, et le Roy le confirma.

Ce fust en cette ville que son contrat de mariage, avec Marie de Médicis, fut conclu.

L'an 1601, la paix qu'il avoit faite avec le Duc de Savoye, fut publiée en cette ville, au son de 20 trompettes. Je remarqueray que les articles en avoient esté couchez par Jean de la Croix de Chevrières, président au Parlement, lequel estoit veuf et s'estant fait ecclésiastique, eut pour recompense l'Eveché de Grenoble.

L'on commença en 1602 des murailles pour une nouvelle enceinte, en vertu des lettres du Roy de 1596. On n'avoit point encore travaillé à celles de la montagne.

L'an 1606, on abatit les maisons qui estoient au ban de Mal Conseil pour en faire une place.

Le Roy, par ses lettres du 11 de Novembre 1606, ordonna qu'on mettroit les ruës de cette ville à niveau et de la largeur convenable, qu'on abbatroit les maisons qui faisoient quelque irrégularité.

Henry, par ses lettres du 16 de Mars 1607, ordonna que l'on continueroit l'embellissement et l'agrandissement et qu'on y comprendroit la montagne de Chalemon. La commission en fut donnée à Macé de Basemon, président de la Chambre des Comptes, François de Gratet, trésorier, et à Jean de Frene?, aussy trésorier, quy y procédèrent au mois de Juin 1608.

Par d'autres lettres du mesme jour, il fust ordonné à ceux qui avoient des places en cette nouvelle enceinte d'y bastir incessament, autrement de les vendre, et en ce cas les lods réduits en 12 d.

L'an 1619, Victor Amédée, Duc de Savoye, ayant espousé Christine, fille du roy Henry le Grand, elle passa en cette ville pour aller en Savoye.

L'an 1622, il fust permis aux cordonniers de cette ville de faire des statuts entre eux. Ce fust par arrest du Parlement.

L'an 1623, le roy Louys XIII vint en cette ville. Par un arrest du Parlement du 21 de May de cette année, les bouchers de cette ville ont esté desclarez exempts de tous péages pour le bétail destiné à la nourriture des habitans.

L'an 1649, Elisée Isoard, sieur de la Madeleine?, conseiller au parlement d'Orenge, fit hommage en la Chambre des Comptes au Roy, pour et au nom de Philipes Guillaume de Nassau, prince d'Orenge, où il se déclare homme lige du Roy Dauphin, à cause de son Dauphiné, reconnait de tenir de luy, en fief franc, noble, gentil et bien conditionné, paternel et rendable les terres, seigneuries et juridictions d'Orpierre, Trescloux, Montbrison, Curneyer, et parerie de Novesan, plus les terres, fiefs, rentes et autres droicts du chasteau de Montrevel, du Bourg de Champagnole, de Villars, de St Germain, de Montoux et de la Raye, de la ville de Pasquiers, celle de   , celle de   , au diocèse de Besançon, etant dépendances de sa baronnie d'Arlay en la Franche-Comté, et de tous les autres biens que tenoit de luy Jean, seign. de Cuzel, en ces lieux, et promet d'estre fidelle sujet du Roy.

L'an 1651 arriva dans cette ville un grand débordement de la rivière de l'Isère; il crut 24 heures, et il en fallut autant pour qu'il n'y eut plus d'eau. Les basteaux allèrent dans les rues, et les arcs des boutiques ne paroissoient point.

Le Parlement a fait des arrests pour la police de cette ville en 1654, en 1665, en 1672, en 1686.

Il en fit un en 1656 de règlement entre le juge et les consuls.

L'esté de 1663 s'est passé en des pluies continuelles, tellement que l'Isère et le Drac ont débordé, et dans une partie des rues de cette ville il y a eu de l'eau à porter bateau. Un jour de dimanche, et dans la rue Neufve, on fut obligé d'ouir la messe, par les fenestres, qu'on dit en un autel que les Pères Jésuites avoient élevé à la porte de leur Eglise. C'est en Octobre.

L'an 1654, passa en cette ville le cardinal Chiesi allant en France, en qualité de nonce, pour faire la réparation, au nom de sa Sainteté, de l'outrage fait à un des domestiques du duc de Créquy, ambassadeur à Rome.

Le 7 Janvier 1665, a passé en cette ville Nicolas Fouquet conduit à Pignerol pour y estre prisonnier, ce furent des mousquetaires qui le conduisirent.

La même année, le froid fut si grand qu'il n'y a point d'arbre qui eschapat de la gelée. Il en mourut 7 Religieuses à Ste Claire.

Le père Dominique Ottoman, frère prescheur, y mourut en 1667.

L'an 1673 il y a eu encore une inondation du Drac qui a remply d'eau une partie des rues.

L'an 1682 on a abbatu le temple des protestans de cette ville.

Le 11 May 1683, est mort Denys de Salvaing, seign. de Boissieu et de Vinay, premier président en la Chambre des Comptes de Grenoble, autant amy des sciences qu'il l'estoit des muses, sçavant et docte luy mesme en toutes sortes de sciences comme le témoignent les ouvrages qu'il a donnez au public. Bien qu'il eut 83 ans, tout le monde regretta sa perte parce que les hommes de ce mérite et de cette érudition ne devraient jamais mourir. Il s'est rendu immortel par ses beaux ouvrages, mais je luy dois ce souvenir des bontez particulières qu'il a eu pour moy.

L'an 1686, les consuls de cette ville ont fait poser le buste du Roy sur la porte de l'hostel. La mesme année Estienne le Camus, Evêque, fut Cardinal.

En 1689, il pleut en cette ville des goutes d'eau rouges comme du sang.

L'an 1691 il y eut un tremblement de terre.

La mesme année, un Archevêque grec a séjourné quelques jours en cette ville et y a dit la messe. Il se disoit archevêque de Betleem.

La mesme année on a fait creuser les fossez de cette ville et rendu les bastions libres estant occupez par des jardins. On y a aussy restably les murailles et fait des guérites.

L'an 1698, on a mis des lanternes en toutes les rues, pour éclairer la nuit despuis la feste de St Luc jusques au 25 de Mars.

L'an 1701, entrèrent dans cette ville le duc de Bourgogne et celuy de Berry, fils du Dauphin.

La mesme année on a ouvert la monnoye en cette ville, et on en a fabriqué où les armes de France et de Dauphiné sont escartelées d'un costé, suivant les privileges de la province, et plusieurs patentes de Charles V, Charles VI, Charles VII et Louys XI.

L'an 1706, le duc d'Orléans, revenant de commander l'armée d'Italie, fit quelque séjour en cette ville en Octobre.

Le 12 Septembre 1707, est mort Estienne le Camus, Cardinal de la Sainte église romaine, évêque de cette ville, regretté de son clergé et de tout le peuple de son diocèse; l'un des plus élèbres et illustres prélats de la Chrétienté tant par sa droiture que par ses mœurs; qui avoit toujours les yeux ouverts sur ses ouailles et qui soullageoit les misérables en leurs nécessitez; regretté auprès de son clergé où il ne mettoit que des ecclesiastiques capables de régir leurs églises; chagrin de tout ce qui pouvoit luy faire quelque profit, et bien qu'il eust des droits de visites, de synode, d'expédition, il n'en exigeoit jamais aucune chose, ayant toujours vescu dans la retraite, la pénitence et l'austérité d'un chartreux, qui n'avoit point de favory; qui n'escouta jamais les flateurs n'y ceux qui l'aprochoient que lorsqu'ils luy proposoient des bienfaits, qui en a laissé après sa mort et par son testament si grands, si considérables que ses fondations rendront sa mémoire éternelle. Un grand génie, un esprit sublime, d'un grand discernement qui aimoit les gens de lettres, mais encore mieux les véritables dévots. Il avoit voulu laisser une connaissance parfaite de l'ancienneté des droicts, des prérogatives, du lustre et de la puissance de son Eglise, m'ayant chargé d'en escrire l'histoire, m'ayant communiqué tous les titres de ses archives, et en ayant trouvé un grand nombre dans la Chambre des Comptes, je l'ay achevée après sa mort, et je luy destine le sort de bien d'autres ouvrages qui est de périr dans la poudre de mon cabinet. Lorsqu'un prélat est illustre par sa naissance et par son mérite, il n'a pas besoin de la gloire de son Eglise.

L'an 1708, l'alarme a esté dans cette ville à cause de l'aproche du duc de Savoye.

L'hyver de 1709, depuis Noel jusques à Pasques, a esté fort long et très cuisant. Les grains ont esté pourris en terre ou gastez, la disette grande et le quintal de bled froment a esté jusques à 9 liv. 10 s. ce qu'on n'avoit jamais veu.

La misère a esté si grande dans les villages que les pères n'ayant pas de quoy, pour nourrir les enfants, les obligeoient de venir dans les villes chercher du pain, et eux se contentoient de manger des racines des forets et des herbes des prez. On vit les rues des villes remplies de ces pauvres petits enfants. Il est vray que la charité y a esté grande et dans Grenoble, le Parlement, la Chambre des Comptes, le bureau des finances, les avocats ont fourny de quoy leur faire donner quelques alimens. Les plus riches des paroisses se sont cotisez, on a veu surseoir les exécutions et les demandes des créanciers, et celuy-la eut passé pour barbare et inhumain qui auroit voulu faire des exécutions pour estre payé de ce qu'on luy devoit.

Les armes de cette ville sont de gueules à trois roses d'or.

Note dont le manuscrit n'indique pas la place.

Ce prince avoit un conseil en cette ville auquel il renvoya un différent qui estoit entre Guigues de Morges et les officiers de Vizille, le 10 d'aoust de cette année. Les conseillers sont nommez :

Guillaume Alleman;	Nicolas Arsac;
Guy de Grolée;	Jean Humbert:
Guigues de Morges;	Hugues de Luis;
Lantelme Aynard;	Pierre De......;
François de Theys;	Estienne Roux;
qualifiez Chevaliers.	qualifiez Jurisconsultes.

FIN DE LA DESCRIPTION HISTORIQUE DE LA VILLE DE GRENOBLE.

TABLE

DE LA DESCRIPTION HISTORIQUE DE LA VILLE DE GRENOBLE.

	Pages.
Description	241
Portes	245
Rues	246
Places	248
Églises	248
Couvents	250
Paroisses	252
Chapelles	253
Hôpitaux	254
Ponts	255
Hôtel de Ville	255
Fief	256
Foires	256
Université	256
Gouverneurs	256
Parlement	257
Chambre des Comptes	257
Bureau des Finances	257
Bailliages	257
Élection	258
Inscriptions romaines	259
Évêché	271
Familles nobles	273
Événements	274
Note	287

L'HISTOIRE

DES COMTES

DE GRAISIVAUDAN ET D'ALBON

DAUPHINS DE VIENNOIS.

L'HISTOIRE

DES COMTES

DE GRAISIVAUDAN ET D'ALBON

DAUPHINS DE VIENNOIS.

Après la mort des Charles Constantin, petit-fils de Bozon, qui avoit commencé le second royaume de Bourgogne dont le Dauphiné faisoit une partie, les Empereurs qui s'en emparèrent, se trouvant engagés en des guerres continuelles contre les Papes, se confièrent si absolument à la conduite des Gouverneurs qu'ils avoient establis en plusieurs endroits, que leur pouvoir s'estendit à s'en faire souverain. Tels ont esté les comtes de Maurienne, de Provence, d'Albon, de Suze, de Salmoranc, de Forcalquiers, de Valentinois et de Diois, princes d'Orenge et autres.

Le comte de Maurienne, ou de Savoye, usurpa tout le pays de l'Allobrogie où le Viennois estoit compris, et sa domination s'estendoit jusques à la Coste S. André et à Voyron qui n'est qu'à trois lieues de la ville de Grenoble. Le comte de Forcalquiers eut l'Ambrunois et le Gapençois; le comte de Provence, ce que nous appellons les Baronnies, fust de sa domination; le comte de Suze joignit à son Estat, appelé Suze, le Briançonnois; le comte d'Albon occupoit tout ce qui est aujourd'huy du ressort du bailliage de Saint Marcellin qu'on appela Viennois Valentinois, et le comte de Salmoranc fust le souverain de seize paroisses. Tous ces pays composent ce que nous appelons aujourd'huy Dauphiné. Je feray voir, à la suite, comment nos comtes de Graisivaudan et d'Albon, Dauphins de Viennois, les ont acquis.

Nicolas Chorier, qui a donné au public deux volumes de l'histoire de cette Province, a escrit en plusieurs endroits sur des simples conjectures : car il est faux que Guigues, comte, qui parut en la journée de Ravenne ait esté comte de Graisivaudan, comme je le feray voir en parlant du premier de ces comtes. Ce nom de Guigues et la qualité de comte luy ont donné lieu à cette supposition.

1er Degré.

GUIGUES I,
Comte de Graisivaudan.

Après la décadence du dernier royaume de Bourgogne, et mesme de celle de l'Empire qui fust démembré par l'usurpation de petits souverains, comme je viens de remarquer, les prélats ne furent pas moins hardis et s'emparèrent aisément des pays qui composoient leur diocèse; l'évêque de Grenoble en fust un; et, jusques à Ebbon, ils ne relevoient que de l'Empire. C'est la raison pour laquelle ils prennent le titre de Prince. Pendant le siége de cet Ebbon, qui estoit environ l'an 955, les Maures vinrent en ce diocèse et s'emparèrent de tout le Graisivaudan et particulièrement de la vallée, qu'on appeloit la vallée Profonde, et que le roy Louis XII estant en cette province, l'an 1502, appela *le plus beau jardin de France*, à cause de sa beauté et de sa bonté. Ils y demeurèrent jusques environ l'an 960 sans qu'aucun évêque osât y venir, car Ebbon, Reynier, Isaac, Acher et Isarne restèrent tousjours à S. Donnat où l'archevêque de Vienne leur permettoit de faire les fonctions episcopales.

Cet Isarne, plus hardy, estant Danois, appela à son secours plusieurs nobles de son pays avec l'ayde desquels il chassa les Maures.

Ce furent, entr'autres, Aynard, Alleman, Cono, Artaud et autres qui ont donné le nom à leurs familles qui subsistent encore.

Quelques années avant cette expulsion des Maures, Guigues, qui estoit de quelque considération dans le pays, s'impatronisa parmy eux et voulurent bien luy donner le titre de comte de

Graisivaudan. L'évêque Isarne ne s'y estoit pas attendu et il fust estonné lorsqu'il trouva ce nouveau comte armé pour luy disputer la souveraineté de ce petit pays, qui s'estendoit partie dans l'Allobrogie et partie dans les Voconces, dont la ville de Grenoble estoit le principal lieu. L'absence des évêques, et peut estre le peu de disposition à vouloir estre soubs la domination d'un homme d'église, fit que l'évêque trouva peu de ses suiets à vouloir suivre son party. Il avoit véritablement esté soutenu par eux, et mesme nostre Guigues y avoit paru, mais il n'estoit point connu soubs le titre de comte de Graisivaudan qu'alors qu'il fust question de le disputer à l'évêque. Il y eut quelques combats entre eux, mais le prélat ayant esté le plus faible fit de necessité vertu et, par un accommodement qu'il fit avec Guigues, il l'admit au pariage de Grenoble et de Graisivaudan.

Il en protesta par un acte qu'il fit en présence de plusieurs personnes qui est aux archives de l'évêché et que Chorier a donné au public en son 3e volume de l'estat de cette province.

Voila donc le premier des comtes de Graisivaudan. Chorier a veu l'acte, et on a lieu d'estre surpris qu'il ait introduit, parmy ces comtes, le Guigues de la journée de Ravenne.

Guichenon, en l'histoire de la maison de Savoye, n'a pas esté si hardy, car il introduit celui-cy comme le premier de la race de nos Dauphins et l'appelle comte d'Albon, parce qu'en effet il l'estoit, l'empereur Othon luy ayant inféodé cette comté, après la mort d'Aymeric, dernier comte, bienfaiteur de l'église de Romans, comme je l'ay appris par un de ses chartulaires.

Chorier semble vouloir douter qu'il y eut eu des comtes d'Albon autres que nos Dauphins, parce que personne ne l'a escrit, mais les chartulaires que j'ai veu en font mention de plusieurs qui ont esté les bienfaiteurs de l'église de Romans et particulièrement de cet Emeric qui en a esté le dernier.

Je dis, après Guichenon, qui l'a tiré des chartres de l'abbaye de Cluny, que ce Guigues donna l'an 940, à l'église de Romete, en Gapençois, des domaines qu'il avoit en Champsaur, voisin du Graisivaudan, ce qui peut nous faire croire que Guigues en estoit originaire. Il eut pour fils Guigues et Humbert, évêque de Grenoble.

2ᵉ Degré.

GUIGUES II,

Comte de Graisivaudan et d'Albon, surnommé le Vieux.

Nous avons deux titres pour justifier de son existence.

L'un est tiré d'un chartulaire de l'abbaye de S. André de Vienne en ces termes :

Pro remedio senioris nostri domni Wigonis et Fredeburgiœ, etc., regnante Rodulpho rege.

En une autre chartulaire, il y a une chartre, où, sur la fin, sont ces mots : *S. Wigonis comitis, fratris episcopi Humberti.* Comme ce chartulaire est de l'évêché de Grenoble, cet Humbert ne peut estre qu'évêque de cette église.

Frédéburge fut sa femme, de laquelle il eut trois enfants :

1. Guigues qui continue ;
2. Humbert, évêque de Valence, fit une donation à Odillon, abbé de Cluny, l'an 991 ;
3. Guillaume.

3ᵉ Degré.

GUIGUES III,

Comte de Graisivaudan et d'Albon.

Son existence est prouvée par une chartre d'un autre chartulaire, aussi bien que celle de sa mère et de ses frères, en ces termes :

Damus Humberto episcopo eiusque matri fratrisbusque et nepotibus Wigonis bonœ memoriœ Humberto Wigoni, Willermo mediatem capelli de Moras, etc. Datum VIII id. junii, luna X, indict. V, anno ab incarnat. Dom. D.CCCLXXXXV. regnante dom. Rodolpho rege.

Chorier luy donne pour femme une Gotelene et ne dit pas de quelle famille elle estoit ; mais je l'ay trouvée en une ancienne généalogie de celle de Poitiers qui marque qu'elle estoit fille de

Geislon II, comte de Valentinois, et de Gotelene, sa femme, et qu'elle fust mariée à Guigues, comte de Graisivaudan.

Chorier dit qu'il fit le voyage à S. Jacques de Galice, en 1107. Je ne sçay point où il a trouvé ce voyage. C'est au 2ᵉ tom. liv. 1. sect...., Il raconte en mesme temps une fable de son saint Jacques.

4ᵉ Degré.

GUIGUES IV,

Comte de Graisivaudan et d'Albon.

Adelaïs de Saluces fust sa femme, elle estoit fille de....(1).

Chorier n'a pas sceu de quelle famille elle estoit, mais comment elle aporta pour dot à son mary le Briançonnois, j'ay trouvé un titre en la Chambre des Comptes, que je raporteray en son rang, sur quelques différents qu'eut le Dauphin, qui vivoit alors avec le comte de Savoye qui tenoit alors Saluces, au sujet de quelques terres que l'un et l'autre prétendoient. Elle fust la tante d'Adélaïde de Suze, héritière de cet Estat, qu'elle porta à Odon, comte de Savoye, son mary. Elle est mentionnée en un chartulaire de Saint Pierre de Vienne, aussy bien que son mary, son fils Guigues, et Pétronille, sa femme, en ces termes :

Guigoni vero quem supra diximus majori qui postea effectus est monachus, centum solidos tribui et Adelaïdæ comitissæ et alii Guigonis filius illius Guigonis, quem supra diximus, quinquaginta solidos et uxor ejus Petronillæ. Actum est hoc apud Gratianopolim, mense Aprilis, sexta feria luna vicesima nona ab incarnationis millisimo quinquagesimo.

Il est appelé *monachus* et en effet il le fust à Cluny, selon Blondel qui commence à luy la généalogie des comtes d'Albon.

Il fit le voyage de Rome et se trouva dans cette ville lorsque le pape, en 1127, confirma la donation que l'évêque de Valence, Humbert, avoit faite à Odilon, abbé de Cluny, selon Guichenon.

---

(1) Hierome Mainfroy, marquis de Suze, disait le ms.: mais ces mots ont été biffés.   H. G.

5ᵉ Degré.

GUIGUES V,

Comte de Graisivaudan et d'Albon.

Pétronille fust sa femme, comme je l'ay remarqué. Aucun historien ne nous a rien apris autre de luy; mais, dans un registre de la Chambre des Comptes, intitulé *Primus copiarum*, cotté A fol. 169, il y a une donation qu'il fit, l'an 1042, au monastère de S. Laurent de Grenoble et à l'église des Échelles, d'un mas, entre autres choses, appelé de S. Pierre, en présence d'Amédée et d'Odon, ses enfants, inconnus à Chorier et aux autres. Il eut donc :

1 Guigues qui suit.
2 Amédée.
3 Odon.

6ᵉ Degré.

GUIGUES VI,

Comte de Graisivaudan et d'Albon.

Chorier n'a pas sceu le nom de sa femme. Blondel dit qu'elle avoit nom Gothelene; Guichenon le dit aussy et ajoute qu'elle est enterrée avec luy en l'église de Cluny où ce Guigues s'estoit fait moine. C'estoit ordinairement la retraite des vieux princes de cette maison, et nous en donnerons d'autres exemples à la suite. Ce fut dans le prioré de S. Robert, de cet ordre, à une lieue de Grenoble, comme je le prouveray bientost.

Il est parlé de luy en divers actes.

Césanne est dans le Briançonnois qui lui appartenoit.

Il donna aux chanoines d'Oulx ce qu'il possedoit en cette ville l'an 1053. La donation est rapportée dans un inventaire des papiers de Cluny. Guichenon la publia en sa *bibliothèque sebusiane* où Guigues parle ainsy « *Ego Guiguo, comes, qui vocor senex, atque filius meus Guiguo pinguis.* »

Dans un ancien chartulaire on trouve la fondation du prioré de Moirane de l'an 1105, où le fils de celui-cy y ayant adsisté il y est dit que Guigues, comte, fils de Guigues le Vieux, avoit adsisté : *Guigo comes filius Guigonis veteris.*

Dans le martyrologe du prioré de S. Robert : *X. kal. maii, Guigo comes qui cognomine est vetus.* En celuy de S. Maurice de Vienne : *X. kal. maii, obiit Guigo comes qui dedit sancto Mauritio meliora Candelabra et ad restaurationem circuli capitis sancti Mauritii tres libras auri et calicem minorem aureum et duo pallia et duo cartina.*

J'ay trouvé, dans un chartulaire de Domène, que, l'an 1106, Guigues, comte, avoit fait une donation à ce monastère où sa mère estoit enterrée, sans dire le nom.

Il fust père de Guigues, de Guy-Raymond, de Richard, d'Armand et d'Adélaïde.

7e Degré.

GUIGUES VII,

Dit le Gras, comte de Graisivaudan et d'Albon.

Chorier, Blondel, ny les autres, n'ont pas sceu le nom de sa femme, mais je l'ay trouvé en un chartulaire du prioré de Domène où, dans une chartre, il y a une donation que luy avoit faite ce comte, où, à la fin : *fuerunt testes uxor domini comitis regina et soror ejusdem comitis, Adelaida.*

Une ancienne généalogie qui est en la Chambre des Comptes de Grenoble, au livre *Copiarum gratian.* fol. 27, la commence à ce Guigues le Gras, dit qu'il vivoit l'an 1135, que cette reyne, sa femme, estoit fille du roy de Castille. Ce mot de reyne estoit plustost un titre, ou une marque de son extraction qu'un nom de baptesme car, par une concession qu'elle fist aux moines de S. Robert, elle est appelée Mathilde Reyne suivant le rapport qui en est fait dans des lettres d'André Dauphin, de l'octave de tous les SS. de 1222, où il la confirme. La donation porte aussy que le comte Guigues estoit son mary.

Le mesme acte porte que le tout avoit esté confirmé par Guigues Dauphin, leur fils, par sa femme, par Humbert, évêque du Puy, en présence de Mathilde leur mère. Ce sont des enfants que Chorier, Blondel, Duchesne et les autres historiens des Dauphins n'ont point connus. Cet acte n'est pas suspect puisqu'il est en la Chambre des Comptes, et le chartulaire de Domène encore moins.

Le mesme chartulaire. En une autre chartre, se trouve une autre donation à ce monastère où la mère estoit ensevelie sans la nommer.

L'an 1079, il donna à Hugues, abbé de Cluny, l'église de S. Prix, non pas S. Priest, comme dit Chorier, et la chapelle de la Mure, en la présence de ses frères Guy-Raymon, Richard et Armand. En un autre chartulaire de l'évêché de Grenoble, est une chartre de 1059 qui parle en ces termes : *Ego Guiguo comes, filius Guigonis comitis, guerpisco domino et beatæ mariæ ac sancto vincentio et episcopo Gratianopol. Hugoni et ecclesiæ Gratianopol.* — Ce sont des églises qu'il possédoit en ce diocèse avec des dixmes. Ce fust en présence de Disdier de Sassenage, de Guigues de Granges et de Guillaume Leutzon; et, à la fin, il y a ces mots : *Hæc deguerpitio facta fuit quando Hyerusalem obsessa fuit et capta à christianis nostris.*

Il y a encore une autre chartre d'environ ce temps là : *Boteus qui vocatur Mota, medietas est inter comitem et episcopum, alia vero medietas est de filiis Joffredi de Moirenco.*

Aux kal. de novembre 1110, il donna à la maison de Chalais, prioré au mandement de Voreppe, uny depuis à la Grande Chartreuse, des terres aux environs de l'église comme descend l'eau, jusques au rocher où l'eau verse et s'estend par un coin de la terre qui avoit apartenu à Robert de Combes, divisée de celle de son neveu, et, de là, allant jusques à Pierre longue où est la terre des nommez Terrasiers, etc.

L'an 1120, celle de Nostre Dame de Visille, du consentement de Guigues, son fils. Guichenon raporte ce dernier acte.

On a mis sur son tombeau, qui est aux cloistres du prioré de Saint Robert, cet épitaphe :

HIC JACET GUIGO GRASSUS DALPHINUS PRIMUS
ET MONACHUS MAGNÆ PIETATIS.

Dans le martyrologe de ce prioré on fait mention de luy en cette manière :

XIV kal. Februarii, Guigo, comes et monachus, œdificator hujus monasterii, pro quo Guigone plenum anniversarium et solemne XI kal. Januarii Guigo comes qui hunc monasterium œdificavit.

Chorier a mal interpreté ce mot de *primus*, quand il a dit qu'on avoit oublié son origine, supposant qu'on le faisoit le premier de sa race. Mais voicy comment il le faut exprimer : c'est que véritablement il a esté le premier qui a pris le nom de Dauphin qu'on luy avoit donné parce qu'il le portoit sur ses drapeaux lorsqu'il passa en la Terre Sainte avec Godefroy de Bouillon. Un Girard de Rossillon, illustre Dauphinois, fust du nombre.

Avant luy, le pays, dont il estoit souverain, n'estoit point encore connu souz le nom de Dauphiné qu'il prit ensuite à cause de ce prince, nommé Dauphin ; et ses successeurs le prirent de mesme, car auparavant on ne le connoissoit que de celuy de Graisivaudan. — Voila la véritable origine du nom de cette province.

Guy-Raymon, son frère, espousa Raymonde, héritière de Forets.

Adélaïde est le nom de sa femme, comme j'en ay rapporté la preuve. Personne ne l'avoit encore connue.

Chorier dit qu'elle espousa le seigneur de Hauterive, et en raporte la preuve qu'il tire de l'autheur de la vie d'Amédée de Hauterive, son fils, moine de Bonnevaux, et dit qu'elle l'y fust voir : *Die quadam, cum Amedeus hoc opus sibi specialiter injunctum perageret, contingit et Guido Comes Albionensis. avunculus ejus, gratia videndi cum ad Bonavallem veniret,* etc.

8ᵉ Degré.

GUIGUES VIII,

Dauphin, comte de Graisivaudan et d'Albon.

Espousa Marguerite, fille d'Estienne, comte de Bourgogne, et d'Agnès de Zeringhen. Guillaume, chanoine de Nostre Dame, qui a escrit et donné au public la vie de cette Marguerite, parle d'elle en ces termes : *Huc siquidem spectabili prosapia edita, ut pote illustris et famosissimi viri Stephani Burgundiæ Comitis filia, soror etiam excellentium virorum Raynaldi et Guillelmi Comitum, neptisque piæ recordationis papæ Calixti ad conjugalem egregii Comitis Guigonis Dalphini copulam fuit transducta a magnifico principe Guigone Comite veteri ejusdem Guigonis patre celebri donatione illustrata.*

Manriquez, dans ses annales de l'ordre de Cisteaux, parlant de l'abbaye de Ramiez, en Savoye, dit que, en 1132, nostre comte Guigues avec Aman, Guillaume et Disdier de la Poype, donnèrent à cette abbaye plusieurs possessions qu'ils avoient en un lieu appelé Fougères, et que le comte y ajouta en particulier un pré d'une grande estendue dans le bois de Croses et de Villez, en présence de Guigues et Disdier de Sassenage, de Berlion de Moiranc et de Lantelme de Lans.

L'année suivante, 1133, il eut de grands différents avec Estienne de Bar, archevêque de Vienne, selon que nous l'apprend un chartulaire de S. Barnard de Romans, qui luy disputoit ses droits sur la ville de Vienne.

Le Dauphin marcha avec des troupes contre la ville de Romans, dont l'archevêque estoit seigneur avec le chapitre comme abbé. Il la prit, et les maisons des chanoines furent brulées aussy bien que l'église.

Le Dauphin fit son possible pour éviter de semblables désordres, mais rien n'echapa à l'insolence des soldats : l'archevêque avertit le pape d'un pareil sacrilège qui envoya au Dauphin Guigues Pons, son légat, qui n'en eut pas grande satisfaction. Des gentilshommes de cette province y réussirent mieux : ce furent Humbert de Bocsozel, Berlion de Moiranc, Guigues de Domène (en surcharge : Aynard), Raymon Bérenger et Aymon Falavel à qui le comte de Genève se joignit.

Plusieurs prélats s'assemblèrent aussy, cette affaire estant considérée comme un sacrilège. Ce furent : Humbert, évêque du Puy, Eustache, évêque de Valence, Gaveran, évêque de Viviers, Hugues, évêque de Grenoble, Artaud, évêque de Maurienne, Ponce, évêque de S. Paul trois Chasteaux, et Jean, abbé de Bonnevaux.

Ils firent promettre au comte de n'inquiéter jamais les habitants de Romans quelque querelle qu'il eût avec l'archevêque, et les habitans s'engagèrent à demeurer neutres.

Une ancienne généalogie trouvée en la Chambre des Comptes de Grenoble et en un livre intitulé : *Copiæ civit. Gratianop.*, fol. 27, dit qu'il mourut en un combat contre le comte de Savoye auprès de Montmeillan, l'an 1140, que son corps fut porté à la Buissière, et de là à Grenoble, où il fust ensevely dans les cloistres de Nostre Dame.

J'ay veu, il y a quelques années, son tombeau au dessoubz des degrez par où l'on monte aux tribunes, et ce qui me le persuade, c'est que la pierre qui estoit au devant avoit une figure ronde sur laquelle estoit gravée une croix semblable à celle qu'on voit en des médailles de nos Dauphins.

La pierre qui le couvroit estant tombée a fait que le reste l'a esté de mesme, et on a porté ces pierres ailleurs, tellement qu'il n'y en a plus aucun vestige. Il y a apparence que si l'on eût cru que c'estoit un si riche monument on en auroit eu plus de soin. Voila comme l'ignorance laisse périr ce que la gloire et mesme l'honneur devroient s'efforcer de conserver.

Je parleray du tombeau d'un autre Dauphin, aux mesmes cloistres, qui est encore entier mais mesprisé.

Sa femme, selon la mesme généalogie, mourut à La Mure et fut portée dans l'église du monastère des Ayes, de l'ordre de Cisteaux, qu'elle avoit fondé. — Sa mort a esté le 6 des ides de février 1142, suivant la mesme généalogie; c'est ce que nous apprend aussy l'épitaphe gravée sur son tombeau en ces termes :

ANNO AB INCARNATIONE DOMINI M C XLIII.
VI ID. FEBRUAR.
MARGARETA COMITISSA SPIRITUM EXHALAVIT.

Et le chanoine Guillaume parle ausy du lieu de la mort : *Cum in villa quæ Mura dicitur moraretur in gravissimam incidit invaletudinem.*

On a fait son éloge en vers latins qui sont imprimés avec l'histoire de sa vie.

Elle laissa pour enfants :
1 Guigues, dont je parleray;
2 Béatrix, espouse de Robert, comte d'Auvergne;

3 Marguerite, d'Aymar de Poitiers, comte de Valentinois;
4 Alexie, d'Olderic, prince de Piémont.

9e Degré.

GUIGUES,
Dauphin, comte de Graisivaudan et d'Albon.

Les ides de janvier 1155, l'empereur Frédéric luy céda les regales de son estat, les minières de Rame, et luy confirma ce que d'autres empereurs avoient concédé à ses prédécesseurs.

De grands seigneurs furent présents à cette bulle qui est en la Chambre des Comptes du Dauphiné. Ce furent :

Peregrin, patriarche d'Aquilée;
Hillin, archevêque de Trèves;
Herberard, évêque de Bamberg;
Anselme, archevêque de Ravenne;
Herman, évêque de Constance;
Prohin, évêque de Basle;
L'abbé Vibaud;
Albert, prévot d'Aix;
Henry, duc de Saxe;
Herman, marquis de Baden;
Guillaume, marquis de Montferrat;
Vernier, comte de Halsbourg;
Bertolde, duc de Zeringhen;
Henry, duc de Charintie;
Boleslas, duc de Pologne;
Otton, comte Palatin;
Odacer, marquis de Stirie;
Herman, marquis de Véronne;
Ulric, comte de Luxembourg.

Quelques seigneurs de cette province, qui estoient alors à la cour de l'empereur, se trouvèrent aussy présents à cette bulle, ce furent :

Pierre, prevost d'Oulx;
Guigues Aynard, seign. de Domène;
Alleman et Guyon Allemans.

La bulle est datée de Tivoli au chasteau de Riverol.

Le mois de juin 1156, il luy confirma les mesmes minières qu'il dit estre d'argent, et défent à l'archevêque d'Ambrun et à tous autres d'y prétendre.

Le voisinage du comte de Savoye, et le voyant possesseur de presque tout le Viennois jusques à la Coste et Voyron, luy donna une grande jalousie et, soubz de legers prétextes, il luy desclara la guerre, et soustint qu'il n'avoit pas plus de droits que luy en cette partie qui en faisoit une du royaume de Bourgogne dont il le soustint usurpateur. Cependant, pour avoir une raison apparente de rompre avec luy, il rendit visite à Berthol IV, duc de Beringen, qui se disoit descendu des premiers roys de Bourgogne et qui croioit y avoir de grandes prétentions. Il se les fit céder par un acte de 1155; et ce fut soubz l'appas de ces prétentions qu'il demanda au comte de Savoye la restitution du Viennois. Cette guerre a duré pendant le règne de tous nos dauphins de Viennois; et ces différents ont été terminés par une transaction de 1354 faite entre le nouveau dauphin de France et le comte de Savoye par laquelle je finiray cet ouvrage.

Ce fust en la présence de l'empereur Frédéric que Berthol fit cette cession au comte de Graisivaudan. Cependant Guillaume, comte de Bourgogne, qui avoit les mesmes droits, pouvoit inquiéter Guigues, ce qui obligea Berthol de luy promettre de luy faire la guerre, au cas qu'il voulut le faire. Il fut convenu que si Berthol estoit obligé de se retirer dans la ville de Vienne, Guigues l'y recevroit.

Voila le titre qu'ont eu les comtes de Graisivaudan, ou Dauphins, pour se qualifier comtes de Vienne que les archevêques de cette ville prenoient et qu'ils leur ont disputé. A cet acte furent présents quelques seigneurs de la cour de Guigues, nommés :

Guigues Aynard, seigneur de Domène;

Guillaume de Rusticel;
Rodolphe de la Salle;
Guigues Guerin;
Chabert, son frère;
Alleman de Rives;

Boson d'Aresnes;
Alleman Payen;
Guigues, son frère;
Pierre de Joffrey;
Chabert de Torane.

L'empereur Frédéric estoit venu à Cesanne. L'année après le comte Guigues l'y fust voir avec plusieurs prélats de cette province, et il fut fait chevalier de la main de l'empereur, suivant le témoignage de Radevic, *de gestis Frederici primi,* qui appelle Sylvion, seign. de Clérieu, qui y estoit aussy, grand et puissant prince.

Guigues estoit neveu de l'empereur par son mariage avec Béatrix de Montferrat, fille d'Oteline, sœur de l'empereur. Chorier dit qu'il estoit seulement son cousin germain, mais il se trompe.

Il mourut quelques années avant Marguerite, sa mère, dans le lieu de Visille, et ce fust l'an 1168. Son corps fut aporté à Grenoble et enterré dans les cloistres de l'église de Nostre Dame où est encore son tombeau, en forme d'autel, soubz une petite voûte, au milieu de la grande allée, contre lequel est encore une figure ronde où est gravée la croix qu'on voit aux armoiries des Dauphins. Le chanoine Guillaume en parle ainsy :

Nondum annos post filii decessum effluxerat.

Il avoit espousé Béatrix, fille de Guillaume, marquis de Montferrat, et de Judith d'Austriche. La généalogie qui est en la Chambre des Comptes dit qu'elle estoit petite fille de l'empereur, mais cela n'estoit pas, mais seulement nièce de Frédéric Barberousse. Le chanoine Guillaume dit : *Ipsius imperatoris consanguinea.* C'est sur quoy on s'est trompé.

Elle mourut l'an 1163, le 8 février.

Il en eut deux enfants :

1 Guigues, surnommé Humbert, qui mourut sans alliance ;
2 Béatrix, qui mérite un chapitre particulier, et par son fils puisnay commencera la 2ᵉ race de nos Dauphins.

LA SECONDE RACE DES DAUPHINS DE VIENNOIS.

10° Degré.

BÉATRIX,
Dauphine, comtesse de Graisivaudan et d'Albon.

Elle eut trois maris.

Le premier fust Guillaume Taillefert, fils puisnay de Raymon V, comte de Tolose, l'an 1163. Il se qualifie comte de Grenoble en une donation qu'il fit à l'abbé de Terniers d'une maison appellée Terne au territoire de Belle-Combe, de tout ce qu'il avoit à Avalon, despuis le pré Belenger comme il estoit divisé par l'Isère, jusques à la ville soubz Bellecombe, plus, la part qu'il avoit en la forest de Cernetes et une terre voisine. L'acte est à la Chambre des Comptes sans date. Il mourut l'an 1175.

Ce fust en faveur de ce Taillefert que l'empereur Frédéric Ier, par sa bulle du 3 des kal. d'aoust 1177, en confirmant au comte de Valentinois son péage, entre Valence et Montéllimart, relevant du Dauphin.

Ce fut dans la ville d'Arles où cet empereur estoit venu et où les grands des environs l'estoient venu visiter aussy bien que les prélats; comme il avoit besoin d'eux, il les confirma en tout ce qu'ils possédoient, qui dépendoit du royaume de Bourgogne, pourvu qu'ils relevassent de l'empire. Jusques alors les petits princes et les prélats qui s'estoient faits souverains avoient lieu de craindre d'estre destronez par les prétentions des empereurs à qui le royaume de Bourgogne sembloit appartenir, mais l'empereur Frédéric les y affermit par plusieurs bulles qu'il leur accorda en 1177 et 1178. Ce fust en faveur de

Eudes, évêque de Valence;	Nicolas, évêque de Viviers;
Robert, évêque de Die;	Bertrand, évêque de Vaison;

Taillefert, comte de Graisivaudan;
Guillaume de Poitiers, comte
de Valentinois;
Bertrand des Baux;

Raymon, seign. de Meuillon;
Bernard, évêque de Gap;
Guillaume, évêque de Verdun;
Ponce, évêque d'Avignon.

Le 2ᵉ mary de Béatrix fust Hugues III, duc de Bourgogne, l'an 1184 : cette année il transigea avec Jean, évêque de Grenoble. Il y prend la qualité de duc de Dijon, dit qu'il avoit épousé la fille du comte Dauphin, veufve de Taillefer, fils du comte de Tolose, et qu'en cette qualité il tenoit la comté d'Albon. Ce duc se plaignoit de ce que l'évêque detenoit injustement la plaine qui leur devoit estre commune, que le partage fait avec le comte de S. Gilles n'avoit pas bien procédé. Se plaignant encore de ce que l'évêque fait bastir une maison et un moulin, ce qu'il n'avoit pu faire sans son consentement, à quoy il ajoutoit que l'évêque prenoit un certain droit pour le louage des mesures hors le temps du marché, au préjudice ces anciennes coustumes.

A quoy l'évêque, en répondant, se plaignit à son tour que le duc avoit exigé des tributs des chanoines, ecclésiastiques, et habitans de cette ville, ce qui n'avoit jamais esté fait par les comtes ses prédécesseurs.

Sur quoy, attendu que l'évêque tenoit du duc ce rachat perpétuel en engagement pour 100 marcs d'argent, tous les droits et revenus que les comtes avoient de coutume de prendre sur les foires de cette ville, et que l'évêque avoit encore donné au duc 1,600 sols, l'évêque lui remit tout le droit qu'il avoit sur les mesures, à la réserve des jours de marché; et le duc confirma le dit partage qui avoit esté fait de la plaine par le comte de S. Gilles; il déchargea les chanoines, ecclésiastiques, leurs hommes et familles de toute contribution; et, expressément pour le lieu de S. Donnat, confirma les libertez et bonnes coustumes des chanoines et des hommes qu'ils avoient, tant à S. Donnat qu'ailleurs; promit aussy de conserver les foires de mesme que s'il en tiroit les revenus; estant dit, à la fin de cette transaction, que le duc et l'évêque l'avoient confirmée le lendemain en présence de la duchesse. Le tout est inséré dans une bulle du pape Urbain du 2 des kal. de mars. Le tout est au *livre* de la *Cité de*

Grenoble, fol. 151. Justel le rapporte en l'*Histoire de la Tour d'Auvergne.*

Philipes Auguste, roy de France, et Richart, roy d'Angleterre, s'estant croisez, plusieurs princes voulurent les suivre et entre autres Hugues, duc de Bourgogne, mary de nostre Béatrix qui, bien loin de le dissuader de faire ce voyage, l'y excita et fournit de son bien pour en faire les frais, et vendit la terre de Morges à Raymond Bérenger. La vente porte que la somme de 120 marcs d'argent, du prix de cette terre, devoit estre employée pour les frais du voyage de Hyerusalem. C'estoit en 1188, et l'assemblée fut faite à S. Vallier, en Dauphiné. Les roys s'estant retirés, le duc resta seul général des troupes chrestiennes en Asie.

L'an 1191, et le 24 de juin, Béatrix fit de grandes largesses à l'abbé.... ..?, particulièrement d'un revenu annuel de 40 sestiers de froment qui luy estoient deubz pour le pré Comtal à S. Donnat.

Comme le duc Hugues, son mary, estoit obligé de rester en Bourgogne, elle avoit auprès d'elle Eudes, son fils aisné, qu'elle fit régent de Dauphiné. Elle et son fils eurent quelques différends avec Guillaume, seign. de Clérieu, au sujet de l'hommage de quelques terres entre le Rosne et l'Isère qu'ils prétendoient l'un et l'autre. Il fust réglé par une transaction du mois d'octobre de cette année. Béatrix donna à Clérieu la terre de la Roche de Glun, pour la tenir d'elle à foy et hommage, et Clérieu luy soumit celle de Clérieu et se déclara son vassal.

Ceux qui s'entremirent à cet accommodement furent :

Robert, archevêque de Vienne ;

François, évêque de Grenoble ;

Hugues, abbé de Bonnevaux.

Le 3ᵉ mary de Béatrix fut Hugues, sire de Coligny et de Revermont.

Elle vivoit encore l'an 1201 et n'eut point d'enfans du 2ᵉ ny du 3ᵉ mary. Elle en eut du duc de Bourgogne et entre autres :

11ᵉ Degré.

GUIGUES ANDRÉ,

Dauphin X de Viennois, comte de Graisivaudan et d'Albon.

Le 1ᵉʳ d'octobre de l'an 1201, Humbert, évêque de Die, consentit que les fiefs que Sylvion de Crest tenoit de luy qu'il les prit d'André Dauphin et de ses successeurs, comtes d'Albon, ce fust en présence de :

Albert de la Tour ;
Berlion, son fils ;
Odobert de Chateauneuf ;
Odon de Tournon.

Justel rapporte ce titre en l'Histoire de la maison de la Tour d'Auvergne et dit de l'avoir tiré d'un chartulaire de l'église de Die.

Il eut trois femmes :

La première fut Semnoresse de Poitiers, fille d'Aymar de Poitiers, comte de Valentinois et de Diois, et de Philipe de Fay, qu'il répudia. J'en donneray les preuves en son ordre.

La seconde fut Béatrix de Claustral, fille de Reynier de Claustral, prince de Marseille, de la famille de Sabran, et de Garcenne de Forcalquier, fille unique et héritière de Guillaume, comte de Forcalquier et de Marguerite de Bourbon. Il l'espousa au mois de juin 1202. Guillaume, comte de Forcalquier intervint au contrat et fit la constitution dotale : *Præclaro si quidem Delphino prædictus comes Willelmus dedit in uxorem neptem suam, idest filiam filiæ suæ Beatricem, et totam terram quæ à Ponte Burchi de Sistarico sursùm est, et extenditur per episcopatum Vapincensem et episcopatum Ebrodunensem, sicut ipse melius et pater ejus et antiqui alii comites Forcalquerii prædictam terram habuerant.*

Cette donation comprend tout l'Ambrunois et une partie du Gapençois, car le reste estoit à l'évêque de Gap, en tirant contre les Baronnies. Comme l'archevêque d'Ambrun avoit une espèce de souveraineté en ce qui composoit cette donation, et l'évêque de Gap une autre dans le Gapençois, cela donna lieu, à la suite, à plusieurs différens qui furent terminez par des transactions que je rapporteray.

Voila la troisième acquisition faite par nos Dauphins. La première avoit esté le Briançonnois, comme je l'ay dit. La deuxième, la comté d'Albon. Nous verrons à la suite quels autres pays furent unis à cette province pour en faire la composition telle quelle estoit lorsqu'elle fust transportée en 1343 à la Royalle maison de France.

Cet acte, rapporté tout au long par Ruffy en son *Histoire de Forcalquier*, fut fait dans le lieu de S. Euphene, porte que, si Béatrix n'avoit point d'enfants, les choses données reviendroient à celuy qui seroit comte de Forcalquier. Pour l'observation, les chateaux de Largentières et de Réotier furent mis en ostage entre les mains d'Odon Alleman, de Guigues, son fils, et d'un autre Guigues, frère d'Odon, et furent présens :

Albert de la Tour;	Aimon de Sassenage;
Raymon de Bérenger;	Bellon de Chateauneuf;
Artaud de Rossillon;	Guillaume de S¹ George;
Guigues de Briançon;	Albert de Sassenage;
Guigues Aynard;	Pain Alleman;
Guigues de Bellecombe;	Jacques de Cerno;
Lantelme Aynard;	

Des plus considérables seigneurs du Dauphiné.

Rambaud de la Chaulp;	Pierre Ratiers;
Pierre du Motet;	François Doze;
Boniface de Tallart;	Falques de Veynes;
Bertrand de Villemur;	Jordan de Rosans;
Rolland de Manteyer;	Henry de Montbrun;
Giraud de S¹ Marcel;	Guiffrey de Bourdeaux;
Guillaume de Reve;	Arnaud Desparron;
Guillaume de Baix;	Arnoul de Sigoyer;
Hugues de Baix;	Isnard d'Arziliers;
Dragonet Ruiné;	Lauger de la Pierre;
Raymond d'Agout;	Isoard de Pellafol;
Arnaud Flotte;	Jacques Borel;
Rambaud Osascise;	Pierre Giraud.

Tous hommes ou vassaux du comte de Forcalquier.

Si nous en devons croire Chorier en son *Histoire de Dauphiné* tome 2, livre 1, sect. 18, le comte de Forcalquier possédoit la comté de Gap par usurpation qu'il en avoit faite sur Hugues, comte qui, vieux en 1090, et qui ayant esté excommunié par le pape Urbain, fust exposé à cette usurpation. Quant à la comté d'Ambrun, il dit qu'elle avoit esté aux comtes de Tolose, mais il ne dit point comment elle parvint à ceux de Forcalquier. Quant à l'Ambrunois, il parvint à Bernard, comte de Forcalquier, ayant succédé aux enfans de Guillaume, comte de Tolose, et d'Emne de Forcalquier, sa tante, et ce fust le premier qui se qualifia comte d'Ambrun, selon Ruffy, en son *Histoire des comtes de Forcalquier.*

L'an 1202, le Dauphin accorda des privilèges aux habitans de S. Vallier; j'en fais la remarque parceque l'acte est singulier estant en langage du pays. Il a esté copié et vidimé l'an 1395.

Le 1er d'octobre de cette année 1202, Humbert, évêque de Die, donna à Béatrix, dauphine, et à Guigues, son fils, le fief dont Sylvion de Crest luy devoit hommage et à son église, plus les châteaux de Crest, de Lambres, de Divajeu, d'Aouste, de S. Médar, despuis Saillans jusques à Crest, à la charge de l'hommage; et la Dauphine et le Dauphin luy remettent et à son église, les châteaux de Montclar, de St Jullien et tout ce qu'ils avoient en ceux de Véronne et de Suze.

Montclar est une terre, dans le Diois, que le comte avoit achetée de l'évêque de Die, pour la somme de 11,000 liv. L'évêque voulut la racheter, mais le comte ne voulut point consentir. Il emploia le crédit du Dauphin qui témoigna au comte de vouloir l'acquérir luy mesme. Le comte ne le refusa pas, mais n'ayant pas d'argent, l'évêque luy presta cette somme, estant dans le prioré de S. Robert, proche de Grenoble, l'an 1203. Il fust dit que l'évêque la garderoit jusqu'à ce qu'il fust remboursé; et il y a apparence qu'il le fust, car cette terre est aujourd'huy du domaine delphinal.

J'ay veu en la Chambre des Comptes une inféodation de cette terre à Béatrix, dauphine, du 1er octobre 1201, par Humbert, évêque. Ce fust la raison dont se servit le Dauphin auprès du Comte.

Béatrix, qualifiée comtesse de Bourgogne et d'Albon, et Guigues, dauphin, son fils, confirment, l'an 1208, au prioré de

S. Robert de Cournillon, ses possessions allodiales et autres, et luy permettent d'en acquérir à l'avenir, ce qu'ils approuvent de bon cœur et sains d'esprit, que la fille de la duchesse, comtesse de Forcalquier, l'approuvoit aussy, l'archevêque de Lyon, protecteur de ce monastère, de mesme, et furent présens :

Guigues et Odon Alleman, frères ;
Bertrand de la Baume ;
Imbert de Beaumont.

Et il y a que Jean, évêque de Grenoble, estoit vice-prieur de ce monastère.

On voit par cet acte que Béatrix avoit une fille, comtesse de Forcalquier, qu'aucun historien n'a connue.

Chabeuil est un grand bourg dans le diocèse de Die, qui avoit appartenu à une famille de ce nom. Gontart en estoit seigneur et le soumit au Dauphin en novembre 1206. Lambert, qui en estoit seigneur, le vendit à Jean, dauphin, l'an 1310. Sa postérité continua et finit en Lucresse de Chabeuil, espouse, en 1609, de Jordan de Vesc.

Le 4 des nones de juin de cette année, Guigues André fit hommage à Charles, comte de Provence, de ce qu'il avoit dans le Gapençois, et Charles donna au Dauphin, le fief que tenoit de luy Galburge, fille de Beraud de Montauban, et celuy que tenoit Draconet, baron de Montauban. Le Dauphin promit de le faire ratifier par Béatrix, son espouse.

Cette mesme année 1206, le Dauphin inféoda à Aymar de Poitiers, comte de Valentinois, le chasteau d'Estoile, du consentement et de la volonté de Béatrix, duchesse, sa mère, du conseil de R., archevêque de Lyon, et des grands de sa cour, *majorum curiæ nostræ*, qu'il nomme :

Hugues, prévost d'Oulx ;
Disdier, archidiacre de Vienne ;
Albert de la Tour ;
Artaud de Rossillon ;
Pierre de Tournon ;
Odon Alleman ;
Guigues d'Eras ;
Humbert Peloux ;
Pierre de Laxinolphe, son maréchal.

En présence de :
Pons, seign. de S‍t Priest;
Albert de Cornillon;
Guillaume de l'Estoile;
Pierre Bérenger;
Arnaud Cornet;
Guigues de Leuille;
Astorge de Chambeau;
Berenger de Cleu;
Guillaume Cornet;
Pierre Lambert.

Cet acte est aux archives du comte de S‍t Vallier, et fust fait à S‍t Vallier.

La première transaction fust avec l'archevêque d'Ambrun, l'an 1210. On estoit, en ce temps, là assez complaisant à se soumettre aux églises. Eudes, duc de Bourgogne, et Guigues André, dauphin, son frère, ne firent point de difficulté de donner à l'archevêque ce qui avoit esté constitué à Béatrix de Claustral, dans l'Ambrunois, et de le reprendre pour le tenir de luy à foy et fidélité. Ils disent que c'estoit de ce qui avoit esté donné à Béatrix, femme du Dauphin, bien que répudiée. Ils en exceptent Montgardin, Rosset, Espinasses, le Monestier, S. Michel de la Couche, et Sainct Denys, qui demeureroient pourtant communs; qu'ils y mettroient un baile; que les dixmes seroient à l'archevêque, particulièrement à Chorges; que la jurisdiction que les archevêques avoient à Ambrun leur estoit conservée, et celle que les comtes de Forcalquier y avoient seroit commune au Dauphin; que l'archevêque prêteroit hommage au Dauphin pour ce qu'il avoit en la cité; que l'archevêque auroit la domination à S. Crespin, dont les hommages des habitans lui appartiendroient.

La mesme année, ils confirmèrent aux habitans de l'Ambrunois les privilèges et les franchises que les comtes de Forcalquier leur avoient accordez, à la charge que, chacune année, ceux qui habitoient despuys le puy Rostaing jusques à la Durance, fourniroient quatre hommes à cheval pour des calvacades pour servir le Dauphin un mois; que les consuls auroient une espèce de justice, mais qu'ils ne la pourroient exercer que de l'avis du baile.

Ces deux actes portent : régnant Otton.

Adélaïde, comtesse de Piémont, fille d'Oderic, et marquise de Saluces, ayant guerre avec Raymond Bérenger, comte de Provence, requit le Dauphin de vouloir la secourir et qu'elle luy feroit hommage de son marquisat. Le Dauphin l'accepta et, le 3 d'aoust 1210, elle luy fit cet hommage, et alors le Dauphin luy promit de luy donner annuellement en temps de paix 1,000 liv. et, en temps de guerre, 2,000 liv.

Le 3e jour avant la feste de la Nativité de la Ste Vierge de l'an 1215, le Dauphin assigna à Béatrix, sa femme répudiée, un revenu de 100 s., sur les foires de St Donnat et de Moras, et sur les revenus de Montbonod.

Cette répudiation avoit eu pour prétexte qu'ils estoient parens en degré prohibé, et le pape avoit cassé leur mariage. Ils ne l'estoient pourtant qu'au 4e degré, parceque Alix de Bourgogne estoit la bisayeule de Béatrix, et sœur d'Eudes, duc de Bourgogne, bisayeul du Dauphin. Nonobstant ce divorce, elle aimoit si fortement son mary, qu'elle luy donna tous ses biens, en présence mesme d'Eudes, duc de Bourgogne, son frère, en 1210.

Crest est une ville de cette province. Sylvion de Crest en avoit une partie, et Arnaud, l'autre. Le premier céda sa part au Dauphin. L'autre partie passa ensuite au comte de Valentinois, à quy le Dauphin ayant succédé, toute la ville est aujourd'huy au roy Dauphin. Lorsque le dauphin Guigues André eut acquis la portion de Sylvion, il en fit hommage à l'évêque de Valence et de Die, en 1215.

L'an 1218 le Dauphin presta hommage à l'archevêque de Vienne et à son église des comtez de Vienne et d'Albon.

La 3e femme de Guigues André fut Béatrix de Montferrat, fille de Guillaume, 3e marquis de Montferrat, et de....., fille de l'empereur Fréderic. Il passa quittance de la dot, le 11 des kal. de décembre 1219. Il est vray que, par un acte du même jour, le marquis desclara que, bien qu'il eut passé cette quittance dans le contrat de mariage, il luy promettoit 1,000 marcs d'argent.

Il assigna à cette femme, pour son douaire, la somme de 2,000 liv. sur le territoire d'Ambrun, par contrat du 11 des kal. de décembre de cette année 1219.

Béatrix testa la feste de S. Nicolas 1228. Elle institue Jean, dauphin, son fils, pour son héritier, luy substitue Guigues, fils de ce Jean, lègue à Marguerite, sa fille, femme d'Amédée, fils du comte de Savoye, comme aussy à une fille qu'elle dit estre femme du comte de Chalon. Par ce testament, nous apprenons des choses inconnues à ceux qui ont escrit la généalogie de nos Dauphins. La première, que Jean estoit, ou avoit esté marié, puisqu'il avoit un fils; et la seconde, que cette Béatrix avoit une autre fille mariée au comte de Chalon. Cette Dauphine ne mourut pas sitost, car je rapporteray à la suite d'autres actes d'elle. Chorier a parlé de Jean qu'il fait mourir l'an 1239, mais il ne luy donne ny femme, ny enfants. Le comte de Chalon, qui vivait alors, estoit nommé Jean, mais Duchesne luy donne pour femme Jeanne de Bourgogne.

La mesme année, Béatrix, se qualifiant comtesse de Bourgogne, et André, dauphin, son fils, confirmèrent les privilèges du prioré de S. Robert.

En l'octave de tous les SS. de 1222, il confirma aux moines de Bonnevaux tous les biens faits de ses prédécesseurs qui y sont denombrez, et entre autres par Mathilde, reyne, à Jean, abbé.

J'ay dit que Semnoresse de Poitiers, première femme du Dauphin, avoit esté répudiée. La dot n'avoit pas encore esté restituée. Elle estoit de 3,000 sols. Aymar, son frère, la demanda et on commit des arbitres en 1224. Ce furent Jean, archevêque de Vienne, Aymar, seign. de Sassenage, et Aymar, seign. de Bressieu, qui condamnèrent le Dauphin de la restituer en quatre termes, à commencer aux festes de Noël prochaines; que s'il y manquoit l'archevêque pourroit l'excommunier et mettre ses terres en interdit; qu'après le mesme terme écheu il se rendroit à Romans où il demeureroit en ostage entre les mains de 10 gentilshommes jusques à ce qu'il y eut satisfait. Ce furent : Aymar, seign. de Bressieu, Odon Alleman, Guy de Bocsozel, Otbert Maréchal, Aynard Bocza, André Falavel, Rostaing Thivoley, Guillaume de Bellecombe, Hugues de Mirail et Hugues de Lemps.

L'an 1223, il fit un autre hommage à l'église de Vienne.

Chorier s'efforce, en ce temps cy, de justifier que le dauphin d'Auvergne est descendu des Dauphins de Viennois. C'est dans son 2e volume de son *Histoire du Dauphiné*, livre III, sect. 16. Il suppose que cette famille d'Auvergne est descendue de celle des Dauphins, parceque le dauphin d'Auvergne avoit en Dauphiné les terres de Varassieu et de Voreppe qu'il vendit à Guigues André, l'an 1226, et le fait hardiment descendre de Guigues, dauphin, dont il le fait l'ayeul. Il n'a d'autres preuves de cette origine que parceque Estienne de Chypre l'a dit en son *Histoire de Lusignan*, car les terres de Voreppe et de Varassieu furent la dot de Béatrix de Viennois, fille du comte Guigues, 8e du nom. Ce n'est pas la seule allégation de Chorier faite par conjectures. L'identité d'un nom ne peut jamais faire une preuve certaine.

Le Dauphin ayant quelques terres en Bourgogne de son patrimoine, il les céda à Hugues, son neveu, la mesme année.

L'an 1228, il fit alliance et ligue offensive et deffensive avec la ville de Thurin et son évêque. Boniface, marquis de Saluces, en fit autant. Ils achetèrent l'un et l'autre un palais en cette ville; l'évêque et la ville s'obligèrent à eux de leur envoyer, en temps de guerre, 50 chevaux deux fois l'année. C'est Philipes Pingon qui le rapporte en son *Augusta Taurinorum*.

Béatrix fonda le monastère de Prémol, de filles de l'ordre de S. Bruno, en la paroisse de Vaunaveys, au mandement de Visille, diocèse de Grenoble, l'an 1232. Le prieur de Vaunaveys donna le lieu.

Béatrix acheta des religieuses de St Just ce qu'elles avoient à Cournillon, auprès de Grenoble, le 5 des kal. de mars 1237.

Il fit son testament le 4 des nones de mars 1236; il donna à l'église de S. André 30,000 sols, pour en achever la construction, et désire d'y estre ensevely : il fait des legats à plus de 60 églises ou couvents de la province. L'an 1226 il avoit fondé cette église.

Il mourut l'an 1237 et fust ensevely en cette église. On le voit par une inscription qui est au chœur, en ces termes :

ANDRÆ DELPHINO VIENNENSI PRINCIPI OPTIMO DEVOTISSIMO HUIUS ÆDIS SACRÆ FUNDATORI QUI QUOT ANNIS DIEM SUI OBITUS CELEBRARI JUSSIT, OBIIT III ID. MART. MCCXXXVII.

L'empereur Frédéric, par une bulle de 1231, luy permit de faire battre monnoye à son coing à Césanne.

Il ne laissa aucuns enfants de sa première femme. De la 2e il eut Béatrix, femme d'Alméric de Montfort, et en secondes nopces de Démétrius, roy de Thessalie.

Cette Béatrix, femme du comte de Montfort, transigea avec André, son père, en juillet 1232, par laquelle elle céda à son père toutes ses prétentions sur l'Ambrunois et le Gapençois qui luy appartenoient du chef de sa mère, Béatrix de Claustral; et le Dauphin promet de les luy rendre, s'il n'a pas des enfants masles.

Du 3e mariage il en eut trois :
1 Guigues, à qui je reserve un article;
2 Jean, qui mourut en 1239;
3 Anne, espouse d'Amé IV, comte de Savoye.

12e Degré.

GUIGUES II,

Dauphin de Viennois, comte d'Albon et de Graisivaudan.

A peine avoit il 14 ans lorsque son père mourut; aussy dans une transaction qu'il fit l'an 1238, avec les consuls d'Ambrun, ce fust sous l'authorité de Béatrix de Montferrat, sa mère, et à cause de son jeune âge on l'appelloit Guigonet : *Cum querimonia esset inter Guigonetum delphinum, filium quondam domini Andreæ, Delphini Viennensis et Albonensis comitis, et dominam Beatricem Viennensem et Albonensem comistissam, matrem tutricem dicti Guigonis.*

L'empereur Frédéric, par une bulle du mois de mars 1238, luy confirma, et à Béatrix de Montferrat, sa mère, le péage qu'il avoit accordé à Guillaume, marquis de Montferrat, en quelque lieu de sa comté de Vienne qu'il voulut, et d'y faire exiger 12 den.

La mesme année, et en avril, cet empereur, qui le qualifie comte de Grenoble, luy confirma toutes les concessions que les empereurs avoient faites à ses prédécesseurs, luy confirma les minières de Rame, luy permet de faire battre de la monnoye à son coing et luy donne toutes les régales de son estat : la bulle est à la Chambre des Comptes où il y a pour témoins :

Pelerin, patriarche d'Aquilée;
Hillin, archevêque de Tréves;
Evrard, archevêque de Babembourg;
Herman, évêque de Constance;
Ordin, évêque de Basle;
Ubalde, abbé de Corbaye;
Albert, primat de Verdun;
Albert, prevost d'Oulx;
Henry, duc de Saxe;
Bertod, duc de Cervigo;
Henry, duc de Carintie;
Ladislas, duc de Pologne;
Archon, comte palatin;
Herman, marquis de Bade;
Hordachier, marquis d'Aire;
Guillaume, marquis de Montferrat;
Ulric, comte de Luxembourg;
Valner, comte de Hanesbourg;
Pierre, prévost d'Oulx;
Estienne de Chevrieres;
Guigues de Dons;
Alleman, Guy et Guillaume Ruserdel.

Le Dauphin acquit de Gilete Aynard, dame de la Mure, le leyde de la Mure, le 4 des ides d'aoust 1239.

La dot de Béatrix de Montferrat, sa mère, n'ayant pas été payée, Boniface, marquis, son frère, par un acte du 9 d'octobre 1240, remit pour cela à son neveu les terres de Catagnet, de Refare, de Burdin et de Gahus qui luy avoient esté constituées par Guillaume, leur père.

La mesme année, il fit quelques bienfaits à la chartreuse de la Sylve-Bénite, comme on le trouve en ses archives.

Il inféoda, le 8 de janvier 1241, à Odon Alleman, une partie de la terre de Valbonnois, despuis le lieu appelé des Ayes jusques au col Segoin.

La terre de Seissins, auprès de Grenoble, faisoit autrefois partie de celle de Sassenage. Elle fut donnée à Anjarde, fille de

Guigues, seigneur de Sassenage, pour sa légitime et elle la légua au Dauphin, par son testament des ides de may 1241.

Par un traité qu'il fit, le 2 de décembre 1241, avec Amédée, comte de Savoye, son beau frère, il fust arrêté que pour la dot d'Anne, sa sœur, la terre de Miribel luy resteroit, et qu'on luy donneroit encore celles de Varassieu, d'Anocieu, d'Aubesaignes et d'Aien.

L'an 1242, il visita le corps de S. Antoine, conservé dans l'église de l'abbaye de ce nom, qui y avoit esté transporté d'Egypte par Disdier, seigneur de Chateauneuf, l'an 1070, et mit cette abbaye soubz sa protection, comme le rapporte Aimar Falcoz, en son *Histoire Antoniane*, 3e partie, ch. 25.

Hugues Adémar, seigneur souverain de Montélimart, estant attaqué par le comte de Valentinois, aux fins qu'il luy fit hommage de quelques possessions qu'il avoit en son estat, il s'en deffendit et le comte, armant contre luy, il eut recours au Dauphin et, pour l'attirer à son party, il luy offrit de luy faire hommage de ce qu'il avoit possédé jusques alors en franc-alleu, ce qu'il fit le 2 de mars 1244, de

Clausene, terre en seigneurie ;
D'une métairie à St André ;
D'un domaine à Sahune ;
D'un autre, aux Aubres ;
D'un autre, à Tolignan ;
De la moitié d'Autane ;
De ce qu'il avoit à Ste Jalle ;
D'une parerie à Ribiers ;
D'un domaine à Rosans ;
D'un autre à Montréal ;
Du domaine de la Baume Rison ;
De celuy de Marcenne ;
D'une parerie à Albosine ;
D'un domaine à Teyssiéres ;
De la Bastie Verdun ;
D'un domaine à Grillon ;
Et pour Penafort ;
Le tout aux Baronies.

Estant en guerre avec Amédée de Savoye, ils convinrent de treves un samedy avant l'octave de S. Jean Baptiste, 1245.

Le 14 des kal. de février de cette année, ils firent un traité de paix par lequel il est résolu que les terres d'Avalon et de Bellecombe, en Graisivaudan, demeureroient au comte pendant 5 ans, après lequel temps celle d'Avalon seroit rendue au Dauphin; et, à l'égard de Bellecombe et d'Entremonts, qu'il seroit incessamment informé de leurs droits respectifs, que le Dauphin payeroit au comte 75,000 sols, dans 2 mois, à peine de 100 marcs, et font une ligue offensive et deffensive.

Ayant convenu des archevêques de Vienne et de Lyon, ils firent sentence le 13 des kal. de février suivant, où Thomas, comte de Geneve, et Gratapailles, seigneur de Clérieu, furent aussy en qualité, par laquelle il fust dit que Avalon, Bellecombe et Entremonts appartenoient au Dauphin, moyennant la somme de 75,000 sols viennois qu'il donneroit au comte et que led. Dauphin seroit remis à Clérieu, que les deux princes s'entresecouriroient reciproquement.

Bien que ce que je vais escrire ne soit pas bien important ny nécessaire à cette histoire, néanmoins la singularité m'oblige de le rappeler.

Le mois de mars 1246, Béatrix, dauphine et Guigues, son fils, inféodèrent à Pierre Bouquin la charge de commander au four, au Bourg d'Oysans, avec certain droit, soubz une redevance annuelle d'une obole d'or estimée 5 s. Humbert, dauphin, le confirma à Guillaume Bouquin. Caterine Bouquin, femme de Pierre Mallein, le vendit, le 8 de février 1368, à Pierre Besson, pour la somme de 80 florins et il en fust investy par le chastelain d'Oysans, le 10 de ce mois.

Le Dauphin fait hommage à l'évêque de Grenoble et à son église, le dimanche de la Pentecoste 1246.

Peyrins, auprès de Romans, appartenoit au Dauphin par indivis avec les chevaliers de l'ordre de S. Jean de Jérusalem. L'archevêque de Vienne, en qualité d'abbé de S. Barnard de Romans, et son chapitre y acquirent quelques domaines qu'ils prétendirent francs de tous droits seigneriaux. Comme dans leur acquisition il y avoit de grandes forêts dont ils prétendoient avoir uniquement l'usage, cella causa quelques différends que l'archevêque de Vienne, par une sentence arbitralle du 14 des kal. de décembre 1246, termina, et dit que ce que l'archevêque et son chapitre avoient acquis leur resteroit en propre, mais que les gens du Dauphin y auroient le paquerage pour leur bétail, et que les frères de S. Jean auroient la connaissance des crimes qui pourroient y estre commis. C'est le commandeur de S. Paul qui en est conseigneur.

L'an 1247, il rendit hommage à l'archevêque de Vienne et à son église de la comté d'Albon et reconnut, du fief de cette église, tout ce qu'il possedoit entre Voreppe et Grenoble jusques aux fourches du Puy, et entre le Rosne et l'Isère; s'offrit de présenter à l'avenir, chacune année, un cierge du poids de 12 livres à l'autel de S. Maurice, la veille du jour de sa feste. Despuis ce temps là, le gardier de cette ville a offert ce cierge, et j'ay veu en la Chambre des Comptes des requestes présentées au Parlement pour cella.

Il eut quelques différends avec l'archevêque d'Ambrun. Le pape commit Robert, évêque de Gap, pour en juger qui, par une sentence du 4 de juin 1247, confirma le traité de 1210.

L'empereur Frédéric II, par une bulle du mois de juin de cette année 1247, déclare que le Dauphin possédoit à juste titre les comtez de Gap et d'Ambrun qu'il luy confirme, et luy accorde tous les alleus des comtez de Gap, d'Ambrun, de Vienne, d'Albon et de Graisivaudan pour les tenir en fief de l'empire.

Un lundy, 4 de novembre 1247, il acquit la tour supérieure du Pont, en Briançonnois, de plusieurs personnes.

Le Dauphin et l'archevêque d'Ambrun eurent encore quelque différent qui fust terminé par une sentence arbitralle rendue cette année 1247 par Robert, évêque de Gap, et par Guillaume, seigneur de Clérieu, où il est dit que la juridiction et souveraineté de cette ville leur seroient communes, comme aussy les bans, les mesures, les poids, le civerage, les proclamations, et autres droits corporels et incorporels, sauf la majeure domination qui estoit à l'archevêque, comme aussy les régales qui luy avoient esté accordées par bulles impériales ; que les albergements, les tasches, et autres servis et possessions resteroient au chacun ainsy que cy devant ; les bans de justice, les amendes leur seroient communs ; que chacun auroit un juge qui leur seroit commun, qu'ils en pourroient mettre un réciproquement, chacune année, qui presteroient serment à l'un et à l'autre ; que l'archevêque aurait la spiritualité et la justice sur les clercs délinquans, et promettent d'observer le traité de 1210.

Il y eut pour caution à l'observation de cette sentence l'archevêque de Vienne et de Lyon, pour celuy d'Ambrun; l'évêque de Grenoble, Robert, évêque de Gap, Gratapailles de Clérieu, Roger de Clérieu et Sylvion de Clérieu, baillif de Gap, pour le Dauphin.

Charles, empereur, par une autre bulle du mois de novembre 1248, luy accorde une pension annuelle de 30 onces d'or sur la chambre impérialle.

Le comte de Savoye s'estant saisi d'Avalon, Guillaume de Clairfayet, qui en estoit chastelain, fut soupçonné d'avoir esté d'intelligence avec luy, tellement que ses biens furent mis soubz la main delphinale; mais, s'estant justifié, le Dauphin ordonna qu'ils lui seroient rendus, par ses lettres des nônes d'avril 1248, et il en fit hommage; ils y sont denombrez. Cette famille finit environ l'an 1360 en deux filles, l'une appelée Caterine, mariée à Guillon Brun; l'autre, Commelle, mariée à Giraud de Meffrey. Elles estoient filles de Joffrey de Clairfayet.

Berronil de Meuillon et Bertrand Rambaud de la Chaup, frères, seigneurs considérables des Baronnies, se déclarent ses vassaux et luy firent hommage le 7 de septembre 1249, et le Dauphin promit de leur ayder contre tous.

L'empereur Frédéric II, par une bulle du mois de novembre 1250, luy accorda une pension de quinze onces d'or sur la Chambre impérialle. Il l'appelle son cousin.

Le mois de may 1251, il cadastra le pays d'Oysanc.

Le Dauphin, comme seigneur direct d'Annonay, en Vivarais, donna la garde de son église à Aymar, qui en estoit seigneur utile, le 3 d'aoust 1252.

Par une sentence arbitrale, rendue la feste de Ste Marie de l'an 1254, entre Guigues, dauphin, et Raymon, seigneur de Meuillon, il est dit que le lieu de l'Espine appartiendroit à Meuillon, pour le tenir en fief du Dauphin; celle de Sorbières de mesme pour la moitié, l'autre estant à Osascise; que Meuillon rendroit la moitié de Rossas au nommé Montalin et qu'il en rendroit hommage au Dauphin de la moitié qui luy resteroit; que, payant 300 liv. à Montalin, Meuillon auroit l'autre moitié;

et Meuillon promit de servir le Dauphin en guerre comme son vassal.

Le Dauphin possedoit Beauvoir, en Royans, depuis que ses ancestres règnoient en ceste province, ou du moins depuis que la comté d'Albon avoit esté inféodée à l'un d'eux, comme j'ay dit, mais ce n'estoit que d'une partie. Cette terre est en Royans, et Ismidon, prince de ce pays, en avoit l'autre. Aymar de Bérenger, l'un de ses sucesseurs, s'en départit en faveur du Dauphin, le 4 des kal. de juillet 1252.

Il eut quelques différents avec l'archevêque d'Ambrun, qui furent terminez par une sentence arbitrale rendue par Robert, archevêque de Vienne, le 4 des ides de février 1253.

Le Dauphin fit encore un traité avec l'archevêque d'Ambrun, le 4 des ides de février 1253, ensuite d'une sentence arbitrale rendue par l'archevêque de Vienne.

Les nobles qui forent présens à l'acte sont :
Osascise Flotte ;
Artaud de Montauban ;
Guigues de Bérenger ;
Albert Minsar ;
Rodolphe d'Ancelle ;
Peronnet de Goncelin ;
Lombar de Laye ;
Lantelme de Monbrun ;
Poncet de Savines ;
Guigues Charbonel ;
Odon de Rame ;
Jacques de Pontaut ;
Girard de Bellecombe ;
Raymon de Laye.

La comté de Forcalquier estoit mouvante de celle de Provence ; le Gapençois et l'Ambrunois qui en avoient fait une partie donnée en dot à Béatrix de Claustral, lors de son mariage avec Guigues André, de l'an 1202, celui-cy leur fit prester hommage le mardy avant la Madelaine de 1257, de cette portion au comte de Provence.

Et dans l'acte il est dit que, si le Dauphin venoit à mourir sans enfans, et ses enfans sans autres enfans, tout ce qu'il possedoit dans le Gapençois et le Forcalquier reviendroit au comte de Provence.

Un vendredy après Ste Luce de 1257, le Dauphin et Othon, évêque de Gap, font une ligue offensive et défensive.

Ils se promirent un secours mutuel contre tous, excepté l'Empereur et l'Église romaine; et le Dauphin y ajouta le comte de Provence. L'évêque s'obligea de donner au Dauphin, en fief, la moitié du consolat, des moulins, du four et généralement de tous les autres droits qu'il y avait, pourveu que Charles, comte de Provence, y consentit.

L'empereur Philipes, par une bulle du 8 de mars 1258, confirma à la dauphine Béatrix de Montferrat le péage qui avoit été concédé à Guillaume, marquis de Montferrat, son père; il fust estably à Auterive, au dessoubz de Vienne, et c'est ce que nous appellons aujourd'huy les grandes gabelles de Romans.

Le 6 de février 1258, le Dauphin promit à Galburge de Meuillon, qu'il appelle sa cousine, de luy ayder à recouvrer la terre de Serres, en Gapençois, que détenoient injustement le bastard de Montferrat et Rostaing de Saluces, à la charge qu'elle luy en feroit hommage.

Le 2 d'avril 1260, Rolland de Manteyer vend au Dauphin la moitié de la justice et juridiction sur la ville de Gap et ses habitans, le droit d'y instituer Bailes, Crieurs et autres officiers qui doivent estre entretenus dans l'hostel de l'évêque. Le baile percevant des condamnations pour fourfaitures le 13 denier, et, de toutes les investitures et autres condamnations, un sol; ce fust pour le prix de 30,000 sols viennois qui furent payez au dit Manteyer, qui se réserva la sixième partie de ce qu'il vendoit où il y avoit une maison et un chasal, ensemble le pouvoir d'instituer lesdits baile, crieur et mandataire. Il les rendit à l'évêque le 4 de juillet 1262.

Le Dauphin acquit une partie de la terre de Savines, un mardy après la Puriffication de 1261, de Guillaume d'Entravanes. C'est ce que le Roy Dauphin y a aujourd'hui. Elle est au diocèse de Gap.

Le Dauphin voulut faire construire un palaix dans la ville d'Ambrun, l'archevêque s'y opposa; leurs différends furent remis au pape. Cependant, par un acte du 1er de kal. d'aoust 1260, il convint de surseoir cet ouvrage jusqu'à ce que l'archevêque eut justifié qu'il pourroit l'empêcher. Le pape, par une bulle des kal. de septembre de la mesme année, commit l'archevêque de Vienne et l'évêque de Die pour les régler.

Le 3 des ides de may 1262, Agnès, dame de Foucigny, fait héritière Béatrix, dauphine. Elle estoit fille et héritière d'Aymon, baron de Foucigny, et avoit espousé Pierre, comte de Savoye.

Il y eut un autre traité avec l'archevêque d'Ambrun en 1262.

Ce Dauphin avoit espousé Agnès, qualifiée nièce de Raymond, seigneur de Meuillon, dans un acte du 14 des kal. d'octobre 1262, qui est une procuration que donne ce Raymond, frère prescheur, pour retirer sa dot de 5,000 sols, bonne monnoye; elle est qualifiée *jadis femme du Dauphin*, ce qui marque qu'elle avoit esté répudiée, car le Dauphin avoit alors pour femme Béatrix de Savoye, fille de Pierre, comte de Savoye, quy luy donne pour dot le Foucigny.

Il avoit eu une autre femme appellée Cécille, fille de Beraud des Baux, car j'ay veu une bulle du pape Alexandre qui commet l'abbé de S*t* Chef, pour s'enquérir par quelle raison il l'avoit répudiée pour espouser Béatrix de Savoye. Chorier a ignoré ces deux premières femmes.

Allevart est un mandement, limitrophe de la Savoye, ayant pour confins celuy de la Rochete. Guigues, seigneur dudit lieu de la Rochete, tenoit une partie d'Allevart. Il la vendit à ce Dauphin le 14 des kal. de juin 1263. Les confins y sont despuis Malefosse jusques à Bayn, vers la montagne appelée Bramefant et la cime de celles de Maurienne. Ce fust pour la somme de 15,000 sols, bons viennois, que le Dauphin luy paya et en passa quittance le jeudy après la feste de S*t* Marc 1264.

La terre de Serres, dans le Gapençois, estoit tenue en franc-alleu par la famille de Meuillon. Galburge de Meuillon la possédoit, et s'estant laissé séduire à Guillaume, seigneur de Tournon, elle s'offrit de reconnoistre sa terre au Dauphin et de se déclarer sa vassale, pourveu qu'il luy aydat à obliger Tournon de l'espouser. Ce fust le 1er d'aoust 1262.

Il acheta, le 7 des ides d'octobre 1264, de Galburge, fille de Raymon de Meuillon, pour 28,000 sols viennois, les terres de Serre, d'Aucellon, de Laser et du Poet au diocèse de Gap.

Voicy le titre que j'ay promis pour justifier que le Briançonnois fut acquis au Dauphin par son mariage avec Adélaïde de Suze. Le comte de cet Estat eut de grands différends avec ce Dauphin, pour les limites de ce qui leur appartenoit du costé du Pont. Il y eut une enqueste pour cela, en 1265, par où il conste que le Dauphin avoit tout le territoire du Pont, la plaine des Chandeines despuis le Leya, montagne de Maurienne, suivant le cours d'une eau jusques au village du Pont, puis tirant vers la montagne de Lesarier et à celle de Nisol vers celle de Lausene et de Ranel, vers ladite plaine; que le Dauphin y possédoit tout ce qui avoit esté au comte de Suze, la moitié du droit qui avoit eu le seigneur Sigismon, Anne et Sibille, ses filles, Almanzor, mary de Sigismonde, fille de ladite Anne; l'autre moitié appartenoit à Pierre et le tenoit d'Alix et d'Isabelle, fille de Sigismon.

Voicy les noms des nobles qui déposèrent :
Isoard Turpin ;
Roux Turpin ;
Pons des Canaus ;
Pierre Pelesser ;
Pierre Tartoux ;
Henry Tartoux ;
Un autre Pierre Tartoux ;
Jean Beton ;
Aymar Morel ;
Pierre Riols ;
Boniface d'Ast.

Il y est aussy dit que le Dauphin avoit des forets à S. Eusèbe et à Belmes dont les habitans avoient l'usage.

Falques, de l'ordre des Chartreux, évêque de Grenoble, étant mort, son temporel fut mis entre les mains du Dauphin par droit de régale; Jean de Sassenage luy ayant succédé, Jean de Goncelin, juge du Graisivaudan, eut ordre de le luy rendre, ce qu'il fit le 9 des kal. d'aoust 1266.

Ce Dauphin fit renouveller ses reconnoissances dans ses terres de Graisivaudan, en 1266, et se fit prester hommage à ceux qui le luy devoient. J'y remarque de trois sortes d'hommages : le lige, le simple et le commun.

Je tiens de feu M\ le président de Boissieu, homme savant dans l'usage des fiefs, que l'homme lige est celuy qui doit suivre son seigneur à la guerre. L'homme simple c'est un vassal sans obligation, et l'homme commun celuy qui est obligé de faire souvent la cour à son seigneur.

Voicy ceux qui sont compris dans ces reconnoissances, distinguez par ces différents hommages.

Hommes liges.

Hugues d'Auvergne ;
Berlion de Larenier ;
Aymeric d'Avalon ;
Raymon d'Avalon ;
Pierre d'Avalon ;
Hugues Guers ;
Pierre de Maisségues ;
Rodolphe du Gaz ;
Pierre Isoart ;
Humbert du Serre ;
Pierre Romain ;
Armand de Laye ;
Rolland d'Aubesaigne ;
Nicolas d'Herbeys ;
Cretie de la Paule ;
Humbert de Theys ;
Hugues de Mailles ;
Romestaing et Raymon, fils de Donnat d'Avalon ;
Pierre de Bardonneche ;
Pierre Archier ;
Humbert de Clermont ;
Pierre de Morges ;
Baisin de la Couronne ;
Martin Chailoneis ;
Guillaume de Beaume ;
Guillaume Minsart ;
Guigues Artaud ;
Raymon de Montbran ;
Hugues Richart ;
Raymon Berard ;
Simon de la Paute ;
Guy de la Paute ;
Lantelme Couez ;
Raymon de Montbran ;
Raymon d'Aresnes ;
Pierre Reynot ;
Odon de Sassenage ;
Pierre Richart ;
Odon Richart ;
Bernard de Vaujany ;
Pierre des Champs ;
Jean de la Poya ;
Isoart de Molines ;
Guigues de la Rochete ;
Arnaud de la Salette.

Les hommes simples.

Girin de S. Simphorian ;
Bernard Broard ;
Michel de Moretel ;
Guigues Alleman ;
Piscaire de Barraut ;
Jarson de Barraut ;
Guiffrey de Salvaing ;
Pierre Gotefrey ;
Guillaume Pila ;
Guigues Pila ;

Humbert de Clugnie ;
Antoine de Granges ;
Guionnet de Granges ;
Pierre de Granges ;
Lantelme Laure ;
Richart de Mailles ;
Aymon Belmont ;
Aymeric de Goncelin ;
Richart Albert ;
Pierre de Theys ;
Hugues Morard ;
Pierre de Maurienne ;
Aymon de Boqueiron ;
Humbert Guman ;
Pierre, son frère ;
Hugues de Chateauneuf,
Pierre Peloux ;
Lantelme Buissière ;
Pierre Guers ;
Guigues de Granges ;
Jean de St André ;
Pierre Omar ;
Humbert Omar ;
Pierre Tardivel ;
Jean Chabert ;
Pierre Guman ;
Villen de Moletes ;
Guillaume Guers ;
Pierre de Clairfayel ;
Pierre Por ;
Humbert Putod ;
Guy de la Rochette ;
Lambert de Trefort ;
Lantelme de Trefort ;
Lambert Ricoz ;
Estienne Ricoz ;
Guillaume Chypres ;
Guigues de Villaret ;
Hugues de Pellafol ;

Lantelme de Beaumont ;
Rostaing d'Aspres ;
Guillaume d'Aspres ;
Martin d'Aspres ;
Rodolphe de Vaujany ;
Alleman Auruce ;
Pierre Auruce ;
Boniface de Montorcier ;
Lantelme de Montorcier ;
Guillaume Richart ;
Barthelemy-Boson, son frère ;
Raymon Nantelme ;
Pierre de Buy ;
Pierre d'Ancoy ;
Guigues Duclot ;
Odon de Valserre ;
Pierre Faucher ;
Arnaud Saurel ;
Amblard de la Couronne ;
Aynard de la Couronne ;
Pierre de la Couronne ;
Albert Bleyme ;
Humbert du Thaut ;
Raymon du Thaut ;
Guigues de Morges ;
Pierre de Pellafol ;
Pons Roux ;
Pons Mathieu ;
Guillaume Armand ;
Arnoul de Laye ;
Jacques Orcel ;
Boniface Arnoul ;
Guillaume Agnes ;
Pierre Ode ;
Pierre de Montorcier ;
Raymon de Laval ;
Pons Rage ;
Guigues d'Aurel ;
Pierre de Veynes ;

Guigues de Veynes ;
Jean d'Aurel ;
Rodolphe, son frère ;
Bartelemy Rage ;
Rodolphe d'Aurel ;
Guillaume Imbert ;
Armand d'Aurel ;
Lantelme d'Avalon ;

Bay de Laval ;
Guigues, son frère ;
Isoard de la Porte ;
Lantelme Ode ;
Guigues Isoard ;
Boniface Baudon ;
Raymon Rage ;
Pierre Jouven.

Les hommes communs.

Aymar de Barraut ;
Jacques de Mailles ;

Guigues Artaud.

De toutes ces familles, il ne reste que celles :

De Duserre ;
De Clermont ;
De Sassenage ;
De Salvaing ;
De Peloux ;
De Duclot ;
D'Ode ;
De Jouven ;
De Theys ;
De Morges ;
De Vaujany ;

De Granges ;
De Chypres ;
De Duthau ;
De Veynes ;
De Bardonneche ;
D'Artaud ;
D'Alleman ;
De Norard ;
De Pellafol ;
D'Armand ;
De la Porte.

Le 4 des ides d'avril 1266, il y eut une sentence arbitrale entre le Dauphin et le chapitre de l'église de S. Jean de Lyon, par laquelle il fust dit qu'il donneroit au Dauphin une maison dans cette ville, au deça du Rosne, de revenu de 50 livres, et le Dauphin se despartiroit en sa faveur de la directe de Septeme et de Villeneufve d'Esperanche ; que le chapitre feroit ce qu'il pourroit pour le faire decharger envers l'archevêque de l'hommage qu'il luy devoit, pour Annonay et Argental, sinon il le rendroit comme il l'avoit esté autrefois.

Le Dauphin acquit en 1267 la terre de Montjay, de Guillaume de Montjay qui en estoit seigneur, pour 8,000 sols viennois.

Béatrix, dauphine, et Guigues, son fils, firent un traité, le

17 des kal. de mars 1267, avec Humbert, évêque de Valence et de Die, par lequel cet évêque leur cède les hommages qui luy estoient deubs et à son église par le comte de Valentinois et de Diois, à raison des châteaux de Véronne, de S. Benoist, et la Dauphine et le Dauphin luy cèdent ce que luy devoit Sylvion de Crest pour Crest, Lambrey, Divajeu, Aouste, S. Médar. Ils soumettent encore à son église Montclar, le Monestier, S. Jullien, et ce qu'ils avoient à Véronne, à Suze, et l'évêque leur permet d'acquérir dans son diocèse ce qu'il leur plaira despuis Luc jusques à Die.

Luc estoit la capitale de Voconces. Ce n'est plus qu'un méchant village, ayant esté détruit par les eaux de la Drôme. César en parle dans ses Commentaires.

Le Dauphin fit une ligue offensive et déffensive avec Othon, évêque de Gap, un vendredy après la feste de St Jean Baptiste de cette année.

Pierre, comte de Savoye, père de la dauphine Béatrix, fit son testament le lendemain de la feste de St Jean Baptiste de l'an 1268, et fait héritier cette Béatrix qu'il qualifie sa fille et femme du dauphin de Viennois, en tout ce qui luy appartenoit au diocèse de Geneve jusques à Maternents et en Allemagne, excepté ce qu'il avoit à Seissel et à Montfalcon; plus l'hommage qui luy estoit deut par Albert, seigneur de la Tour, et l'arrière fief que tenoit de luy le comte de Forets; plus les chateaux de S. Rambert et des Bonmes et les fiefs qui luy estoient deubz à Roremont. C'est tout ce qu'on appelle Foucigny qui venoit de droit à cette Béatrix, car le comte de Savoye n'avait eu qu'elle d'Agnès, dame de Foucigny. Ce fust par cette alliance que le Foucigny parvint à la famille des Dauphins.

Il est certain que les Dauphins n'avoient aucune autre maison d'habitation dans la ville de Grenoble que là où est le palais du Parlement. Ceux qui ont cru que l'hostel de Lesdiguières estoit celuy où ils habitoient, parce que Humbert, dauphin, en 1342, acheta plusieurs maisons pour l'agrandir, se sont trompés car nos Dauphins anciennement n'y en avoient point. Le premier qui y acquit quelque chose fut ce Guigues qui, le 12 de novembre 1268, y acheta une maison, une cour, et un pré contigu derrière l'église de St André jusques à l'Isère, de Guillaume Chaunais, fils de Raymon; ce pré s'étendoit bien avant le long de l'Isère en tirant contre le couchant, et, avant qu'on eut batiy des maisons de ce costé là pour agrandir la ville. On a appelé ce pré celuy de la Trésorerie parceque nos derniers Dauphins avoient estably en cette maison le dépost de leurs finances.

Pour la preuve de ce que je viens d'annoncer, il y a plusieurs requestes présentées à la Chambre des Comptes par François de Bourges et François Gallien, Trésoriers receveurs généraux de Dauphiné, où ils remontrent que, du temps des Dauphins, et longtemps après, jusques 'à Artus Prunier, les Trésoriers receveurs du pays ont habité en une maison de Grenoble appelée la Trésorerie, dont ils avoient été obligez deshabiter ayant esté ruinée tant par les guerres civiles que par les nouvelles fortifications de la ville; que le sieur de Lesdiguières l'ayant fait rebastir, les Gouverneurs et les Lieutenans au gouvernement de la province y avoient habité, et estoient les suppliants obligez d'en louer une autre; que pour cella on ne leur avoit accordé que 100 livres et que ce n'estoit pas assez; que s'estant pourveus au Roy ils avoient obtenu des lettres patentes, l'an 1594, par lesquelles il leur avoit accordé 133 écus 20 s., il plut à la Chambre de les vériffier, ce qu'elle fit le 18 de janvier 1598.

L'an 1269, il confirma les privilèges du monastère de St Robert de Cournillon et, dans les lettres qu'il fit expédier au prieur Guichart de Largentière, il est fait mention expresse d'André, dauphin, son père, de Béatrix, duchesse de Bourgogne et comtesse de Vienne et d'Albon, son ayeule, et de Guigues, fondateur de ce monastère.

Il fist son testament et mourut l'an 1270. Il institua pour son héritier universel Jean, son fils unique, auquel il substitua Anne et Caterine, ses filles, et à tous s'ils mouroient sans enfants, Hugues, duc de Bourgogne, et après luy son fils aisné. Il donna la tutelle de son fils à Béatrix, sa femme, à condition de suivre les conseils de ce duc et de ne pas se remarier. Il légua à Anne 6,000 marcs d'argent, et à Caterine 5,000. Il fit des légats à tous les couvens et monastères de la province.

Il en fit un à la maison des repenties, ce qui marque que de tout temps on leur a construit un refuge. Cette maison est donnée pour confins à ce que Humbert, dauphin, Anne, dauphine, et

Guillaume, évêque de Grenoble, donnèrent aux FF. Prescheurs de cette ville en les fondant.

Il légua à l'ordre de S! Jean de Jérusalem 50 liv. et son cheval de combat. l' ordonna à son héritier d'envoyer à cet ordre dix chevaliers et de leur donner au chacun 100 liv. pour leur dépense, et choisit l'église de Prémol pour son tombeau.

Il légua 300 liv. à trois chevaliers pour aller combattre en la Terre Sainte, et voulut que Guichart de Clérieu, son neveu, et Disdier de Chateauneuf fussent de ce nombre.

Il appelle Clérieu son neveu parcequ'il estoit fils de Marguerite de Poitiers, descendue de Marquise, fille de Guignes, dauphin.

Il est certain que son corps est dans l'église de Prémol, bien que Chorier le mette en celle de Saint André, proche de l'autel de la Madelaine. C'est dans la sect. 4 du livre 5 de son 2e volume, et pour faire voir sa bevuë c'est que dans la sect. 5 il dit qu'il est ensevely à à Prémol. Si je voulois remarquer les autres qu'il a fait j'en ferois un gros volume.

Il eut donc pour enfants :

1 Jean, qui aura son chapitre ;
2 Caterine ;
3 Anne, qui fut son héritière, et qui aura aussy son chapitre ;
4 Marguerite, mariée à Boniface, marquis de Saluces.

13e Degré.

JEAN,

Comte de Graisivaudan et d'Albon, dauphin de Viennois.

Pour la justification des enfants que le précédent Dauphin avoit laissé, c'est un hommage que rendit Galburge, fille de Raymon, seigneur de Meuillon, à Béatrix, le 16 des kal. de novembre 1270, en qualité de mère et tutrice de Jean, d'Anne et de Caterine.

Béatrix de Savoye, qualifiée comtesse d'Albon, au nom de Jean, son fils, acquit la terre de Moiranc, le 1er d'octobre 1270.

en échange d'une partie de celle de Tullin qu'elle donna à Guy, seign. de Tullin.

Il est dit dans l'acte que ce Guy l'avoit acquise de Guillaume de Moiranc, frère et héritier d'Aynard.

La mesme année elle fit hommage à l'archevêque et à l'église de Vienne.

Le dimanche auquel on chante le *Lætare* de l'an 1270, Béatrix, sa mère, fit hommage en son nom à l'archevêque de Vienne, Guy, et à son chapitre pour la comté d'Albon et pour le château de S. Quentin, comme l'avoient fait ses prédécesseurs.

Leonete, dame de Geix, soumit sa baronnie à Béatrix, dauphine, dame de Foucigny, le jour avant les nônes de février 1270.

Béatrix ayant fait un traité avec Guillaume de Rosset, qui luy avoit promis de luy remettre la terre de la Roche de Glun, il s'engage de nouveau, par un acte d'un jeudy avant l'invention de la Ste Croix, et promet d'y satisfaire, et la Dauphine à ce qu'elle luy avoit promis; et pour l'observation elle donna pour cautions :

Aymar Rossillon, seign. d'Annonay;
Pierre, seign. de Chandieu;
Alleman de Condrieu;
Guy, seign. de Tullin;
Guiot de Forest;
Aymon de Bocsozel.

Et Rosset donna :

Le dit seigneur d'Annonay;
Aymon de Bœse;
Artaud de Lanjac;
Guionnet de Peresc;
Gaudemar de Jarez;
Pierre, seign. de Chandieu;
Guillaume, seign. de Montegna;
Guigonnet de Rosset.

Le 16 des kal. de novembre, mesme année, cette Béatrix, dite veufve de Guigues, dauphin, et mère et tutrice de Jean, reçoit l'hommage de Galburge de Meuillon, fille de Bertrand, pour 15 terres aux Baronnies.

Béatrix donna à l'abbé de S‍t Chef, le fief de Demtesieu dont il luy en fit hommage le jeudy, après l'octave de l'Ascension, de 1270.

Le 4 des kal. de janvier de cette année, le Dauphin acheta la terre de S‍t Jean de Bournay de Drodon de Beauvoir pour 400 liv.

Le 11 de décembre 1271, les habitans de Gap donnent leur consolat au Dauphin, sauf le droit de l'évêque, si aucun il en a, et ils font hommage à Béatrix, sa mére; et, en mesme temps, le Dauphin leur en fit donation.

Le comte de Provence ayant appris que les habitans de Gap avoient donné leur consolat au Dauphin, sur les remontrances de l'évêque qui le prétendoit aussy, par ses lettres du dernier de may 1272, commit pour informer à qui il appartenoit ou à luy ou à l'évêque, ou au Dauphin. Il est dit que non seulement Béatrix, dauphine, veufve de Guigues, dauphin, le prétendoit par la donation que luy en avoit faite les habitans, mais qu'elle avoit acquis le droit qu'y avoit Armand Flotte.

Chorier ny aucun autheur n'ont pas connu Marguerite de Viennois, espouse de Boniface, marquis de Saluces, mais j'ay veu une quittance de sa dot, qui estoit de 100 marcs d'argent, passée par son mary à Jean, dauphin, son frère, un vendredy après la feste de Notre Dame de l'an 1272.

Béatrix, veufve du Dauphin, se remaria en 1273 à Gaston VII, vicomte de Béarn.

L'an 1274, Humbert, seign. de la terre d'Upie, acquit les parties que Sylvion de Clérieu et Lambert de Chabeuil avoient de la terre de Pisançon. Guy, archevêque de Vienne, en prétendit l'hommage comme abbé de S. Barnard, disant que cette terre en estoit mouvante. Humbert l'ayant refusé, il y eut une guerre qui dura jusques en 1279 qu'elle fut terminée par accommodement, et Humbert, devenu Dauphin, unit cette terre au domaine delphinal. Puisque cet Humbert devint Dauphin, je dois raporter que l'empereur Rodolphe, qu'il alla visiter à Vienne, en Autriche, le fit, en 1279, sénéchal héréditaire du royaume d'Arles.

La dauphine Béatrix, le 10 des kal. de juillet 1278, acquit trois maisons fortes à Voyron au mas de Poison. Et les Dauphins, la terre de Pisançon, un jour avant les kal. de may de cette année, d'Alix, femme de Pierre Peloux, fille et héritière de Guelix de Chabeuil. Ce ne fust que d'une partie. Mais les Dauphins, ses successeurs, en acquirent d'autres; non pas toutes, car il y a une partie qui n'est pas du domaine, et cette parerie a appartenue aux seigneurs de S. Vallier.

L'empereur Rodolphe, par une bulle du 4 des ides de may 1280, promet au Dauphin de luy donner la ville de Montellimar, en cas que, par occasion, elle parvint à l'empire. C'est une des dix villes de cette province dont les députez entroient dans les Estats. Elle estoit anciennement appelée Monteil et appartenoit en souveraineté à la famille d'Adémar qui luy a donné la moitié de son nom *Montilii Ademarum*.

Pariset est un mandement auprès de Grenoble, sur les rives du Drac, qui a appartenu a une famille de ce nom. François la vendit au Dauphin qui, cette année 1280, ordonna d'en prendre possession pour luy, et de mettre ses armoiries sur le chasteau. Il est encore aujourd'huy du domaine delphinal.

Chorier a dit faussement que ce Dauphin mourut l'an 1272, puisqu'il vivoit en 1276, comme je vais le justifier, passant à l'article d'Anne, sa sœur. Il mourut d'une chute de cheval, suivant la généalogie qui est en la Chambre des Comptes n'ayant que 20 ans.

L'année qu'il mourut, qui fut au mois de février sur la fin, il fit un eschange, le 1er des kal. de ce mois, avec Aymar de Poitiers, comte de Valentinois, par lequel le comte luy céda la baronnie de Clérieu avec ses arrières fiefs de Claveson, Montchenu, Baternay, Marjais et Larnage; et le Dauphin lui céda Crest, Aouste et Divajeu. L'acte est aux archives du comte de St Vallier, où sont tous les titres principaux de la famille de Poitiers Valentinois trouvés aux archives du chasteau de St Vallier, lorsque Jean de la Croix de Chevrières en acquit la terre.

Les Dauphins estoient chanoines nais en l'église de Nostre Dame du Puy en Velay, et en faisoient l'hommage. Celuy-cy le rendit un jeudy après la Purification de cette année 1282.

L'acte porte que l'évêque et son chapitre l'estoient venu prendre processionnalement, que de cette prébende despendoit une maison et une chapelle soubz le vocable de S. Michel, comme aussy plusieurs droits au territoire de Rossas en ce diocèse, et le fief de Jondrac en celuy d'Orenge.

Il est aussy dit que le Dauphin percevoit sur l'autel une pension personnelle de 15 liv., qu'il y avoit une maison affectée a ce canonicat appelée de Grataloup, et une chapelle jointe soubz le vocable de S. Michel; que de cette prebende despendoient plusieurs droits au territoire de Rossas et en ville de Puy, comme aussy le fief de Jondrac au diocèse d'Orenge, et celuy de la Faze; qu'a l'avenement de tout Dauphin ce canonicat luy estoit deub.

LA TROISIÈME RACE DES DAUPHINS.

13e Degré.

ANNE,

Comtesse de Graisivaudan et d'Albon, dauphine de Viennois,

et HUMBERT DE LA TOUR, son mary.

Elle contracta mariage un jour avant les ides de septembre 1282 (1) avec Humbert de la Tour, seign. souverain de la Tour du Pin, ne relevant que de l'empire. Ayant succédé à Jean, son frère, elle voulut d'abord faire un acte de souveraineté. Elle crut que tous les seigneurs de la province luy devoient hommage, sans considérer que le Dauphiné étant régi par le droit écrit, estoit un pays de franc-alleu. Elle se fondoit sur cette maxime des fiefs : *Nulle terre sans seigneur*; mais les lettres qu'elle fit, un mercredy après la feste de Ste Madelaine de 1276,

---

(1) Guy Allard avait d'abord et avec raison daté ce mariage de l'an 1273; puis il a corrigé et daté de l'an 1282.   H. G.

n'eurent pas grand effet. Elle y ordonna à plusieurs seigneurs qu'elle y nomme de luy rendre hommage, ce furent :

Giraud et Hugues Adémar de Monteil;
Artaud de Rossillon, seign. d'Annonay;
Guigues de Rossillon, seign. d'Anjou;
Roger, seign. de Clérieu;
Guillaume de Poitiers, seign. de St Vallier;
Aynard de la Tour, seign. de Vinay;
Aynard, seign. de Chateauneuf;
Odon, seign. de Tournon;
Hugues, seign. de Bressieu;
Falcon, seign. de Montchenu;
Antoine de Claveson, seign. de Mercurol;
Guionnet, seign. de Tullin;
Aynard, seign. de St Quentin;
Poncet, seign. d'Hauterive;
Guigues Payen, seign. d'Argentail;
Aymon Payen, seign. de Mions;
Jacomet, seign. de Jaretz;
Guigues Alleman;
François, seign. de Sassenage;
Pierre Aynard, seign.....;
Guigues de Berenger, seign. de Morges;
Berard, seign. de la Barre;
Raymon, seign. de Meuillon;
Guillaume Artaud, seign. d'Aix;
Raymon de Montauban, seign. de Montmaur;
Isnard d'Agout, seign. de Savournon;
Arnaud Flotte, seign. de la Roche;
Philippes, seign. de Serres;
Guillaume Auger, seign. d'Oze;
Perceval, seign. de Cras;
Guillaume de Moustiers, seign. de Ventavon;
Galburge, dame de la Chaulp;
Aynard de Rame, seign. de Passin.

Robert, duc de Bourgogne, luy disputa cet estat et demanda la succession de Jean, son frère. Elle en transigea le lundy après la feste de S. Antoine 1277.

Elle acquit une portion de la terre de Veynes, dans le Gapençois, et, le 9 de juin 1279, les conseigneurs lui cèdent la tour de l'Echereine, le nouveau chasteau et le lieu appelé Echar, puis les reprennent pour les tenir à foy et hommage. Le nombre de ces seigneurs estoit grand, voicy leurs noms :

Falcon le Doux ;
Falcon de Mecers ;
Guillaume Arnouls ;
Guigues de Veynes ;
Guichart de Veynes ;
Guigues de Chateauneuf ;
Stabour de Rosset ;
Rostaing de Veynes ;
Albon de Chastillon ;

Amédée de Chateauneuf ;
Albert, son frère ;
Boson des Charence ;
Artaud, son frère ;
Guillaume Robert ;
Boson, son neveu ;
Falcon de Coigne ;
Lantelme de Veynes.

Après son mariage, en 1282, il fit une ligue offensive et deffensive avec l'archevêque et le chapitre de Vienne pour 20 ans. Il s'obligea de les secourir en toutes guerres, il promit de leur entretenir, à ses frais, lorsque le cas l'exigeroit, cent hommes à cheval, trois cents arbalestriers et sept cents hommes de pied armés de lances et de piques. Les entremeteurs furent :

Roger, seign. de Clérieu ;
Guigues de Rossillon, seign. de Serrières ;
Aymar de la Tour, seign. de Vinay ;

Disdier de Sassenage, abbé de S¹ Félix de Valence et viguier de la ville de Romans, pour le pape.

La mesme année il eut quelque différend avec le comte de Valentinois, au sujet de la terre de Clérieu qu'il avoit eschangée avec le père du comte. Ce fils n'en estoit pas content et voulut la ravoir. Ce différend alloit causer une guerre, et des entremeteurs s'en estant meslés, ils transigèrent. Le Dauphin luy rendit Clérieu, à la charge qu'il le tiendrait de luy à foy et hommage. Voicy les noms de ceux qui furent présents à l'acte :

Aimon, comte de Genève ;
Guigues de Genève, doyen de Clermont ;
Roger d'Anduse, seign. de la Voute ;
Roger de Clérieu ;
Disdier de Sassenage, abbé de S¹ Félix ;

Alleman, chanoine de Vienne;
Pierre Aynard;
Pierre Flotte;
Amédée Berlion;
Hugues de Barcelonne;
Hugues Laure;
Guillaume de Savasse;
Bertrand, seigneur de Tolignan;
Aynard de Chabrillan;
Guillaume de Chateauneuf, seign. de la Laupie;
Guillaume de Saillans.

Un jeudy avant la feste de St Michel de cette année, Béatrix donna à Jean, dauphin, fils de Humbert, et d'Anne, sa fille, tout ce qu'elle avoit eu de Pierre, comte de Savoye, son père.

Un jour avant les ides d'aoust de 1283, il fit ligue avec l'archevêque et le chapitre de Vienne.

Un jour avant les ides de juillet de cette année, il rendit au comte de Valentinois la baronnie de Clérieu et la luy inféoda, dont le comte lui fit hommage en présence de :

Amédée, comte de Genève;
Guigues de Genève, doyen de Clermont;
Roger d'Anduse, seign. de la Voute;
Pierre de Flotte;
Guillaume de Chateauneuf, seign. de la Laupie;
Guillaume de Rossillon;
Roger, seign. de Clérieu et partie;
Disdier de Sassenage, abbé de St Félix de Valence;
Pierre Aynard;
Aynard de Chabrillan;
Amédée Berlion;
Guillaume de Savasse, chevalier.

Un samedy après la feste de St Martin de cette année, les habitans de Romans se mettent soubz sa sauvegarde moyennant une redevance annuelle d'une obole d'or, sauf la fidélité qu'ils devaient à l'archevêque de Vienne, comme abbé de St Barnard, et au chapitre de cette église.

Le 17 de ce mois et de la mesme année (août 1283?), il rendit hommage à l'église de Vienne pour la comté de Vienne, pour S. Quentin, Rochecalve en fief rendable, et promit un cierge, chacune année, du poids de 12 livres.

L'an 1283, Humbert et Aymar de Poitiers, comte de Valentinois, font des conventions par lesquelles le Dauphin promet sa fille en mariage au fils du comte lorsqu'elle sera nubile.

Gaston, vicomte de Béarn, prétendit quelques droits sur cette province. Il en transigea avec Humbert et Anne, sa femme, un vendredy après la feste de Ste Luce de 1284, et on lui donna 15,000 liv.

Un samedy, après l'Annonciation de 1285, il y eut un compromis entre Amédée, comte de Savoye, et Humbert, dauphin, où, pour arbitres, l'archevêque de Vienne, l'évêque d'Orenge, Imbert de la Balme, Giraud de la Palu, Pierre Flotte, Humbert, seign. de Thoyre, et de Villars et Henry, son frère, chamarier de Lyon.

L'an 1285, il y eut un compromis entre le comte de Savoye et le Dauphin, et une prolongation de treves jusques aux festes de Pasques 1287.

Le duc de Bourgogne, Odon, pretendoit que le Dauphiné luy appartenoit par droit de succession, attendu qu'il n'y avoit plus des masles et que les fiefs ne pouvoient point être possédés par les filles; qu'André, dauphin, bisayeul d'Anne, estoit fils de Hugues, duc de Bourgogne. Il en transigea, l'an 1285, un vendredy avant la conversion de Saint-Paul, avec Humbert et Anne, son espouse. Le Dauphiné resta à Anne, et tout ce qui estoit au delà de la rivière d'Ains.

Il y eut encore une autre transaction le mois de février suivant, où il est dit que la moitié de Coligny appartiendroit au duc, laquelle estoit tenue par le comte de Savoye; que la moitié du Colombier luy appartiendrait aussy; que le Dauphin et la Dauphine procureroient au duc la restitution du chasteau de St André et du fief de la maison de Varambon, entre icy, et la feste de St Jean Baptiste, comme aussy celle du chasteau de St Germain; que St Jean d'Ambournay appartiendrait au Dauphin; que si le Dauphin pouvoit retirer le chateau de Moulin, qui estoit entre les mains de Simon de Montbelliard, il le restitueroit au duc; que les chasteaux de Pinet, de Vileneufve et de la Terrasse appartiendroient au Dauphin; que pour retirer lesdits chasteaux du comte de Savoye et dudit Montbelliard, le

Dauphin fourniroit au duc 20,000 liv., et, moyennant tout ce que dessus, le Dauphin et la Dauphine resteroient maistres du Dauphiné.

Il y eut encore une transaction ou sentence arbitrale, rendue le 3 de juin 1286, entre Robert, duc de Bourgogne, et Anne, dauphine, espouse de Humbert de la Tour, au sujet de la succession du dernier Dauphin, où le Dauphiné fut conservé à Anne, et on adjugea quelques terres au duc.

Béatrix de Savoye, fille de Pierre, baronne de Foucigny, qu'on appeloit la grande Dauphine, un mardy avant la feste de St Pierre aux Liens, vendit à Humbert, dauphin, et à Anne, son espouse, fille de cette Béatrix, la seigneurie directe de Versoye et de la Cluse de Gaye pour 1,500 liv., et pour la terre de Cournillon, en Graisivaudan, pour en disposer à sa volonté. Béatrix leur céda aussy tout le droit qu'elle avoit sur les chasteaux de Bonne, de S. Dagobert, de Falavier, de Demtesieu et de Dorchie, le fief de Rogemon, l'hommage de Pierre de Chastillon et de Nicolas, son frère, le fief de Balon, l'hommage des seigneurs de Gaye, la fidélité des nobles de Granceze, le domaine de Humbert de Viclay, l'hommage du seigneur de Micedon, celuy des enfants de feu Obert, seign. de Mons, celui de Giraud de Monts, et leur quitte tout ce qui luy appartenoit despuis le col d'Albonne jusques au territoire viennois, et despuis le lac de Geneve jusques en Bourgogne, ne se réservant que l'hommage du seign. de Beaujeu, la fidélité du seigneur de Villart, de Giraud d'Albon et de Guillaume de Veres, et promit le Dauphin de rendre l'hommage qu'il devait à Pierre, comte de Savoye, qu'il avoit légué à cette Béatrix, sa fille, tout cella en Foucigny.

Un mercredy, après l'Annonciation de cette année, il y eut un compromis entre le Dauphin et le comte de Savoye, rapporté par Guichenon, *Histoire de Savoye*, chap. 20.

Béatrix de Savoye, fille de Pierre et mère d'Anne, estoit encore vivante l'an 1286, car un mardy avant la feste de St Pierre aux Liens de cette année, elle donna à Anne, sa fille, et à Humbert, son mary, tout ce qu'elle avoit en Foucigny, consistant en sa seigneurie directe de Versoye, de la Cluze et de Gaze et autres terres ou fiefs. Elle avoit encore Falavier et Demtesieu dans le Viennois qu'elle leur donna aussy; il est vray qu'ils luy délivrèrent 1,500 liv.

Le mois de mars 1287, Amédée, comte de Savoye, déclare au Dauphin qu'il veut observer le traité qu'il avoit fait avec luy.

Un mardy après la feste de S. Pierre, apostre, de l'an 1287, il y eut un compromis, entre les mains du roy d'Angleterre et du duc de Bourgogne, entre Humbert et Amédée, comte de Savoye; et pour l'observation de ce qu'ils résoudroient, le comte déposa la terre de Septème, et le Dauphin celle de Revel à Humbert, seign. de Montluel, de Humbert de Bocsozel et de Girard de la Palu, chevaliers.

Guillaume, archevêque de Vienne, Perceval de la Ragne, chapelain du pape, Odoart, roi d'Angleterre, et Robert, duc de Bourgogne, firent une sentence arbitralle un jeudy après la feste de S. Martin de l'an 1287, entre Amédée, comte de Savoye, et Humbert, dauphin, qui porte que ces princes procureront que le fils du comte espouseroit la fille du Dauphin, et le fils du Dauphin celle du comte; que le Dauphin presteroit hommage de la terre de la Tour au comte et luy céderoit tout le droit qu'il avoit à Amblanieu. Il y a d'autres clauses générales, et pour l'observation se déclarèrent cautions :

Béatrix, dauphine, dame de Foucigny;
Humbert, seigneur de Thoire et de Villars;
Amédée, comte de Genève;
Aymar de Bocsozel, seign. de Maubec;
Hugues, seigneur de Bressieu;
Rodolphe *Maréchal?* seign. d'Entremont;
Pierre, seign. de Geix ;
Guichart, seign. d'Anthon-Geneve;
Boniface, seign. de Vaccieu;
Jean, seign. de Chandieu.

Le 16 de may 1288, le chapitre de l'église de S‍t Chef promet au Dauphin de luy payer la somme de 50 liv., parce qu'il lui avoit fait hommage.

Le Dauphin ayant imposé une nouvelle gabelle ou péage, fut excommunié par le pape. Mais Mathieu, cardinal de S‍t Damase, par une bulle du 28 de may et du 2 du pontificat du pape Nicolas IV, l'absout.

Il naquit un fils à Humbert, nommé Jean. Le duc de Bourgogne fust nommé son tuteur en 1289.

L'empereur Rodolphe, par une bulle du 11 de may de cette année, inféoda la ville de Monteillimart au Dauphin, et, par une autre du 11 des kal. d'avril et le 11 de son empire, il le prend en sa protection.

Le 5 des ides de décembre de cette année, Anne, dauphine, donne à Jean, son fils, son Estat de Dauphiné, s'en réservant les fruits pendant sa vie et celle de Humbert, son mary, et les hommages.

La dauphine Béatrix fonda, le mois de juin 1288, le prioré de Meilans, en la chatellenie de Chastillon, en Foucigny, pour des chartreux du nombre de 40, et luy donna plusieurs choses dénombrées en l'acte. Elle y fust ensevelie.

Humbert, dauphin, Anne, son espouse, et Guillaume, évêque de Grenoble, fondèrent en cette ville le couvent des FF. Prescheurs, leur donnèrent tout ce qui estoit despuis la place du Breuil jusques vers la Pertuisiére; ce fust un mardy après la feste de la Madelaine de l'an 1288.

Le seigneur de Maubec, tres considérable dans le Viennois, et qui possedoit plusieurs terres, avoit pour voisin le comte de Savoye à cause de sa domination dans le Viennois, et le Dauphin, à cause de sa baronnie de la Tour du Pin. Il s'estoit tousjours déclaré vassal du comte, mais par des motifs que j'ignore, le 11 des kal. de mars 1290, il en fit hommage au Dauphin, ce qui renouvela la guerre entre ces deux princes. Le seigneur estoit nommé Aymon de Bocsozel, dont la postérité prit le nom de Maubec qu'elle a tousjours conservé jusques à sa fin; et cette terre a esté la 3e baronnie de Dauphiné qui avoit le 3e rang dans les Estats.

Ils compromirent par une paix, un mardy après la feste de S. Mathieu de l'an 1290, y ayant esté sollicitez par le Roy.

Le 22 de mars de cette année fust contracté mariage entre Jean, dauphin, fils de Humbert et d'Anne, dauphine, et Béatrix, fille mineure de 7 ans de Charles, roy de Hongrie, qui estoit fils de Charles, roi de Jérusalem et de Sicile, dans la ville de Naples.

Le mois de décembre 1246, il y eût un traité de confédération d'alliance entre Albert, seign. de la Tour, Hugues, évêque de Clermont, Guy de la Tour, archidiacre de Lyon, un autre Albert de la Tour, Hugues de la Tour, sénéschal de Lyon, d'une part :

et Humbert, seign. de Beaujeu, d'autre; lequel fust renouvellé le lendemain de la St Jean Baptiste 1290 entre Humbert de la Tour, dauphin, et Louis, seign. de Beaujeu.

L'empereur Rodolphe déclare, par des lettres de may 1291, que luy auroient presté serment de fidélité, Humbert, dauphin, sénéchal au royaume d'Arles; Béatrix, dame de Foucigny; Amédée, comte de Genève; Aymar de Poitiers; comte de Valentinois, et Humbert, seigneur de Villars, sur leur union contre les rebelles de l'empire et pour deffendre ses bons et fidèles sujets.

Le mesme Empereur estant à Morat, dans la comté de Romont, par une bulle du 4 des nones de mars 1290, cède au Dauphin la garde et autres droicts qu'il avoit en la ville et au monastère de St Ouen, en Jarets.

Le 5 des nones d'Aoust de cette année, Anne, dauphine, fait hommage à l'église de Vienne pour la comté de Vienne.

Cette année, le Dauphin et l'archevêque d'Ambrun receurent conjointement l'hommage des nobles de l'Ambrunois, et entre autres de :

Pierre de Montgardin;
Aymar de Salvas;
Henry Heusdin;
Raymond Heusdin;
Pierre Trinquerri;
Falcon de Benevent;
Hugues Rosset;
Albert Autran;
Giraud Pons;
Pons de Lhospital;
Guillaume de Rame;
Boniface d'Ambrun.

Le mois de mars 1292, le prévost d'Oulx associa le Dauphin aux dixmes qu'il percevoit à :

Laval des Prez;
Neuvache;
Puy St Genis;
Exilles;
S. Pancrace;
S. Martin de Querieres;

Vallouise;
Rochemote;
Cesanne;
La Salle;
Premolines;
Pont, un 6e.

Le Dauphin et le comte de Savoye jouissoient d'une paix où ils avoient esté engagez par les ambassadeurs du Pape, du Roy d'Angleterre et du duc de Bourgogne, lorsqu'un gentilhomme de Dauphiné, nommé Robin de Millieu, la troubla par quelques insultes qu'il fit aux officiers du comte. Hugues de Chandée, baillif du comte dans le Viennois, entra dans la terre de la Tour, qui appartenoit au Dauphin, avec des gens armez et y enleva Millieu. Le Dauphin prit cella pour un outrage, et leva des troupes pour recommencer la guerre. Mais avant que de faire aucun acte d'hostilité, il envoïa, au comte Artaud de Rossillon, Pons, seign. de Montlor, et Guy, seign. de Tullin, pour luy demander la réparation d'un pareil outrage. Ce fust en 1291.

Le comte la luy promit toute entière, fit rendre Millieu et continua leurs treves où ils convinrent que leurs différends seroient jugez par Jacques de Bocsozel, Jean de Revel, Aymar de Beauvoir et Guigues Alleman. Cette trève, qui fust continuée pour un an, fut jurée, pour le comte, par :

L'évêque de Maurienne ;
Guichart, sire de Beaujeu ;
Louys de Savoye, seign. de Vaud ;
Amé de Miribel ;
Aymar de Beauvoir ;
Iblet de Chalant ;
Humbert de Bocsozel ;
Hugues de Chandée ;

      Et, pour le Dauphin, par :

L'abbé de S. Antoine ;
Guy, seign. de S. Trivier ;
Jacques de Grolée ;
Guigues Alleman ;
Alleman du Puy.

Cet acte est rapporté par Guichenon, *Histoire de Savoye*.

Le 3 de juillet 1292, Anne, dauphine, confirma à Jean, dauphin, son fils, la donation qu'elle luy avoit fait de son Dauphiné.

Guichenon, en *l'Histoire de Savoye*, page 28, dit que la

comtesse Anne, de l'hautorité de Humbert, son mary, fit donation de tout le Dauphiné à Jean, son fils, le 3 de juin 1292. Il se trompe en deux choses : la première, c'est que ce n'estoit qu'une confirmation, ainsi que je l'ay connu par le titre qui est en nostre Chambre des Comptes, où est aussy la première donation de 1288 dont j'ay parlé; la deuxième, c'est qu'il met cet acte le 13 de juin, cependant il est du 3 de juillet.

Voicy les noms des seigneurs et gentilshommes qui y furent présents :

Aymar de Poitiers, comte de Valentinois et de Diois;
Giraud et Hugues Adémar, seigneurs de Monteil;
Artaud de Rossillon, seign. d'Annonay;
Guigues de Rossillon, seign. d'Anjou;
Roger, seign. de Clérieu;
Guillaume de Poitiers, seign. de St Vallier;
Aynard de la Tour, seign. de Vinay;
Aynard, seign. de Chateauneuf;
Odon, seign. de Tournon;
Hugues, seign. de Bressieu;
Falques, seign. de Montchenu;
Guillaume de Claveson, seign. de Mercurol;
Guionnet, seign. de Tullin;
Guigues Payen, seign. d'Argentail;
Guigues Alleman;
François, seign. de Sassenage;
Pierre Aynard, seign. de la Motte;
Guigues de Bérenger, seign. de Morges;
Raymon, seign. de Meuillon;
Guillaume Artaud, seign. d'Aix;
Raynaud de Montauban, seigneur de Montmaur;
Isnard d'Agout, seign. de Savournon;
Artaud Flotte, seign. de la Roche;
Guillaume Auger, seign. d'Oze;
Guillaume de Moustiers, seign. de Ventavon.

Le Dauphin, irrité d'un échange que le comte de Savoye avoit foit avec le duc de Bourgogne, le mois d'octobre 1289, lui déclara la guerre. Le pape Clément VII, pour en éviter les suites facheuses, voulut les accommoder, et, l'an 1292, il nomma des arbitres pour cela. Ce furent Jacques de Bocsozel, Jean de Revel, Aymar de Beauvoir et Guigues Alleman. Et cependant il leur déclare qu'ils luy feront plaisir s'ils veulent faire une trêve pour un an; à quoi ils consentirent. Et, pour l'observation jurèrent, pour le comte : l'évêque de Maurienne, Guichard, seign. de Beaujeu, Louys de Sauze, seign. de Vaud, Aymar de Beauvoir, Iblet de Chalant, Humbert de Bocsozel, Amé de Miribel et Hugues de Chandée; et, pour le Dauphin : l'abbé de St Antoine, le seigneur de S. Trivier, Guigues Alleman, Alleman Dupuy et Jacquelin de Grolée.

Il y eût ensuite un traité de paix, la feste de S. Marc l'Évangéliste de 1293, par l'entremise d'Estienne, abbé de Savigny, d'Artaud, seigneur de Rossillon, Guy, seigneur de St Trivier.

Je n'ay point trouvé cet acte en nostre Chambre des Comptes. Chorier l'a ignoré, puisqu'il ne l'a point rapporté, mais je l'ay trouvé dans l'*Histoire de Bresse et de Bugey* de Guichenon.

Béatrix de Savoye, fille de Pierre, estoit tres malcontente d'Anne, dauphine, sa fille, et de Humbert, dauphin, mary d'Anne, car elle n'avoit aucune connoissance de leurs affaires, l'ayant mesme pour ainsy dire reléguée à Montbonot que l'on luy avoit donné avec la Terrasse, Montfleury et Montfort. Elle se ressouvint de la famille dont elle estoit sortie, et, un mercredy après l'octave de la Pentecoste de cette année, elle donna à Amédée, comte de Savoye, son cousin, tout ce qu'elle tenoit du comte de Genève, mais il le luy rendit pour le tenir de luy à foy et hommage. Ce fust en la commanderie de St Jean, proche de Voyron, en présence de :

Aymon, abbé de St Antoine;
Rodolphe d'Entremonts Montbel;
Odon Alleman, mistral de Vienne;
Amblard d'Entremonts;
Bienvenu de Champier, de Pavie, docteur aux droits;
Jean de Goncelin, juge des comtez de Vienne et d'Albon;
Alleman Dupuy, chevalier;
Falques, seign. de Montchenu;
Pierre de la Tour;

Adolphe, seign. de Varey;
Guigues Alleman, seign. de Valbonnois, chevalier.

J'ai tiré cet acte d'un chartulaire que M. le président de Boissieu m'avoit communiqué.

La mesme Béatrix fit une donation au mesme, le jeudy après l'octave de Pasques de 1294, de tout le droit qui luy appartenoit despuis le lac de Genève, despuis Seissel jusques à Fribourg, en Allemagne, en présence de Odon Alleman, mistral de Vienne, Guillaume de Hostung, Aymar de Sesteny, Giraud de Compeys et Pierre Copier. Tiré du mesme chartulaire.

Ce Dauphin agrandit son estat par la baronnie de Meuillon, que Raymon de Meuillon luy donna par un acte du 16 de juillett 1293. Les terres, seigneuries et fiefs qui en dépendoient y son denombrez, sçavoir :

Alauson;
Donnat;
La Roche;
Céderon;
Coste;
Penne;
Plaisian;
Le Poët;
La moitié de Montreuil;
Les 2 parts de Clermont;
Molans;
Meuillon;
Moitié de Propriac;
Beauvoisin;
Pierrelongue;
Les 7 parts de Chateliers et de Guibert;
Moitié de Gourne;
La moitié de la Bastie de Marconne;
Curneier;
Le Buis;
Villefranche;
Bénivies;
Phase;
Aigaliez;
La Rochette;
La 3ᵉ de Sahune;
La Bastie de Chambaran.

Le mois de septembre 1293, Humbert, dauphin, Anne, sa femme, et Guillaume de Sassenage, évêque de Grenoble, font une transaction où il est dit que la Buissière et ses dépendances appartiendroient au seul évêque, comme aussy la paroisse de S. Hilaire; que la jurisdiction de cette ville leur seroit commune, aussy bien que ce qui se trouvoit enclos dans la ville de la paroisse de St Martin; qu'il y auroit un juge commun; que les criées seroient faites au nom des deux; que les hospitaux et les personnes hospitalières presteroient serment au seul évêque;

que les hommes de l'évêque, à Montbonod, ne seroient point sujets aux cavalcades du Dauphin. Les limites du territoire de cette ville y sont.

Il y eut un traité de paix entre Humbert, dauphin, et Amédée, comte de Savoye, le 6 des kal. de juin 1293, où, après que le Dauphin eut déclaré qu'il devoit hommage au comte pour la baronnie de la Tour du Pin et pour celle de Foucigny, le comte s'en départ pour le bien de paix.

Béatrix de Savoye, dauphine, dame de Foucigny, sa belle-mère, lui avoit rendu hommage pour le Foucigny quelques mois auparavant.

Le Dauphin acquit la mesme année, de Guigues Payen, les terres d'Argentail, et de la Faye, en Vivarais.

Béatrix, sa sœur, mariée au comte de Montfort, luy céda en ce temps cy tout ce qu'elle pouvoit espérer de la succession de sa mère dans les évêchés de Gap et d'Ambrun, moyennant la somme de cent mille ducats.

Le Dauphin acquit la terre de Bellecombe, le 6 des kal. de juillet 1293. Il ordonne que la dot de Béatrix, sa veuve, luy seroit restituée. Ce n'estoit que d'une portion, car Aymeric de Briançon luy avoit cédé l'autre, le mardy de l'octave de la croix 1289, qui luy donna en eschange celle de Varce. Elle est dite estre *Clavis totius Delphinatus*; en effet, elle est limitrophe de l'Estat de Savoye. Cette famille du Briançon la tenoit despuis l'an 1000 que le comte de Savoye la luy avoit donnée en eschange de la forteresse de Briançon, dans la Maurienne.

Le roy Philipes IV, roy de France, déclare par des lettres de 1294 qu'il avoit fait un traité avec Humbert, dauphin, et Jean, son fils, par lequel ils avoient, tant pour eux que pour leurs familles, promis de luy faire hommage lige, sauf celuy qu'ils devoient à l'Empereur, au Roy de Sicile, à l'archevêque de Vienne, à l'évêque de Grenoble et à celuy du Puy, en Velay. Le Roy leur assigna une rente de 500 liv. à prendre sur le Temple, à Paris, qu'ils ne pourront aliéner, et eux avoient promis de l'adsister contre le Roy d'Angleterre.

Par un édit du 23 d'aoust de cette année, il ordonna à tous ceux qui possedoient fiefs ou arrières fiefs, chateaux et autres choses de sa mouvance, de le déclarer à son conseil establiy à Grenoble.

Le Dauphin achète la terre de Vaulréas, le 15 de juillet de cette année, de Bonsalme, seigneur de Lunel, au prix de 20,000 livres.

Comme la fille du Roy de Hongrie n'estoit pas nubile lors de son contrat de mariage avec Jean, dauphin, dont j'ay parlé, on le renouvella le 25 de mars 1296, et on lui donna pour dot 20,000 liv. Elle y est appelée Béatrix de Hongrie, nièce de Charles II, roy de Jérusalem et de Sicile, comte de Provence et de Forcalquier, qui constitua la dot ; ce fut Charles II, roy de Jérusalem et de Sicile, comte de Provence, qui fit la constitution.

Le 9 des kal. de may 1296, Anne, dauphine, donne à son fils Jean les comtez de Vienne et d'Albon.

L'an 1297, Humbert, dauphin, et Anne, sa femme, donnent à Jean, leur fils, les comtez de Gap et d'Ambrun ; ensuite, il receut les hommages des seigneurs et des nobles à commencer au moy de may.

Cet acte dément Chorier, qui dit que cette Dauphine estoit morte l'an 1296.

Il en fit hommage, le 30 de juillet, à Charles, roy de Jérusalem et de Sicile, comte de Provence et de Forcalquier, et il parle de cette donation.

Et le comte, par ses lettres du 14 de février de cette année, ordonne aux habitans du Gapençois et de l'Ambrunois de rendre hommage au Dauphin, bien qu'ils l'eussent rendu au comte, son père.

La terre du Gapençois appartenoit à Philipes de Laverne, chevalier, lequel estant mort sans enfans, elle revint au Dauphin par retour de fief, et le baillif du Gapençois s'en saisit le 8 de mars 1297. Les habitans luy firent serment de fidélité le 9 de ce mois, et le chatelain le dernier. Son bailliage, qui estoit à Upaix, fut mis une année après à Serres, et le dauphin Louis, en 1447, le transporta à Gap.

Le 3 des nones de février de cette année, Humbert, émancipant son fils Hugues, luy donna Montbonod, la Bastie au-dessus et la maison forte de Montfort.

Béatrix, dame de Foucigny, mère de la dauphine Anne, estoit encore vivante en 1297, car le 15 de novembre, Humbert, dauphin, luy donna le chateau de Montbonod et la Bastie au-dessus qu'il avoit acquise de Sibeud de Chasteauneuf.

Jean Dauphin ayant receu en dot, par son père Humbert et par sa mère Anne, les comtez du Gapençois et l'Ambrunois, il se transporta dans ce pays là en 1297 et y receut les hommages de :

Guillaume Auger, seign. d'Oze;
Osacise Flotte, seign. de la Roche des Arnauds;
Raybaud, seign. d'Argenson;
Atenolphe d'Aspremont;
Pierre d'Aspremont;
Albert d'Aspremont;
Pierre de Pierre;
Guillaume d'Aspremont;
Guillaume de Hauteville;
Guillaume Sylve;
Poncet de Lachalp;
Bertrand de Balme;
Rostaing d'Aspremont;
   Tous seigneurs d'Aspremont.

Guillaume d'Entravanes, conseigneur de Ca.... et de Savines;
Jean Obert de la Roche, seign. de Ste Marie de la Val d'Ole;
Guigues de Montesin, conseign. de Montmaurin;
Raybaud, seign. de Jarjaye;
Guigues de la Vilete;
Jean de la Vilete;
Antelme de la Vilete;
Arnaud Albert de Chastillon;
Pierre de Chasteauvieux;
Guillaume de la Vilete;
Albert de la Vilete;
Artaud de Veynes;

Jordan de Veynes;
   Tous seigneurs de Veynes.

Giraud de S. Marcel, seign. de Valserre;
Arnaud de Pierre;
Roger de Pierre;
Henry de Pierre;
Lagier de Pierre;
Arnaud de Pierre;
Raymon de Pierre;
Guiraud de Pierre;
   Seigneurs de Pierre.

Pierre Fabri;
Lantelme de Penne;
Raymon de Sigotier;
Pierre de Sigotier;
Guidon de Sigotier;
Lagier de Sigotier;
Pierre de Penne;
Humbert de Sigotier;
Pierre de Sigotier;
Humbert de Sigotier;
Pierre de Sigotier, le jeune;
Guigues Arcelier;
Pierre de Sigotier, fils de Pons;
Isnard Fabri;
   Seigneurs de Sigotier.

Philippe de Pierre;
Pierre Rostaing, conseign. de Rosset;

Isnard Garrel, conseigneur de Pierre.
Rolland de Lafont;
Pierre Bayle Raybaud;
Falcon Molon;
Jayme Josseran;
Guillaume de Moustier, seign. de Ventavon.

Rodolphe de Valeron, seign. d'Avanson;
Aynard de Savines, conseign. de Savines;
Aynard Athenot, conseign. de Savines;
Giraud de Valserre, conseigneur d'Avanson, de St Estienne et de la Bastie S. Roman;
Pons de Chabestan;
Pierre Caire, conseign. de Savines;
Arnoul de Montedon, seign. de Chastillon;
Pons d'Oze;
Raybaud de Lachaulp, seign. de Laval Barre;
Arnaud Osaseche, conseign. de Jarjaye.

Marie, fille de Humbert, se devant marier à Aymaret, fils du comte de Valentinois, son père, et Anne, sa mère, luy constituèrent pour dot la somme de 13,000 liv. l'an 1297. *Medulion*, n. 10.

La guerre ayant encore commencé entre Humbert, dauphin, et Amélée, comte de Savoye, ils convinrent que l'archevêque de Vienne les règleroit, et firent un compromis un vendredy après la S. Pierre? de 1297.

Le roy Philipes, par ses lettres d'un lundy après qu'on chante *Oculi mei* de cette année, ordonne qu'on remettroit au Dauphin la terre de *Montrevel*, au cas qu'il eut guerre avec le comte de Savoye.

Le 4 des nes de mars 1298, Béatrix, dauphine, et l'évêque de Grenoble firent un eschange. L'évêque céda à Béatrix l'hommage que luy devoit Chabert de Briançon, pour ce qu'il avoit en la plaine despuis la Buissière jusques à la Terrasse; et Béatrix céda à l'évêque le droit de paquerage qu'elle avoit aux paroisses de S. Pancrace et S. Hillaire, à la charge que ceux qui y avoient leur usage seroient maintenus. Celui cy luy donna les hommes qu'il avoit au Touvet, et la Dauphine ceux qu'elle avoit à St Pancrace.

Humbert et Anne, son espouse, fondèrent le monastère de Saletes, dans le Viennois, et au diocèse de Lyon pour des filles de S. Bruno, l'an 1299. Humbert, dauphin, 2º du nom, luy faisant quelques bienfaits, le 25 de juin 1348, dit qu'il avoit esté fondé par Humbert, son ayeul.

Le 5 de septembre 1300, il y eut un traité entre Jean, dauphin, comte de Gap, et l'évêque de cette ville, par lequel les droits de consolat, de civerage, de pesage, de sauvegarde qui estoient receux par les consuls appartiendroient doresnavant au Dauphin, aussy bien que la moitié du territoire de Montauquier et ses dépendances ; que la garde des clefs de la ville seroit à l'évêque et à ses successeurs, aussy bien que le droit des criées et des subhastations ; que le droit de cosse, qui estoit aussy exigé par les consuls, seroit à l'évêque ; que luy et le Dauphin nommeroient un bannier ; que pour dégrever le chapitre du consolat, le Dauphin et l'évêque luy assigneroient à perpétuité, le chacun, un revenu de 30 s. viennois ; que la ville et la communauté seroient obligées de fournir au Dauphin cent hommes de pied bien equipez en temps de guerre ; que la juridiction seroit commune ; que les prétentions du Dauphin sur le château de Lazer demeureroient éteintes ; que si le Dauphin vouloit garder le droit de péage, il récompenseroit d'ailleurs l'évêque, et, en même temps, l'évêque mit la ville sous la sauvegarde du Dauphin. Il fut aussy résolu que si le comte de Provence demandoit des cavalcades avant le Dauphin, qu'il seroit préféré. Il y eût plusieurs personnes de qualité présentes à cet acte :

Guigues Alleman, seign. de Valbonois ;
Alleman Dupuy, seign. de Rhélianete ;
Guillaume Artaud, seign. de Glandage ;
Raynaud de Montauban, seign. de Montmaur ;
Guillaume de Baratier, seign. de Melue ;
Giraud, seign. de Valserre ;
Bienvenu de Compeis, seign. du Poët.

Le Dauphin compromit, le 21 may 1300, avec l'évêque de Gap, nommé Guiffrey, entre les mains du roy de Sicile, où le Dauphin prétend que le consolat et la 3ª partie de la ville luy appartenoient, et que les habitans luy devoient des cavalcades.

Un mardy après la Nativité de la Sᵗᵉ Vierge de l'an 1301, il y eut un compromis entre Humbert, dauphin, et Amédée, comte de Savoye, entre les mains de Charles, fils du Roy de France, comte de Valois, d'Alençon et de Chartres.

Puis, la paix estant signée, ils font une ligue offensive et deffensive un lundy après la feste de SS. Pierre et Paul de cette année.

On imposa une peine de 40 mille livres au contrevenant, applicables au secours de la Terre Sainte.

Le Dauphin acquit, un lundy après caresme prenant de 1301, la terre d'Avisan, dans le comtat Veneissin, de Béatrix de Meuillon.

Le comte de Savoye, qui possédoit presque tout le Viennois, prétendit qu'on luy devoit hommage pour la terre de Norestel. Humbert, dauphin, soustint qu'elle estoit mouvante de la baronnie de la Tour du Pin, et le prouva par une enqueste de 1300.

Le Dauphin maria Alexie, sa fille, à Jean, comte de Forest, qui luy passa quittance d'une partie de la dot, un mercredy, feste des SS. Jacques et Christophle de 1302, et une autre le 7 des kal. d'avril 1303.

Un samedy avant l'Assomption de la Ste Vierge de cette année, Louys, marquis de Saluces, passa une procuration pour traiter de son mariage avec Marguerite, fille du Dauphin.

Un lundy avant cette feste, il acheta la terre de Peyrins de Guillaume François, pour mille livres viennoises. Elle est encore dans le domaine delphinal, au bailliage de St Marcellin.

Le 1er de février de cette année 1302, fut contracté mariage entre Jean de Chalon, seign. d'Arlay, et Béatrix, fille de Humbert, où, pour dot, 35,000 liv.

Le 25 juin de la mesme année, le Dauphin fit une ligue avec l'archevêque et le chapitre de Vienne.

J'ay dit que Charles, duc d'Alençon, avoit esté nommé arbitre pour la paix entre Amédée, comte de Savoye, et Humbert, dauphin. En conséquence de quoy il fit une ordonnance, le lundy après la feste de SS. Pierre et Paul, par laquelle il voulut que, par un préalable, tous les prisonniers de part et d'autre fussent rendus.

Béatrix de Savoye, dame de Foucigny, veufve du dauphin Guigues et mère d'Anne, s'estant remariée en 1273 à Gaston, vicomte de Béarn, et l'an 1275 transige de ses droits. De ce mariage elle eût une fille, nommée Isabelle, laquelle se devant marier à Hugues, dauphin, fils de Jean, luy promit en dot la moitié du Foucigny, le 4 des kal. de janvier 1303. Ce mariage ne se fit pas.

Un mardy avant la Madelaine de cette année, Jean de Chalon passa quittance de la somme de 35,000 liv. de la dot de Béatrix de Viennois, fille du dauphin Humbert, femme future de Hugues de Chalon, son fils.

Du vivant de son père, il visita l'empereur Albert à Nuremberg, qui, par une bulle du mois de juillet 1303, luy confirma tout ce que les Empereurs avoient accordé aux Dauphins.

L'an 1304, au mois de may, Hugues, dauphin, frère de Jean, espousa Béatrix, fille d'Amédée, comte de Savoye, et de Marie de Brabant. Ce fust à Montfort, près de Montmeillan, et là on traita la paix entre le Comte et le Dauphin par l'entremise de Bertrand, archevêque de Tarentaise, du comte de Genève, de Guichart de Pontuére, chanoine de Genève; de Humbert, seign. de Maubec; de Geoffroy, seign. de Clermont; de Rodet, seign. de Menthon; d'Aymar, seig. de....; de Jean de Rouvrei, de Hugues de Comiers et de Pierre, seign. d'Avalon.

Le 2 des kal. d'avril de la même année, le comte de Forest passa quittance du reste de la dot d'Alix de Viennois, sa femme.

Le 9 des kal. de may 1305, il y eut un compromis entre Amédée, comte de Savoye, Humbert et Anne, Jean et Hugues, leurs fils.

Le 4 des kal. de juin de cette année, l'empereur Albert confirma à Humbert toutes les concessions faites par les Empereurs à ses prédécesseurs.

Le mois de juin 1305, le Dauphin fit une ligue offensive et deffensive avec Béraud de Marqueul, connestable de Champagne.

La guerre estant recommencée entre le Dauphin et le comte de Savoye, le pape voulut en estre le médiateur, et, par une bulle du mois de may 1306, il les obligea à une trève qui fut conclue d'abord après et que jurèrent Jacques de Bocsozel et Jean de Revel. Guichenon rapporte ce titre en *l'Histoire de Savoye*.

Rodolphe, seign. de Vif et du Gua, estant mort sans enfants, sa succession échet au Dauphin par retour de fief. Pierre de Bérenger, seign. de Morges, son héritier, voulu jouir de sa succession, et il en traita avec le Dauphin, le 25 d'avril 1306, qui lui relacha la terre du Gua. Mais celle de Vif resta au Dauphin et est encore aujourd'huy dans le domaine delphinal.

Humbert, dauphin, mourut l'an 1307, estant chartreux à Laval Ste Marie; et d'Anne, dauphine, il laissa :

1º Jean, qui aura son chapitre;

2º Hugues, baron de Foucigny, eut Béatrix pour femme, puis Marie de Savoye. Le 11 de février 1321, il céda tous ses droits à Guigues et Humbert, dauphins, ses neveux.

3º Guy, baron de Montauban, qui eut Béatrix des Baux pour femme. Il fit son testament, le 23 janvier 1317, où il fait héritier Humbert, dauphin, fils de Jean, son frère. Béatrix des Baux, devenue sa veuve, traite, le dernier de janvier de cette année, avec Guigues, dauphin, de la restitution de sa dot qui estoit de 16,000 liv.

4º Henry, évêque de Metz, qui fit son testament le 13 de may 1328, fait héritier Guigues, son neveu.

5º Alix, femme de Jean, comte de Forets. J'ay veu une quittance de sa dot d'un mercredy, feste de SS. Jacques et Christophle de l'an 1302.

6º Alexie, espouse d'Amé V, comte de Savoye, puis d'Aymar de Poitiers, comte de Valentinois, par contrat de mariage, de l'an 1297; et elle eut pour dot 13,000 liv.

7º Marguerite eût pour mary Frelin, marquis de Saluces.

8º Béatrix, Hugues de Chalon, seign. d'Arlay, par contrat de mariage du 3 de février 1302, et elle eut pour dot 35,000 liv. Elle céda tous ses droits à Humbert, dauphin, le 30 mars 1344.

9º Caterine, en premières noces à Robert, comte d'Auvergne, et en deuxièmes à Philipes de Savoye, prince d'Achaye. Cette Caterine, par un acte du 3 de mars 1312, fit un cession à Jean, dauphin, son frère, de toutes prétentions et droits de succession de ses père et mère, moyennant la dot qui luy avoit esté promise se devant marier avec Philipes de Savoye, et, le 7 de ce mois, ce prince passe une quittance de cette dot qui estoit de 20,000 liv.

10º Marie, prieure du couvent de Saletes.

11e Degré.

JEAN,

Comte de Graisivaudan et d'Albon, dauphin de Viennois.

J'ay fait voir que son père et sa mère luy avoient donné les comtez de Gap et d'Ambrun. En cette qualité de comte, il transigea, le 5 de septembre 1300, avec l'évêque nommé Joffrey de Léoncel, où il fut dit que le droit de consolat, de civerage..... (cela a déjà été dit page 40, *ad calcem* à ces mots : *le 5 de septembre 1300, il y eut traité....*)

Il commença par rendre hommage à l'évêque et à l'église de Grenoble pour ce qu'il avoit en son diocèse, le 21 d'avril 1307, de la manière que son père l'avoit rendu.

Le 18 d'aoust suivant, il receut les hommages liges des plus considérables seigneurs ou nobles de la province, nommez :

Graton, seign. de Clérieu ;
Guichart de Clérieu, son frère ;
Guigues de Rossillon, seign. d'Anjou ;
Artaud, seign. de Rossillon ;
Guigues Alleman, seign. de Valbonnais ;
François, seign. de Sassenage ;
Hugues de la Tour, seign. de Vinay ;
Guy, seign. de Tullin ;
Jean, seign. de St Quentin ;
François et Hugonet de Chateauneuf ;
François de Beauregard ;
François de Bérenger, seign. de Pont-en-Royans ;
Aymar, seign. de Bressieu ;
Guelix de Rochefort ;
Humbert Falavel ;
Jean Alleman, seign. d'Uriage ;
Aynard de Briançon, seign. de Varce et d'Eybens ;
Hugues, conseigneur de *Sassenage?* ;
Sibeud Alleman, seign. de Revel ;
Didier, seign. de Pariset ;
Jean Alleman, seig. de Sechilienne ;

Pierre de Bérenger, seign. de Morges;
Raymon Aynard, seign. de La....
Lantelme Aynard;
Jacelme Bertrand;
Lantelme de Hostung;
Raynaud Alleman, seign. de Champs.

Ceux du Royanois le luy rendirent aussy en mesme temps. Ils sont nommez :

Arnaud Guélix;
Amédée Baudoin;
Jean Buis;
Raymon de   ;
Guillaume Disdier;
Raynaud Garenc;
Pierre de Romans;
Jean de Romans;
Bertrand Berlon;
Guillaume Raymon;
François Raymon;
Pierre Royan;
Lantelme Royan;
François Copier;
Jancelme de S. Juers;
Pierre Copier;
Humbert Copier;
Guillaume Copier;
André Copier;
Falcon Garenc;
Aymar Guélix;
Pierre Arenable;
Jean Sibeut;
Jean Gilbert;
Lantelme Hostung;
Pierre Mayronnes;
Lantelme de la Roche;
Aimaron Maironis;
Chabert Chavenac;
Pierre de Murinais;
Thomas de Murinais;
Hugues de Bérenger, seign. de S. André.

Les nobles du Champsaur luy firent aussy hommage. Voicy leurs noms :

Raybaud Perrin;
Raybaud de Bannes;
Odon de Laye;
Pierre de S. Lagier;
Guillaume de St Lagier;
Lantelme de Montorcier;
Raymon de Laye;
Pierre Artaud;
Giraud Servet;
François de Bonne;
Guillaume Rolland;
Humbert Faudon;
Isoard Muisar;
François d'Aspres;
Guillaume de Montorcier;
Luc de Laye;
Raymon Faudon;
Gilbert Aymien;
Guillaume Isoart;
Henry Gras.

Comme Raymon de Meuillon en faisant la donation de sa baronnie au Dauphin, en 1293, s'en estoit réservé la jouissance pendant sa vie, se rendit religieux de St Dominique, ainsy le Dauphin donna ordre qu'on prit possession en son nom de cette baronnie. L'évêque de Valence s'y opposa par un acte du mois de septembre 1307, attendu qu'il avoit quelques unes de ses terres qui estoient mouvantes de son église, entre autres Nyons, Mollans, La Roche, et Villefranche, et que lors de l'inféodation il avoit esté dit qu'elles seroient inaliénables de la famille de Meuillon, le Dauphin respondit qu'il ne vouloit rien faire au préjudice de l'église et s'offrit de luy en faire hommage.

Le 3 des kal. de février 1308, Marguerite de Viennois, femme de Frelin, marquis de Saluces, passe quittance de 20,000 liv. de sa dot à Hugues, dauphin, seign. de Foucigny, son frère, et à Béatrix, son épouse. Chorier n'a pas sceu cette femme de Hugues, car il ne luy en donne point.

Par un acte d'un mercredy avant la Purification de cette année 1308, il conste qu'on avoit constitué la somme de 20,000 liv. à Marguerite de Viennois, lors de son mariage avec le marquis de Saluces.

Il en eut une autre appelée Marie, dont les conventions de mariage furent dressées les ides de décembre 1309, entre cet Hugues, qualifié de seign. de Foucigny, et Amédée, comte de Savoye, celuy-cy promettant en mariage au Dauphin, sa fille la plus nubile avec 10,000 liv. de dot. Le mariage fut contracté aux kal. de novembre 1319, où j'ay appris qu'elle avoit nom Marie.

Le 5 des ides de septembre de cette année, Hugues, dauphin, seign. de Foucigny, fait hommage au comte de Savoye, Amédée, pour le château de Foucigny, les biens de Monteux, Bonneville, les châteaux de Castelet, des Creis, Dalinges le vieux et de Bully et de leurs mandements, en présence de Joffrey, seign. de Clermont, Humbert, seign. de Maubec, Aymar de Beauvoir, et de Pierre d'Avalon, chevaliers. J'ay tiré cet acte d'un chartulaire de Mr de Boissieu, qui en est un de Savoye.

Le 3 des kal. de juin 1309, l'empereur Henry confirma à Jean tous les privilèges, droits, libertez, concessions, et donations concédés à ses prédécesseurs par les Empereurs.

Le 17 de mars de cette année, le dauphin Jean fait hommage

à Robert, roy de Sicile, comte de Provence, pour tout ce qu'il possedoit en Gapençois et ailleurs dépendant de la comté de Forcalquier, et de tout ce qu'il avoit acquis de Draconnet, seign. de Montauban, en la vallée de Roignes.

Les Dauphins avoient le privilège de succéder à ceux du Champsaur qui mouroient sans enfants. Il s'en départit par des lettres données à Romete, dans le Gapençois, le mardy du lendemain de la feste de S. Michel de 1309.

Le Dauphin et le comte de Savoye firent leur paix, en 1309, par l'entremise du roy Philipes le Bel.

Le Dauphin fust condamné par une sentence arbitrale, du 3 de juillet de cette année, de prester hommage à l'abbesse de St Césaire d'Arles pour Vinsobres, Montréal et Nyons, et de luy payer annuellement un marc et une once d'argent.

Il y eut une transaction, le 5 de septembre 1310, entre le Dauphin et les habitans de Gap, où le Dauphin fut confirmé dans la jouissance du consolat et des halles.

Le 12 d'avril, il accorda des privilèges et des franchises au prioré de St Robert de Cournillon et particulièrement une juridiction sur ses hommes.

L'empereur Henry, par une bulle du 7 des kal. de ce mois et de cette année, pour reconnoistre les services que le Dauphin luy avoit rendus en Italie, commandant cent hommes d'armes, il luy permit d'establir un péage à Auberive pour l'exiger comme celuy de Serve.

Le dauphin Guy, baron de Montauban, fils puisnay de Humbert, dauphin, et d'Anne, dauphine, et frère de Jean, fit son testament le 23 de février 1310, où il est qualifié illustre et puissant seigneur, chevalier et seigneur des Baronnies. C'est le seul Guy Dauphin, frère du Dauphin, qui vescut en ce temps que les Templiers furent condamnez au concile de Vienne, par où l'on peut faire connoistre la beveuë de ceux qui ont escrit que Guy Dauphin, templier, qui fust brulé, estoit frère du Dauphin de Viennois, car celuy cy eut pour femme Béatrix des Baux, princesse d'Orenge. Par ce testament, il désire d'estre ensevely en la chartreuse de Laval Ste Marie en Royannois, où son père estoit ensevely, à laquelle il légue 3,000 liv., sçavoir : 1,000 liv. pour la construction d'une chapelle à l'honneur de Dieu; 1,000 liv. pour un chapelain, et 1,000 liv. distribuables à la volonté des exécuteurs de son testament; veut que la Bastie en Royans soit restituée à Arnaud de Rochefort; dit avoir receu de la dot de Béatrix, sa femme, 12,000 liv. qu'il veut luy estre restituées, et luy légue encore 13,000 liv.; veut qu'on paye à Guillaume, jadis seigneur de Montbrison, 1,600 liv. du reste du prix de cette terre; légue à Guichart de Loras, son escuyer; fait héritier Humbert, dauphin, son neveu, fils de Jean, son frère; confirme à Anne, sa fille, mariée à Raymon, prince d'Orenge, sa dot en argent affectée à la terre de Montbrison; et, pour exécuteurs, les seign. de Vinay, d'Anjou, et de Tullin pour ce qui luy appartenoit despuis Crest jusques au col de Menue; et Agout des Baux, Jean de Sahune, Bertrand Eustache, et frère Martin Sanguin, prieur des FF. Prescheurs d'Orenge, pour les Baronnies.

Jean, dauphin, par ses lettres du 2 de février suivant, nomme pour gouverneur de Dauphiné Aymon, abbé de St Antoine, Artaud, seign. de Rossillon, et Guigues Alleman, seign. de Valbonnais, et qualifie ses cousins ces deux derniers.

Le 2 de mars, il assigne à Marie des Baux, son espouse, en cas de survie, les revenus des terres de Beauvoir en Royans, de Chevrières, de Pisançon avec le péage de St Nazaire, de Montbonnot, de Montfleury avec le péage de Montfort, de Visille, de toutes les terres d'Oysans, de Crémieu, de Quirieu, de St Saturnin, de Moretel, de Colombier, de Miribel, de Cuchet, de...... et de la Tour du Pin.

Le 4 de décembre de cette année, il commit des personnes distinguées pour ouyr ses vassaux aux affaires qu'ils pourroient avoir contre luy.

Il suivit à Milan l'empereur Henry avec plusieurs gentilshommes de cette province qui se trouvèrent en cette ville lors du couronnement de cet Empereur; et, y estant, il y fit un traité de confédération et d'alliance, en 1311, avec Philipes de Savoye, prince d'Achaye, conjointement avec Guy, son frère, seign. de Montauban, en présence de Graton, seign. de Clérieu, de Guy, seign. de Tullin, et de Guy de Laye, gentilhommes dauphinois. Guichenon rapporte cet acte en son *Histoire de Savoye, aux preuves*, page 106, et dit qu'il est aux archives de Thurin.

Chorier n'a pas sceu que Caterine, fille de Humbert et d'Anne, qu'il dit avoir esté mariée à Philipes de Savoye, prince d'Achaye, l'avoit esté en premières nopces à Robert, fils de Robert, comte de Bologne et d'Auvergne, dont Duchesne rapporte les conventions matrimonialles du 4 de mars 1311, dans l'*Histoire des Dauphins de Viennois*, où sont donnez pour cautions Aymar de Poitiers, Giraud Adémar, seign. de Monteil, Guillaume, seign. de Tournon, et Guy, seign. de Maubec; où il est dit que c'estoit par l'entremise du roy Philipes. Comme ce n'estoient que des conventions matrimonialles, peut estre que le mariage ne s'acheva pas.

Le 3 de may 1312, Caterine de Viennois fit cession à Jean, dauphin, son frère, de tous ses droits paternels et maternels, moyennant la dot que son père luy avoit constituée, la mariant avec Philipes de Savoye, prince d'Achaye.

Le 7 may 1312, Philipes de Savoye, prince d'Achaye, passe quittance de 20,000 liv. viennoises de la dot de Caterine de Viennois, sa femme, à Jean, dauphin, son frère.

L'an 1313, le Dauphin et le Comte accompagnèrent l'empereur Henry en Italie qui les exhorta à la paix. Le Comte en escrivit à Edouard de Savoye, seign. de Beaujeu, son fils, et le Dauphin, à Guy, seign. de Montauban, son frère, qui la traitèrent cette année par l'entremise d'Aymar, seign. de Bressieux, de Hugues, seign. de Viriville, de la part du Dauphin; et de la part du comte, de Guillaume de Beausemblant, d'Aynard Leutzon et d'Azon de Chissé. Guichenon le rapporte.

Ce fust cette année qu'on célébra dans la ville de Vienne un concile où les Templiers furent supprimez et condamnez. Le pape Clément, par une bulle, exhorta Jean, dauphin, de donner secours à ceux qui estoient commis pour se saisir de ces chevaliers, les faire prisonniers pour estre jugez. Quelle apparence qu'on eût voulu employer ce prince à un semblable acte s'il avoit eu un frère parmy ces chevaliers. Cependant des escrivains ont escrit que Guy, frère du dauphin de Viennois, fut l'un de ceux qui furent brûlés. Je dois à une mémoire si odieuse détromper le public de l'impression injurieuse que ces auteurs téméraires et faux ont pu donner de cette avanture. Humbert, dauphin et Anne, dauphine, eurent véritablement un fils nommé Guy, seign. de Montauban, mais il fut marié, et eut une fille espouse de Raymon des Baux, prince d'Orenge, comme je le diray encore à la suite, et il fit son testament en 1317, cinq ans après cette exécution. Ce templier estoit de quelque autre famille du nom de Dauphin et apparemment de celle de Javigny, en Normandie. Chorier, dans son *Histoire*, tom. 2, liv. 7, fol. 6, bien que persuadé de la vérité, a eu la lasche complaisance de dire que le dauphin Humbert avoit donné un de ses fils à cet ordre, luy qui apparemment avoit veu tous les titres de la famille de nos Dauphins, comme je les ay veus, et qui n'a trouvé pour fils, à Humbert, que Guy, baron de Montauban; pourquoy en cette occasion, n'a-t-il pas voulu justifier cette imposture?

Le 23 d'aoust 1313, Jean, dauphin et le chapitre d'Ambrun passèrent procuration pour régler les eschanges qu'ils voulaient faire du droit de paturage de   contre les leydes d'Ambrun et les émoluments des lieux de Briançon et de Guillestre.

Il fust fait capitaine en Lombardie par Robert, roy de Naples, et pour en retirer les gages il passa une procuration le 10 de février 1314.

Lettres de Charles, roy de Jérusalem et de Sicile, du 25 de février 1314, par lesquelles il crée Guigues, dauphin, fils de Jean, capitaine général de la Lombardie, avec des gages. Le 10 de février suivant, il donna procuration pour les recevoir.

Le mesme Robert, le 5 des kal. d'avril de cette année, l'admit au pariage d'une ville appelée S. Adaman. Le 5 de juin 1315 il luy assigne à perpétuité une pension de 40 s., de poids général, pendant qu'il luy sera fidelle et qu'il paroistra à sa cour.

Ce prince fut commis par Charles, roy de Hongrie, le 8 des kal. de mars 1317, pour recevoir de Robert, roy de Sicile, la principauté de Salernes avec ses dépendances.

L'an 1314, les Templiers ayant esté destruits, le dauphin Jean s'empara des biens qu'ils avoient à Vourcy, mais ayant appris que les dits biens avoient esté accordez aux chevaliers de St Jean, il leur rendit ceux cy.

Le 10 de juin de cette année 1314, il y eut un traité de paix entre Amédée, comte de Savoye, et Jean, dauphin, par l'entremise de Berard, archevêque de Thurin, de Guillaume, évêque de Grenoble, de Philipes de Savoye, prince d'Achaye, de Guillaume Alleman, seign. de Valbonnais, où il est dit que le Comte auroit le fief d'Ambournay, la possession de St Jean de Bournay, le fief de Maubec, qu'avoient tenu Humbert et Aymon, seigneurs de ce lieu ; ceux de Villeneufve de Marc et de la Palu ; celuy de Dolomieu que tenoit Jean de Castillon, sauf celuy du Dauphin à cause de son château de la Tour, plus ceux d'Arvilars et d'Entremonts ; à la charge que le Comte cèdera à Rollet de Montbel, qui estoit seigneur de ce dernier lieu, la justice, et que Aymeric et Humbert d'Entremonts luy en feroient hommage ; que le Comte donneroit à Rollet 125 liv. viennoises de revenu qu'il luy assigneroit en des lieux asseurez ; qu'à l'égard de Pierre, seign. d'Arvilars, le Dauphin luy restitueroit tout ce qu'il luy avoit pris ; que Voyron appartiendroit au Comte ; que le Dauphin luy restitueroit la Buisse qu'il avoit pris ; que la maison forte que le Dauphin y avoit fait construire seroit abattue, sans que le Comte en puisse faire rebastir une autre ; que le Dauphin luy cèderoit tout ce qu'il possédoit en l'île de Ciers, despuis l'eau de la Bastie de Chassene jusques à S. Genis ; que, pour dégrever Albert de Montrevel de son château de Montrevel, le Comte luy donneroit 50 liv. ; qu'il dégreveroit aussy ceux qui tenoient des fiefs au territoire de Montrevel ; que le Dauphin restitueroit à l'abbé d'Ambournay tout ce qu'il luy avoit pris et à son monastère ; comme aussy qu'il réparera tous les outrages faits aux habitans du mandement de St Genis ; que l'abbé et le prieur de Limans obéiroient au Dauphin ; que le Comte restitueroit au Dauphin le chasteau de Demtesieu dont il presteroit hommage à l'archevêque de Lyon ; que le chasteau que le Dauphin avoit fait nouvellement bastir à S. Laurent, luy demeureroit et auroit la juridiction en ce lieu comme l'avoit eue anciennement Jean de S. Laurent, suivant les transactions que ce Jean avoit faites avec le seigneur de Chandieu et Humbert de Bocsozel, à la charge d'en rendre hommage au Comte ; que le Dauphin feroit échange avec Albert, seign. de Montrevel, des fiefs que cet Albert a en la terre de la Tour, contre ceux que le Dauphin avoit à Montrevel, suivant qu'il en seroit reglé par Guigues Alleman et Hugues de la Rochette, arbitres convenus ; que le fief que le Dauphin avoit à Meysieu et que le Comte luy avoit pris, luy seroit restitué ; que le fief du Bouchage seroit cédé au Dauphin ; que le Comte feroit abattre la forteresse de Montbrison ; que le Comte ny le Dauphin ne pourroient construire aucune bastie au mandement d'Avalon despuis le ruisseau de Bréda.

Le 17 d'octobre de la mesme année 1314, ils firent une

ligue deffensive et offensive pour la conservation du royaume d'Arles.

Le 13 février de cette année, le Dauphin en fit une avec Robert, roy de Jérusalem et de Sicile, comte de Provence, contre le comte de Savoye avec lequel la guerre avoit recommencé.

Guy, dauphin, baron de Montauban, fait hommage à Jean, son frère, le 1er de juin de cette année pour les terres de :

Valaurie;	Puy-Giron;
Avisan;	St Nazaire;
Nyons;	Rochefort;
Ste Euphémie;	Chaunac;
Pisançon;	Vercoyran;
La Bastie;	Autane;
Montauban;	Orpierre;
Mirabel;	St Lattier;
Chaunes?;	Vinsobres.

L'an 1315, l'empereur Henry, par une bulle du 16 des kal. d'aoust, décharge Jean, dauphin de l'hommage qu'il devoit au comte de Provence, Charles, à cause du crime de leze-majesté qu'il avoit commis.

Le roy de France ayant ordonné à tous ses vassaux de le secourir en armes, il y comprit le comte de Valentinois et le Dauphin qui s'en deffendirent, celui là pardevant le sénéchal de Beaucaire, et celui cy pardevant celuy de Lyon, en 1315.

Guillaume, comte de Genève, soumit au fief du Dauphin sa comté, le 16 de juin 1316; et le Dauphin luy donna 15,000 liv. tournois. Ce Dauphin, Hugues, dauphin, son frère, seign. de Foucigny, font ligue offensive et déffensive avec ce Comte.

Le 16 de juin 1316, Guillaume, comte de Genève, donne sa comté au Dauphin, puis la reprend pour la tenir de luy à foy et hommage.

La mesme année, le 17 de may, le Dauphin ordonna qu'en tous les chasteaux il y eut un portier ou garde. C'est ce que l'on a despuis appelé chastelain.

Le 18 de juin 1316, Guigues, dauphin, fils de Jean, espousa Isabelle, fille de Philipes, roy de France, et de Jeanne, reyne de Navarre. Ce fust à Lyon dans le couvent des FF. Preschéurs.

Le 1er de novembre 1316, il y eut une division, ou partage, fait entre les coseigneurs de Savines, dans l'Ambrunois, nommez :

Le Dauphin ;

Guillaume Falcon, au nom de Montarsine, sa femme, fille de Rodolphe de Savines ;

Pierre Caire ;

Guillaume de Savines ;

Arnoux, son frère ;

Guigonnet de Savines ;

Raymond de Codes ;

Jacques de Codes ;

Béatrix, veufve d'Artaud Jurand ;

Béatrix, fille d'Artaud Girard ;

Guigues Attenot ;

Hugonet de Rosset ;

Bernard Falcon ;

Rodolphe Albert ;

Raymon de Rosset.

Guy, dauphin, seigneur de Montauban, fit un autre testament le 23 de janvier 1317, et fait héritier Humbert, fils de Jean, son frère. Le voilà vivant trois ans après la condamnation des Templiers, qui fait encore connoistre l'erreur de ceux qui ont escrit que Guy Dauphin, templier exécuté, estoit frère du Dauphin de Viennois.

Le 3 d'avril 1317 il fonda les Augustins de Crémieu.

Chorier ny aucun autheur n'ont sceu quelle a esté la femme de ce Guy, dauphin, et ne l'ont connuë que par le nom de Béatrix, mais voicy un acte qui nous apprend de quelle famille elle estoit.

C'est un traité du dernier de janvier 1317 entre Jean, dauphin, et Raymon des Baux, prince d'Orenge, par lequel ce prince cède au Dauphin son droit sur les terres d'Avisan, de Montbrison, de Nyons, de Vinsobres et de Foucigny ; bien que la femme dudit Raymon eut esté fille de Guy, dauphin, qui en estoit seigneur, il ne pouvoit pas en hériter, estant un fief attaché à celuy de Dauphiné, et qu'aux autres terres, outre la directe, le Dauphin y avoit droit au moyen du mariage de son frère Guigues avec Béatrix des Baux, de la branche d'Avelin. Néantmoins, par accommodement, il relachat au prince la directe de Montbrison.

Philipes de Savoye, prince d'Achaye, passe encore quittance, le 2 de septembre 1317, d'une portion de la dot de Caterine de Viennois, sa femme, à Jean, dauphin, son frère.

Le 4 de septembre de cette année 1317, il acquiert les terres de Molines et du Poët d'Amperci, de Reymon, seign. de Manteyer, pour le prix de 1,500 liv.

Béatrix de Hongrie, veuve de Jean, dauphin, le 9 de mars 1318, fait une cession à Guigues et à Humbert, dauphin, ses fils, de ses prétentions à la succession de Charles, roy de Hongrie, son père.

Il mourut une année après, et fut ensevely en l'église collégiale de St André, au tombeau des Dauphins qui est au costé de l'évangile du grand autel, où les protestants, en 1561, descendirent et dépouillèrent les corps des Dauphins qui y estoient, des armes de fer dont ils estoient revestus, et se jouèrent impunément de leurs os.

On a dressé au chœur cestte inscription :

JOANNI DELPHINO VIENNENSI QUI EGREGIA PROLE GLORIOSUS ET APUD SUOS ET EXTEROS CELEBERRIMUS INTERIIT IV NON. MART. MCCCXIX.

Jean, dauphin, fit son testament le 26 d'aoust 1318; il eut sa sépulture en l'église de St André de Grenoble, à laquelle il lègue 200 liv. viennoises de revenu, fait héritier Guigues, son fils, et lègue à Humbert, son autre fils; il estoit donc de Béatrix de Hongrie, sa femme.

Il en fit les exécuteurs l'évêque de Grenoble, Aymar de Poitiers, comte de Valentinois, ses frères, le seign. de Rossillon, celuy de Vinay, Guigues Alleman, le seign. de Sassenage et Pierre Aynard.

15e Degré.

GUIGUES,

XIIe du nom, comte de Graisivaudan et d'Albon, Dauphin de Viennois.

En des lettres du 14 d'avril 1319, par lesquelles il commet

Pierre de la Salle, prieur de S. Donnat, et Pierre de la Baume pour réparer les griefs de ceux qui en pouvoient prétendre contre feu Jean, dauphin, suivant ce qu'il avoit ordonné dans son testament; ce qu'ils firent par une procédure d'un mardy après la Pentecoste de cette année, et entre autres le vintaing qui fust réduit à la seule despense des closturés des lieux, et....

Le 15 de juin 1319, l'évêque de Valence requiert le Dauphin de le vouloir secourir contre ses ennemis, attendu qu'il estoit son vassal.

Il resta jeune souz la tutelle de Henry, dauphin, son oncle, qui se qualifie eleu évêque de Metz et régent de Dauphiné en un compromis qu'il fit, au nom de son neveu, avec Amédée, comte de Savoye, le 12 de juillet 1319, où le Comte nomme pour arbitres : Guichart de Bocsozel, commandeur de S¹ Antoine à Chambéry, Pierre de S. Geoire et Pierre François, et le Dauphin, Joffrey, seigneur de Clermont, et Graton, seigneur de Clérieu, baillifs du Viennois.

Henry, dauphin, éleu évêque de Metz, fait une ligue offensive et déffensive, le 23 de juin 1320, avec Henry, duc de Lorraine et de Bar, contre tous, exceptez le roy de France, le roy d'Allemagne et l'Empereur.

Le premier acte que fit ce nouveau Dauphin, fut de rendre hommage au mois de septembre 1320. Ce fust en présence de quelques seigneurs de la province nommez :

Aimar de Poitiers, comte de Valentinois et de Diois;
Graton, seign. de Clérieu;
Guigues, seign. de Beaumont;
Arnaud, seign. de Rochefort;
Guillaume Alleman;
Aimar, seign. de Rossillon;
Guigues, seign. d'Anjou;
Jean, seign. de S¹ Quentin;
Jean Alleman.

Hugues, dauphin, seign. de Foucigny, fit une donation de tous ses biens à Guigues et à Humbert, ses neveux, le 4 de février de cette année 1321.

Le 24 de février 1321, il assigne des terres à Marie de Savoye, fille d'Amédée, comte de Savoye, mariée à Hugues, son frère, pour la seurté de sa dot. Guigues et Humbert, son frère, font hommage au pape et à l'Église romaine, le 9 de juillet de cette année, pour les terres de Nyons et de Mirabel, pour le haut fief du Vinsobres, et déclarent luy devoir annuellement un marc et une once d'argent travaillé.

Les chevaliers de S. Jean luy ont hommagé le 29 de may de cette année pour les territoires du Bouchet, de la Fressinière, Bastie S¹ Maurice; ce fust le commandeur d'Orenge.

Estant en paix avec le comte de Savoye, celui-cy, par ses lettres du 4 d'aoust de cette année, consent que Guigues, seign. de Beauvoir, son vassal, le serve en personne, et luy fournisse des hommes armez.

Henry, dauphin, au nom de Guigues, son neveu, fait hommage le 9 de juillet 1322 au pape et à l'Église romaine pour :

La moitié de Rochegude ;

La parerie de Puygiron ;

La moitié du vasselage qui luy estoit deub par l'hospital de S¹ Jean à Noveisan ;

La 4ᵉ partie du fief et juridiction d'Albanet ;

La 3ᵉ partie de la juridiction de S¹ André d'Esparron ;

La moitié de la juridiction de la Bastie S. Maurice et de Boquet.

Guigues en rend un à l'évêque de Valence pour la baronnie de Meuillon, un samedy après la feste de S¹ André 1322.

Le 23 de novembre de la mesme année, il en fait un à l'église de Romans pour Pisançon, où il est dit que le chapitre le doit venir prendre processionalement en son hostel, le conduire à l'église jusques aux pieds de l'autel, où il devoit faire cet hommage.

Agnès de Chalon, veufve d'Amédée, comte de Genève, passe une procuration, le 22 de septembre de cette année, pour recevoir du Dauphin la somme de 1,300 liv. qu'il luy devoit parce qu'elle luy avoit presté hommage.

Bien qu'il eut esté convenu que le dauphin Guigues espouseroit Isabelle, fille du roy Philipes, par un contract dont j'ay parlé, il en fut fait un autre le mardy après la feste des Rameaux 1322.

Le 9 de juillet 1323, il fit hommage au pape et à l'Église romaine pour :

Les deux parts du vasselage de Rochegude ;

La parerie de Puygiron ;

La moitié du vasselage qui luy estoit deub par l'hospital de St Jean à Noveisan;

Pour la 4e partie du fief et jurisdiction d'Albanet;

La 3e partie de la jurisdiction de St André d'Esparazan;

La moitié de la jurisdiction de la Bastie St Maurice et de Boquet.

Il contracta mariage le 1er de septembre 1323, avec Isabelle, fille de Philipes, roy de France, et, pour dot, 30,000 liv.

Le Dauphin fait hommage à Robert, roy de Naples, comte de Provence, pour Serre et pour ce qu'il possedoit en Gapençois et en la comté de Forcalquier dont il est investy, le 24 de mars 1324.

Le Dauphin ayant à soutenir une grande guerre contre le duc de Bourgogne, le comte de Savoye et le prince d'Orenge, il requit les états de la province de luy fournir 5,300 florins. Ils ne purent le faire aussy tost que la nécessité le requeroit, tellement que, l'an 1325, ils empruntèrent cette somme d'un juif d'Avignon, pour le payement ou remboursement de laquelle se rendirent cautions :

Le dauphin Guigues;

Henry Dauphin, seign. de Montauban;

Jean, comte de Forets;

Graton, seign. de Clérieu;

Raymon, seign. de la Roche;

Abel Vieux, chevalier;

Flotard Berard, prévost d'Oulx;

Pierre Faure, chanoine de Gap;

Albert de Breyle d'Avisan;

Albert, seign. de Sassenage;

Odobert, seign. de Chateauneuf;

Guy de Grolée, seign. de Neyrieu;

Artaud, seign. de Beaumont;

François de Bardoneche, conseign. de la Val Bardoneche;

Raynaud Raybaud, seign. de la Bastie Verdun;

Benoit de Noveisan, conseign. de ce lieu;

Raynaud d'Ayroles, seign. de la Bastie Coste Chaude;

Aymon Arnaud;

Bertrand Arnaud;

Raymon Chaix;

Raymon du Plan;
Bertrand Carrete;
Jordan de Chaudebonne;
Pierre Chaix;
Pons Flame.

Le 18 de janvier de la mesme année, Jean, comte de Forest, luy fit hommage pour les terres de Chastelus, Fontaines, Fouillouse, St Victor, Cornillon, Cessieux, Montronel, Rochemote, Botean et Beche.

Le 21 de février de la mesme année, il donna à Henry, dauphin, son oncle, les terres de Montauban, d'Avisan, de Montbrison et d'Orpierre.

Le Dauphin convoque le ban et arrière-ban par ses lettres du 13 de mars 1325 et voulut que les châtelains et notaires s'équipassent.

Le dauphin Henry fust au service de l'Empereur, et pour s'esquiper, il donna à Aymar d'Avalon 120 liv. pour acheter des chevaux.

Le Dauphin fit un traité avec Pierre, évêque de Grenoble, le 9 de juillet de cette année, où il fut convenu que le profit et le revenu de la boucherie qu'ils avoient fait construire à communs frais, leur seroient communs, comme aussy celuy du four basty proche de l'évêché.

Odoart, comte de Savoye, accorde une tresve au Dauphin jusque à la Toussaint, un dimanche avant S. Michel 1325.

Ce fust l'an 1326 que le Dauphin gagna la fameuse bataille de Varey où les Bourguignons, les Savoisiens et les Orengeaux furent défaits par Humbert de Grolée, sénéchal de Lyon. On a eu le soin de conserver les noms des gentilshommes de cette province qui y combattirent, et on les trouve en un des registres de la Chambre des Comptes, comme aussy les noms de ceux des ennemis qui y furent faits prisonniers, ces derniers en un compte de Graisivaudan. Voicy les noms des premiers :

Robert de Meuillon;
Le seign. de Rossillon;
Le seign. d'Anjou;
Celuy de Tournon;
Celuy de Chateauneuf de Galaure;
Guillaume Artaud;
Agout des Baux;
Guillaume de Quint;
Villen de Beausemblant;
Jean Aynard;
Hugues de Berenger;

Lambert Marron ;
Aymaron Lunel ;
Eustache de Pisançon ;
Philipes de Montferrand ;
Humbert de Lyne ;
Falconnet Giraud ;
Guillaume Verne ;
Estienne Raby ;
Arnaud de Rochefort ;
Le chatelain de Serre ;
Le baillif de Vienne ;
Frère Eustache de Montchenu ;
Humbert d'Ylins ;
Pierre de Berenger, seign. de Pont en Royans ;
Jean Alleman ;
Estienne de Beaurepaire ;
Guillaume Artaud ;
Hugues Tisteran ;
Jean de Laval ;
Odobert de Chateauneuf ;
Le chatelain de Beauvoir ;
Celuy de Montrigaud ;
Gilet de Moras ;
Giraud Arnaud ;
Jean Plat ;
Hugues d'Yze ;
Le chatelain de Chabeuil ;
Monet Criblier ;
Pierre Fournier ;
Le baile de Montauban ;
Pierre de Baix ;
Le chatelain de la Roche ;
Louys de Loras ;
Jean de la Tour ;
Aynard de Bellecombe ;
Jean de Vaux ;
Vivian Juif ;
Goyet de Rue ;

Jean Froment ;
Guigonnet de Torchefelon ;
Agout de Rue ;
François de Gestre ;
Rossin Lambert ;
Amédée de Peyles ;
Le seign. du Pont ;
Hugues Aymar ;
Pierre Copier ;
Pierre de Vatillieu ;
Artaud de Rossillon ;
Guillaume Alleman ;
Ancelot de Briord ;
Guionet Berard ;
Pons d'Hyères ;
Jean de Borse ;
Guillaume de Rogemont ;
Le mistral de Vienne ;
Lambert Virolet ;
Raymon Virolet ;
Estienne Bernard ;
Lantelme de Granges ;
Gaillard de Montferrand ;
Pierre Chabert ;
Jean Vignol ;
Raymon de Montauban ;
Rolland Rossan ;
Guichart de Clerieu ;
Jean de Hostung ;
Pierre Berard ;
Hugues d'Yzel ;
Guionnet de Cusan ;
Jean du Verger ;
Henry de Vinay ;
Guillaume Armand ;
Lantelme Girin ;
Guillet de la Sonne ;
Péronnet Singe ;
Le seign. de Clermont ;

Celuy de Gorgière ;
Jean Lardice ;
Gaillard de Voissanc ;
Guigues Corréard ;
Guionnet de Villepeille ;
Godemar de Baisse ;
Jean Payen ;
Le châtelain de Domène ;
Celuy de Chabeuil ;
Hugues Beuf ;
Arnaud Flotte ;
Rolland de Rosans ;
Jean Alleman ;
Hugues Raybaud de Montrigaud ;
Jean de la Tour Vinay ;
Noblet de Chaste ;
Guillaume de Ruins ;
Guigues Véyer ;
Guillaume de Peyles ;
Aynard Jeune ;
Jean Lombard ;
André Cural ;
Aymaron, Jeune ;
François Maniot ;
François Galbert ;
Repignel de Balbens ;
Raymon de Varce ;
Pierre Régis ;
Aymonet de Briançon ;
Le seign. de Morges ;
Bertrand Bérenger ;
Le seign. du Gaz ;
Celuy de Pellafol ;
Pierre d'Oz ;
Le seign. de Revel ;
Albert de Sassenage ;
Baudon de Comiers ;
Rolland de Montjay ;

Raynaud de Montauban ;
Disderon de Sassenage ;
Henry de Beaumont ;
Guillaume Bigot ;
Pierre Claret ;
Lantelme Beymon ;
Jean de Cognet ;
Lantelme Jaissaud ;
Joffrey de Boquéron ;
Odon d'Avignonet ;
Guillaume d'Agout ;
François de Maurienne ;
Guigues de S. Jean ;
Monet de Jarjaye ;
Ramus Albin ;
Rolland Charnel ;
Guigues Berru ;
Raymon des Angonnes ;
Rolland de Montgay ;
Guillaume Arnoul ;
Raymon de Rosans ;
Lantelme de Tourane ;
Barral Agout ;
Peronnet Claret ;
Raymon Delperon ;
Guillaume de la Tour ;
Odon de Rame ;
Guigues Reynier ;
Roux de Pasquiers ;
Guillaume Salvaing ;
Bertrand de Montuére ;
Pacalet de la Mure ;
Raymon Leutzon ;
Aynard de la Pene ;
Estienne d'Arvillars ;
Pierre de Baratier ;
Guigues du Faure ;
Aynard Leutzon ;
Berard d'Agout ;

Guigonnet d'Ezupi ;
Hugues Pellat ;
Guillon de Moustiers ;
Jean Frellond ;

Aymaret de Machines ;
Aymeric Leutzon ;
Jacques Giroud.

De tant de familles il ne nous reste que celles de :

Artaud ;
Giraud ;
Arnaud ;
Loras ;
Berard ;
Hostung ;
Voissanc ;
Chaste ;
Sassenage ;
Reynier ;
Du Faure ;
Aynard ;
Montchenu ;
Yse ;
La Tour ;
Hyères ;

Arman ;
Beuf ;
Galbert ;
Beaumont ;
Salvaing ;
Bérenger ;
Alleman ;
Montauban ;
Vaux ;
Granges ;
Clermont ;
Flotte ;
Briançon ;
Agout ;
Arvilars.

Toutes les autres sont esteintes, ce qui est tiré d'un chartulaire de Graisivaudan de cette année.

Robert, frère d'Odon, duc de Bourgogne, y fut fait prisonnier. Ce Duc, par un acte du 22 de septembre 1327, fit une promesse de 5,000 florins d'or de Florence au dauphin Guigues, pour la rançon de son frère qui estoit dans les troupes du duc de Savoye.

Ce Duc promit de payer cette somme en deux temps, et jusques alors ce Duc ny les siens ne pourront ayder personne contre le Dauphin. Plusieurs gentilshommes de Bourgogne y sont présents.

Le mesme jour, nobles seigneurs Richart de Montbelliard, seign. d'Astigny, Jean de Chateauvillain, seign. de Luzi, Jean, seign. de Valgrineuse, Alexandre, seign. de Blaisy, Robert de Castillon, François des Avenières et Richard, seign. de Montfaucon, promettent de représenter Joffrey de Blaisy, demoiseau, pris en cette bataille, entre les mains de Guigues de Morges et dans le lieu de Chastelart, en Trièves, ou de payer pour luy 1,000 liv. tournois pour sa rançon.

En un des registres de Pilati, cotté A, nous lisons que Jean de Plancey ayant esté fait prisonnier à la bataille de Varey, il fust relâché soubz la caution d'Imbert de Grolée qui promet de le représenter à Grenoble, ou de payer 1,000 florins pour sa rançon.

Que Odon de Groton, demoiseau, y ayant aussy esté pris, fut relaché de mesme soubz la caution d'Aymar de Poitiers qui promit de le représenter en cette ville ou de payer 2,000 florins pour sa rançon.

Que Hugues de S. Bernoux, Jean de Barry et Bertold Linois, demoiseaux, pris de mesme, le furent soubz la caution de François des Avenières qui promit aussy de les représenter, ou de payer pour la rançon d'un chacun 2,000 florins.

Guichard le Maistre, pris de même, relaché soubz la caution de Humbert de Villars, de Jean Aynard, de Guillaume de Boisse, de Gilbert d'Arles, de Pierre de Loes, chevaliers, promettant de le représenter ou de payer 50 liv. pour sa rançon.

Guillaume de Vergers, Guy de Creisseys et Guillaume de Grane, chevaliers, pris de mesme, relachez soubz la caution d'Aymar de Poitiers, d'Aymar, seign. de Rossillon, d'Aynard, seign. d'Anjou, promettant de les représenter ou payer pour leur rançon 10,000 liv.

Pin de Beynants, pris de mesme, relaché soubz la caution d'Aynard, seign. d'Anjou, de Humbert d'Ylins, de Louys de Palud et de Guillaume de Beynants, qui promirent de le représenter en la mesme ville, ou de payer pour sa rançon 500 liv.

Guichard de Marjeu, pris de mesme, relaché soubz la caution de Humbert d'Ylins, de Mathieu Rodet, de Hugues Drevon, chevaliers, et de Henry de Beaumont, qui promettent de le représenter, ou de payer pour sa rançon 500 liv.

Guigues de Coste, demoiseau, pris de mesme, relaché soubz la caution de Henry du Vache, de Guillaume Maschet, de Guy de Palanin, promettant de le représenter ou de payer pour sa rançon 500 liv.

Philipes de Savoye, prince d'Achaye, passa une quittance au Dauphin d'une partie de la dot de Caterine de Viennois, sa femme, le 10 de février de cette année; une autre, le 6 de décembre suivant.

Le 10 de juin de cette année, il y eut une ligue entre Odoart, comte de Savoye, Guigues, dauphin, Henry Dauphin, baron de Meuillon et de Montauban, Guigues Dauphin, baron de Fouçigny, et Aymar, évêque de Vaison.

Le Dauphin estoit aussy en guerre avec Guichart, seign. de Beaujeu, avec lequel il fit un traité de paix, le 24 de mars 1327, où, pour réparation de violences faites par Beaujeu et pour réparer les griefs que le Dauphin avait contre luy, il luy promit de luy remettre les chateaux de Meximieux, du Bourg S. Christophle, au diocèse de Lyon, les fiefs de Grande-Rue et du Villars où estoit la maison de Broissart, le domaine en fief du donjon d'Obeiz, le fief de la Poype de Montélier, celuy de la Poype de Consen, celuy de la Poype de Montceaux, l'arrière fief du chateau de Rossillon et de celuy de la Palu, et les fiefs en dépendant, le domaine, territoire et mandement de Beauregard, au diocèse de Lyon, ce qu'il avoit aux territoires et mandements de Bourges et de Tordan, la Villeterre et mandement de Miribel; se déclare vassal du Dauphin, promet de luy prester hommage, de le suivre en ses guerres contre le comte de Savoye, luy remet les chasteaux de Miribel et de S. Christophle, puis les reprend pour les tenir de luy à foy et hommage qu'il luy rend; il réserve pourtant celuy qu'il devait à la grande église de Lyon, au duc de Bourgogne, au comte de Clermont, à l'abbé de l'île Barbe et à celuy (de) Chises. Se rendirent cautions : Jean, comte de Forest, Aymar de Poitiers, fils aisné du comte de Valentinois, Guy de Beaujeu, frère de Guichart, Amédée de Poitiers, Louys de Poitiers, Hugues de Genève, Guichart, seign. de Clérieu, Hugues de Bressieu, seign. de Viriville, Jean Payen, Humbert d'Ylins, Pierre de Rochefort, Englesy de Farges et Hugues de Marzieu.

Le commandeur de S. Paul, proche de Romans, de l'ordre de S. Jean de Hyérusalem, en qualité de seign., avec le Dauphin de ce mandement, prétendit avoir seul juridiction sur la paroisse de Montfalcon; ils s'en reglèrent le 26 de février de cette année 1327.

Le Dauphin ratifia, le 23 d'octobre 1327, tous les traitez faits avec les ducs de Bourgogne, particulièrement celuy fait avec Othon.

Le Dauphin et le comte de Savoye compromirent, entre les

mains du roy Philipes, un mardi après les festes de Pentecoste 1328.

Le 4 d'octobre 1328, Odoart, comte de Savoye, et Guigues, dauphin, font un compromis entre les mains du roy Philipes.

Le 15 de janvier suivant, ils font un traité de paix où se trouvèrent présents :

Guy de Grolée, seign. de Neyrieu;

Humbert de Choley, Nicolas Constant, chevaliers;

Barde d'Hyéres, prieur de Chaunes;

Humbert Claret, chanoine d'Embrun;

Et Jean Humbert. Celuy-cy fust ensuite chancelier de Dauphiné. Il n'est icy qualifié que de docteur aux droits.

Le penultième de février suivant, il fit une procuration à Humbert de la Balme, chevalier de S. Jean, commandeur de S. Paul, pour poursuivre Guichart, seign. de Beaujeu, à ratifier et homologuer le traité qu'il avait fait avec luy et d'y satisfaire.

Béatrix des Baux d'Avelin, veufve de Guigues, dauphin, baron de Montauban, estoit encore vivante en 1328.

Il avoit fait mettre soubz sa main l'hérédité de Jacques Alleman, seign. d'Uriage, parce qu'il avoit usé de main morte envers ses vassaux contre ses inhibitions, mais il la rendit à Jean Alleman, seign. de Revel, son héritier, le 21 de janvier 1328.

Le 4 de juillet de cette année, il donne ordre à Guigues de Morges de rendre Robert de Bourgogne, pris à la bataille de Varey, à Pierre Mulet, député du roy Philipes, en faveur duquel il estoit relaché; comme aussy Jean, seign. de Plancey, et Soffrey de Blesy, aussy faits prisonniers en cette bataille.

Hugues, dauphin, baron de Foucigny, avoit eu un fils naturel nommé Jean de Foucigny, qui contracta mariage, le 24 de may 1328, avec Marguerite, fille de Hugues de Ciserin. L'espoux donna à son espouse 50 florins qui furent déposez entre les mains d'Aimar Alleman de Beauvoir.

Clémence, reyne de France et de Navarre, par son testament du 5 d'octobre de cette année, fait héritier Humbert, dauphin, qu'elle qualifie son neveu.

Le Dauphin estoit en guerre avec Odoart, comte de Savoye, et son armée estoit à St Chef, lorsqu'il receut une lettre du Roy pour luy persuader de faire la paix. Il en escrivit une à Louys de Rivoire, seign. de Faverges, Berlion de Rivoire, seign. du

Nesin, à Marquet et à Guillaume de Bocsozel, qu'il qualifie ses fidelles vassaux, d'arrester les hostilitez qu'ils faisoient contre les habitants de S. Chef, parce qu'il alloit faire la paix avec le Dauphin. Elle est du 7 de juin 1329.

Les nobles et les plébéiens de la Vallouyse estoient en des grands différends, il les fit transiger le 3 de juillet 1329.

Henry, dauphin, baron de Montauban et de Meuillon, oncle du Dauphin, fit son testament le 17 de mars 1329, lègue à Albert du Vache la maison forte de Chamagnieu et l'appelle son pannetier, à Humbert, dauphin, son neveu, 1,000 florins, et fait héritier Guigues, son autre neveu. Guigues de Morges, Nicolas Constant d'Albe et Guillaume de Maloc, chanoine de Vienne, exécuteurs.

Pendant que le Roy traitoit la paix entre le comte de Savoye et le Dauphin, Jean de Chalon, comte d'Anton, fait prisonnier en la bataille de Varey, par acte du 25 de may 1329, s'obligea de revenir après la paix si l'on luy laissoit sa liberté, engageant pour cella tous les biens qu'il avoit au royaume.

Hugues, son frère, estoit mort l'an 1324, ensevely à St André où est cette inscription :

HUGONI DELPHINO FUCIGNIACI DOMINI DELPHINI FILIO CUIUS EREPTO NON. JUL. M. CCC. XXIV.

Jean, comte de Forest, luy fit hommage et se déclara son vassal, et pour récompense il luy promit la somme de 150 liv. dont ce Comte passa quittance le 6 juillet 1329. Il y est qualifié puissant homme, et dit qu'il recevoit cet argent parce qu'il avoit rendu hommage au Dauphin.

Guigues et Humbert firent une ligue offensive et déffensive avec Philipes de Savoye, prince d'Achaye, le 21 de mars 1330.

Le roy Philipes, par une lettre qu'il luy escrit le 11 juillet 1330, l'exhorte à faire la paix avec le Comte. Ayant fait la paix, le Comte, par ses lettres du 8 de juillet 1337, ordonne à ses sujets de servir le Dauphin avec qui il avoit fait la paix, et qu'il payeroit leur solde.

Par un édit du 23 aoust de cette année il ordonna à tous ceux qui possedoient fiefs ou arrière-fiefs, chateaux et autres choses de sa mouvance, de le déclarer à son conseil establi à Grenoble.

Le 20 de décembre 1330, Guigues fit un traité avec Aimon, comte de Savoye. Il y avoit esté exhorté par le roy Philipes, le 11 de juillet précédent.

Il acquit le comté de Vienne de Guillaume, archevêque, en novembre, pour la somme de 6,000 francs d'or.

Le 20 d'octobre de la mesme année, Isabelle de France, femme du dauphin Guigues, passe une procuration à Guy de Grolée, seign. de Neyrieu, Nicolas Constant d'Albe, seign. de Chateauneuf de Bordete, Soffrey d'Arces, chevalier, et Jean Humbert, chancelier de Dauphiné, pour aller en France poursuivre ses droits sur la succession de Philipes, roy de France et de Navarre, et de Jeanne de Bourgogne, palatine et reyne, ses père et mère.

Guigues et Humbert, son frère, firent une ligue et alliance avec Philipes de Savoye, prince d'Achaye, le 21 de mars de la mesme année; ils y sont nommés ses neveux.

Humbert, son frère, qualifié seign. de Foucigny, ayant voulu accommoder un différent qu'avoit Guigues de Morges et Gilette Aynard, sa femme, avec les hommes delphinaux de Visille, en renvoya, par ses lettres du 10 d'aoust 1330, au conseil de Guigues, dauphin, son frère, qui estoit alors composé de :

Guigues Alleman ;
Guy de Grolée ;
Guigues de Morges ;
Lantelme Aynard ;
François de Theys ;
   Chevaliers.
Nicolas Constant, chevalier, professeur des loys ;
Jean Humbert, jurisconsulte, chancelier de Dauphiné ;
Hugues de Lay, prieur de Domène ;
Discret homme Estienne Roux, jurisconsulte ;
   Tous qualifiez conseillers du Dauphin.

Cette année, il y eut des conventions de mariage entre le Dauphin et Blanche, sœur du comte de Savoye ; 120 mille florins pour dot. Il ne fust point contracté.

Le 31 de juillet 1331, Guigues, dauphin, fit un traité avec l'archevêque d'Embrun, où le Dauphin déclare tenir de luy en fief la comté d'Ambrun, luy cède le droit de pulverage qu'il avoit à Reortier dont seroient exempts les hommes du Dauphin ;

ceux de Chateaudauphin et de la combe de Malapierre, jusques au ruisseau de Colart, demeurant communs au moyen d'une pension de 10 liv. que le Dauphin promet de payer à l'archevêque, et ils convinrent que ce qu'ils acquerroient à l'avenir seroit commun.

Le Dauphin, par ses lettres du 5 de juillet de cette année, nomme pour ses ambassadeurs auprès du roy Philipes, Jean, comte de Forest, son oncle, Guillaume Alleman, seign. de Valbonnois, Nicolas Constant, seign. de Chateauneuf de Bordete, Pierre de Herbeys, François de Theys pour y traiter sa paix avec Amédée, comte de Savoye, le Roy estant arbitre.

Il fit un traité avec l'archevêque d'Ambrun, le 6 de may 1331, qui n'est qu'une confirmation des autres.

Le 22 de juillet de la mesme année, il fit une ligue avec Jean de Rossillon, abbé de St Ouen de Jarets, où le Dauphin promet protection à l'abbé, et celuy cy promet de l'ayder de son pouvoir, et pour l'observation ils donnèrent pour caution la seule Béatrix, dauphine, dame d'Arlay.

Le 26 de ce mois et de la mesme année, il donna à Guillermet surnommé du Mont, fils naturel de Jean, dauphin, son père, le chasteau, mandement et territoire de Furmeyer, en Gapençois.

Le 13 de may 1332, il commit, pour aller défendre auprès du Roy ses intérêts contre le comte de Savoye, Guy de Grolée, seign. de Neyrieu, François de Theys, seign. de Thorane, Nicolas Constant d'Albe, seign. de Châteauneuf de Bordete.

Le Dauphin traita avec l'évêque de Gap le 24 de juillet de cette année, au sujet de la jurisdiction de S. Laurent du Cros, dans le Champsaur. Déjà Guigues, dauphin, avoit voulu inquiéter le chapitre de Gap qui y a aussi une jurisdiction. Il s'en plaignit au pape qui lui accorda une bulle adressée au Dauphin pour le laisser jouir de cette jurisdiction à qui il obéit le dernier de juin 1322 (*sic*).

Aimon, comte de Savoye, ayant donné une semblable procuration, le 17 de novembre, avec pouvoir d'agir d'une manière équivoque, le Dauphin, à qui elles furent communiquées, requit qu'elles fussent changées et mises suivant l'intention du Roy.

Jean de Chalon, comte d'Anton, ayant esté fait prisonnier en une bataille, le roy Philipes requit le Dauphin de vouloir le relacher sur sa parolle, ce qu'il fit le 19 de juin 1332.

Les officiers du Dauphin, dans le Royans, ayant fait quelques actes de justice sur les terres qui appartenoient au comte de Valentinois en ce pays, il s'en plaignit au Dauphin et, ayant fait assembler son conseil pour y délibérer, il fut résolu qu'on luy feroit satisfaction; ce que le Dauphin fit par ses lettres du 19 de septembre de cette année, désavoua ses officiers et maintint le Comte et ses vassaux en tous leurs privilèges et jurisdictions. Il dit que c'est de l'avis de ses conseillers qu'il nomme :

Hugues de Bressieu, seign. de Viriville;
Albert, seign. de Sassenage;
Odobert, seign. de Châteauneuf;
Guigues de Morges;
François de Theys;
Nicolas Constant;
François, seign. de Montchenu;
Lantelme Aynart;
Jean Humbert, son chancelier;
Et Estienne Roux.

En présence de :
Louis Amédée et Guichart de Poitiers;
Guichart, seign. de Clérieu;
Guillerme Auger, seign. d'Oze;
Olivier de Laye, jurisconsulte;
Guillaume de Poitiers;
Girard, seign. d'Anjou;
Guillaume, seign. de Tournon;
François d'Urre;
Guillaume d'Urre.

Cet acte est aux archives du comte de St Vallier.

Il fut pourtant résolu de faire régler la jurisdiction de l'un et de l'autre, et à ces fins, le mesme jour, on nomma des arbitres pour y procéder. Ce furent, de la part du Dauphin :

Rodolphe de S. Juers, seign. de Montorsier;
Louys Amédée et Guichart de Poitiers;
Guichart, seign. de Clérieu;

Guillaume de Poitiers;
Boniface de Bardonneche;
Guillaume et Hugues de Tournon, chevaliers.

Et, de celle du comte Guigues et furent présens à l'acte :

Girard, seign. d'Anjou;

Guillaume, seign. de la Tour;

Artaud de Rossillon;

Bermon Anduse, seign. de la Voute;

Bertrand des Baux.

Cet acte est aux mesmes archives.

Il y eut un traité, le 30 de septembre de cette année, entre Guigues, dauphin, Aymar, comte de Valentinois et de Diois, et Aymar, évêque de Valence et de Die, par lequel il fust dit que les officiers des uns et des autres ne prendroient aucune juridiction que sur leurs terres, sauf la souveraineté deuë au Dauphin.

Le 20 de décembre de la mesme année, quelques différens qu'il avoit avec le comte d'Arlay, furent remis à l'arbitrage de :

Hugues de Bressieu, seign. de Viriville;

Albert, seign. de Sassenage;

Guillaume, seign. de Tournon.

Et, pour sur-arbitres :

Jean de Chalon, évêque de Langres;

Et Béatrix de Viennois, dame d'Arlay.

Le prince d'Orenge, fait prisonnier en la bataille d'Anthon, fust élargi sur sa parolle en suite des lettres escrites au Dauphin par le roy Philipes, le 19 de juin 1332.

Le 7 d'aoust 1333, ayant une forte guerre contre le comte de Savoye, il ordonna de lever le ban et l'arrière ban dans cette province, et ordonna au comte de Valentinois, comme son vassal, d'en faire autant dans son estat, ce qu'il fit. Amédée de Poitiers, Aymar de Rossillon, et Albert de Sssenage le commandèrent.

Le Dauphin fust tué au siège de la Perrière, au dessus de Vorepe, contre le comte de Savoye, en 1333. Son corps fust porté à Grenoble et ensevely au tombeau des Dauphins en l'église de S. André. Il fust blessé d'un coup de garrot, espèce de fleche ou de mi-trait, ayant une petite masse quarrée et pointue au bout.

Voicy l'inscription qu'on a élevée pour luy :

GUIGO DELPHINUS VIENNENSIS OB VEXATAM INGEN-
TIBUS PRŒLIIS SABAUDIAM CLARISSIMUS OB........
HOSTES INVICTISSIMUS MORTE DECESSIT
XIII KAL. SEPT. M CCC XXXIII.

Humbert II, son frère, luy succéda.

15e Degré.

HUMBERT II,

Comte de Graisivaudan et d'Albon, dauphin de Viennois.

L'on va voir, dans le cours de la vie de ce prince, des événements trop considérables, glorieux et avantageux, pour donner un démenty à Chorier qui l'a dépeint plus propre à obéir dans un monastère, qu'à commander sur un trosne. Il a pourtant remarqué de luy des actions d'un grand prince, peut estre que celles qui ont signalé sa piété n'ont pas esté de son goust. Je n'ose pas dire ce que j'en pense là dessus, car je connoissois parfaitement le charactère de l'homme.

Caterine, reyne de France et de Navarre, l'institua son héritier par son testament du 5 d'octobre 1328.

Robert, roy de Sicile, luy assigne, et à Marie des Baux, son espouse, un revenu de 1,000 onces d'or le 26 de juillet 1332. Il leur concède aussy la jurisdiction sur tous les biens qu'il avoit en Sicile, par des lettres du 11 de novembre mesme année.

Il estoit à Naples où estoit aussy le comte d'Andria, son beaupère, avec lequel il vint en Dauphiné. Le roy Robert, son oncle, l'ayant fort exhorté de faire la paix avec le comte de Savoye, il la négotia d'une manière quelle luy fut donnée, et mesme elle fust faite peu de mois après son retour.

Cependant, l'an 1334, il receut les hommages liges de plusieurs seigneurs, et nobles de la province; ce furent ceux de :

Estienne de Loras;	Girin Lauric;
Jean de Palanin;	Henry du Vache;
Jean de la Balme;	Pierre Noir;
Baltasar Syran;	Humbert Dameisin;

Jean du Vache;
Girard de la Poype;
Humbert du Puy;
Artaud Caire;
Antoine de Chalemon;
Jean de Loras;
Guy de Palanin;
Amblard de Briord;
Guillaume Athenot;
Lambert Marron;
Guillaume Mathel;
Artaud Liatard;
Guiffrey de S. Genest;
   Qui tous prennent la qualité de chevaliers.
Jean de La Font;
Jean de Richemon;
Louys de la Poype;
Guion Pegeu;
Guillaume Pegeu;
Jean Dondert;
Guion de Pavaisie;
Hugonet Chonart;
Laurent de Rogemont;
Galvain Leobart;
Jean de Varilles;
Guichard de Rogemon;
Jean Richart;
Guillaume de Chalemon;
Rosset de Combrelle;
Michel Pellerin;
Aynard de Vigneu;
Aimonet Alleman;
Guichart de Grolée;
Estienne Daimesin;
Pierre de Revel;
Jean de Panossas;
Jean Pellerin;
Guillaume de Buenc;
Guillaume Noir;
Guigues de Lustron;
Guigues Jacques;
Jean de S. George;
Berliet de Vallin;
Jean Carat;
Guillaume de Brens;
Jean de Cathémienes;
Pierre de Cuchet;
   Qui prennent tous le titre de demoiseaux.
Henry d'Hyères;
Soffrey de Quincieu;
Jacquet de S. Laurent;
Guichart Liobard;
Pierre Prevost;
Guillaume Du Puy;
Bartélemy Putrain;
Humbert de Rames;
Albert de Lafont;
Pillet de Chausseu;
Humbert de Lafont;
Jean de Lafont;
Jean Fatier;
Jacques Fatier;
Jean de Gneis;
Durand de Rogemon;
Jean Laure;
Humbert de Masson;
Berliot de La Balme;
Jacquemin Brion;
Jean d'Hyeres;
Peyret François;
Humbert Baylla;
Bartélemy de Meyrieu;
Guillaume de La Balme;
Henry de Luyrieu;
André de Meynert;
Humbert Cham;

Pierre Capel ;
Berton de Malacrais ;
Guigues de Morelel ;
Estienne Richart ;
Jean de Boissieu ;
Jean Daudert ;
Hugues de S. Maurice.
Tous du Viennois.

Ceux du Viennois Valentinois, ou de la comté d'Albon, qu'on connoit aujourd'huy pour le bailliage de S. Marcellin, rendirent aussy hommage. En voicy le dénombrement :

Humbert Falavel ;
Guillaume Falavel ;
Josseran Falavel ;
Lantelme de Murinais ;
Rabaston de Rabastains ;
Berton Rivoire ;
Guillaume de la Poype ;
Pierre de Quincieu ;
Joffrey Montarsin ;
Alleman de Beausemblant ;
Artaud, son frère ;
Albert Bérard ;
Villen Berard ;
Falcoz Giroud ;
Pierre Giroud ;
Alleman Du Puy ;
Jean Du Puy ;
Guigues de Roche ;
Lantelme de Claveson ;
Jean Buffevant ;
Lantelme Meilleuret ;
Villen de Monclart ;
Pierre de Labalme ;
Jean Vinay ;
Pierre Vinay ;
Artaud de Chate ;
Soffrey Arloud ;
Amédée Bernard ;
Ennemond Bernard ;
Falcon Garon ;
Aymon Guelix ;
Pierre de Clairval ;
Jean Sibeu ;
Gallon d'Auberive ;
Pierre Mairon ;
Aymaron Mairon ;
Hugonet de Berenger, seing. de S. André en Royans ;
Jean de Lemps ;
Artaud, seign. de Claveson ;
Pons de Chaulnes ;
Jean Falcoz ;
Amédée, seign. de Chaste ;
Arnaud Guelix ;
Amédée Baudouin ;
Jean Buissière ;
Raymon Rivières ;
Guillon Disdier ;
Reynaud Garenc ;
Humbert Berard ;
Pierre Romain ;
Jean Romain ;
Bertrand Berard ;
Guillaume Reynier ;
Lantelme Raymon ;
François Raymon ;
Pierre Royan ;
Lantelme Royan ;
Ponsin Copier ;
Guillaume Copier ;
Pierre Copier ;
Humbert Copier ;
Guillaume Copier ;
Andrevon Copier ;

Lantelme de Hostung ;
Jean de Hostung ;
Lantelme de la Roche ;
Jacelme de S. Juers ;

Antoine de Gumin ;
François Balon ;
Athenot Bergier ;
Guillaume de Nalot.

Les nobles du Graisivaudan qui déclarent luy faire hommage la première année de son règne :

Albert de Laval ;
Jean de Gière ;
Bertrand de Berenger ;
Henry Gras ;
Guillaume Peloux ;
Rodolphe de Bérenger, seign. du Gaz ;
Jean de Bérenger, seign. de Morges ;
Guillaume d'Agout, seign. de St Genis ;
Jean de Crolles ;
Pierre Algoud ;
Lantelme Algoud ;
Odon Alleman, seign. d'Uriage ;
Siboud Alleman, son frère ;
Aynart de Torane ;
Guigues de Torane ;
Simon de Voyssanc ;
Gaillard de Voyssanc ;
Jean Roux ;
Rodolphe de Comiers ;
Guigues de Beaumont ;

Albert, seign. de Sassenage ;
Chabert de Darne ;
Jean de Darne ;
Aymon de Brion ;
Guigues de Morges ;
Jean de Montorcier ;
Guillaume de Montorcier ;
Jacques de Montorcier ;
Richart de Morelel ;
Lantelme Buissière ;
Guillaume de Croles ;
Jean Buissières ;
Humbert de Bellecombe ;
Pierre d'Herbey ;
Bertrand Falcoz ;
Rodolphe Falcoz ;
Jean de Pellafol ;
Bertrand Bérenger ;
Guionnet de Bellecombe ;
Jean de Vourey ;
Jean Alleman ;
Jean d'Arvillars.

Les nobles des montagnes et des baronies qui firent hommage la mesme année :

Aynart de Rame ;
Pierre Claret ;
Guillaume Athenot ;
Odon de Rame ;
Pierre de Baratier ;
Pierre de Rame ;
Guillaume Auger ;
Jean de Bardonneche ;

Jean de Frazinière ;
Pons de Mauvoisin ;
Lantelme Joffrey ;
Pons de Remusac ;
Marquisonet de Lespine ;
Lambert Adémar, seign. de Grignan ;
Gabriel Bardier ;

Thibaut de Léon ;
Bertrand de Novesan ;
Hugues Eustache ;
Guillaume de Salice ;
Guillaume de Meuillon, seign. de Ribiers ;
Raymon Furon ;
Rostaing Alaune ;
Reynier Alaune ;
Raymon Raybaud ;
Pierre de Veronne ;
Pierre Brayde ;
Guillaume Raybaud ;
Guillaume de Valserre ;
Bonniase de Navaisse ;
Nicolas Constant ;
Garin de Pierre ;
Estandart de Sigoyer ;
Guillaume de Moustier ;
Raymon Raybaud ;
Guillaume Barrière ;
Jean Albarne ;
Richard de Durfort ;
Arnaud de Durfort ;
Jean Grandis ;
Bertrand Olivier, seign. de Gouvernet ;
Bertrand de la Roche ;
Guillaume de Merindol ;
Pierre Raudi ;
Alseart de Cournillon ;
Garin Girard ;
Berton de Cournillon ;
Giron de Cournillon ;
Richart de l'Isle ;
Pons Guillerme ;
Bertrand de Sabran ;
Guillaume de Vesc ;
Hugues de Carsan ;
Pons de Pinchenier ;
Albert Reybaud ;
Raymond de Beaux ;
Marquis de l'Espine ;
Rambaud de l'Espine ;
Raymon de Meissonas ;
Athenot de Montmirail ;
Pierre de Baratier ;
Lagier de Pierre ;
Jacques Sauret ;
Jordan de Rosans ;
Guigues Rosset ;
Bartélemy de Moron ;
Pierre Eustache ;
Pierre du Saix ;
Guillaume de Rame ;
Lanielme de Valserre ;
Eynard de Rame ;
Jean de Bardonnéche ;
Ferrand de Rosans.

Il receut aussy les hommages des seigneurs de Bardonnéche. Leur nombre m'oblige d'en donner leur nom par curiosité :

Lantelme Chambeyrac ;
Amédée, son fils ;
Bermon Chaix ;
Henry de Bardonnéche ;
Jean d'Aiguebelle ;
Humbert d'Aiguebelle ;
Obert de Bardonnéche ;
Hugues de Bardonnéche ;
Pierre de Navaisse ;
Pierre de Bardonnéche ;
Constant de Bardonnéche ;
Pierre, son frère ;
Jacques de Bardonnéche ;
Peyron de Bardonnéche ;

Louys de Bardonnéche;
Antoine de Bardonnéche;
François Ambrois;
Jean Valfrey;
Hugues de Chastelar;
Jean de Valserre;
Un autre Louys de Bardon-
néche;
Boniface de Bardonnéche;
Guillon de Bardonnéche;
Perceval de Bardonnéche;
Guillet de Bardonnéche;
Justet de Bardonnéche;
Un autre Boniface;
George de Bardonnéche;
Hugonet de Bardonnéche;
Jordanet de Bardonnéche;
Poncet de Bardonnéche;
Un autre Hugonet;
Poncet de Bardonnéche;
Albert de Bardonnéche;
Claude de Bardonnéche;
Jean de Bardonnéche;
Claude de Bardonnéche;
Obert de Bardonnéche;
Hugues de Bardonnéche;
Pierre Ruffier.

De ce grand nombre de familles il ne reste que celles de :

Loras;
La Poype;
Rivoire;
Bérenger;
Peloux;
Athenot;
Navaisse;
Alleman;
Hyères;
Buffevant;
Lemps;
Agout;
Bardonnéche;
Gras;
Grolée;
Dupuy;
Chaste;
Falcoz;
Voyssanc;
Lespine;
Noir;
Murinais;
Sibeut;
Hostung;
Roux;
Veronne.

Il receut d'autres hommages dans les années suivantes, et comme il souhaitait ardemment la paix avec le comte de Savoye, elle fut ménagée par Amédée, comte de Genève, tellement que ces deux princes ayant nommé des arbitres, elle fut conclue le 7 de mars 1334, sur le pont de Chapareillan. Ces arbitres furent, de la part du Dauphin : le comte de Genève, Humbert de Cholay, seign. du Pont de Boringes, et Amblard de Beaumont; et, de la part du Comte, le mesme comte de Genève, Antoine de Clermont, seign. de la Bastie d'Albanois, et Philipes de Provanes.

Il y avoit quelques difficultez pour l'observation de ce traité et ils en donnérent l'examen et la décision à Philipes de Savoye, prince d'Achaye, à Béatrix de Viennois, dame d'Arlay, à Guillaume, archevêque de Brindes, à Rodolphe, abbé de S. Michel de Cluse, à Antoine de Clermont, seign. de la Bastie d'Albanois, à Philipes de Provanes, à Humbert de Cholay, et à Amblard de Beaumont, par des lettres du 20 du mesme mois.

Et comme il y avoit quelques liquidations à faire, ils convinrent, le 7 de septembre suivant, qu'elles seroient faites par cet Antoine de Clermont, Guillaume de Castillon, Amédée de Rossillon et Amblard de Beaumont qui y procédèrent à Chatonay.

Et cette paix fut affermie par un autre traité du 7 de novembre suivant, fait en une grange de Moiranc qui apartenoit aux chartreux de la Sylve-Bénite.

Ils firent un autre traité de paix, le 7 de novembre 1335, où le Dauphin promet de restituer la dot de Marie de Savoye, dame de Foucigny; que le Comte remettroit au dauphin Meximieu, le bourg S. Christophle, les fiefs et hommages qui en dépendoient; que les châteaux de Balon, de Grandfort et de Moteanne seroient mis en dépost entre les mains de Humbert Alleman, seign. d'Albonne, pour estre rendus au Dauphin lorsqu'il auroit rendu cette dot, que la Bastie de S. Jean de Vieux, auprès du château de Varey, construite par le Comte, seroit démolie et les fossez comblez, que le Comte rendroit au Dauphin Corlere et S. Martin du Fray et le fief de Bisonnes, comme aussy la Bastie de Peladou de Suze, le chasteau des Alenceres, que Amblard de Beaumont et Antoine de Clermont seroient les exécuteurs de cette paix et en jureroient l'observation ; et pour cautions du Dauphin :

Bertrand des Baux, comte de Montcayer.

Amédée, comte de Genève;

Hugues de Genève, seign. d'Antho...;

Humbert, fils du seign. de Villars;

Et Girard de Rossillon, seign. d'Anjou.

Cet acte m'apprend que cette Marie de Savoye avoit esté la femme de Hugues, dauphin, seign. de Foucigny, fils de Humbert de la Tour, et d'Anne, dauphine, ignorée par Chorier.

Ces deux traités confirmèrent celuy de 1314 fait avec Jean, dauphin et le comte Amédée. Il y fut dit que le Comte renonceroit à tous les droits qu'il avoit sur la terre de Montluel, à la réserve du fief de Chastillon de Chautagne et sur celle de Girieu. Il rendit à Montueil et à Guillaume du Saix ce qu'il leur avoit pris, et promit de faire raser la Bastie de S. Jean de Vieu ; de donner au Dauphin, pour le dégrever de la ruine du chasteau de Girieu, des fonds que les anciens seigneurs de Girieu avoient possédés dans la terre de Chandieu, dans le Viennois, membre de celle de S. Symphorien d'Ozon ; de luy rendre le chasteau de Mo....., appartenant au comte de Genève et celuy de Villars qui estoit au seign. de Villars qu'il occupoit, et de rendre generalement tout ce qui estoit en ses mains qui apartenoit au comte de Genève et à la famille de Villars ; renoncer au fief de Foucigny et à l'hommage qui luy estoit deub par le Dauphin, comme seigneur de ce pays, moyennant la somme de 25,000 liv. de petits tournois, bonne monnoye courante, et s'obligea de faire aussy renoncer, pour 5,000 liv., Guichart, seign. de Beaujeu, à tous ses droits sur les chasteaux de Meximieu et du Bourg S. Christophle qui avoit esté donnez à Guigues, dauphin, après la bataille de Varey. Le Dauphin, de son costé, se départit de tout ce qu'il possédoit sur les terres de S. Germain d'Ambérieu et des Alismes, despuis la rivière d'Albaron, en remontant vers ces deux chasteaux et les mandements d'Ambournay et de S. Rambert, à la reserve de celuy de S. Martin, sur les terres de Balon et de Grand Confort, à la charge que Humbert, seign. de Villars, qui en estoit le propriétaire, n'en feroit point hommage au Comte. Il promit de rendre au Comte la Bastie de Suze, et de payer 30,000 liv., à quoy furent liquidez la dot et le douaire de Marie de Savoye, veufve de Hugues, dauphin, baron de Foucigny.

Cette Marie estoit morte et avoit institué ses héritiers Marie de Brabant, sa mère, et Aymon, comte de Savoye, son frère.

Le Comte et le Dauphin firent ligue offensive et déffensive.

Le premier traité de paix fut fait en présence d'Amédée de Rossillon, conseign. du Bouchage, Hugues de Chastelart, Jean Mistral, seign. de Gressier, Girin de S. Saphorin, chevaliers.

Le deuxième, en présence de :
Guillaume, abbé de S. Antoine ;
Amédée Alleman, prieur de S. Laurent de Grenoble ;
Joffrey de Comiers, prieur de S. Estienne de S. Juers ;
Albert, seign. de Sassenage ;
Guy de Grolée, seign. de Neyrieu ;
Lantelme Aynard ;

Guillaume Artaud;

Amédée de Rossillon, conseign. du Bouchage;

Henry de Drenc;

Lantelme de Granges, chevaliers;

Aynard de Bellecombe et Pierre d'Avallon, conseillers du Dauphin, *domicelli domini dalphini*.

Avant que de parvenir à ces traités, le Dauphin, par ses lettres du 27 d'avril, avoit commis Humbert de Cholay et Amblard de Beaumont pour les négocier; et, avant le traité du mois de novembre, il avoit receu une lettre du Roy qui l'exhortoit à vivre en paix avec le Comte. Elle luy fut présentée, le 16 d'aoust, par Pierre de Gramiches, vicaire de S. André-lès-Avignon.

La terre de Geix étoit mouvante de la couronne delphinale. Le seign., mort sans enfants, le Dauphin prétendit qu'elle luy revenoit par retour de fief, et le fit déclarer par un arrest de son conseil, du 3 de juillet de cette année, qui ordonna qu'on mettroit sous la main delphinale ce qu'il avoit laissé aux diocèses de Genève et de Lausane.

La mesme année, et le 8 de février, il passa une procuration pour faire hommage au roy Philipes et à Jean de Normandie, son fils.

La mesme année, il fit plusieurs ordonnances qui défendoient de transporter hors de la province des vivres ny des denrées; pour le recouvrement du droit de plait; pour la garde et conservation des chasteaux; pour la révision des feux, contre les possesseurs et détenteurs des biens de son domaine; au sujet des hommages et des droits seigneuriaux; deffenses du port des armes, concernant la guerre, deffend les martin..., de mettre tous les péages sous sa main, concernant le maistre des eaux et forest; deffenses de la change (*sic*); création d'officiers, d'un premier huissier de sa porte, d'un crieur public à Grenoble; convocation du ban et arrière-ban. Le tout au livre cotté: *Registrum mandatorum Dni. Humberti Delphini ab anno 1333.*

Ce prince ambitieux forma le désir de se faire desclarer roy d'Arles, c'est-à-dire de Bourgogne, parce qu'il possédoit une partie de ce royaume. Il négotia cette affaire auprès de l'empereur Louys à qui il envoya Amblard de Beaumont. Il y réussit, et l'Empereur lui en envoya la bulle par Louys, comte d'Orttingen, accompagné de Conrad de Massestains et de Hébrard, archidiacre d'Hausbourg, qu'il luy présenta estant à la Balme, le 16 d'avril 1335. Ce fust à condition qu'il relèveroit de l'empire; luy donna pouvoir de réunir à ce royaume les villes et les provinces usurpées, luy promit des forces pour cela, des titres pour l'y maintenir, et de le faire couronner Roy.

Il commença d'abord d'en prendre la qualité, mais cela ne dura pas et il reprit celle de Dauphin, tellement que cette couronne fut par luy abandonnée. Il avoit eu un fils nommé André, de Béatrix des Baux, sa femme. Il estoit alors âgé de quelques mois. Il ne laissa pas de contracter un mariage pour luy, le 3 d'aoust 1335, avec Blanche, fille du roy Philipes. Il se jouoit un jour avec luy, estant entre les bras de sa nourrice, proche d'une fenestre de son palais à Grenoble, qui avoit veuë sur la rivière de l'Isère, où il le laissa tomber. On trouva son corps au dessoubs de la ville, à la rencontre duquel il voulut que les jeunes clercs de l'église de S. André allassent pour le conduire en l'église des FF. Prescheurs de Grenoble, où il fust ensevely. Les protestants n'eurent aucun égard à son monument, non plus qu'à l'église qu'ils renversèrent. Le Parlement luy a fait élever ensuite, dans la nouvelle église, un petit mausolée peu digne de la dignité du prince. Il est vis-à-vis du grand hôtel avec une inscription qui marque les soins du Parlement. Le 13 mars de chacune année, les clercs de l'église de S. André renouvellent leur premier office, sortent de la ville et y rentrent en chantant quelques antiennes, et on sonne toutes les cloches de cette église.

Voicy l'épitaphe de ce tombeau :

DEO OPTIMO MAXIMO ET MEMORIÆ ÆTERNÆ ANDRÆ DELPHINI, ILLUSTRISSIMI PRINCIPIS HUMBERTI DELPHINI UNICO FILIS INSTANTI ADHUC DE MEDIO SUBLATO MONUMENTUM A PATRE MÆSTISSIMO CONFECTUM IN DOMINICORUM TEMPLO CIVITATIS HUIUS SEXTO NONAS JULII 1338 INIURIA TEMPORIS BELLORUM CIVILIUM CALAMITATE DIRUTUM ANNO 1562, TANDEM IN HUNC LOCUM CUM CADAVERIS EIUS RELIQUIIS SUPREMI SENATUS DECRETO TRANSLATUM ET RESTITUTUM EST A PIIS ET RELIGIOSIS CÆNOBII HUIUS VOTIS 7 CALEND. AUGUST. ANNO 1583.

Ce contract de mariage fust solennel, car il y eut des cautions qui furent données pour l'observation. Celles du Roy furent : Philipes de Melun, évêque de Cahors ; Robert de Melun, son frère ; Jean de Chepey, Albert de Hangest, Raynaud de Mons, chevaliers ; et celles du Dauphin : Bernard des Baux, comte de Moncayeux ; Hugues de Genève, seign. d'Anthon ; Odobert, seign. de Châteauneuf ; Jean de Chepey, Geoffroy de Charney, Drenc de Châteauneuf, Henry de Drenc, Pierre de Loyes, Aynard de Laye, chevaliers ; Robert de Marmon, gendarme.

Il avoit assurément une précaution bien grande, puisqu'il avoit songé à marier ce fils dans les maillots. Il l'avoit déjà voulu marier avec Blanche, sœur du comte de Savoye, car il y a en la Chambre des Comptes un acte de cette manière :

Articles de mariage qui devoit estre contracté entre le prince, dauphin, et Blanche, sœur du comte de Savoye, remis à des arbitres, nommez : Jacques de Rivoire, commandent de Navarre, de l'ordre de S. Antoine ; François de Revel, Pierre de Lucinge, Nicolas de Glaude, chevalier, et Guillaume Fournier, licencié aux loix de la part du Dauphin ; et à Pierre de Montgela, Jacques de Clermont, seign. de Ste Hélène ; Pierre de Compeis, seign. de la Vulpillière, Pierre de Genève, bastard, seign. d'Ouhi, chevaliers de la part du comte, par la médiation de G., évêque de Carpentras ; G. éleu évêque de Perigueux, et du comte de Genève, et il est dit qu'elle avoit pour dot 120,000 florins.

Il acquit, le 12 de janvier de cette année 1336, de Jean de Montluel, les terres de S. Donnat et de Bellegarde, au diocèse de Vienne.

Le 23 de janvier de cette année 1336, le dauphin Humbert fit un bail à ferme de ses gabelles despuis Moiranc, St Alban et Vienne, par terre et par eau, excepté celles qui estoient assignées à Isabelle de France, veuve de Guigues, son frère : elles consistoient en la gabelle de S. Nazaire et le vintain de l'Isère, aux gabelles de Vinay, de Beauvoir, de S. Lattier, de S. Marcellin, de S. Estienne de S. Juers, de Beaurepaire, de Moras, de S. Jean d'Autaveon. Ce fust pour cinq ans qu'il en rendroit compte et s'en retiendroit un quinzième.

Le 18 d'octobre 1336, il mit soubs sa sauvegarde les habitans de la ville de Valence, persécutés par leur évêque, moyennant une redevance de 6 gros tournois d'argent.

Le 10 d'octobre 1336, le Dauphin commit, pour planter des limites entre la Savoye et le Dauphiné : Guy de Grolée, Amédée de Rossillon, Nicolas Constant, chevaliers, et Amblart de Beaumont ; et, pour le comte de Savoye : Antoine de Clermont, Jacques Richel, chevaliers ; François Prévost, official de Belley, et Pierre Bavais, juge de Savoye. C'estoit pour la division des montagnes entre Rossillon, Cueys, St André de Briord et St Laurent (1).

Le 3 de mars de cette mesme année, il créa 12 conseillers et un procureur fiscal pour juger des affaires qui interviendroient entre les baillifs et les juges, et, le 22 de février 1337, il en pourveut :

Guillaume, abbé de S. Antoine ;
Humbert de la Balme, commandeur de S. Paul ;
Nicolas Constant, chevalier ;
Bernard Eustache, chevalier ;
Jacques Teste-Grosse, chevalier ;
Pierre d'Herbeys, chevalier ;
Jean de S. Vallier.

Voulut qu'ils exerçassent leur justice à S. Marcellin et qu'ils connussent de ses droits.

Le mois de may 1337, il déclara de vouloir élever une université dans la ville de Grenoble, composée de 4 professeurs : deux pour y enseigner le droit civil et deux le droit canon. Elle a esté unie à celle de Valence.

Le 5 de ce mois, il fit hommage au pape et à l'Église romaine, pour Nyons, Mirabel, la majeure seigneurie de Vinsobres, et desclara luy devoir un marc et une once d'argent.

Le 20 de juin, il fait des conventions avec Guillaume des Baux, seign. de Brantoles, Guillaume de Bésignan et Jean de Poncien, trésorier de sa maison, pour dresser sa maison et y mettre les officiers nécessaires.

Le prieur de la Grande Chartreuse l'admit luy et sa famille à

---

(1) Guy Allard reproduit ici les §§ 2 et 3 de la page 110 de ce volume.

la participation de toutes les prières de ceux de son ordre, un jour de la S. Jean de cette année.

Pour s'assurer encore mieux la seigneurie de la ville de Vienne, il y entra avec l'archevêque, le 25 de juillet 1337, et prit une procédure ; il receut les clefs de cette ville, conjointement avec l'archevêque, des mains de Sibeud de Clermont, qui en estoit le mistral, et il les donna à Guigues de Rossillon, seign. du Bouchage, qu'ils firent mistral pour les tenir au nom des deux.

Le 7 de septembre de cette année, il fit encore un traité avec le comte de Savoye en présence de :

Henry de Villars, fait évêque de Valence et de Die ;
Agout des Baux, seign. de Bratelles ;
Guy de Grolée, seign. de Neyrieu ;
Guy de Morges, seign. de Lespine ;
Amédée de Rossillon, conseign. du Bouchage ;
Amblard de Briord, seign. de la Serra ;
François de Theys, seign. de Thorane ;
Antoine de Clermont, seign. de la Bastie d'Albanois ;
Guillaume de Castillon ;
François de Revel, chevaliers ;
Amblard de Beaumont ;
Humbert Claret, chanoine d'Ambrun ;
Guichardet de Bocsozel ;
Aynard de Bellecombe ;
Pierre d'Avalon ;
Jean de Boenc ;
Raynaud Alleman ;
Lantelme de Montfort, demoiseaux.

Ils y protestent des hommages réciproques qu'ils prétendoient qu'ils se devoient, font ligue offensive et deffensive contre tous, exceptez, par le Dauphin : l'Église romaine, l'Empereur, le roy de France, les archevêques de Lyon, de Vienne et d'Ambrun, les évêques de Grenoble, de Valence, de Die, de Genève à qui il devoit hommage ; et, par le Comte : les comtes de Genève, de Forets et de Valentinois, Jean de Chalon, seign. d'Arlay ; le prince d'Orenge, Hugues de Genève, seign. d'Anthon ; Humbert de Villars, seign. de Theyret ; Aymar de Rossillon, Aynart, seign. de Clermont, qui luy devoient hommage. Il excepte aussy l'Église romaine, l'Empereur, les roys de France et d'Angleterre, les archevêques de Lyon, de Vienne et de Besançon, les évêques de Vaison, d'Orenge, de Thurin, de Genève, de Lausane, de Pons de Sidon, Louis de Savoye, prince d'Achaye; Odoart, seign. de Beaujeu, les comtes de Genève, les seigneurs de Montfalcon et de Ste Croix.

Le Dauphin cède au comte les châteaux de S. Saturnin-de-Cuchet, inclus Lanieu, de S. Denys, de Chanison, de S. André de Briord, la Bastie de Leynes, qu'il pourroit racheter du fief de l'abbé de S. Chef; plus tous les chasteaux de Foucigny despuis l'eau de Gesrie au dessoubs jusques au lac de Genève.

Et le Comte cède au Dauphin les chasteaux qu'il avoit en franc-alleu, nommez : S. Germain, d'Alemes, Luisandres, les Ardennes, les Avenieres, toute l'isle de Ciers, Solomieu, la paroisse d'Arendaz et tout ce qu'il avoit au mandement d'Ambournay, qu'il pourroit affranchir du fief de l'abbé; ce qu'il avoit aux mandements de S. Rambert, de Rossillon, despuis l'eau d'Arbaronne jusques en la ville de Ternay, en tirant au dessus, vers S. Saturnin, Arandal, S. André de Briord et Cueys.

Dronet de Vaux, petit fils de Caterine de Beauvoir, ayant succédé à la famille de son ayeule, et, devenu par là seign. de Beauvoir de Marc, de Pinet et de la Bastie-Geissans, donna ces terres au Dauphin, le 8 de novembre 1337. Le comte de Savoye luy en demanda l'hommage. Nouvelle querelle.

Le comte de Valentinois luy avoit refusé l'hommage, mais le conseil delphinal l'y condamna par un arrest du 13 d'octobre 1337.

Le conseil delphinal ayant esté créé par ce prince, par ses lettres du 28 de février de cette année, avec le mesme pouvoir qu'eurent les Parlements en France, ce fust à Beauvoir, en Royans, où il faisoit presque son ordinaire séjour. Un an après, il le transporta à S. Marcellin, et, en 1340, à Grenoble, où il est soubz le titre de Parlement. Il le composa de sept juges, qu'il nomme :

Guillaume Mite, abbé de S. Antoine;
Nicolas Constant, chevalier;
Bertrand Eustache, chevalier;
Jacques Teste-Grosse, docteur aux droits;
Pierre d'Herbeys, chevalier;

Jean de S. Vallier, docteur aux loix;

Jean d'Amblérieu.

Il voulut que son chancelier y présidat, mais il y créa un président l'an 1345. Ce fust Guillaume du Mas.

Il y créa aussy un procureur fiscal, et y joignit quatre rationnaux.

Bien que l'un des Dauphins prédécesseurs de celuy-cy eût acquis, comme j'ay dit, la part qu'un descendu des premiers roys de Bourgogne qu'il avoit en la comté de Vienne, néantmoins l'archevêque l'avoit tousjours prétendu et disputé. Humbert en acheta de Guillaume, archevêque, tous les droits qu'il croyoit d'y avoir pour la somme de 6,000 florins d'or, au mois d'aoust de cette année 1337.

Les Juifs et les Lombards qui estoient tolerez en cette province, moyennant certaine redevance, ayant pratiqué plusieurs usures, le Dauphin ordonna, le 27 de novembre et le 4 de décembre de cette année, qu'il en seroit informé.

Le comte de Valentinois se voyant condamné à faire hommage au Dauphin n'en réclama pas, et il s'offrit agréablement de le rendre. Il le presta à ces fins à Chabeuil, au mois de septembre de cette année. Ce fust en présence d'Albert, seign. de Sassenage; de Louys et d'Amédée de Poitiers, et de Guy de Morges, seign. de l'Espine.

Le sel, en cette province, estoit distribué selon la délibération des Estats qui donnèrent les ordres pour le faire venir de Provence ou de Pecais; on le vendoit par des regratiers, mais Humbert voulut que ce fust en des greniers, et, le 28 de décembre de cette année 1337, il en establit un à Serre, dans le Gapençois. Des commissions y procédèrent le 3 de juin 1339.

Le Dauphin presta hommage, le dernier de mars 1338, à l'archevêque de Lyon pour Batines, auprès de Crémieu, pour tout ce qu'il possédoit au deça du fleuve, de Charvis vers le Rosne, pour Preroges, Baux, Fontaines, Meximieu, Annonay et Argentail.

Le 17 de juin de cette année, il passa une procuration pour exiger ce qui luy estoit deub en la comté d'Andria, en Sicile, et une pension de 1,000 liv. qu'il avoit en France.

Le 5 de janvier, sans autre date, Louys, roy de Hongrie, luy donna avis qu'il avoit envoyé ses ambassadeurs au pape pour obtenir le royaume de Sicile, qui luy appartenoit par droit de succession, et qu'il voulut bien y envoyer les siens pour le mesme sujet.

Le 29 d'avril 1338, le Dauphin fut reçu chanoine en l'église collégialle de S. Barnard de Romans, où il est dit qu'on l'estoit venu prendre processionalement pour le conduire au pied de l'autel, et que le chapitre l'avoit admis à la participation de ses droits temporels et spirituels.

Guigues, dauphin, avoit eu une fille naturelle nommée Béatrix, mariée à Pierre de Painchaud, à qui Humbert fit donner 25 liv. qui luy avoient esté constituées en dot. Ce fust l'an 1338.

Il avoit aussy eu un fils naturel nommé Jean, à qui le Dauphin donna la terre de Chateauvillain.

L'empereur Louys, par une bulle du 22 de juillet de cette année, ordonna au Dauphin de le joindre en armes avec ses autres vassaux pour reconquérir ce que le roy de France luy avoit pris.

Et le Dauphin, par ses lettres du 24 de septembre suivant, ordonna aux baillifs et chastelains de lever des troupes et les luy envoïer pour les conduire au roy de France, suivant son mandement.

Guillaume de Poitiers, baron des baronnies de Fay, de Beaupré, de S. Vallier et de Clérieu, par son testament du 8 de septembre 1338, fait héritier le Dauphin et luy substitue le roy de France.

Le chapitre de S. Maurice créa le Dauphin chanoine en son église, le 29 d'aoust de cette année, et luy remit la garde de la ville et du chasteau des Canaux, se réservant celle des forts de Pipet, de Salomon et le droit du péage des Molars, de Ste Blandine et de la comté de Vienne, à la charge que si l'Empereur vouloit reprendre cette garde, il seroit obligé de s'en départir. En mesme temps, le Dauphin prend les habitans soubs sa protection. Il s'y qualifie comte palatin de la ville de Vienne et archiseneschal des royaumes de Vienne et d'Arles. Ceux qui furent présents à cet acte sont nommés : Agout des Baux, seign. de Brantole; Amédée de Rossillon, conseign. du Bouchage, et François de Revel, chevalier.

Il fust homologué par le pape, à Avignon, le 19 du mois de novembre suivant.

Après cet acte, les habitans luy firent hommage.

Le comte de Savoye, sans appeler le Dauphin, ayant fait planter des limites entre son Estat et celuy du Dauphin, vers Ornacieu et Beaurepaire, le Dauphin, y estant grevé, en appelle au pape, le 29 d'octobre 1338.

Raymon des Baux, prince d'Orenge, mécontent du prince de Provence de qui il estoit présumé vassal, rechercha l'alliance de Humbert, dauphin, et s'offrit de luy faire hommage. Le Dauphin ne refusa pas une soumission si glorieuse. Il se rendit donc au pont de Sorgues, où le prince estoit arrivé avec sa fille, et, le 17 de juin 1339, il se déclara vassal du Dauphin, qui luy promit pour récompense la somme de 4,000 florins d'or.

Le traité fust fait en la maison du pape. Plusieurs seigneurs se trouvèrent présents à l'acte, ce furent:

Jean de Chissé, évêque de Grenoble;

Jacques de Savoye, prince d'Achaye;

Aimar de Poitiers, comte de Valentinois;

Guillaume des Baux, seign. de . . . . ;

Ermenguin de Sabran;

Raymon de Mornac, seign. de Capderousse;

Bertrand de Falques, chevalier;

Raymon de Rivoire, chevalier.

Jacques de Savoye, prince d'Achaye, luy presta hommage le 29 du mesme mois, et firent un accord sur les prétentions du prince d'Achaye au sujet des droits de feue Caterine de Viennois, sa mère, lequel avoit espousé Sibille des Baux, fille de Raymon, seign. des Baux, comte d'Avelin.

Le 27 de juillet, le Dauphin fit ligue avec Jean de Rossillon, abbé de S.t Ouen ; c'est S. Claude, et ils se promettent réciproquement des gens de guerre pour leur deffense.

Bien qu'en 1337, qu'il créa un Conseil, il voulut que deux des conseillers leussent dans son université. Il ne l'avoit point encore establie qu'en ayant proposé le dessein, mais ayant obtenu une bulle du pape qui le luy permit, il la créa par un édit de juillet 1339.

L'an 1338, il acquit la terre de Tullin des filles et héritières de Guy, seigneur de ce lieu. Ce furent Marguerite, espouse de

Guigues de Morges; Jordane, femme de Girard de Rossillon; Humilie de Tullin, Caterine, mariée à Guy de Grolée.

Par une procédure du 29 de mars 1339, il fut justifié que le bled, que le Dauphin avoit perceu à Bardonneche, ne s'estoit vendu que 7 s. le sestier de froment, celuy de seigle 4 s. et demy.

Le 27 de ce mois, il convoqua le ban et arrière-ban.

Comme le Dauphin possédoit la terre d'Avisan, au comté Veneissin, les nobles de ce pays y parurent, et, dans la quittance de 5 s. par jour qu'ils passèrent le 5 de septembre, ils sont nommés :

Pierre Blanche;	Richart Arnoux;
Pierre Forets;	François Œuff;
Raymon Duplan;	Aignan de Grignan;
Pierre Lespinouse;	Pierre Flaim;
Rodolphe de Sales;	Girard Gautier;
Raymon Claix;	

Le 9 d'octobre 1339, il fut au Puy, en Velay, prendre possession d'un canonicat affecté à sa famille. Le chapitre le vint prendre et le mena processionalement au pied du grand autel pour en rendre hommage.

Par ses lettres, du 7 de novembre 1339, il deffend toutes usures, mesme aux juifs.

Il donna aux religieuses de Ste Claire de Cisteron, de l'ordre des FF. Mineurs, une pension de 12 sommées de froment, 12 de vin et 40 s. qu'il assigna sur ses revenus d'Upaix. Je n'ay pas appris en quel temps, mais cette donation est rapportée en une ordonnance du gouverneur de la province, du 10 de septembre 1339, qui mande au clavaire de ce lieu de la payer.

Béatrix de Hongrie, mère du Dauphin, s'estoit fait religieuse au monastère de Laval Bressieu, de l'ordre de Citeaux; y estant, et le 19 d'avril 1340, elle déclara, en présence de l'abbé de Bonnevaux, qu'elle choisissoit sa retraite en celuy des Ayes, dans le diocèse de Grenoble, pour y passer le reste de ses jours et qu'elle y élisoit sa sépulture.

Le 26 de may 1340, le Dauphin fit un traité avec le comte de Savoye dans la ville de Lyon, par l'entremise d'Antoine de Clermont et Guillaume de Rossillon, de la part du Comte; et d'Amédée de Rossillon et d'Amblard de Beaumont, de la part du Dauphin. Ce que le Comte ratifia, le 28 de juin suivant, en présence de :

    Jean, seigneur de Corgenon ;
    Jean, seigneur de la Chambre ;
    Pierre, seigneur d'Heurtiéres ;
    Antoine de Clermont ;
    Guillaume de Castillon ;
    Pierre Maréchal, chevaliers ;
    Et de Guichart Tavel, son chancelier.

Et le Dauphin, le 1er de juin, en présence de :

    Jean de Rivoles, évêque de Tivoli, son chancelier ;
    Jean, abbé de S. Reguebert ;
    Amédée Alleman, prieur de S. Laurent de Grenoble ;
    Amédée de Rossillon, conseign. du Bouchage ;
    Amblart de Beaumont ;
    Nicolas Constant, seign. de Chateauneuf de Bordete ;
    François de Theys, seign. de Torane ;
    Guillaume de Ruins-le-Vieux ;
    Joffrey d'Arces, Rolland de Veaune, Jean de La Batie ;
    Pierre de Painchaud, Estienne Roux, chevaliers ;
    François de Fredulphe de Parme, professeur ès-loix.

Le 10 de ce mois, le Dauphin deffend de sortir de la province l'argent billonné ou en monnoye.

Le 9 d'avril de cette année, il fait hommage à l'église Nostre Dame de Grenoble. Jean de Rivoles, évêque de Tivoli, présent.

Le 12 d'avril 1340, il prie ses vassaux de luy pardonner s'il leur a fait quelque tort.

Le 20 de juin 1340, il fit un traité avec Aynard, seigneur de Clermont. La terre de Clermont est limitrophe des États de Savoye, ainsy le Comte et le Dauphin faisoient leur possible pour engager le seigneur dans leurs intérêts. Joffrey, père d'Aynard, avoit esté en celuy du Comte. Les offres avantageuses que fit le Dauphin à Aynard, l'engagèrent de se joindre à perpétuité à ses intérêts, tellement que, par ce traité, ce seigneur se déclara vassal du Dauphin, qui le fit luy et ses descendans chef de la milice, ou connestable du Dauphiné, grand maistre de la maison du Dauphin et de Madame la Dauphine aussy à perpétuité, luy donna Clermont en Trièves qu'il érigea en vicomté. Comme cet acte estoit important au Dauphin et très considérable, plusieurs gentilshommes y furent présents. En voicy le dénombrement :

Amédée de Rossillon, conseign. du Bouchage ;
Amblard, seign. de Beaumont ;
Raynaud, seign. de Sillieu ;
Humbert de Peladru, seign. de Montferra ;
Guillaume de Roin, le Vieux et le Jeune ;
Soffrey d'Arces ;
Estienne Roux ;
Guillaume de Peladru ;
Perronin de Voissanc ;
Jacquemin de Maubec ;
Gillet Copier ;
Sibeut de Virieu ;
Guigues Borel ;
Joffrey de Galle ;
Pierre Robe ;
Estienne Copier ;
Guillet de Tavanes ;
André du Molart ;
Disdier de Pellafol ;
Hugonet de S. Germain ;
Pierre d'Avalon ;
Guigues de Rives ;

Les autres y parurent comme cautions de l'exécution de ce traité.

De la part du Dauphin :
Humbert, seign. de Villars ;
Hugues de Genève, seign. d'Anthon ;
Aymar, seign. de Rossillon ;
Gérard de Rossillon, seign. d'Anjou ;
Aynard de Rossillon, seign. de Montbreton ;
Humbert, conseign. d'Ylins ;
Aynard de la Tour, seign. de Vinay ;
Jacques de Bocsozel, seign. de Gière ;
Artaud, seign. de Claveson ;
Henry, seign. de Sassenage ;
Disdier de Sassenage ;

Hugonin Alleman, seign. de Valbonnais ;
Hugues de Bressieu, seign. de Viriville ;
Falques, seign. de Bressieu ;
Falques, seign. de Montchenu ;
Jean, seign. de Morges ;
Odobert, seign. de Chateauneuf ;
Guillaume Artaud, seign. d'Aix.
Guigues de Morges, seign. de Chastelart ;
Bertrand de Bérenger, seign. de Prébois ;
Pierre Alleman, seign. de Champs ;
Rodolphe, seign. du Gaz ;
Gontier de Briançon, seign. de Varce ;
Amédée de Rossillon, conseigneur du Bouchage ;
Amblard, seign. de Beaumont ;
Guy de Grolée, seign. de Neyrieu.

L'affaire estoit trop avantageuse à Clermont pour avoir esté obligé en donner des cautions pour l'observer.

Le jour et feste de l'Ascention de chacune année, on porte le corps de S. Antoine en procession dans le bourg de ce nom. Le Dauphin y avoit envoyé 60 torches pour honorer cette feste en 1340; il ordonna, le 26 de may, à son trésorier de les payer et de donner un florin d'or au menestrier qui y avoit joué.

Il nommoit ceux qui devoient lire en son Université de Grenoble. Guigues Galbert, doyen de l'église de Die, le fut le 2 d'octobre de cette année.

Le mois d'octobre, il rendit hommage à l'archevêque et à l'église d'Ambrun, il s'apelloit pasteur, et confirma tous les traitez que les Dauphins avoient faits avec ses prédécesseurs.

Par une ordonnance du 3 de décembre, il prohiba de sortir de la province aucun vivre, excepté le sel.

Et le 4 de février suivant, il en fit une qui défendit de sortir le bled.

Le Dauphin voulut que les habitans de Romans luy fissent hommage. Ils le refusèrent tellement qu'il porta ses armes contre eux. Estant à Peyrins, ils eurent peur ; les consuls et les notables l'y vinrent trouver, luy firent serment de fidélité et luy ouvrirent les portes de cette ville, le 28 de may 1341.

Bertrand, archevêque de Vienne, fâché de ce qui estoit arrivé à Romans, et supposant que le Dauphin avoit obligé les habitans de le reconnoistre, fulmina une bulle d'excommunication contre lui et contre ses adhérants, le 15 de may 1341. Il les nomme tous suivant ce dénombrement :

Le dauphin Humbert ;	Bertrand Laurent ;
Amédée de Poitiers ;	Humbert de la Brive ;
Lambert Adémar ;	Boniface Tournoud ;
Henry de Sassenage ;	Jean de la Fontaine ;
Aynard de la Tour ;	Pierre Servient ;
Lantelme Aynard ;	Jean de Lemps ;
Guillaume de Morges ;	Odobert de Chateauneuf ;
Le seign. d'Aix, en Savoye ;	Joffrey de Chaste ;
Guillaume de Grolée ;	Ramus Marois ;
Amédée de Rossillon ;	Guigues Rogier ;
Amblard de Beaumont ;	Le seign. de Montchenu ;
Le seign. de Pellafol ;	Aymon Falavel ;
Guillaume de Bésignan ;	Arnand Guelix ;
Jean de Boenc ;	Jacques Jarcieu ;
Aynard de Rossillon ;	Jean Chabert.

Le Dauphin, par ses lettres du dernier de septembre de cette année, commit Guillaume de Roin, chevalier, et Estienne Pila pour l'aliénation de son domaine.

Il devoit quelques sommes au pape, et, faute de payement, sa Sainteté l'avoit excommunié. Il députa à Rome, le dernier d'octobre 1341, Amblard de Beaumont pour faire lever cette excommunication.

Le dernier d'octobre, ordonna qu'on assigne au prince d'Orenge 500 florins d'or sur des terres, attendu qu'il luy en avoit promis 4,000, parce qu'il luy avoit rendu hommage et s'estoit déclaré son vassal.

Le 19 de novembre suivant, on luy remit les terres de Montbrison, la parerie de Novesan et Curneier. Le dernier prince d'Orenge en avoit fait hommage. Lors de cette rémission, Raymon des Baux en fit un, non-seulement de ses terres, mais encore de sa principauté.

La famille d'Adémar avoit possédé ces terres jusques en ce temps-cy en franc-alleu. Girard Adémar se déclara vassal de nostre dauphin Humbert et il luy fit hommage le 23 de septembre de cette année, et se déclara son homme lige contre tous, exceptez le roy de France, l'évèque de Mets, le comte de Valentinois et Lambert Adémar, son frère.

Le Dauphin luy promet 100 florins d'or, qu'il luy assigne sur son péage de S. Nazaire, en Royans.

Henry, dauphin, estoit encore vivant le dernier de mars de cette année. Il passe un albergement au nom de Humbert, son neveu.

Le 4 de janvier de cette année, il commit Josseran Sallemar et Jean Verdun pour faire des albergements dans le Viennois, pourveu que cella ne diminue pas ses revenus.

Il fait faire un dénombrement de tous ses revenus dans chaque bailliage.

Il vendit, le 23 de juillet de cette année 1341, à Guillaume Roger, vicomte de Beaufort, la baronnie de Portes, composée des paroisses de Gallerite, de Dezes, de la moitié du chasteau de *Serins*, comme aussy les terres D'aletz, D'anduse et D'andusete, pour 31,000 liv. Les revenus y sont espécifiez.

Il forma le dessein de faire bastir une forteresse auprès de l'abbaye de Bonnevaux, et l'abbé y consentit le 11 de janvier 1341.

Par un acte du 29 de mars de cette année, il conste qu'il avoit, pour fille naturelle, Caterine, mariée à Pierre, fils naturel de Mélinet de Lucinge, car luy ayant donné en dot le château d'Avignonet lors de son mariage, il le luy oste par cet acte et luy donne le château de Villarsaye et le territoire de S. Michel, en Foucigny.

Le Dauphin acquit la terre de Moretel de Chabert Moretel, qui en estoit seigneur, par un échange qu'il fit avec luy le 10 de juin 1341. C'est en la vallée de Graisivaudan. Cette famille l'avoit possédé de toute ancienneté et en avoit pris le nom dans le temps que les familles s'en firent de successifs, c'est-à-dire dans le onzième siècle. Elle finit par Jacques et Guichart, ses fils.

Le 10 de novembre de cette année, il donna au prince d'Orenge la baronnie de Sahune pour la tenir de luy à foy et hommage.

Il eut un procez avec l'archevèque de Lyon qui luy demandoit l'hommage de quelques terres dans son diocèse au delà du Rosne, dans le Viennois. Il donna procuration à Guy de Palagnin, chevalier, le 20 de février de cette année pour en faire la poursuite.

Le Dauphin, par des lettres du 26 de may 1342, assigne à Marie des Baux, sa femme, en cas de survie, les revenus d'Oysanc, de Champsaur, de Montbonod, de Montfort, de Montfleury, de Trièves, et par d'autres lettres du 2 mars 1343, ceux de Beauvoir en Royans, de Chevrières, d'Oysanc, de Crémieu, de Quirieu, de S. Savin du Colombier, de Moretel, de..., de la Tour et du Péage de Montfort.

L'empereur Louys, par ses lettres du 17 de may 1342, commet ce Dauphin pour traiter de ses différens avec le pape Clément.

Le 26 de mars de cette année, le Dauphin assigne à Marie des Baux, son espouse, en cas de survie, les revenus de ses terres en Chamsaur, d'Oisanc, de Visille, de Montbonod, de Montfort, de Montfleury et de Trièves.

Le Dauphin, pour avoir la dispense du pape d'un vœu qu'il avoit fait, luy avoit promis la somme de 1,635 liv., et, pour le payement, il luy avoit remis la terre d'Avisan; mais, sur les remontrances qu'il fit au pape que cette somme estoit trop considérable, par sentence du 28 de décembre 1342, elle fust modérée et la terre d'Avisan fut rendue au Dauphin.

Il fit une transaction avec l'évêque de Grenoble, Jean, le 3 de juin 1342, où leurs droits, pouvoirs et autres choses sont réglés. Le pape Clément l'homologua les ides de février et le 2 de son pontificat; elle le fust par le dauphin de France, Charles, le mois de septembre 1354; elle est fort ample et très considérable.

Le 22 de décembre 1342, il fonda le monastère de Montfleury, auprès de Grenoble, pour des filles de l'ordre de S. Dominique, et leur promit un revenu de 1,320 florins valant 1,122 liv., pour 80 religieuses et religieux, pour le service de l'église. Ce revenu sur ceux de la terre de Montfleury, dont il leur donna le château et la juridiction, et sur des tailles comtales de divers endroits.

Il acquit cette année plusieurs maisons derrière l'église de S André, des familles de Theys, de...., de Vaunaveys et autres. Ce fust celles qui composèrent une partie de l'hostel de Lesdiguières, où il fit la maison de son trésorier, et l'endroit où l'on portoit ses finances. C'est pourquoy cette maison et son territoire, qui s'estendoit bien avant en longueur, a toujours esté appellée la Trésorerie.

Le 6 de mars de la mesme année, il donna procuration pour rendre hommage au comte de Provence de ce qu'il tenoit en la comté de Forcalquier, c'est-à-dire pour l'Ambrunois et le Gapençois, de la manière que ses prédécesseurs l'avoient fait. Ce fust à Jean, évêque de Tivoli; François de Parme, Frédulphe et Pierre des Ayes, chevaliers, chargés de demander au comte les hommages précédens, affin de s'y conformer.

Nonobstant la prétendue excommunication de l'archevêque de Vienne, abbé de l'église de S. Barnard de cette ville et conseigneur, le Dauphin y alla en forme de visite et y demeura quelques jours suivy de plusieurs seigneurs et nobles de la province dont une partie estoit nommée dans la bulle. Ils sont tous nommez dans les lettres du 15 de février 1342, par lesquelles il accorde des priviléges aux habitans. Ce furent :

Aimar, seign. de Rossillon;
Aimar, seign. de Bressieu;
Amblard, seign. de Beaumont;
Raynaud Falavel;
Aynard de Bellecombe;
Damian de Gotefrey.

Les autres furent les cautions du Dauphin :
Humbert, seign. de Villars;
Odoart de Savoye;
Jean de Villars;
Girard de Rossillon, seign. d'Anjou;
Aynard de la Tour, seign. de Vinay;
Henry, seign. de Sassenage;
Falques, seign. de Monchenu;
Amédée de Rossillon, seign. du Bouchage;
Artaud de Beaumont, seign. de la Frette;
Vauchier de Montelier;
Odobert de Chateauneuf;
Disdier de Sassenage;
Guillaume Alleman, seign. de Marjois;
François de Theys, seign. de Torane;
Guillaume de Compeis, seign. de Corenc.

Le 14 de mars 1342, il dressa les libertez delphinales.

Il transigea, le 17 d'aoust de cette année 1343, avec Louys de Poitiers, comte de Valentinois, sur la succession de la famille de Clérieu, à qui celle du Comte avoit succédé. Le Dauphin prétendoit avoir Clérieu par retour de fief, parce que Clérieu l'avoit possédé en fief rendable. Clérieu, Chantemerle et Mereuil furent restitués au Comte et la Roche de Glun au Dauphin. Ce fust en présence de :

Pierre, évêque de Clermont ;
Guillaume Flotte, seign. de Revel, chancelier de France ;
Jean, évêque de Grenoble ;
Humbert de Grolée, seign. de Tullins ;
François de Theys, seign. de Torane ;
Humbert, seign. de Villars ;
Jean de Villars, dit Grosvilain ;
Amédée de Rossillon, conseign. du Bouchage ;
Amblard, seign. de Beaumont ;
Pierre Flotte, chevalier.

Cet acte est aux archives du comte de S. Vallier.

Ce François de Theys, seign. de Thorane, estoit chatelain de Clérieu, pourveu par le Dauphin qui s'estoit saisy de la terre après la mort de Guichart de Clérieu. Le Dauphin luy ordonna, par ses lettres du 18 d'aoust, de le rendre au Comte. Elles sont aux mêmes archives.

L'empereur Louys le députa au pape, le 17 de mars 1343, pour traiter des différends qu'il avoit avec luy.

Le Dauphin, se voyant sans enfans, songea à qui il remettrait son estat. Il en consulta son conseil, leur proposa le pape, trois de ses voisins : le comte de Valentinois, celuy de Provence et le prince d'Orenge. Il n'avoit point encore songé au Roy. Il y fut porté par Jean de Rivoles, religieux de l'ordre de S. Dominique, qui avoit esté évêque d'Orenge et qui l'estoit alors de Tivoli, en Italie. Il le fit savoir au Roy qui députa pour en faire le traité, qui le fut le 22 d'avril 1343, non pas au Roy, mais à Philipes, second fils de Jean, duc de Normandie, car il vouloit que son estat fut séparé de la France, qu'il ne le fust jamais que l'empire ne le fust au royaume. Ainsy il vouloit negotier des princes particuliers à son estat. Ce transport ne se fit pourtant pas qu'au cas qu'il n'eut pas des enfants. L'acte dit que la province estoit alors composée :

De la duché de Chamsaur ;
De la principauté de Briançonnois ;
Du marquisat de Césane ;
De la comté de Vienne ;
De celles d'Albon, de Graisivaudan, d'Ambrun, du Gapençois ;
De la baronnie de Foucigny ;
De celles de Meuillon et de Montauban ;

Il voulut que le prince qui luy succèderoit porta les armoiries de France écartelées avec celles de Dauphiné ; que ses successeurs porteroient le titre de dauphins de Viennois ; que les priviléges qu'il avoit accordés à ses sujets seroient inviolablement observez.

Le Roy le signa le 23 et contresigné par R. de Molins. Le Dauphin n'y estoit pas présent, mais ceux qu'il avoit deputez le signèrent après avoir dit que c'estoit à la relation et commandement de monseigneur le Dauphin. Ce furent :

Humbert de Villars, seigneur de Thoyre et de Villars ;
Humbert de Cholay, seign. de Lullins ;
Amblard, seign. de Beaumont ;
Guigues de Morges, seign. de l'Espine ;
Jacques Brunier, chancelier de Dauphiné ;
Frère Jacques Rivière, commandeur de Marseille ;
Jacquemet de Die, dit Lappo.

Qualifiez conseillers, procureurs, messagers et députés par le dit monsieur le Dauphin.

Ce traité étant envoyé en cette province, voicy ceux qui déclarèrent approuver ses conditions et qui prétèrent serment de fidélité :

Le dernier de juillet :

L'archevêque de Vienne, abbé de Romans, pour cette ville ;
L'évêque de Grenoble, pour cette ville, sauf le droit de son église et du siége romain ;
Louys de Poitiers, comte de Valence et de Die ;
Aimar, seigneur de Rossillon ;
Jean de Villars ;
Hugues, seigneur du Gaz ;

Hugues, seigneur de Viriville ;
Girard, seign. d'Anjou ;
Henry, seign. de Sassenage ;
Aynard, seign. de Vinay ;
Odobert, seign. de Chateauneuf ;
Jean Payen, seign. de Meiron ;
Joffrey, seign. de Chatte ;
Artaud, seign. de Claveson ;
Humbert de Cholay, seign. de Lullins ;
Amblard, seign. de Beaumont ;
Amédée de Rossillon, conseign. du Bouchage ;
François de Theys, seign. de Thorane ;
Berard de Lanieu, seign. d'Iseron ;
Jean de Bérenger, seign. de Morges ;
Raynaud Alleman, seign. de S. George ;
Artaud de Beaumont, seign. de la Frette ;
Guillaume de Roin le Vieux ;
Amblard de Briord, seign. de la Serre ;
Soffrey d'Arces ;
Raynaud Falavel ;
Guiot de Ferlay ;
Jean, bastard de feu Guigues, dauphin ;
François de Revel ;
Nicou de Fernay ;
Guy de Palanin ;
Gilles Darlo ;
Jacques de Compeis ;
Pierre de Loyes ;
Guillaume de Severac.

   Tous qualifiez chevaliers.

Aynard de Rossillon, seigneur de Serrières et de Montbreton ;
Guichart, seign. de Grolée ;
Pierre d'Avalon ;
Hugues d'Avalon, seign. de la Bastie ;
Jean de Buenc ;
Pierre Servient ;
Ancelin de Montfort ;
Aymonet de Chissé ;
Joffrey Galle ;

Jean Liobard ;
Rosset d'Arbrelle ;
Perret de Chissé ;
Aynard de Bellecombe ;
Pierre Vivian ;
Aymonet de Salleneufve ;
Humbert de Chaponay, dit Passerat ;
Aymaron Alleman de Beauvoir ,
Jean du Saix ;
Pierre Verdet ;
Pierre, bastard de Lucinge ;
Guillaume Richart ;
Jean de Claret ;
   Tous qualifiez demoiseaux ;
François de Cogni, jurisconsulte, seign. de Montléon.
   Du premier d'aoust :
Guillaume, seign. de Besignan ;
Guillermet Alleman, seign. de Marjais ;
Guichart Alleman, seign. de Lentiol ;
Jacques de Bocsozel, seign. de Gière ;
Rodolphe de S.-Juers ;
Henry de Drenc ;
Aynard Rivière ;
Guy Bertrand, veyer de Moiranc ;
Gilles Benoit ;
Rodolphe de Comiers, seign. du Mas ;
Guigues de Morges, seign. de l'Épine ;
Guillaume de Morges ;
Jean de Mollans ;
   Tous qualifiez chevaliers.
Jean de Grolée, seign. de Neyrieu ;
Hugues, seign. d'Anjou ;
Eustachon Berlioz ;
Gillet de Lustrin ;
Humbert de Loras ;
Jean Gerin de la Sonne ;
Pierre, seign. de Langon ;
Pierre Durand ;
Henry d'Hyéres ;

Lancelot de Briord;
Jean Bérard de Briord;
Philipes de Montferrand;
Pierre du Vache;
Hugonet des Échelles, prieur de Rosans;
Jean de Seissuel;
Jean Pellerin;
Guiot Copier;
Bardon Romestaing;
Girard de Theys;
Berlion Bérard de Moirans;
Jean de Revel;
Jean de Morges;
Jean de Chevrières;
Raynaud de Revel;
Aymard de la Brive;
Guionnet de Grolée;
Aymonet de S. Pierre;
Jean de Comiers;
Jean, bastard de Foucigny;
François de Palanin;
Albert Crezen;

 Tous qualifiez demoiseaux.

Humbert de la Balme, commandeur de S. Paul;
Guigues Falavel;
Raymon Falavel;
Guillaume du Mas, docteur aux lois;
Raymon Chabert, jurisconsulte;
Humbert, seign. de Villars;
Guillaume, seign. de Tournon.

 Le 2 d'aoust :
Pierre Lobet, abbé de S. Antoine;
Pierre de Painchaud, chevalier;
Lancelot de Tholon, demoiseau.

 Le 7 d'aoust :
Guillaume, bastard de Furmeyer;
Artaud de Beausemblant;
Lantelme Aynard, seign. de Theus, chevalier;
Rolland de Venosc, chevalier.

Le 9 d'aoust :

Falcon, seign. de Montchenu.

Le 12 d'aoust :

Henry Gras, demoiseau, seigneur de Laval Gaudemar ;

Le 18 d'aoust :

Arnaud Flotte, seign. de la Roche des Arnauds ;

Guillaume Grinde, chevalier ;

Jean de Gay, chevalier ;

Disdier de Pellafol, jurisconsulte ;

Jean Berlion, demoiseau.

Le 1er de décembre :

Joffrey de Clermont, chanoine de Vienne, au nom d'Aymar, vicomte de Clermont, son frère ;

Guillaume de Meuillon, seigneur de Valbaret.

Tous ces serments de fidélité, ou pour l'observation du transfert, furent receus par l'évêque de Clermont, par Guillaume Flotte, chancelier de France, dans la ville de Grenoble.

Le 7 de juillet de cette année, le roy Philipes, par ses lettres, commit Pierre, évêque de Clermont, Guillaume Flotte, seign. de Revel, chancelier de France et de Dauphiné, Pierre de Cugniéres, Jean, prieur de Crespol, Bergan de Monlaur, archidiacre de Lodève, et Aymar de Hauteville pour élire et nommer des gentilshommes aux chatelenies delphinales. Ce qu'ils firent, en cette manière, le 29 de ce mois :

Moras, à Amédée de Rossillon, conseign. du Bouchage ;

Allevart, Moretel et Grenoble, à Amblard de Briord, baillif du Graisivaudan ;

La Tour du Pin, Valbonne et Montréal, à Disdier de Sassenage, conseign. d'Yseron ;

Le Foucigny, à Guy de Trivieu, conseign. de ce lieu ;

Le Chamsaur, S. Bonnet, Montorcier, à Gillet de la Balme, demoiseau ;

Meuillon, Montauban, le Palaix d'Ambrun, à Henry de Villars, archevêque de Lyon ;

Moirane, à Artaud de Beaumont, chevalier ;

Le Pont en Briançonnois, et Chateau-Dauphin, à Reymon Chabert ;

La Tour du Pin en particulier, à Henry de Drenc, chevalier ;

Beaumont, à Guigues Bertrand, chevalier, veyer de Moirans ;

Bellecombe, à Guillaume Bigot, chevalier;
Chasteauvillain, à André Panice, demoiseau;
Rives, à Gillet Copier, demoiseau;
Exilles, à Lantelme Gauchon;
Beauregard et Bourgoin, à Gaillart de Voissan;
Chasier, à Gilles Darlo, chevalier;
Saillans, à Jean de Boenc;
Cournillon en Trieves et Mens, à Jean de Grolée, seigneur de Neyrieu;
S. Saturnin, à Aymar Dameisin;
S. Laurent en Viennois, à Guy de Palanin;
Villeneufve de Roybons, à Guigues de Comiers;
St Estienne de S. Juers, à Joffrey de Comiers;
Bonneville en Foucigny, à Roux de Chevrières;
Oulx, à Pierre de la Tour;
Flumet, à Guigues de Montuére;
Peyrins, à Raymon Falavel;
S. André de Briord, à Humbert de Chaponay, dit Passerat;
Alinges et Leyrieu, à Nicou du Freney, chevalier;
S. George, à Jean de Bellegarde;
Auberive, au seign. de Langon;
Futinieu, à Pierre de Buech;
Beaufort, à Aymar Alleman de Beauvoir;
Meuillon, à Estienne d'Hyères;
Le bourg S. Christophle, à Jean Liobard, demoiseau;
Meximieux, à Henry Noir, chevalier;
Briançon, à Guillaume Tardin;
Montjoux, Chabeuil et la Bastie du Pont de Romans, au bastard de Lucinge;
La Buissière, à Raymon Falavel;
Quairas, à Hugues, seign. de Geix;
Valcluse, Montclar et la forest des Ayes, à François Falavel;
Vif et la Cluse, à Guigues Falavel;
Beaurepaire, à Hugues Gastarel;
Vorepe, à Genin d'Ymole;
Vaux, à Joffrey de Galle;
Demtesieu, à Guichard de Coste;
Chastelet de Credo, à Humbert de la Balme, commandeur de S. Paul;

Vaux en Vellein, à Guigues de Rossillon;
S. Nazaire, à Pierre Durand;
Chevrieres, à Pierre Carmagnan;
Beauvoir de Marc, à Aymonet de Salleneufve;
La Bastie de Monlieu, à Hugonet Girin;
Avalon, à Hugues d'Avalon;
Pinet, à Aynard de Bellecombe;
Cesane, à Jean Pellerin;
Moretel en Viennois, à Pierre de Bourcier;
Hermance, à Pierre de Chissé, demoiseau.
Ils furent tous obligés de faire serment.

Le roy Philipes, par ses lettres du 23 d'avril 1343, déclare que bien que Humbert eut transporté son estat à son fils, il en estoit pourtant toujours le maistre.

Ce prince fonda le couvent des Carmes à Beauvoir, en Royans, le 27 de juin de cette année 1343, pour 60 religieux, leur donnant une partie de son château en ce lieu, sa chapelle, son verger et la 3ᵉ partie de sa fontaine, plusieurs fonds au mesme lieu, des droits seigneuriaux et des revenus en divers endroits.

Le roy Philipes, par ses lettres du 23 d'avril de cette année, déclare que bien que le Dauphin eut cédé son estat, néantmoins il pourroit se servir de ses sujets en temps de guerre et autrement, ainsy qu'il le trouveroit à propos.

Par d'autres lettres du mesme jour, il commit pour régler, dans les sénéchaussées de Beaucaire et de Carcasonne, les revenus qui avoient esté promis au Dauphin lors de ce transport.

Autres du mois de juillet, pour son exécution.

Autres de ce mois, qui ajoutent aux conditions de ce transport que la monnoye de Dauphiné auroit cours; que les 10,000 liv. promises au Dauphin de revenu sont assignées sur ceux de Quirieu, de Crémieu, de Sablonieres, de la Balme, Isles de Charvis, S. Donnat, Bellegarde, Montfort, Montbonod, Montfleury, Visille, la Mure, Cor, Beaumont, Cobonnes, Chastillon et Salenche.

Autres du mesme temps, par lesquelles le Roy déclare et veut que Humbert, dauphin, ne soit point inquiété bien qu'il ne luy (ait) pas rendu hommage des terres qu'il avoit au royaume.

Autres du 7 de ce mois de juillet, par lesquelles il permet au

Dauphin de faire passer au royaume tout le bled et toutes les denrées, sans payer aucun droit.

Autres du 27, par lesquelles il assigne à ce Dauphin les 20,000 florins, qui luy avoient esté promis lors du transport, sur les décimes que le pape avoit accordé sur les provinces de Lyon, de Narbonne et de Vienne.

Autres semblables, de Jean, duc de Normandie, du mois de juin 1349.

Autres lettres du 7 de ce mois, où le Roy ordonne à ceux qui devoient hommage au Dauphin de le rendre au nouveau Dauphin.

Autres semblables du dauphin Humbert, du 18 d'aoust.

Autres de ce Dauphin, du pénultieme de décembre, dite année, qui ordonne à ceux qui devoient hommage dans les terres qu'il avoit cédées à Marie des Baux, son espouse, de le rendre à cette espouse.

Le comte de Genève possédoit dans le Graisivaudan les terres de Theys, de la Pierre et une partie de celle de Domène. Il avoit mesme un baillif pour juge, bien que sa comté fut mouvante du Dauphin, comme je l'ay rapporté. Ces terres n'avoient point encore esté hommagées, bien que le Dauphin y eut plusieurs droits seigneuriaux. Il en demanda hommage au Comte qui le refusa. Il fust assigné au Conseil delphinal. On trouve, en la Chambre des Comptes, les demandes et les deffenses. Mais par arrest du Parlement de Paris, du mois d'aoust 1348, le Comte fust condamné à cet hommage. Ces terres vinrent à la suite aux mains du Dauphin, par la mort sans enfans du dernier Comte. Elles ont si souvent esté alliénées, et mesme données quelquefois à perpétuité, qu'aujourd'huy les seigneurs des paroisses ne veulent point consentir qu'elles soient du domaine delphinal.

Le 12 de ce mois d'avril, et de ladite année 1348, le Dauphin fit un traité avec le chapitre de Romans par lequel il fut dit que la jurisdiction de cette ville leur estoit commune, à la réserve de celle des prestres appartenant au chapitre; que les amendes seroient communes, le droit d'investir et de devestir de mesme; le droit de pontonnage conservé au chapitre; les langues de beufs et de lombes de pourceaux qui seroient tuez à la boucherie, les lundy et mardy, seront au chapitre; que les demandes du chapitre seront faites par devant le juge commun; que la garde des bénéficiers et officiers de l'église qui avoient de coustume de prendre de chaque nopce et mariage, qui se contractent dans la ville, une portion de pain, de vin, et de chair cruë et cuite, ce qui estoit vulgairement appelé *l'ecuelle des nopces*, il en sera fait comme auparavant. Il y est fait mention d'un droit de civerage que tiroit le chapitre dans la ville.

Thomas, marquis de Saluces, luy soumet son marquisat moyennant la somme de 10,000 florins d'or, le dernier d'octobre de cette année.

Comme on avoit promis au Dauphin de luy payer 120,000 florins à cause du transport, le Roy luy paya ce qui luy estoit deub de reste, estant tous deux à Avignon, le jour de l'Ascencion 1344; ce fust sur les décimes des diocèses de Narbonne, de Lyon et de Vienne.

Le 7 de juin, dans cette mesme ville et par devant le pape, l'acte du transport fut ratifié par Jean, duc de Normandie, fils du Roy et père de Philipes, en faveur duquel il estoit fait, lequel se dit député du Roy, son père, et par Humbert, dauphin, adsisté d'Eudes, duc de Bourgogne, où furent présents :

Jean de Marigny, évêque de Beauvais;

Guillaume Flotte, seign. de Revel, chancelier de France;

Berenger de Montaut, archidiacre de Lodève;

Raynaud de Molins, chanoine de Paris, secrétaire du Roy;

Guillaume de Roin, chevalier;

François de Fredulphe de Parme, juge des appellations de tout le Dauphiné.

L'empereur Louys commet le Dauphin, par une bulle du 18 de septembre de cette année 1343, et le nomme son cousin, pour se transporter vers le pape Clément VI et luy dire qu'il revoquoit tout ce qu'il avoit fait en faveur de Pierre de Courbières, anti-pape; qu'il se soumettoit à toutes les pénitences qu'il voudroit luy imposer, attendu qu'il avoit esté éleu injustement Empereur et sacré par un anti-pape.

Il acquit la portion que le Pape avoit de la ville de Romans contre la terre d'Avisan, au Comtat Veneissin et, le 4 d'octobre, il donna procuration à François de Theys, seign. de Thorane,

Rodolphe de Conners, seign. d'Estapes, Giraud de Cerine, seigneur de la Jouchère, baillif du Viennois, pour en prendre possession en son nom.

Le 17 de janvier 1338 (sic), il évalua toutes ses terres en argent.

L'archevêque de Vienne, en qualité d'abbé de S. Barnard et de conseigneur de cette ville, eut quelque différend avec luy. Le pape Clément les régla par une sentence arbitrale du 3 des ides de septembre et du 3 de son pontificat, en cette manière : que la jurisdiction leur seroit commune avec le chapitre; que les clefs des portes seroient aussy communes de mesme que le fort Montségur, où il seroit construit une prison commune; que les uns et les autres y auroient un baile pour l'exécution de leurs droits, que les premières appellations ressortiroient à tous trois, et les secondes au pape; qu'il estoit permis au Dauphin d'y faire construire un palais proche des murailles dedans et dehors. Le pape confirma au Dauphin la vente qu'il luy avoit faite de sa portion.

Le 14 de may, il deffend au Conseil delphinal, qu'il venoit de mettre à S. Marcellin, et à tous officiers, de destiner aucun de ses revenus sans son consentement, sauf pour les frais des affaires qui le concerneroient, et ordonne, en cecy, aux officiers de sa Chambre des Comptes de les passer.

Le 22 d'octobre de la mesme année, il ordonna à tous ceux qui posséderoient quelque chose de son domaine d'en représenter les titres.

Le 21 de ce mois, il acquit la terre et mandement de Miribel, de Chabert de Miribel, en échange de celle de Bellegarde. Ce n'estoit qu'une parerie, et il est dit que le bourg de Goncelin et ses paroisses en dépendoient. Le tout est aujourd'huy dans le domaine delphinal.

Le dernier de ce mois il receut l'hommage de Thomas, marquis de Saluces, à la considération duquel il luy donna 1,000 florins d'or. Il est dit que les terres qui estoient du domaine du marquis, estoient composées de 15,000 hommes, et les fiefs mouvants de son marquisat, de 9,426. En voicy le dénombrement :

Terres domanialles du marquisat de Saluces.

Le chasteau et le bourg de Saluces, 150 hommes;

Versol, 500;
Cardet, 300;
Villebeche, 150;
Dragonier, autant;
La vallée de Meyran, où il y a 14 villages, 4,000;
Rochebrune, 300;
Quadrat et Vulgran, où il y a 3 bourgs, 2,000;
Chasteaugrand, 250;
Bornel, 500;
Servache, en la vallée Seurane, à Vigille, où il y a 6 villages, 500;
Villemeil, 500;
Brocache, 200;
Fraxin, 150;
S\ Pierre, 1000;
Une partie du Pont, 100;
S\ Franc, au mandement de val de Padro, 600;
Puysane, 500;
Barges, 1000;
Revel, 600;
Hennives, 300;
Martignan, 300;
Ruconis, 700;
Carmagnolle, 200;
Mangabrune, Vadreule et Huanache, 300.

Les fiefs relevans du marquisat de Saluces.

Vassenage, Tavanage, Isolebelle, Fortpas, les Sous Disnars et Carmagne, 300 hommes;
Polignière, 150;
Carprenelle, Indreon-Broze, Bouval, Cabalan de Léon, 250;
Moneteyrol, 500;
Rolfe, 100;
Scarnafixe, 300;
Cornafame, 100;
Gerboles, 100;
Chastelart, 150;
Page, 200;
Boutelle, 150;

Rosan, 150;
Glossigloliares, 300;
Ville, 500;
Vintigrische, 100;
Vorcin, 300;
Valmar, 200;
Carmeyrone, 400;

Le chasteau de Conradin de Saluces, celuy de Dragonerie, la seigneurie vendue à ceux de Scanarampedas, 300;

Corminache, 150;
Vinasche, 200;
Montmiral, 150;
Manse, 200;
Villeneufve, 100;
S. Constance, 120;
Soleimans, 150;
Cruzol, 800;
Rostane, 200;
Ville Isache, 50;
Monevaches, 500;

Le chasteau du bourg de Cumey, de 16 villages, 12,000;
Le chasteau du bourg de Mont, 1,000;
Ceux de Fossan, 2,000.

Le 7 de décembre, il donna procuration à Jacques Brunier, son chancelier, Amblard, seign. de Beaumont, Amédée de Rossillon, seign. du Bouchage, François de Theys, seigneur de Thorane, et Etienne Roux, pour recevoir les hommages qui luy estoient deubs par l'évêque de Grenoble et par ceux qui le luy devoient dans le royaume de France.

Ayant appris que le comte de Savoye levoit des gens de guerre, il fit acheter des chevaux et emprunta quelque somme de Giraud, seigneur de Monteillez, pour cela, qu'il luy rendit suivant sa quittance du 7 de février de cette année.

Le comte de Savoye ayant appris ce transport, luy envoya demander treves, ce qu'il luy accorda, et alors le Conseil delphinal fit un arrest, le 5 de septembre, par lequel il ordonna que si cependant il arrivoit quelques désordres sur les frontières, ils seroient jugez par Disdier de Sassenage pour le Dauphin, et par Pierre Mareschal, pour le Comte.

Le 25 de ce mois, il fit une transaction entre P., archevêque d'Ambrun, où il prend la qualité de comte d'Ambrun et de Gap. Il y fut dit qu'il y auroit un juge commun dont ils auroient la nomination alternativement chacun une année; un procureur commun; que tous les actes de justice qui seroient faits en leurs terres communes seroient enregistrés en un mesme livre; qu'aucun de leurs vassaux ne pourroit vendre aucune chose que de leur consentement sans avant dénencé la vente au clavaire, ou juge commun; que ceux qui tenoient des terres en fief de leur mouvance ne pourroient les alliéner à gens prohibés ou à main morte à peine de commis; que chacun payeroit la leyde; que chacune année leurs officiers feroient publier cette transaction.

Le 1er de septembre 1344, il descharge ses sujets de tous droits de stabilité, focage, adempre, taille, colecte, impositions ordinaires et extraordinaires.

Le Dauphin fist hommage à l'évêque et à l'église de Grenoble, le 16 de juin 1345.

La mesme année il transféra le monastère de Ste Claire qu'il avoit fondé à S. Latier, mis ensuite à Yseron, puis à Moirane, en la ville de Grenoble. Ce fust aux maisons qu'il avait acquises derrière l'église de S. André, mais pour les approcher plus près des FF. Mineurs du mesme ordre, ces religieuses furent transférées à la ruë que nous appelons aujourd'huy du Beuf et qui, à cause d'elles, on appelle, dans les titres anciens, *Via monalium*. Elles y moururent toutes de la peste. Chorier se trompe, et il le fait souvent, de dire que ce fust au monastère de Ste Claire d'aujourd'huy, puisque ce fust Jeanne Baile qui le fit bastir soubs le roy Louis XI, et cet endroit estoient les bastions de la ville.

Procédure par des commissaires, du 20 de janvier 1344, portant assignation de 10,000 liv. de revenu, et de 2,000 liv. en propriété à Humbert, dauphin, sur les sénéchaussées de Beaucaire et de Carcassone.

Lettres du Dauphin et de la Dauphine, du 7 de février de cette année, par lesquelles ils establissent noble Pierre de Cadenet, leur vicaire en la comté d'Andrie.

La mesme année, Humbert, dauphin, fit des statuts.

Le 7 de juin 1344, le Dauphin ratifia le transport par devant le pape Clément, à Avignon, où se trouvoient présens, Eudes, duc de Bourgogne; Jean de Marigny, évêque de Beauvais; Guillaume Flotte, seign. de Revel; Bérenger de Montaut, archidiacre de Lodeve, conseillers; Reynaud de Moulins, chanoine de Paris, secrétaire du roy; Guillaume de Roynt, chevalier; François de Fredulphe de Parme, juge des appelations de tout le Dauphiné.

Le pénultième de janvier 1344, le Dauphin passa une procuration pour exiger 1,000 onces d'or que Robert, roy de Sicile, luy avoit assignées et à ses successeurs.

Le pape ayant publié une croisade contre les Turcs qui menaçoient l'empire Grec, le dauphin Humbert s'offrit pour la commander. Il le fit donc général de l'armée chrestienne contre les Turcs, par une bulle du 7 des kal. de juin 1345 et le 7 de son pontificat; c'estoit Clément VI; luy promit 100 hommes pour sa garde pendant trois ans.

Il la reçeut le jour du sacré corps de Dieu avec une croix, un baston de commandement et un drapeau où estoit représenté un crucifix. Il ordonna, par une autre bulle, qu'on luy fourniroit 4 galères.

Estant prest à s'embarquer pour son expédition, et estant au monastère de Montargues, proche d'Avignon, par ses lettres du 13 de juillet 1345, il commit pour gouverner la province, en son absence, Henry de Villars, archevêque de Lyon, et que c'estoit par le conseil de :

Hugues de Genève, seign. d'Anthon;
Aimar, seign. de Rossillon;
Hugues de Bressieu, seign. de Viriville;
Aynart de la Tour, seign. de Vinay;
Amblard, seign. de Beaumont;
Amédée de Rossillon, conseigneur du Bouchage;
François de Theys, seign. de Thorane;
Guillaume, bâtard de Furmeyer, fils de Guigues, son frère;
François de Palme;
Pierre de Buege;
François de Revel;
Guillaume Toscan;
Humbert de la Brive;
Guillaume de Royn;

Jacques de Die;
   Tous qualifiez chevaliers.
Aynard de Rossillon, seign. de Serrières;
Henry Gras, seigneur de Gaudemar;
   Qualifiez demoiseaux.
Jean de Hauteville;
Pierre Durand;
Raymon Chaubane;
Raymon Falavel;
Humbert Dauriac;
   Ses conseillers.
C'estoient ceux qui le suivoient en cette expédition.

André Dandolo, doge de Venise, par ses lettres de septembre, le fait général des troupes que cette république luy donna, et le créa citoyen de Venise.

Le 25 de juillet, Humbert, qualifié illustre prince, capitaine général du S. Siége apostolique contre les Turcs, donna la conduite de plusieurs galères à quelques personnes, le 23 de juillet. C'estoit pour les mener de Marseille à Naples, et leur donna permission de charger les.... Il estoit alors à Avignon. Jean, évêque de Grenoble, et Guillaume Artaud, seigneur d'Aix, y furent présents.

Il laissa la conduite de la province à Henry de Villars, archevêque de Lyon, qu'il en avoit déjà fait gouverneur le 28 d'avril précédent, lequel, à la suite, dans tous les actes, se qualifie *Vicarius illustris principis Humberti Delphini qui est in transmarinis*.

Le 22 d'aoust, il commit le gardien des FF. Mineurs d'Avignon, pour mettre en possession le Roy de son palais d'Avignon, d'autant qu'il estoit prest de partir pour commander l'armée chrestienne contre les Turcs et qu'il avoit transporté son estat à son fils. Ce que le roy Philipes accepta le 3 d'octobre suivant et ratifia ce transport.

Avant que de partir, il fit son testament le 22 de janvier de cette année.

Le Dauphin partit, et mena avec luy Marie des Baux, sa femme, qui ... n l'isle de l'Archipel. Il fit si peu dans son expédition q.. .. e vaut pas le raconter. Ce fust le 3 de décembre qu'il s'embarqua, et non pas de septembre, comme le dit Chorier.

Car, le 2 de ce mois de décembre, il fit une déclaration en une isle de la mer, proche de la ville de Marseille, prest à s'embarquer, par laquelle il veut que dans son Conseil, résident à Grenoble, il y ait 7 conseillers, et que Guillaume Du Mas, son chancelier, y préside.

Que ses Conseillers et Auditeurs des Comptes resideroient aussy à Grenoble; qu'il y auroit une Chambre pour eux qui seroit appellée *bancha computorum*; qu'ils y verroient, examineroient et arrèteroient les comptes de ses droits et revenus. Il les nomme Jacques de Die, Guigues Constant, chevaliers, Pierre Durant, jurisconsulte, Aimon de Claix, Chosel Veyer, Lantelme Argoud, Guillaume Pila, et leur accorde pour gages 3 gros. Il veut aussy qu'il y ait des notaires qu'il qualifie clercs, qu'il nomme, et à qui il donne mesmes gages.

En son absence, le pape Clément, par une bulle adressée à l'archidiacre de l'église de Cahors, ordonne à ceux qui seroient commis par Henry de Villars, archevêque de Lyon, lieutenant de Humbert, dauphin, capitaine général de l'armée des chrétiens contre les Turcs, député par authorité apostolique, onze mille cent florins d'or destinez pour l'expédition de ce prince. L'archevêque commit pour les recevoir, en 1346, Amblard, seigneur de Beaumont, et Disdier, conseigneur de Sassenage.

La mesme année, le gouverneur ordonne au trésorier de Dauphiné de faire porter, en la chambre apostolique, 4,000 florins d'or pour les faire tenir au Dauphin estant contre les Turcs.

On trouve, en la Chambre des Comptes, un estat des revenus de cette province qui luy furent envoiez en ce voyage de deux ans.

Le 3 mars de cette année 1346, Béatrix de Viennois, dame d'Arlay, donne tous ses biens à Humbert, fils de Jean, son frère.

Le 9 d'octobre, le gouverneur déffend le transport du bled hors de la province.

Le cardinal d'Ostié, prieur d'Aspres, en Gapençois, ne voulant pas faire hommage de son temporel au Dauphin, le procureur fiscal du Conseil delphinal luy fit un procez en 1345.

Le 2 de décembre de cette année 1346, un... du pape ordonne

de prendre sur la chambre apostolique 11,000 liv. pour estre envoyées à ce prince qui est outre mer.

Le gouverneur fit faire une enqueste, cette année, par laquelle il conste que le bled froment s'estoit vendu 16 gros le sestier, le seigle 14, le tremois et l'avoine 9, la sommée de vin, 12 s.

Au commencement de l'année 1347, mourut Béatrix de Hongrie, mère du Dauphin, dans le couvent de S. Just, dans le Royanois, soubs l'habit de religieuse de l'ordre de Citeaux.

Amblard de Beaumont, Disdier de Sassenage, et Guillaume de Roin, procureurs du Dauphin, ayant receu pour luy les 4,000 florins que le pape luy avoit promis pour les frais de son voyage, en passèrent quittance, le 4 d'avril 1347, au trésorier de la chambre apostolique.

Il y a un papier, en la Chambre des Comptes, contenant un mémoire dressé, le 27 de may 1347, des vases et autres meubles que le Dauphin avoit remis à Venise à Jean du Puy, chevalier, son maistre d'hostel, et à Humbert de Saletes, chartreux, nommez ses trésoriers.

Le pape Clément, par une bulle du 15 des kal. d'avril, et le 5 de son pontificat, permit au Dauphin de se retirer de l'armée, bien que le temps qu'il avoit promis ne fust pas expiré. Il luy avoit escrit une lettre de consolation sur la mort de sa femme, qui est en la Chambre des Comptes. Par une autre bulle du mesme temps, il veut que Jeanne, impératrice de Constantinople, jouisse des revenus de l'isle de Chio après que le Dauphin en aura jouy 3 ans.

Le Dauphin avoit une belle maison dans la ville d'Avignon. Le pape luy demande qu'il consente que son légat y habite, le 7 des kal. de juin.

J'ay raporté que, par arrest du Conseil delphinal, le comte de Valentinois avoit esté déclaré vassal du Dauphin. Le gouverneur de la province luy demanda l'hommage qu'il luy devoit, et il le luy rendit, en sa personne, comme lieutenant du Dauphin estant *in partibus transmarinis*, le 10 de mars de cette année, pour :

Estoile ;	Beaufort ;
Royans ;	Veronne ;
Montclart ;	Moitié d'Aix ;
Clerieu ;	Bellegarde ;

Aletz;
Monteillez;
Estabel;
La 4e partie de la Bastie de Brette;

La moitié d'Ancellon;
La Roche des Arnauds;
Montjoux;
Teissières;
Beconne.

Il y eut des témoins de distinction :
Pierre, évêque de Clermont;
Guillaume Flotte, seign. de Revel, chancelier de France;
Jean, prieur de Crespol;
Bergeron de Montaut, archidiacre de Lodeve;
Aymar de Hauteville.

Qualifiez conseillers du roy de France.
Jean, évêque de Grenoble;
Humbert, seign. de Villars;
Jean de Villars, dit Gros-Villain;
Amédée de Rossillon, conseign. du Bouchage;
Humbert de Cholay, seign. de Lullins;
Amblard, seign. de Beaumont;
François de Theys, seign. de Thorane;
Pierre Flotte;
Itier, seign. de Bauchie;

Tous chevaliers.
Jacques Brunier, chancelier de Dauphiné;
Jean de Hauteville et Rodolphe de Chevrières, docteurs aux droits.

La famille de Clérieu estant esteinte, comme le Dauphin et le comte de Valentinois y prétendoient réciproquement, l'archevêque de Lyon et le Comte transigèrent le 17 d'aoust de cette année. Clérieu et Chantemerle demeurèrent au Comte, et la Roche de Glun au Dauphin.

Le Dauphin arriva à Grenoble le mois de septembre de cette année 1347.

Il continua ses exercices de piété et fonda un couvent de 13 religieux Augustins en la forest de Clay, dans le Royanois. Il n'y en a point aujourd'huy. Les Bourguignons et le prince d'Orenge, dans le dessein d'envahir cette province y vinrent avec de grandes troupes. Ils commencèrent par le siège de Miribel. Chorier dit qu'à leur aproche, et à la première attaque, ils l'emportèrent, mais il se trompe, car j'apprends par des lettres du Dauphin, du

28 d'avril, qu'il commit le baillif et le juge de Briançon pour lever les barons, les nobles, et le peuple qui pourroit porter les armes, pour le venir secourir contre les Bourguignons et les Barbançois qui avoient assiégé son chasteau de Miribel. Il y a apparence qu'il ne fust pas pris, ou qu'il fust repris, car le Dauphin, par ses lettres du 12 de may, l'unit à perpetuité au Dauphiné.

Aynard de Rossillon, seigneur de Serrières, ayant fourny quelque argent pour cette guerre, le Dauphin le luy fit rendre par deux chanoines de Romans nommez Gillet de Montchenu et Aymar de Curson, à qui il en passa quitance le 26 d'avril, dite année 1348.

Raynaud Alleman avoit aussi acheté des chevaux et fait d'autres dépenses pour l'armée dont il fut payé et en passa quittance le mesme jour.

Le 3 de juin de cette année, il ordonna d'informer contre les usures des Juifs.

Il jouissoit encore des revenus de la province et ne l'avoit transportée qu'au cas qu'il n'eut pas des enfants. Pour en avoir, il songea à se marier et, le 24 de juin de cette année 1348, il en contracta un avec Jeanne, fille ainée de Pierre, duc de Bourbon, comte de Clermont, chamberier de France, et d'Isabelle de Valois. Ce fust en la place de Quirieu, dans le Viennois, au diocèse de Lyon. Ce fust par ses procureurs envoyez pour cella, nommez :

Guy, comte de Forets ;
Louys de Villars, archevêque de Lyon ;
Jacques Rivière, commandeur de Navarre ;
Guillaume de Varey, prieur de S. Benoit ;
Aymar de Hauteville, docteur aux droits ;
Hugues, seign. de Cusance ;
Berard, seign. d'Yseron ;
Jacques Brunier, chancelier de Dauphiné ;
Amblard, seign. de Beaumont ;
Amédée de Rossillon, conseign. du Bouchage ;
François de Theys, seign. de Thorane ;
François de Revel et Pierre de Lucinge, chevaliers.

Le duc le ratifia le 2, le Dauphin, le 27. Il fust prorogé le 11 d'aoust. Et mesme passa une procuration, le 18 de novembre, à

Albert Loup, chevalier, qu'il appelle son compagnon, pour constituer la dot, et donner les joyaux.

Le Dauphin s'en departit le pénultième de décembre et Charles, dauphin, l'espousa ensuite, le 9 de décembre 1349.

Le Dauphin se détermina enfin à faire la translation effective de son estat. Il en avertit le Roy qui lui envoya Frémin, évêque de Noyon, chancelier de France; Pierre de la Forest, chancelier du duc de Normandie, et Guillaume Flotte, seigneur de Revel, fils de Pierre, chancelier, qui arrivèrent à Tournon le 14 de février, dernier mois de l'an 1348, où il se rendit; puis ils passèrent à Romans où ils conclurent les termes et les conditions d'une transaction qui devoit estre faite.

Par une déclaration du dernier de mars 1349, il voulut que les comptes rendus pardevant ses auditeurs fussent de foy probatoire.

Le 4 de may 1349, le roy Philipes envoya encore des commissaires pour régler quelques difficultez que le Dauphin avoit fait naistre.

Ce fust le 16 de juillet 1349 que ladite transaction fust faite effectivement et que le Dauphin se départit absolument de tout son estat, à la forme de celle du mois d'avril 1343, à la différence que ce fust en faveur de Charles, fils aisné de Jean, duc de Normandie, et petit-fils du roy Philipes de Valois, à la charge que celuy qui sera le présomptif héritier de la couronne sera qualifié Dauphin, et que cet estat luy sera comme patrimoine. Il fust fait à Paris, en présence du Roy, et signé par :

Henry de Villars, archevêque de Lyon;
Jean de Chissé, évêque de Grenoble;
Jean de Rivoles, évêque d'Orenge;
Jean, abbé de Ferrières;
Pierre, duc de Bourbon;
Jean, comte d'Armagnac;
Jean, comte d'Auxerre;
Aymar, comte de Valentinois et de Diois;
Jacques de Bourbon;
Hugues de Genève, seign. d'Anthon;
Aymar de Poitiers, seign. de Veynes;
Humbert, seign. de Villars;
Guillaume Flotte, seign. de Revel;

Jean, seign. de Traynel;
Rogue, seign. d'Angest;
Raoul, seign. de Cagny;
Yvon, seign. de Garencières;
Guy de Leuse;
Albert Loup;
Amblard, seign. de Beaumont;
Amédée de Rossillon, conseigneur du Bouchage;
François de Theys, seign. de Thorane;
François de Parme, seign. d'Aspremont, chancelier de Dauphiné;
Robert de Lorris;
Jean Richier; chevaliers.

Il y a au bas de cette transaction, qui est enregistrée en la Chambre des Comptes, ce titre :

Nomina consiliorum Dalphinalium qui juraverunt.

Henry de Villars, archevêque de Lyon;
Jean, évêque de Grenoble;
Jean, évêque d'Orenge;
Jean, abbé de Ferrières;
François de Luyons;
Louys de Villars, archidiacre de Lyon;
Jacques de Rivière, commandeur de Navarre;
François de Parme, chancelier de Dauphiné;
Amblard, seign. de Beaumont;
Amédée de Rossillon, conseign. du Bouchage;
François de Theys, seign. de Thorane;
François de Revel;
Guigues Toscan;
Guigues de Furmeyer;
Yvon, seign. de Garancières;
Raynaud de Salgnes, doyen de Paris;
Jean Richier, chevalier;
Philipes de Vitry;
Robert de Lirieu, chevalier;
Guillaume de Savignac;
Jean, comte de Forest;
Aymar de Poitiers, comte de Valentinois et de Diois;

Humbert, seign. de Villars, et de Thoire;
Aymar, seign. de Rossillon;
Guillaume Flotte, seign. de Revel;
Aymar d'Anjou;
Pierre de Foresta, chancelier de Normandie;

Dans le mesme mois, le nouveau Dauphin jura d'observer les libertez delphinales.

Le Dauphin fut présent à la donnation et estoit logé au couvent des FF. Prescheurs où il prit l'habit de religieux le lendemain.

D'abord il ordonna à tous les nobles de la province de rendre hommage à Charles, comme aussy à tous ses sujets. Ce fust le jour du transport.

Le premier de février 1350, il ordonne à tous ses sujets de reconnoistre le dauphin Charles, et les décharge de toute l'obéissance et fidélité qu'ils luy devoient. Il en nomme plusieurs dans ses lettres, savoir :

Hugues Alleman, seign. de Valbonnois;
Jean Alleman, seign. de Séchilienne;
Disdier, conseigneur de Sassenage;
Estienne d'Arvilars, seign. de la Bastie;
Odobert, seigneur de Chateauneuf;
Jacques de Bocsozel, seign. de Giére;
Rodolphe de Comiers, seign. du Mas;
Odon Alleman, seign. d'Uriage;
Siboud Alleman, seign. de Revel;
Dronnet d'Entremonts, seigneur du Touvet;
Aynard de Bellecombe;
Guigonnet de Bellecombe;
Pierre de Granges;
Jordanon Leutzon;
Artaud d'Arces;
Guigues de Comiers;
Guillermet de Miribel;
Gonon de Comiers;
Albert de Briançon, seign. de Varce;

Charles, dauphin, espousa le 7 d'aoust de cette année Jeanne de Bourbon, que Humbert avoit fiancée.

Comme le nouveau Dauphin, ou Jean de Normandie, son père, s'estoient chargés de payer ses dettes, on commit Jean de Chissé, évêque de Grenoble, Jean de Rivoles, évêque d'Orenge, François de Parme, chancelier de Dauphiné, et Amblard, seign. de Beaumont, pour en chercher les créanciers. Les principaux furent : Jean, comte de Forets, Jean de Chalon, comte d'Auxerre, et Agnès de Chalon, comtesse de Genève.

Le roy Philipes déclara, le pénultième de mars de cette année, que Charles, son petit-fils, ne pouvoit prendre possession de cette province que les conditions du transport ne fussent exécutez.

Le 6 d'avril, le dauphin Humbert déchargea ses sujets de l'hommage qu'ils luy devoient.

Le 16 de juillet, il ordonna de le prester au nouveau Dauphin.

Le mesme mois, Jean, duc de Normandie, confirma à Humbert, dauphin, la pension de 1,000 liv. qui luy avoit esté assignée sur le pont d'Avignon et autres lieux.

Le dernier de janvier 1351, on fit encore au Dauphin les assignations de ce qu'on luy avoit promis sur les décimes des bénéfices.

Par transaction de septembre 1354, on luy assigne les revenus de plusieurs terres en Dauphiné.

Anne de Viennois, princesse d'Orenge, se départ de toutes ses prétentions sur cette province en faveur du dauphin Charles, le dernier d'octobre 1357, pour la somme de 3,000 florins.

L'empereur Charles IV fait souverain, au royaume d'Arles, le dauphin Charles qu'il qualifie son neveu, en janvier 1358.

Le 1er de décembre de cette année, estant frère Humbert, il donna 3,000 florins aux religieux de son couvent pour l'entretènement de 120 religieux estudians à Paris : 480 pour habillement, et 20 pour leur pitance, et ces escoliers seroient appelez, les estudians delphinaux.

Le pénultième de janvier suivant, commit les évêques de Grenoble et d'Orenge, le prieur de S. Donat pour l'administration des revenus qu'il s'estoit réservés en Dauphiné, disant qu'il se vouloit faire religieux frère Prescheur pour vivre en repos.

Le nouveau Dauphin vint en cette province, et le 2 d'aoust il fait hommage à l'église de Vienne, conformément à un autre du 3 de février 1308, et il receut ceux de tous les seigneurs et nobles de la province.

Le premier acte que ce prince fit, en qualité de Dauphin, fust de confirmer, le 16 de ce mois, la déclaration que Humbert avoit faite qu'il déchargeoit tous ses vassaux du droit de main-morte, à la charge que les autres seigneurs en feroient autant envers les leurs. C'estoit un droit odieux et contre la liberté, car le seigneur tailloit son vassal de la manière qu'il luy plaisoit; il le faisoit marcher à toute volonté, il disposoit de luy comme d'un esclave, et, mourant sans enfants, il luy succédoit. Guillaume Doncieu, président au sénat de Chambéry, en a fait un traité.

Le mois de juillet 1350, Jean, duc de Normandie, au nom de Charles, dauphin, son fils, assigna à Jean de Chalon, seign. d'Arlay, les revenus de quelques terres pour la dot de Béatrix de Viennois, sa mère, qui estoit de 8,300 florins.

Nostre dauphin Humbert fit un autre testament le 17 de décembre de cette année 1350.

Il avoit un fils naturel nommé Amédée. Il songea à luy dans sa retraite, et, par ses lettres du 8 de septembre 1351, il luy assigna 100 liv. de revenu au mandement d'Oysanc dont il s'estoit réservé les revenus avec bien d'autres pour en disposer. C'est de luy dont est issuë la famille de Viennois. Il espousa Coiffière Alleman, fille de Jean, seigneur de la Grange. Il y en a deux branches, l'une de Viennois, l'autre de Visan, nom corrompu d'Oysanc. Elle brise d'un filet de gueules en barre.

Frére Humbert fut appellé à Avignon par le pape à la sollicitation du Roy, dans le dessein de faire faire profession à nostre Dauphin. Le Roy l'y suivit pour estre présent à une action qu'il luy importoit que l'on fit. Humbert fit donc profession, entre les mains du pape, la veille de Noel 1351, en présence du Roy; c'estoit Jean. Il (fut) en mesme temps fait sousdiacre, à la messe de l'aube, diacre et prestre en la dernière, et incontinent il la célébra luy mesme. Le pape le fit patriarche d'Alexandrie. Le pape obligea les religieux du couvent de Paris de l'en faire prieur, et cette mesme année Hugues Daras, archevêque de Rheims, estant mort, Humbert en fust fait administrateur perpétuel. En cette qualité il consacra Rodolphe de Chissé, évêque de Grenoble.

Le nouveau dauphin Charles, par ses lettres de décembre 1352, permit à Humbert de prendre en Dauphiné des terres, jusqu'au revenu de 500 liv., pour les donner à des gens d'église.

Guillaume, fils naturel de Guigues, estoit encore vivant l'an 1353, car le 1er d'avril il fit hommage au dauphin Charles pour la terre de Furmeyer.

Pendant que nostre dauphin Humbert travailloit à son salut et à satisfaire à sa vocation, la seule chose que je dois rapporter est la transaction que le roy Jean, en son nom, et en celuy de Charles, dauphin, son fils, contracta avec le comte de Savoye par laquelle celui cy céda tout ce qu'il avoit en Dauphiné, depuis les rives du Rosne et du Guier. Tant de traitez que j'ay rapportez ont esté couronnez par celui-cy qui est le plus remarquable et qui a mesme esté fait du vivant du dauphin Charles.

Ce fust le cinquième de janvier 1354 que fust faite cette transaction, par laquelle le Comte abandonne au Dauphin toutes les terres qu'il avoit en deça du fleuve du Rosne, et de la rivière du Guier. Le Dauphin gagna par là une partie du Pont de Beauvoisin, les Abrets, Dolomieu, S. Laurent du Désert, Faverges, La Palu, Miribel, Pressins, les Avenières, l'isle de Ciers, Azieu, Falavier, la Verpillière, Septême, S. Georges d'Espéranche, Venissieu, S. Saphorin; les fiefs et arrières-fiefs que le Comte avoit aux mandements d'Ornacieu, de Faraman, de Bocsozel, d'Eyclose, de S. Jean de Bournay, de Maubec, des Esparres, de S. Alban, de Caseneuve, de Chatonay, de Serpèse, de Formont, de Villeneufve de Marc, de Chandieu, d'Eyrieu, de Meisieu.

Le Dauphin, en échange, donna le Foucigny, le pays de Geix, plusieurs terres, fiefs et arrière-fiefs dans le Bugey, dans la Savoye, l'hommage que luy devoit le comte de Genève, et généralement tout ce qu'il possedoit au delà du Rosne et des rivières d'Alberon et d'Ains. Il luy céda aussy les hommages du seigneur d'Arlay, du comte d'Auxerre et d'Euvrard de Vienne; promit de payer pour luy 3,000 escus d'or à Humbert Richart et 40,000 à Aymar de Beaumont, engagistes, l'un de la terre de Jonages, l'autre de celle des Avenières. Il y a diverses clauses peu importantes. Il fust ratifié le 25 d'aoust 1355; et j'ajoute que le Roy donna encore au Comte un hostel qui estoit à Paris, proche de la porte S. Honnoré, qui avoit esté au roy de Bohême, et qu'ils firent ligue offensive et deffensive.

Avant cette transaction, le Dauphin et le Comte, par un acte du 26 de juin précédent, avoient convenu du pape pour les régler, et cependant qu'il y eut treve, pour l'observation de laquelle le Roy nomme : Adrien, abbé de Cluny, Raoul Flament, seign. de....., Pierre de la Charité, Jean de la Pere, ses conseillers, et Nicolas Ouyn, baillif de Mascon; et le Comte nomma le seign. de S. Amour, Humbert de Corgenon, chevaliers, et Jean Mastre, ses conseillers.

Comme le Foucigny avoit esté cédé au comte Jean, duc de Normandie, et son fils, le Dauphin, par ses lettres du 11 de février 1354, ordonna aux seigneurs, aux nobles, et aux communautez de luy prester hommage; ceux qui y sont nommés furent :

Le seigneur de Langon ;
Les nobles de la Bastie et Dardelle ;
Ceux du Freney ;
Les nobles de S. Geoire ;
Ceux de Chissé ;
Ceux de   ;
Ceux de la Croix ;
Le seigneur de Menthon ;
Hugues et Jean de Filinge ;
Guillaume de Compeis ;
Nicod de Montfort ;
    Les communautez :
D'Hermanice ;
De Foucigny ;
De Flumet ;
De Chastelet de Credo :
D'Alinges ;
De Connerille ;
De Beaufort ;
De Bonne ;
De Salanches ;
De ......

Ils ordonnèrent aussy qu'on luy remettroit les fiefs des seigneuries de Villars, de Chastillon, de Charnay, d'Albert avec les hommages en dépendants, et autres droits au delà des rives d'Onde et d'Alberon du costé de Bresse, de Bugey et d'Ambournay, sauf les hommages deubs au Dauphin par Jean de Chalon, seign. d'Arlay, le comte d'Auxerre, Henry de Vienne, et ce qui estoit tenu au royaume de Bourgogne, mouvant du Dauphin qui n'estoit pas des dépendances des chasteaux cédez.

D'autre part, le Comte ordonne à tous les vassaux des terres du Viennois de rendre hommage au Dauphin, par ses lettres du 27 de juillet 1355, et, le pénultième de novembre suivant, le Dauphin commit François de Parme, chancelier de Dauphiné, Bérenger de Montaut, archidiacre de Lodève, Amblard de Beaumont, qu'il nomme ses conseillers, pour les recevoir.

Les estats de la province ne furent point contents de cet échange. Ils firent leurs remontrances au Roy et au Dauphin là dessus : qu'ils en estoient fort déplaisans, d'autant que le Roy et le Dauphin n'y trouvoient pas leur compte; en ce que le comte de Savoye donnoit, il n'y avoit pas 12 chevaliers et au plus 60 nobles propres aux armes, et, en ce qu'on luy cedoit, il y avoit plus de 40,000 sujets de gens de pied, et plus de 700 hommes d'armes. Ceux qui signèrent ces remontrances furent :

Guillaume Artaud, seign. d'Aix;

Odobert, seign. de Chateauneuf;

Joffrey, seign. de Chaste;

Disdier, conseign. de Sassenage;

Aynard de Bellecombe;

Guillaume de Comiers;

Guillaume de S. Pierre;

Aymar de S. Pierre;

Gilles Benoit;

Guy Copier;

Humbert de Bellecombe;

Aymar de Poitiers, comte de Valentinois et de Diois, gouverneur de Dauphiné.

Je vais finir cette histoire par le testament de Humbert, qualifié patriarche d'Alexandrie et administrateur perpétuel de l'archevêché de Rheims, ancien dauphin de Viennois, du 25 de may 1355.

Il veut estre ensevely en l'église des FF. Prescheurs de Paris, proche de la sépulture de Clémence, reyne de France, sa tante.

Que l'on paye ses dettes convenues après le transport du Dauphiné, de ses revenus du pont d'Avignon, de la sénéchaussée de Beaucaire, et du petit scel de Montpellier, de ceux des toiles d'Aiguemortes et du péage de Beaucaire.

Il lègue aux FF. Mineurs d'Avignon 7,000 florins pour rebastir leur église, et veut que le corps de Marie des Baux, sa femme, qui seroit transporté de Rhodes, où elle estoit morte, y soit mis et enterré, et pour les fraix du transport, il lègue 300 florins. Il dit que leur église estoit soubs le vocable de St Louys.

Au monastere de Montfleury, 4,000 florins;

A celuy de S. Just en Royans, 200 florins;

Aux Augustins de Crémieu, 80 florins;

Aux Carmes de Beauvoir en Royans, 80 florins pour la bastisse de leur couvent;

Au monastère de Ste Claire de Grenoble, le revenu de 10,000 florins;

A celuy de S. Ruf de Valence, 2,000 florins pour faire des murailles contre le Rosne;

Aux FF. Prescheurs de Paris, le reve... de 4,000 florins jusques à ce que leur église fust rebastie;

A Marie de Viennois, sa tante, prieure de ..., au diocèse de Lyon, le revenu de 1,000 onces d'or;

Au mesme couvent des FF. Prescheurs de Paris, 6,000 florins qui luy estoient deubs par le duc d'Andrie pour la dot constituée à Marie des Baux, sa femme, par Robert, roy de Sicile; et lègue au dit couvent encore tous ses joyaux, les ornements de sa chapelle, ses livres, ses licts et ses autres meubles; à la charge que, pour le salut de son âme et de celles de ses père et mère, ils célébreront tous les jours, à perpétuité, 3 messes, une haute, les autres basses, et une 4e pour les morts, où ils chanteront l'office des morts en un autel qui sera élevé exprès auprès duquel il sera enterré;

Veut qu'on distribue à ses serviteurs 10,000 florins suivant ce qui en seroit ordonné par Jean, évêque de Tivoly, et Pierre de la Tour, provincial des Carmes, exécuteurs de son testament;

Il lègue aux FF. Servites de Nostre-Dame, en Italie, 10,000 florins pour fonder un couvent de leur ordre dans la ville de Romans, au diocèse de Vienne;

S'il meurt à Clermont, en Auvergne, où il estoit religieux, il veut qu'on luy paye, pour ses obsèques, 300 florins.

Et pour exécuteurs de son testament il nomme :
Jean, évêque de Tivoly ;
Jean, évêque d'Orenge ;
Le provincial des FF. Prescheurs de la province de Paris ;
Le prieur du couvent de Paris ;
Le maistre en théologie de ce couvent ;
Pierre de la Tour, provincial des Carmes ;
Jacques Rivière, commandeur de Navarre ;
Amblard, seign. de Beaumont ;
François de Parme, seign. d'Aspremont ;
Guillaume Saunier, doyen de Soyons.

Fait au couvent des FF. Prescheurs de Clermont.

Son corps fust porté à Paris et ensevely dans l'église de ces religieux, où j'ay veu l'endroit, et sur la pierre ces mots :

HIC JACET FRATER HUMBERTUS DELPHINUS.

Béatrix de Hongrie, sa mère, ayant légué aux religieuses de S. Just toute sa vaisselle d'argent, et une pension annuelle de 1,600 florins, le dauphin Charles, par ses lettres du 29 de novembre 1356, ordonna que cette vaisselle leur fust remise, et, à son trésorier, de délivrer cette pension. Ce qui fust exécuté par une procédure du 15 de may 1357.

FIN DE L'HISTOIRE DES COMTES DE GRAISIVAUDAN ET D'ALBON
ET DU TOME Ier
DE LA BIBLIOTHÈQUE HISTORIQUE ET LITTÉRAIRE
DU DAUPHINÉ.

Notes dont le manuscrit n'indique pas la place.

. La feste de l'exactation de la Croix de cette année, le prieur d'Aspres admit le Dauphin en la 6e partie de ses dimes. Il est dit dans l'acte qu'il y avoit 18 chanoines réguliers, et parmy ses dignitaires le prieur, le sacristain, le vestiaire, le capiscol et le célérier.

Les habitants promirent à la Dauphine de luy rendre 10,000 sous viennois que son mary leur avoit prestés; déclarèrent que la connoissance des tailles qui se péréqueroient à l'avenir, et des homicides qui s'y commettroient luy appartiendroient à l'exclusion de tout autre; luy promirent 1,000 sols pour les frais de la guerre qu'ils luy avoient faite sans sujet et s'obligèrent à dégrever les dommages qu'ils avoient faits à quelques chevaliers, ses vassaux.

TABLE.

Notice bio-bibliographique sur Guy Allard, ses ouvrages imprimés et ses manuscrits.. 1

Ire PARTIE

RÉIMPRESSION DE PLAQUETTES RARISSIMES.

1. Relation exacte de tout ce qui s'est passé dans la ville de Grenoble pour la publication de la paix (de 1660)...................... 1
2. Lettre de M. le président Allard à M. Chorier sur la mort de M. le président de Boissieu.. 25
3. Lettre sur les anciennes inscriptions de la ville de Grenoble...... 47
4. Lettre à l'auteur du *Mercure galant* (19 mai 1685) touchant la résolution prise par les consuls de Grenoble, agréée par le roy, d'élever la statue de sa majesté (Louis XIV) dans la principale place de leur ville.. 61
5. Les présidents uniques et premiers présidents du conseil delphinal ou Parlement de Dauphiné.. 65
6. Apologie de M. Guy Allard.. 91
7. L'état politique de la ville de Grenoble pour 1698................ 103
8. Les gouverneurs et les lieutenants généraux au gouvernement de Dauphiné... 155
9. Dissertation sur les rentes de Dauphiné.......................... 213

IIe PARTIE

MANUSCRITS PUBLIÉS POUR LA PREMIÈRE FOIS.

1. Description historique de la ville de Grenoble (*Voir* p. 338 la table particulière de cette histoire)..................................... 239
2. L'histoire des comtes de Graisivaudan et d'Albon, dauphins de Viennois... 339-487

www.ingramcontent.com/pod-product-compliance
Lightning Source LLC
Chambersburg PA
CBHW050557230426
43670CB00009B/1168